Gotthard Friedrich Stender

Neue vollständigere Lettische Grammatik nebst einem

hinlänglichen Lexico

Gotthard Friedrich Stender

Neue vollständigere Lettische Grammatik nebst einem hinlänglichen Lexico

ISBN/EAN: 9783741172441

Hergestellt in Europa, USA, Kanada, Australien, Japan

Cover: Foto ©Andreas Hilbeck / pixelio.de

Manufactured and distributed by brebook publishing software (www.brebook.com)

Gotthard Friedrich Stender

Neue vollständigere Lettische Grammatik nebst einem hinlänglichen Lexico

Neue vollständigere Lettische Grammatik,

Nebst einem hinlänglichen
LEXICO,

wie auch einigen Gedichten,

verfasset von

Gotthard Friederich Stender.

———

Braunschweig,
gedruckt im Fürstl. großen Waisenhause.
1761.

Einer

Sämtlichen

Hochwohlgebohrnen

Ritter- und Landschaft

der Herzogthümer

Curland und Semgallen

überreichet

diese Lettische Grammatik

und Lexicon

mit der schuldigsten Ehrfurcht

Der Verfasser.

Maiorvm fama generosa Cv-
ronia splendet:
Magis ipsa sva: Maxime
Dvce novo.

G. F. S.

Hochwohlgebohrne Ritter und Herren,

Gnädige und Verehrungswürdigste Herren.

Mit welchem glänzenden Vorzuge von Jahrhunderten her Eine Freye Curländische Ritter- und Landschaft eigenthümlich herfürgeleuchtet und den Glanz Dero mit dem Heldenblute der Vorfahren erfochtenen Adels unter den Flügeln des Pohlnischen Adlers beybehalten, zeiget die Aufmerksamkeit gekrönter Häupter für die Erhaltung und Bestätigung Deroselben Freyheiten und Vorrechte. Selbst ein großer Königlicher Prinz findet ein Hohes Wohlgefalgefallen diesen mit so vielen Vorzügen prangenden Staat mit erleuchteter Weisheit zu regieren und giebet demselben eben hiedurch neue Hoheit und Zierde. Glükseliges Gottesland! Dein Ruf und Glük steige mit den Lorbeeren Deines Helden und mit den Palmen Deines Vaters des Vaterlandes. Noch empfinde ich Deine sanften Züge, noch wallet mein Blut für Dich mit derselben Zärtlichkeit, die ich empfand, da mich noch Dein milder Schooß hegte.

Hochwohlgebohrne Herren!

Ich bin Zeuge der Großmuth und edelmüthigsten Gefälligkeit, die mit der erhabenen Pracht Dero Hohen Adels verbunden ist, und der Menschheit Ehre machet. So lange ich mich selbst gedenken werde, werde ich auch des Segens eingedenk seyn, der mir von der wohlthätigen Hand gnädiger Gönner aus Deroselben Mittel zugeflossen. Wie kan ich bessere Merkmale der Erkenntlichkeit und Ehrfurcht an den Tag legen, als daß ich gegenwärtige Arbeit, die ich Denenselben als volkommenen Kennern zu übergeben die Ehre habe, Dero Allerseitigen Hohen Namen widme. Zumal, da selbige von der Sprache eben derselben Letten handelt, die der höchste Rath GOttes Deroselben Herrschaft unterworfen. Nichts wird mir der Verehrung

ehrung würdiger seyn, als der schätzbarste Werth Dero Hohen Beyfalls und eines gnädigen Andenkens. Ich würde zu stolz scheinen, dergleichen Vorzug zu hoffen, wenn ich mich nicht auf die alleredelste Gesinnungen, die Dero Allerseits eigen sind, gründete. Ein Wink von Denenselben wird meinen Fleiß erneuren, ein anderes jetzt unter Händen habendes Werk zur Bildung des Witzes und der Sitten der Letten, ans Licht treten zu lassen. Was kan Herrschaften erwünschter seyn, als wenn Deroselben Unterthanen feiner gesittet dasjenige freywillig leisten, was sie sonst aus Zwang thun müssen. Welch eine Quelle des Segens würde nicht hieraus beyderseits entspringen. Wo findet aber der arme Lette Anleitung hiezu? Eine strenge Sittenlehre ist für ihn zu hoch und zu trocken und bleibet gröstentheils unfühlbar. Solten nicht einige nach dem Genie der Letten eingerichtete Fabeln und Erzählungen, mit moralischen Lehren begleitet, wegen ihres aufgeweckten Inhalts, eine mehr lenkende Würkung haben? Die erste Sammlung lieget zum Druck fertig, und derselbe erste Versuch wünschet einen beglückten Erfolg. Wie lebhaft wäre meine Freude, an der Erfüllung dieses Endzweckes nähern Theil zu nehmen. Nichts wird aber meine Zufriedenheit mehr erhöhen, als die Gnade E. Sämtl. H. W. A. u. L. und der mit Dero erhabenem Charakter übereinstimmende Genuß der

Merk-

Merkmale derselben. Dieses wird ein Glück für mich und die Meinigen seyn, welches mit zärtlichster Dankbarkeit und vollkommenster Hochachtung nicht allein Zeitlebens, sondern auch bey der Nachwelt in einem öffentlichen Denkmal verehren wird.

Hochwohlgebohrne Ritter und Herren,

Gnädige und Verehrungswür- digste Herren,

Deroselben Allerseits

Hamburg,
den 4ten May 1761.

gehorsamster Diener und Fürbitter
zu GOtt

G. F. Stender.

Vorrede.

Die Adolphischen Verdienste sind mir so heilig, daß ich es mir selbst verweisen müste, wenn ich sie bey der Ausgabe dieser neuen Lettischen Grammatik verschwiege. Die Gerechtigkeit, die der in GOtt ruhende Herr Superintendens Adolphi dem sel. Herrn *Studioso* Fürecker, als dem ersten starken Letten widerfahren lassen, indem er den Aufsatz der Declinationen und Conjugationen demselben als dessen Eigenthum zugeeignet, verbindet mich freymüthig zu bekennen, daß meine Grammatik aus der Adolphischen entstanden. Hier bekam ich mehreres Licht, und ich habe nur vollendet, was so glücklich angefangen und ziemlich fortgesetzet war. Indessen erscheinet meine Grammatik

Vorrede.

matik in ganz veränderter Gestalt. Was in der Adolphischen nach Art eines Donats zu weitläuftig eingerichtet war, das ist hier durch den Typum Declinationum und Conjugationum mit beygefügten Anmerkungen, und durch eine andere Einrichtung des Catalogi Verborum II. et III. Conjugationis ersetzt, und dadurch über 100 Seiten ersparet worden.

Ein aufmerksamer Leser wird in meiner Grammatik ein Tempus mehr und neue Modos finden. Niemand lasse es sich befremden: denn ich habe diese Gramatik nicht nach dem Leisten der Lateinischen, sondern ohne Rücksicht auf Grammatiken in andern Sprachen eingerichtet. Um wie viel der Catalogus Verborum III. Conjug. zugenommen, wird ein jeder leicht wahrnehmen. Zur Verbesserung und Vermehrung gehöret auch der Catalogus Particularum, der im Deutschen aufzuschlagen und wol noch einmal so stark ist. Zu dem ganz neuen rechne ich folgende Titel:

1) Einleitung von der Lettischen Sprache.
2) Von Verwandelung der Buchstaben.
3) Von der Anomalia Nominum.
4) Von den Numeralibus.
5) Von der Declination der Participiorum.
6) Vom Modo Concessivo und Necessitatis.

7) Von

7) Von der Anomalia Verborum.

8) Eine vollständige Syntax bestehend aus 55 §§.

9) Vom Dialect und Idiotismo bestehend aus 21 §§.

10) Von der Lettischen Poësie bestehend aus 23 §§.

11) Von den Derivativis und Compositis.

Da mir dieses alles gelungen war, so blieb mir noch ein Knoten unaufgelöset. Nemlich: Wie man in den *Verbis I. Conjug.* in *aht*, *ebt* und *iht* unterscheiden soll, ob das *Praes. Indic.* nach der *littera characteristica* gehe oder nicht? (cf. Gramm. §. 100.) Dieses erforderte einen Catalogum omnium Verborum hujus Conjugationis. Daher entschloß ich mich endlich selbst ein *LEXICON* zu verfertigen, daraus ich diesen Catalogum nehmen und sodann den Knoten auflösen konnte. Bey dieser Arbeit that ich erst recht meine Augen auf. Und ich kan nunmehro aus eigener Erfahrung zuversichtlich behaupten, daß keiner eine rechte Grammatik schreiben kan, ohne zugleich ein Lexicon zu machen oder wenigstens ein gutes Lexicon zum Grunde zu legen, und umgekehrt, daß niemand ein Lexicon verfertigen kan, ohne ein guter Grammaticus in derselben Sprache zu seyn. Wie sehr ward nicht meine Syntax durch die im Lexico vorkommende Phrases vermehret. Und da meine Grammatik und mein Lexicon sich in manchen Stellen auf einander beziehen,

Vorrede.

beziehen, so habe ich sie auch nicht trennen wollen. Zum Schluß sind gegen 140 Sprüchwörter erläutert und auch einige Lettische Räzeln beygefüget worden.

Es ist überhaupt diese meine Lettische Arbeit nicht eine unzeitige Frucht einiger Monate, sondern eine Arbeit vieler Jahre, von dem ersten Antritt meines heiligen Predigtamtes an bis hieher. Wie froh bin ich also, daß es durch göttliche Hülfe, die ich hiemit preise, so weit gekommen, daß ich diese letzten Zeilen dazu schreiben kan. Findet diese meine gegenwärtige Bemühung Beyfall, zeiget sie den gewünschten Nutzen, und verleihet mir der HErr über Leben und Tod ferner Gesundheit, so wird es mich ermuntern, noch ein und anderes Lettisches Werk ans Licht treten zu lassen.

GOTT, der meine Triebe kennet, lasse diese gegenwärtige Arbeit an seinen treuen Knechten, die sich unter andern durch dieses Werkgen zum Bau des Lettischen Zions geschickt zu machen, oder Ihre schon erlangte Geschicklichkeit zu erweitern suchen, gesegnet seyn. Auf daß Sie nähern Eingang in die Gemüther der Letten finden, und zugleich nicht allein Lob bey Menschen, sondern auch innere Freudigkeit bey der Ihnen anvertrauten Seelenpflege empfinden mögen. Geschrieben Hamburg den 4ten May 1761.

Inhalt

Inhalt
I. Der Grammatik.

Einleitung	§. 1.
I. Theil. ORTHOGRAPHIE.	§. 10.
Buchstaben	§. 11.
Aussprache	§. 15.
Buchstabiren	§. 17.
Accent	§. 18.
Verwandelung der Buchstaben	§. 24.
Einige Zeichen	§. 25.
II. Theil. ETYMOLOGIE.	§. 26.
DECLINATIONES	§. 27.
Typus	§. 30.
Allgemeine Anmerkungen	§. 31.
Besondere Anmerkungen über jede Declination	§. 32.
Anomalia Nominum	§. 38.
Diminutiva	§. 39.
Substantiva mobilia	§. 46.
Adjectiva	§. 49.
Comparatio	§. 56.
Numeralia	§. 58.
PRONOMINA	§. 64.
PARTICIPIORVM Declinatio	§. 69.
VERBA	§. 77.
Allgemeine Regel	§. 78.
Tempora	§. 79.
Modi	§. 81.
Imperativus	§. 82.

Verbum

Inhalt.

Verbum *Substantivum*	§. 85.
Typus	§. 85.
Genera Verborum	§. 86.
Passivum	§. 88.
Verb. auxil. Passivi	§. 91.
Conjugatio Periphrastica	§. 92.
CONIVGATIONES	§. 93.
Typus generalis	§. 94.
Formatio Temporum	§. 97.
Anmerkungen über die Conjugationes	§. 99.
Tabula formationis Temporum	§.111.
Modus Concessivus	§.112.
Impersonalia et Modus Necessitatis	§.113.
Anomalia Verborum	§.117.
Verbum SARGAHT	§.118.
Catalogus Verborum II. et III. Conjug.	§.119. et 120.
PRAEPOSITIONES	§.121.
ADVERBIA	§.130.
Catalogus Particularum	§.136.

III. Theil. SYNTAX. §.137.

Gebrauch des Articuli	§.138.
Adjectivi et Substantivi	§.140.
Gebrauch der *Casuum*	
Nominativi	§.142.
Genitivi	§.143.
Dativi	§.144.
Accusativi	§.145.
Ablativi Localis	§.146.
Erhöhung der Comparation	§.147.
Ordnung der Numeralium	§.149.
Gebrauch der *Pronominum*	
Relativi	§.151.
Reciprocorum	§.154.
Possessivorum	§.156.

Gebrauch

Inhalt.

Gebrauch der *Modorum*
- Indicativi — §. 157.
- Conjunctivi primi — §. 158.
- — — secundi — §. 159.
- Modi Concessivi — §. 160.
- Modi Necessitatis — §. 162.
- Infinitivi primi — §. 164.
- — — secundi — §. 165.
- Gerundii — §. 166.

Gebrauch der *Participiorum*
- in dams — §. 167.
- — ots — §. 168.
- — us — §. 169.
- — is — §. 170.
- Reciprocorum — §. 171.
- Passivi — §. 172.
- Discretiv. participial. — §. 173.

Besondere Redensarten — §. 174.
Gebrauch der *Praepositionum* — §. 182.
Fragen, Bejahen und Verneinen — §. 185.
Syntaxis *figurata* — §. 187.
Variatio syntactica — §. 192.

IV. Theil. DIALECT. §. 193.
und IDIOTISMVS §. 209.
V. Theil. POESIE §. 215.

II. Inhalt des LEXICI.

Vorbericht.
Von den Derivativis — §. 1.
und Compositis — §. 3.
Hierauf folgt das Lexicon selbst.
Lettische Sprüchwörter.
— — Räzeln.

III. An-

Inhalt.
III. Anhang einiger Lettischen Gedichte.

1. Aufmunterung zur Betrachtung der Werke GOttes.
2. Größe der Welt.
3. Die auf ein starkes Ungewitter erfolgte Stille.
4. Die Ewigkeit.
5. Die Nachtigall.
6. Damätas.
7. Phylax.
8. 9. Schäferlieder.
10. Abschiedslied.
11. Die Gutthat.
12 – 16. Fabeln.
17. Räteln.
18. Der Cursche Bauer.

Druckfehler.
1. In der Grammatik.

Pag. 47. lin 12. ist zwischen tschuhkstehn und tuppeht das Verbum tschurksteht ausgelassen.

Pag. 57. lin. 23. ist zwischen buht und sie das Pronomen er ausgelassen.

Pag. 71. lin. 17. muß in duhkt (fa-) das h weggestrichen werden und dukt, sadukt heissen.

Pag. 140. §. 199. lin. 1. lies Suiken anstatt Suiken.

2. Im Lexico.

Pag. 50. lin. 21. lies guschnas anstatt guschenes.

Pag. 51. unter jaukt solte lin. 3. vor eklis ein z stehen, das Wort jauzeklis anzuzeigen. Dagegen muß in derselben Linie bey eez, das z weggestrichen werden, weil es eejaukt anzeigen soll.

Pag. 61. unter kaufis lies kaufiusch anstatt kaufinsch.

Lettische

Lettische Grammatik.

Einleitung.
Von der Lettischen Sprache.

§. 1.

Der Ursprung der lettischen Nation und Sprache gehöret in die Alterthümer und ist daher zweifelhaft. *Alb. Cränz. lib. 6. Wandal. cap. 9.* leitet sie von den Saracenen oder Tartern her, die von den Scythen an die Ostsee hin verdränget worden. Herr *M. Büsching* im I. Theil seiner Erdbeschreibung p. 515. glaubet, daß die Letten von einem Volk herstammen, das aus verschiedenen Sarmatischen Völkern zusammen geflossen ist. Ein gewisser hoher Officier und bekanter Gönner aus meinem vorigen Kirchspiel, der in dem letztern Türkenkriege unter der Rußischen Armee in der

der kleinen Tartaren gewesen, und von dessen Liebe zur Wahrheit ich versichert bin, hat mir folgenden Bericht gegeben: Die Belgrodischen Tartarn in der Stepp, die am Limauischen Meerbusen, durch welchen sich der Dnieper ins schwarze Meer ergießt, zwischen dem Flusse Bug und dem Bach Beresan disseits Oczakow wohnen, sind von den andern Tartarn ganz unterschieden sowol in Sitten, als in der Sprache, in welcher sie der Lettischen sehr nahe kommen, dergestalt, daß die Lief- und Curländer zu der Einwohner höchsten Verwunderung, einigermaßen von ihnen verstanden worden. Ob nun die ersten Letten aus diesem Winkel herfürgekrochen, oder ob nicht vielmehr unsere Letten bey der vormaligen Tartarischen *Ravage* dahin geschleppet worden, laß ich unentschieden.

§. 2.

Mir scheinet die Lettische Sprache eine Schwester der Litthauischen zu seyn. Ich berufe mich nicht etwa blos auf die Aenlichkeit der Benennung, sondern hauptsächlich auf die Uebereinstimmung beyder Sprachen. Man halte nur das *Verbum subst.* die *Pronomina*, die Zahlen, die *Praepositiones*, nebst einem Theil der *Adverbiorum*, *Verborum* und auch *Substantivorum*, am meisten aber die *Construction* in beyden Sprachen gegen einander, so wird man ihre Verwandschaft bald wahrnehmen. Die Zuneigung der Letten zu der Litthauischen Sprache siehet man einiger Orten gar zu deutlich, z. E. im Oberlauzischen, da sie besser Litthauisch verstehen als Lettisch, und wenn sie Lettisch reden, viele Litthauische Wörter einmischen, und den Thon nach dem Litthauischen dehnen. Im Schrundischen reden die Bauren unter sich Litthauisch, mit unserm HErrn GOtt aber Lettisch, weil der Gottesdienst in dieser Sprache geschiehet.

§. 3.

Weil in Litthauen die Herrensprache die Pohlnische ist, so haben einige Lettische Wörter daher ihren Ursprung. z. E. zilweks der Mensch, von człowiek, azais die Augen von oczy, istaba die Stube von izba &c.

§. 4.

§. 4.

Daß in der Lettischen Sprache nunmehro viele deutsche Wörter anzutreffen, das ist gar kein Wunder, weil die Letten von den Deutschen als Leibeigene beherrschet werden.

§. 5.

Was aber die nordlichen Nachbarn der Letten, nemlich die Esthländer betrift, so sind selbige in der Sprache himmelweit unterschieden. Und obgleich mitten in Curland selbst zwey Districte sind, da die Bauren unter sich Esthnisch, mit andern aber Lettisch sprechen, so hat es doch niemals einen Einfluß in die Lettische Sprache gehabt, weil diese Esthen sich niemals mit den Letten vermischet, noch unter einander geheyrathet. Die obbenannte zwey Districte sind (1) im Alt- und Neu-Rahdischen ohnweit Bauske und (2) am Angerschen Strande. Jene nennet man Kreewinen, vermuthlich sind sie von den Russen, die auf Lettisch Kreewi heissen, dahin geschleppet worden. Diese aber nennen sich selbst *Liewen*, welcher Name von den ersten Einwohnern Lieflands herrühret.

§. 6.

Daß ich die Lettische Sprache nicht für eine Tochter sondern für eine Schwester der Litthauischen halte, dazu bringet mich die Betrachtung des Alterthums der Lettischen Sprache, welches aus denselben Gründen erhellet, aus welchen man das Alterthum der deutschen Sprache herleitet. Nemlich:

(1) Aus der Einsylbigkeit der Stammwörter, als: Herr kungs, Tisch galds, Pferd sirgs, Hund suns, Luft gaiss, Wald mesch, geh eij, sieh stahw, lauf tezz, schreen, schön jauks, jung jauns, alt wezz, bald drihs, hie scho, re, dort tur, ich es, wir mehs, eins weens &c.

(2) Aus der Uebereinstimmung des Schalles vieler Wörter mit der Natur, als: knastern brakschkehe, poltern brasdehe, zischen tschuhkstehe, knarren tschihkstehe, der Kiebitz kihwies, der Donner pehrkons.

Einleitung. (§. 7. – 9.

§. 7.

Seit dem die vormaligen Heiden in Lief- und Curland von den Deutschen bezwungen, und zum Christenthum, zugleich aber auch unter das Joch gebracht worden, ist die Lettische Sprache bis auf den heutigen Tag eine gemeine Bauernsprache und an folgenden Orten gebräuchlich:

(1) In den beyden Herzogthümern Curland und Semgallen und im Stift Pilten.
(2) In dem Theil Lieflandes, welches Lettland genannt wird.
(3) Im Pohlnischen Lieflande.
(4) In Litthauen an den Curländischen Grenzen, zumal in den zwey großen Evangelischen Gemeinen Schaymen und Birsen, wo nicht allein deutscher, sondern auch lettischer Gottesdienst gehalten wird.
(5) In Preussen an dem Curischen Haf, als welcher auch daher den Namen hat, weil die dasigen Fischerbauren sich Kuhren nennen. Sie sind eigentlich Letten und haben ihre eigene Kirche.

§. 8.

Von Lettland führet diese Sprache, von welcher wir gegenwärtig handeln, den Namen der Lettischen, von Curland aber der Curschen Sprache: sonst wird sie auch allhier von uns Deutschen die Undeutsche genannt.

§. 9.

Die Lettische Sprache ist eben keine reiche, dennoch aber eine deutliche, wohlklingende und ziemlich zierliche Sprache, wozu folgende Grammatik, die nach der reinesten Mundart eingerichtet ist, die Anweisung geben wird. Ich werde sie in 5. Theilen abfassen, und

(1) Von der Aussprache und *Orthographie*,
(2) Von der *Etymologie*,
(3) Von der *Syntax*,
(4) Vom *Dialect* und *Idiotismo*,
(5) Von der Lettischen *Poësie* handeln.

[Not. Die Lehre von den *Derivativis* und *Compositis* wird als ein Vorbericht vor dem *Lexico* stehen.]

Der

Der I. Theil.
Von der ORTHOGRAPHIE.

§. 10.

Weil die Letten nicht eigene Schrift haben, so bedienet man sich, wenn man etwas Lettisch schreibet, der lateinischen, im Druck aber der deutschen Buchstaben. Und eben daher ist die lettische *Orthographie* von uns Deutschen ganz genau nach der Aussprache der Letten eingerichtet.

Von den Buchstaben.

§. 11.

Nächst den 5. *Vocalibus*, a, e, i, o, u, sind in der lettischen Sprache 5. *Diphthongi*, ai, au, ee, ei und ui. Hierzu kommt noch das oi in dem einzigen Wort woi ob? anstatt dessen viele wai oder gar wui sagen.

§. 12.

Consonantes werden 15. gerechnet: b, d, g, j, k, l, m, n, r, p, s, t, w, z und sch, wenn man es als einen einzigen Buchstaben, wie das französische ge ausspricht.

§. 13.

Ausser diesen findet man noch 6. *Litteras virgulatas*: g, k, l, n, r, s, die in den zwey Wörtern: engeli schkirrahs die Engel scheiden, anzutreffen. (Ja, wenn man es gar genau nehmen wolte, so würde man auch ein durchstrichenes b, m, p, w brauchen können. Anstatt dessen aber schreibt man bj, mj, pj und wj.)

§. 14.

Aus dem bisherigen erhellet, daß eigentlich 7. Buchstaben in dem lettischen A B C fehlen, nemlich c, f, h, q, v, x und y. Davon folgendes zu merken: (1) c, q, x und y werden durch z, kw, ks und i ersetzt.

Doch wird e nur noch in sch und tsch beybehalten, eh allein aber kommt niemals vor. (2) Der *Sonus* f ist in der ganzen lettischen Sprache nicht, folglich auch nicht ph und v. Zwar höret man den Namen Friz das ist Friedrich, aber nur in den Höfen, da die Baurjungen meist deutsch können. In den Baurgesindern aber, darnach man eigentlich die lettische Sprache beurtheilen muß, höret man Priz oder Spriz rufen. (3) Den Buchstaben h haben eigentlich die Letten nicht. Daher pflegt sich ein gebohrner Gergesener, der in deutschen Kleidern steckt, hierdurch am ersten zu verrathen, wenn er z. E. anstatt Herzen Herr, Erzen Err, oder anstatt ich habe, ich ahb spricht. Doch wird in der lettischen *Orthographie* das h, nicht allein in sch und tsch, sondern auch besonders *ad dilatandam syllabam* beybehalten, davon gleich bey der Aussprache wird gehandelt werden. Im übrigen würde ich bald einer Unwissenheit beschuldiget werden, wenn ich nicht anmerkte, daß in einigen *Interjectionibus* dennoch das h vorkomme, nemlich in há, hé, ahá, ahú, ho ho, hei hei, hei! huja, und huschgá: Es sind aber eigentlich keine Wörter, sondern nur *exclamationes, vid. Lexicon*.

Von der Aussprache.

§. 15.

Davon hat man folgendes zu merken:

(1) Die einzeln *Vocales* werden kurz ausgesprochen, als: abra wie abbra, palike wie pallikt, ne likt fast wie nellikt, nu kas oder nu ko fast wie nukkás, nukkó. In den *Compositis* scheinet das einzige o fast das *Privilegium* zu haben, etwas lang ausgesprochen zu werden (*ratio patebit ex num.* 7.) als: nolikt fast wie nohlikt, nicht aber wie nollikt.

(2) Stehet aber bey einem *Vocali* ein h, so muß die Sylbe lang oder gedehnet ausgesprochen werden, als: drahts, wehleht, mihleht, rohse, uhdens.

(3) In den *Ablativis localibus* braucht man anstatt h die *Crasin*, als: krobgá, semmé, sirdí, kruhmôs, widdû.

(4) Das

(4) Das kurze e wird wie im deutschen ausgesprochen, als: bet wie im deutschen das Bett, nicht aber wie Beet im Lomberspiel. Also auch schê, tê.

(5) eh und ê wie ä in quälen; oder wie eh in fehlen, als: mehlê.

(6) ee gemeiniglich wie in Seele. Will mans aber den Letten ganz genau nachsprechen, so muß man das e unvermerkt halb ins a oder eigentlich ins ä hinein ziehen, als: teefa fast wie teaka oder eigentlich wie teäfa.

(7) Ja einige Letten ziehen auch so gar das o unvermerkt ins a, insonderheit in dem Worte ko was? welches beynahe wie koa ausgesprochen wird. Also auch nolike fast wie noalikt.

(8) g wird gar nicht wie im hochdeutschen, sondern wie ein halbes oder gelindes k oder eigentlich wie im platt deutschen in dem Worte Roggen ausgesprochen, als: gan, deggons, guht, grahbt, glahse.

(9) g aber wie im platdeutschen in den Wörtern seggen, weggen, als: mag, waggums, gihmis.

[Hieraus folgen die beyden Anmerkungen: Daß der deutsche *sonus* ga, go, gu im lettischen gar nicht anzutreffen: und was im lettischen wie der deutsche *sonus* ge oder gi klingt, wird mit einem j geschrieben, als: Jelgawa, nicht Gelgawa, skrehjis, nicht skrehgis.]

(10) k wie in den deutschen Sylben ke und ki, als: kert, kihwite, sakkis.

(11) l wie im polnischen das undurchstrichene l in dem Worte ludzi, als: laudis, zelsch, zella.

(12) n wie in dem Worte Engel, so wie es hier in Cur land ausgesprochen wird, als: nemt, sunni.

(13) r beynahe wie rj, aber nicht völlig, als: raut, karri.

(14) Das undurchstrichene s wird gelinde, wie im deut schen, wenn es *ante vocalem* stehet, ausgesprochen, als: sahles Kräuter, mas wenig, bisse ein Haarzopf.

(15) Das durchstrichene k oder s *finale* wird scharf, wie im deutschen *post vocalem* ausgesprochen, als: sahls Salz, mak klein, mahke die Schwester, bikke eine Flinte.

(16) Das undurchstrichene *sch* wird ganz gelinde, wie im französischen das je oder ge ausgesprochen, als: schehligs, meschâ, meeschûs.

(17) Das durchstrichene sch aber wird so scharf, als ein deutsches sch ausgesprochen, als: schaut, kweeschi.

(18) *sp* und *st* wird nicht wie im hochdeutschen, sondern wie im platdeutschen und lateinischen ausgesprochen, als: sprukt, stumt.

(19) *aw* nicht wie au, ob es sich gleich viele angewöhnet haben, und z. E. das Wort aws ein Schaaf wie aufs das Ohr aussprechen: wie ich mich denn erinnere dergleichen Predigt vom verlohrnen Ohr, anstatt vom verlohrnen Schaaf, gehört zu haben. In einigen, aber nicht in allen Wörtern kan man das u wohl einflicken, als: taws wie tauws oder taus, tawa wie tauwa, Jelgawa wie Jelgouwa auch Jelgaua. Aber klawa der Ruhm kan weder wie klaua noch wie klauwa ausgesprochen werden, sondern wie klawwa. Also auch awis die Schaafe nicht wie auis, auch nicht wie auwis, auch nicht wie das lateinische Wort avis der Vogel, sondern awwis, siehe *num*. 1.

(20) In den drey Wörtern Deews, tehws und gohws wird gemeiniglich im *Nominativo* das w nicht mit ausgesprochen. Hingegen in andern Wörtern z. E. in teews schmal wird es mit ausgesprochen, damit es mit teek wahr, nicht verwechselt werde.

§. 16.

Nach diesen Regeln der Aussprache muß man sich genau richten, sonst kan man leicht eine Verwirrung der Ideen machen. z. E. Kad sallas sahles us sallas ka sahls spihgulo, tad wehl sals, wenn das grüne Gras auf einem Holm wie Salz schimmert, so wird es noch frieren. Ja man kan gar leicht bey den Letten zum Gelächter werden, wenn man die Aussprache nicht recht

recht in acht nimmt, wie aus folgenden Beyspielen zu ersehen:

(1) Ein Sachse von Geburt hat einmal am II. Sonnt. nach H. 3. Kön. also geprediget: Jesus jahje us kasſahm, in winna mahzekli jahje winnam pakkal, d. i. JEsus ritt auf Ziegen, und seine Jünger ritten ihm nach, anstatt: Jesus gahje us kohſahm, in winna mahzekli gahje winnam pakkal. JEsus gieng auf eine Hochzeit, und seine Jünger folgten ihm nach.

(2) Ein anderer hat in der *Catechiſation* stets das Deewa wards anstatt wahrds gebraucht, wobey derselbe sich um desto mehr geärgert, je weniger sein Vermahnen (sie solten doch für GOttes Frösche, wobey er GOttes Wort meynte, Respect haben) fruchten wollen. Und obgleich warde ein Frosch von einer andern *Declination* ist, als wahrds das Wort, so nimmt doch der Lette die Endungen so gar genau nicht, sondern siehet mehr auf den Hauptthon oder Hauptsylbe.

Vom Buchstabiren.

§. 17.

Wegen des Buchstabirens mit den armen Lettischen Kindern muß ich eins anmerken. Es würde ihnen solches ungemein erleichtert, wenn man ihnen (1) kein h aussprechen liesse, (als welches sie doch nicht anders als eha nachsprechen) sondern das h im Buchstabiren vorbey liesse, mit der blossen Erinnerung, sie solten nur alsdenn die Sylbe dehnen, wie es sonst im *Ablativo locali* geschehen muß, wenn eine *craſis* vorhanden ist. (2) Wenn man das sch und ſch nicht liesse als 3 aparte Buchstaben, sondern als einen einzigen Ton esch und eſch aussprechen. Man erwege nur, wie schwer es einem einfältigen Bauerkinde ankommen muß, wenn es z. E. die erste Sylbe in dem Worte schehligs also buchstabiren muß: es, ee, cha, e, cha, wie soll es dabey auf die Sylbe scheh verfallen: Hingegen, wenn es also buchstabirte: esch, e, so fiele es ihm ganz natürlich scheh zu sagen.

Vom Accent.

§. 18.

Zur Aussprache gehöret auch der Accent, welcher in der lettischen Sprache durchgehends *in prima syllaba* ist, so wie in folgenden deutschen Sprüchen: Im Anfang schuf GOtt Himmel und Erde, und die Erde war wüste und leer, und der Geist GOttes schwebete auf dem Wasser, Eesahkumâ raddija Deews to dehbesi in to semmi, in ta semme bij ne istaifita in tukscha, in tas Deewa Gars liddinajahs pa uhdens wirsu. Die Gottseligkeit ist zu allen Dingen nütze, Ta Deewabihjaschana derr pee wissahm leetahm.

§. 19.

Der Accent bestehet nicht in der Dehnung der Sylbe, sondern in einem stärkern Schall oder Stoß, die Sylbe mag lang oder kurz seyn. Wie oftmals ist die erstere Sylbe kurz und die andere lang, und dennoch ist der Accent *in prima*, d. i. die erste Sylbe wird stärker ausgesprochen, als: saplehst zerreissen.

§. 20.

Die *Composita*, deren Vorwort zweysylbig, haben einen doppelten Accent, doch *praevaliret* die erste Sylbe, wie in dem deutschen Wort die Glückseligkeit, als: auschûmzelschanâ die Auferstehung. Deren Vorwort aber einsylbig, werden zweyerley ausgesprochen, z. E. sa-eeschânâ auch sa eeschâna.

Not. (1) Die *Negation* verruckt den Accent auf sich, als: es nē rēdsu, als wäre es ein einzig Wort neredsu, also auch es nē rēdsēschu. (2) Das *Gerundium* ja thut ein gleiches, z. E. man jā rākstā.

§. 21.

Die letzte Sylbe hat den schwächsten Ton, so daß man bisweilen einen kurzen *Vocalem* kaum merket, oder doch nicht genau entscheiden kan. Als in dem

Worte

Worte meita die Tochter (G. meitas) wird das a so *insensibel*, daß man oft zweifelhaft ist, ob der Lette meita oder mcite, meitas oder meites sagt. Eben so wird das letzte a in dem Wort eefchana so unmerklich, daß man nichts mehr vernehmen kan, als daß das n nur noch hinter her abschnappt. Es ist also ein Fehler, wenn einige Ausländer den letzten *Vocalem* mit vollem Munde (in gleicher Stärke mit den ersten Sylben) und noch dazu brav gedehnt aussprechen, als mêita. Das Dehnen der letzten Sylbe gilt nur in dem Fall, wenn sie lang ist, als: wehlēhe. Dennoch aber behält auch hier die erstere Sylbe einen stärkern Ton laut §. 19.

§. 22.

Wie delicat der Accent in gewissen Fällen ist, will ich an dem Wort *wehle* zeigen. Es hat zweyerley Bedeutungen, er wünscht, ingleichen er welzte. Im erstern Fall wird das letztere e vernehmlicher ausgesprochen, als im letztern Fall, da das l nur hinter her abschnappt. Die Ursache ist diese: Im erstern Fall ist das e *littera characteristica* (cf. §. 99.) im andern Fall aber nicht. Aus der *Connexion* mit andern Wörtern wird man es deutlicher wahrnehmen. Winsch tew wehld wissu labbu er wünscht dir alles guts, gan winsch wehle to akmini er welzte gnug den Stein. Wer hier den Unterschied der Aussprache des Worts wehle in beyden Fällen nicht bemerken kan, hat noch kein lettisches Ohr und auch keine lettische Zunge.

§. 23.

In folgenden Wörtern wird der Accent verrücket: apsehehlojtees, papreekfch, pareisi, patecsi, lehnihtam, pamasihtim, pamasihtinam, kluffinâm, wallinâm, lehninâm, puiſehé, ahá, ahú, hujá, huſchgá!

Von Verwandelung der Buchstaben.

§. 24.

Wenn die Letten Wörter aus dem Deutschen annehmen, so ist es aus dem Platdeutschen, und wenn

wenn dieses geschiehet, oder wenn sie *Nomina propria* in ihrer Sprache ausdrücken, so nehmen sie eine Veränderung für, insonderheit in denen Buchstaben, die ihnen fehlen (*cf.* §. 14.) wobey sie noch dazu dem Worte eine lettische Endung geben.

(1) fehlt den Letten das *h*, sie lassen es weg, als: Hans, Ansis, Kammerherr, Kammererris.

(2) haben sie kein *ch*, sie verwandeln es in *k*, als: Christus Kristus, Michel Mikkelis, Jochum Jukkums, Hinrich Indrikis.

3) haben sie kein *f* und *v*, folglich auch kein pf und ph, sie verwandeln es in *p* oder *w*, als: Fräulein preileine, Jungfer jumprawa, Philipp Wihlips, Fritz Prizzis oder Sprizzis, Viertel oder Veerendeel peerendeele auch weerendeele.

(4) sch verwandeln sie gern in ck, als: Schade skahde, Schanze skanste, Bischof biskaps.

(5) o mögen sie gern in *a* verwandeln, als: Otte Attis, Salomon Salamans, Sophie Sappe.

(6) au in aw, als: Pfau pahwis, Paul Pahwils, Mietau Nihtawa.

(7) Vielsolbigte Namen werden contrahirt, als: Johannes Jahnis, Dorothea Dahrte, Barbara Babbe, Margaretha Masche, Catharina Katsche.

(8) Es giebt auch noch andere Veränderungen, als: Arzt ahrste, Kunst skunste, Lorenz, Labrenzis auch Brenzis, die Schweden Sweedri, Liebau Leepaja, Windau Wente, Goldingen Kuldiga, Memel Klaipede &c.

(9) Bisweilen entsteht aus dieser Verwandelung eine Vermengung der Namen. z. E. der Geschlechtsname der Herren von Korff und der Herren von Karp ist im lettischen einerley, nemlich: Kahrpis oder Kahrpa Kungs.

Von einigen Zeichen.

§. 25.

Zum Schluß der *Orthographie* kan man merken, daß die *Diaeresis* und der *Apostrophus* gleiche Bedeutung wie im lateinischen haben, als: (1) Waraüs Pharao muß, weil die *Diaeresis* darüber stehet, in drey Sylben ausgesprochen werden. (2) In dem Liede: No Deew' es ńe atkahpschohs Von GOtt will ich nicht lassen, zeiget der *Apostrophus* an, daß der *Vocalis* a *per licentiam poëticam* weggeworfen ist, da es heissen solte no Deewa. (3) Die *Crasis* ^ ist schon oben §. 15. *num.* 3. beschrieben. (4) Noch ist ein Zeichen übrig, das wie ein *Accentus gravis* aussiehet. Es wird sehr selten und fast nur auf folgenden Wörtern gebraucht: tà so, zum Unterschied des *Gen.* ta dessen, kà wie oder daß, zum Unterschied des *Gen.* ka wessen oder dessen, schè hier, tè da, tebè ja freylich, wè pfuy, à brahliht i Brüdergen! è ko sich was!

Der II. Theil.
Von der ETYMOLOGIE.

§. 26.

Ehe man die *Etymologie* nach den *Partibus orationis* abhandelt, muß man 3 Generalregeln merken.

I. Regel.

In der *formatione* und *derivatione* gilt auch bey den Letten die griechische Regel: *Litterae unius organi facile inter se permutantur; et cessante permutatione redit consona prior.* Insonderheit wird das *g* in *ds* und *k* in *z* (et v. v.) verwandelt, als: Beigt enden, *praet.* beidsis *f.* beigusi. Likt legen, *praet.* lizzis *f.* likkusi. Raudsiht zu sehen, *praes.* raugu. Lohziht biegen, *praes.* lohku. Kungs *dim.* kundsinsch, kohks *dim.* kohzinsch, Semneeks *f.* semneeze. Rohka, *dim.* rohzina, *deriv.* weenrohzis. Migt einschlafen, midsinaht einschläfern. Ilgi lange, ildsinaht verzögern. (Die Veränderung anderer *Consonantium* wird bey den *Declinationibus* und *Conjugationibus* gehörig angemerkt werden.)

II. Regel.

Quantitas formati sequitur quantitatem formae, z. E. twihkt heiß seyn, ist lang, also auch das *praet.* twihzis *f.* twihkusi. Hingegen likt legen, ist kurz, folglich, da das *praet.* auch kurz seyn soll, so muß *consona terminationem praecedens* verdoppelt werden, damit keine lange Sylbe draus werde, nemlich lizzis *f.* likkusi. Also auch bads G. mit einem doppelten d, badda, zelsch, G. zella, labs, *f.* labba. salsch, *f.* salla, es zepju ich brate, tu zeppi, juhs zeppeet. Also auch lipt kleben, lippinaht kleistern.

III. Re-

III. Regel.

Die Letten haben kein *neutrum*, sondern nur bloß das *masculinum* und *femininum*, (wie im französischen) welche man durch den *Articulum* TAS der und TA die anzeiget. Das deutsche *Neutrum* aber drücket man durchs *Masculinum* aus, als: Das ist mein Leib, tas irr manna meesa.

Von den DECLINATIONIBVS.

§. 27.

In der lettischen Sprache sind 6 *Declinationes*, 3 *Masculinorum* und 3 *Femininorum*, wie der bald folgende *Typus* zeigen wird.

§. 28.

Ferner 6 *Casus*, davon der letzte *Ablativus Localis* heist, weil er gemeiniglich einen Ort anzeiget, als: krohgā im Kruge, semmē auf der Erden, auch auf die Erde oder zur Erden, mahjās zu Hause, auch nach Hause, karratawās am Galgen, laudīs unter die Leute, unter den Leuten, paspahrnī unterm Abdach.

§. 29.

Weil der *Vocativus* fast durchgehends dem *Nominativo* gleich ist, so ist er in dem jetztfolgenden *Typo* weggelassen.

§. 30.

§. 30.

TYPVS MASCVLINORVM.

	Artic.	I.	II.	III.
S. N.	tas	s (ſch, a)	is (s)	us
G.	ta	a	*a	us
D.	tam	am	im (*am)	um (am)
Acc.	to	u	î (*u)	u
Abl.	taî tannî]	â	î	û (â)
Pl. N.	tee	i	*i	i (us)
G.	to	u	*u	u
D.	teem	eem	*eem	eem
Acc.	tohs	us	*us	us
Abl.	tôs tannis]	ôs	*ôs	ôs

Not. Die Sternlein im *Typo* bedeuten *mutationem* — — — Anmerkungen erhellen wird. (*cf.* §. 26. *reg. I.*)

Allgemeine Anmerkungen.

§. 31.

(1) Der *Gen. Plur.* ift in allen *Declinationibus* durchgehends *u*, und der *Character* des *D. Pl.* ift *m*.

(2) Die Nomina *II. Decl.* in *is*, wie auch alle *Diminutiva* (*vid.* §. 39.) werfen, wenn fie allein ftehen, im *Voc. Sing.* den letzten Buchftaben weg, als: brahlis *Voc.* brahli, (*contracte* brahls *Voc.* brahl) kundfinfch *Voc.*

DECLINATIONVM.
FEMININORVM.

Artic.	IV.	V.	VI.
ta	a	e	s (impur.
tahs	as	es	s
tai	ai	ei	i
to	u	i	i
tai ⎫ tannî ⎭	â (ai)	ê (ei)	î
tahs	as	es	is
to	* u	* u	* u
tahm	ahm	ehm	im
tahs	as	es	is
tâs ⎫ tannîs ⎭	âs	ês	îs

consonae praecedentis, wie aus den bald folgenden besondern

Voc. kundfin, brahlihts. *V.* brahliht, feewina *V.* fee-
win, pukkite *V.* pukkiht, aztina *Voc.* aztia.

Stehen aber bey diesen *Vocativis epitheta,* so bleiben sie
wie im *Nominativo,* als: Nahzeet schurp pee mannim
mans jaukajs kundsinsch kommet her zu mir mein an-
genehmes Herrgen, klaufees manna mihla feewina
hör mein liebes Weibgen.

(Puifis hat im *Voc. sing.* gemeiniglich puisch.)

Besondere Anmerkungen über jede Declination.

§. 32.

ad I. Declin.

(1) Diese *Declin.* hat drey Endungen, s, sch, a, als: kungs G. kunga, zelsch G. zella, karsch G. karra, tas lauwa G. lauwa, D. lauwam &c. Also auch tas atschka, utka, allus-muscha &c.

(2) Das s und sch wird in den andern *Casibus* ordentlicher Weise weggeworfen, wie aus den vorhergehenden Exempeln erhellet. Doch einige behalten es in allen *casibus*. Nemlich die sich auf ein fs und sch *purum* (d. i. *praecedente vocali*) endigen, als: gaifs G. gaifa, bafs G. baffa, gaifsch G. gaifscha, plafsch G. plafscha &c. Hieher gehören auch tukfsch und tumfsch G. tukfscha und tumfscha.

(3) Folgende verändern das scharfe ſs und sch in ein gelindes, als: mafs G. masa, kruhfs G. kruhsa, beefs G. beesa, greifs G. greisa, mesch G. mescha, muhsch G. muhscha. Also auch: dafsch, disch, glufsch, grohfsch und gaufsch. Hieher gehöret auch dahrs G. dahrsa.

(4) Das *Adjectivum* glihts hat glihscha.

§. 33.

ad II. Declin.

(1) Diese *Nomina* endigen sich eigentlich auf is, aber oftmals so *insensibel*, daß das i weggelassen wird, als: brahlis auch brahls, engelis auch engels. Daher giebt es *Nomina* II. *Decl.* die sich wie *Nomina* I. *Decl.* endigen. Man erkennet sie aber in den *casibus obliquis*, insonderheit im *plurali*, an dem veränderten *consonante*, als: furs G. funna, *pl.* funni, wahzeets G. wahzeescha, *plur.* wahzeeschi.

(2) Die *mutatio consonae* in den mit einem Sternlein bezeichneten *Casibus* ist wie folget: l, n, r, b, m, p, w *virgulantur* (cf. §. 13.) d und t wird in sch, dſ in dsch, t und k in sch und z in tsch verwandelt (cf. §. 26. reg. 1.) als:

als: brahlis G. brahla, sapnis G. sapna, kihris G. kihra, dambis G. dambja, bohmis G. bohmja, dumpis G. dumpja, burwis G. burwja, breesis G. breescha, ahsis G. ahscha, drudsis G. drudscha, Leitis G. Leischa, wehrsis G. wehrscha, lahzis G. lahtscha. Andere *Consonantes* hingegen bleiben unverändert, als: sakkis G. sakka, lohgu slehgis G. slehga. Ingleichen beedris, weesis, garrosis und kummosis behalten den *consonantem* unverändert.

(3) Um sich desto besser in dem *Typo II. Decl.* zu finden, soll jetzt die *Declination* der Wörter sapnis und suns folgen:

    S. N. sapnis der Traum, *G.* sapna, *D.* sapnim auch sapnam, *Acc.* sapni auch sapnu, *Abl. loc.* sapni im Traum. *Pl. N.* sapni, *G.* sapnu, &c.

    S. N. suns der Hund, *G.* sunna, *D.* sunnim auch sunnam, *Acc.* sunni auch sunnu, *Abl.* sunni. *Pl. N.* sunni, *G.* sunnu &c.

(4) Die *Dissyllaba* in NS haben manches besondere: Uhdens, ugguns und assins gehen im *sing.* also: *N.* ns. *G.* ns. *D.* nim. *Acc.* ni. *Abl.* ni. Im *plur.* gehen uhdens und ugguns also: *N.* ni, *G.* nu. *D.* nim. *Acc.* nus. *Abl.* nis. Assins aber ist im *plur.* ein *fem. VI. Decl.* tahs assinis, to assiau, tahm assinim, tahs assinis. *Abl.* assinis. Akmins, dibbins und vielleicht noch mehrere, haben einen doppelten *G. sing.* in ns und in na. (*cf.* 1 *Cor.* X, 4. und 4 *Mos.* XX. 10.)

(5) Praweets ist im *sing. I. & II. Decl.* im *plur. II. Decl.* Awots ist im *sing. I.* im *plur. I.* und *II. Decl.* zugleich. (*cf.* 5 *Mos.* XVIII. 15. & XIII. 5. it. 1 *Mos.* VII. 11. & *Ps.* CIII. 10.)

§. 34.

ad III. Declin.

(1) Diese sind meistens *singularia tantum*, als: leddus meddus, leetus, *G.* us. *D.* um, (nicht am.) *Acc.* u *Abl.* û, auch â.

(2) Widdus und wirsus wird von einigen auch im *sem.* gebraucht.

(3) Die Wörter, die auch einen *pluralem* haben, haben im *Dativo sing.* auch am, und im *plur.* gehen sie nach der *I. Declin.* als: tirgus der Markt, *G.* tirgus. *D.* tirgum auch tirgam, *Acc.* tirgu, *Abl.* tirgû auch tirgâ. *Pl.* tirgi (nicht aber tirgus) *G.* tirgu &c.

(4) Die *Pluralia tantum* haben im *Nom.* us (nicht aber i) in den andern *casibus* gehen sie nach der *I. Decl.* als: tee pellus der Spreu, *G.* pellu. *D.* pelleem. *Acc.* pellus. *Abl.* pellôs.

§. 35.
ad IV. Declin.

Einige *Nomina* in dieser *Declination* ändern im *Gen. plur. consonam praecedentem* wie folget: l und n *virgulantur*, und t *impurum* (d. i. wenn vor dem t noch ein *consonans* vorhergehet) wird in sch verwandelt, als: aukla *G. pl.* auklu, ehna *G. pl.* ehnu, bulta *G. pl.* bulschu. Die andern bleiben unverändert, als: seewa *G. plur.* seewu, meita *G. pl.* meitu. Also auch die *feminina* ta atschka, ta utka &c.

§. 36.
ad V. Declin.

(1) Der *Genit. plur.* ändert in dieser *Declination consonam praecedentem* eben so, wie in der *II. Decl.* (cf. §. 33. num. 2.) als: Ta mehle *G. pl.* mehlu, sehne *G. pl.* sehnu, dsihre *G. pl.* dsihru, drehbe *G. pl.* drehbju, sihme *G. pl.* sihmju, uppe *G. pl.* upju, wirwe *G. pl.* wirwju, lohde *G. pl.* lohschu, rohse *G. pl.* rohschu, kaudse *G. pl.* kaudschu, bitte *G. pl.* bischu, lahse *G. pl.* lahschu, swezze *G. pl.* swetschu. Rihkste hat einen doppelten *G. pl.* rihkstu, auch rihkschku. Aber mutte der Mund hat im *G. pl.* muttu, zum Unterscheid muschu der Fliegen.

(2) Es giebt auch *Masculina* in E, die zum Theil nach dieser, zum Theil nach der *I. Decl.* gehen. Ihr *Schema* ist wie folget:

38.) , *Nominum.*

Sing. N. e. G. es. D. am. *Acc.* u. *Abl.* ê.
Plur. N. es. G. u. D. eem. *Acc.* us. *Abl.* ês.

als: bende der Büttel, G. bendes ʒ. E. bendes kalps Bütelsknecht. Also auch waggare der Hofsälteste. Bisweilen höret man auch waggars gänzlich nach der *I. Declin.*

§. 37.
ad VI. Declin.

(1) Der *Genit. plur.* ändert in dieser *Declin. consonam praecedentem,* wie folget: w wird in wj, d in sch. s und t in sch und st in sch auch schk verwandelt, als: aws *G. pl.* awju, firds *G. pl.* sirschu, ass *G. pl.* aschu, klehta *G. pl.* klehschu, pahksts *G. pl.* pahkschu, auch pahkschku. Ausgenommen uts hat im *G. pl.* uttu, und sohfs, sohsu.
(2) debbes der Himmel hat einen doppelten *pluralem,* tahs debbesis die Himmel *VI. Decl.* und tee debbeschi *I. Decl.* die Wolken.
(3) Tee laudis die Leute ist ein *plurale masculinum VI. Declinat.* G. lauschu, D. laudim, *Acc.* laudis, *Abl.* loc. laudis, unter den Leuten.

Von der Anomolia Nominum.
§. 38.

Hieher gehören
(1) Die *Defectiva in casu Locali tantum usitata*, deren nur 5 sind, die man am besten als *phrases* merken kan. Wehrā (ohmā, gaumā) *līkt* oder nemt wahrnehmen, inacht nehmen, bohjā eet zu Grund gehen, verderben, weenā gairi lassiht in einem fortlesen, aus einem Stück lesen ohne sich zu erholen.
(2) *Defectiva numeri* giebt es im Lettischen sehr viele, und zwar sowol *singularia tantum*, als: selts, sudrabs, allus &c. als auch *Pluralia tantum,* und zwar in allen *Declinationen,* als: duhmi, rudsi, kweeschi, meeschi, pellus, sahnus, waschus, raggus, ausas, kahsas, brunnas, eekschas, driggenes, meeles, peepes, durris oder durwis, makstis, nahsis &c.

(3) Von

(3) Von *Heterogeneis* ist mir nur das obige tas affins, *plur.* tahs affinis siehe §. 33. *unm.* 4.) bekannt.

(4) Desto mehr *Heteroclita* findet man im Lettischen, als: meita auch meite, bandas auch bandes, tas preeks auch ta preeza, laudis auch lauschi, tas waggare auch waggars, ta padebbes auch tas padebbefis, ta mehnefs der Mond, tas mehnefis der Monat, doch sagt man auch tas pillajs mehnefs der volle Mond.

[Hier kan ich nicht umhin, anzumerken, daß es Fälle giebt, welche einen sehr zweifelhaft machen, ob ein Wort ein *masc.* oder *fem.* ist. Hieran ist theils der *Dialect*, theils der würklich doppelte Gebrauch, theils eigene Unwissenheit schuld. Aus einem und andern bekannten *casu* läßt sich nicht allezeit der *Nominativus*, das *Genus* und die *Declination* entscheiden. Auch um dieser Ursache willen habe ich mein *Lexicon* dieser *Grammatic* beygefügt. Aus demselben kan sich nun ein jeder leicht Raths erholen, und ich bin zugleich der Mühe überhoben, diejenigen Wege zu beschreiben, auf welchen ich mich aus diesem Labyrinth ausgeholfen.]

Von den Diminutivis.

§. 39.

Die Lettische Sprache beliebt für andern die *Diminutiva*, welche sie zum Liebkosen, bisweilen auch zur Verachtung gebrauchen. z. E. Pukkite, rohsite, selta maggonite, Blümgen, Röslein, gülden Mohngen ist sehr schmeichelhaft, und wird von Kindern gebraucht, wenn sie etwas sehr bitten. Hingegen tahds kurpneeziņsch so ein Schusterchen, zeiget eine Verachtung an.

§. 40.

Die *Diminutiva* werden wie folget *formirt*:

I. *Decl* in *insch*, als: wihrs, wihriņsch, kungs, kundsiņsch, kohks, kohziņsch. (cf. §. 26. reg. 1.)

II. Decl.

II. Decl. in ihts (oder itis) als: brahlis *dim.* brahliht, G. brahlischa, suns *dim.* sunnitis *contracte* sunnihts G. sunnischa. Ausgenommen akmins *dim.* akmintinsch, ugguns *dim.* agguntinsch, weesis *dim.* weesinsch auch weestinsch &c.

III. Decl. in utinsch, als: meddus, meddutinsch, allus, allutinsch. Aber tirgus hat tirdsinsch.

IV. Decl. in ina, als: seewa, seewina, rohka, rohzina.

V. Decl. in ite, als: mehlo, mehlite, pukke, pukkite, rohse, rohsite.

VI. Decl. in tina oder nina, als: uzs, aztina, sirds, sirsnina, aws, aitina, (von aita) gohws, gohsnina auch gohtina.

§. 41.

Nach welcher *Declination* ein jedes *Diminutivum* gehet, ersiehet man aus den Endungen. Nemlich die in insch und utinsch gehen nach der *I.* als: wihrinsch, G. wihrina, D. wihrinam &c. Die in ihts oder itis nach der *II.* Die in ina, tina oder nina nach der *IV.* und die in ite oder ele (davon hernach in den *subdiminutivis* §. 45.) nach der *V. Decl.*

[Es giebt also keine *Diminutiva*, die nach der *III.* und *VI. Decl.* gehen.]

§. 42.

Tehws der Vater hat im *dimin.* tehtihts auch tehtinsch, G. tehtina, nicht aber tehtischa. Das *dim.* tehwinsch aber heißt ein Vätergen beym Fasel. Also auch mahte die Mutter, hat im *dim.* mahmina, beym Fasel aber wird mahtite gebraucht.

§. 43.

Die Letten nehmen nicht allezeit die *Formation* der *Diminutivorum* so gar genau. j. E. brahlis hat im *dimin.* brahlihts, sie sagen aber auch bisweilen brahlinsch. Mahse hat im *dim.* mahsite, auch mahsina.

§. 44.

Man findet auch *Adjectiva*, ja so gar *Adverbia* im *Diminutivo*, als: mafs klein *dim.* masinsch, *fem.* masa, *dim.* masina, nabbags arm *dim.* nabbadsinsch, *f.* nabbaga *dim.* nabbadsite, taggad jetzt *dim.* taggadin auch taggadiht, tuhdal sogleich, *dim.* tuhdalin auch tuhdalibt, lehnam sacht, *dim.* lehninam auch lehnihtam, pamasam sacht, *dim.* pamasihtim, mag wenig, *dim.* maggenibt ein klein wenig.

§. 45.

Die Letten haben auch *Subdiminutiva*, welche *gradatim* verkleinern, als: brahlis der Bruder, *dim.* brahlihts Brüdergen, *subdimin.* brahlulis ein klein Brüdergen, brahlulitis ein ganz klein Brüdergen, bahlinsch, bahlulinsch und bahlulitis braucht man bey ganz kleinen Kindern, die noch das r nicht aussprechen können. (Den Kindern zu Gefallen wird das *dim.* sirdsinsch ein Pferdgen auch koschinsch genannt, von dem Wort kosch kosch, wie die Letten ihre Pferde locken.) Also auch: mahte die Mutter, *dim.* mahmina, *subdim.* mahmulite auch mahmulinna. Meita die Tochter, *dim.* meitina auch weitene, *subdim.* meitenite. Muischa der Hof, muischina, muischele, muischelite, Krohgs der Krug, krohdsinsch, krohgelis, krohgelitis, Lehnam sacht, lehninam, (lehnihtam) lehnihtinam.

Von den Substantivis mobilibus.

§. 46.

Das *femininum* von einem *Nomine proprio*, wenn es dessen Weib anzeigen soll, endet sich auf ene oder eene, als: Miknuns *f.* Miknunene oder Miknuneene, Jehkabs *f.* Jehkabene oder Jehkabeene.

[*Ad horum imitationem* hat skrohderis im *f.* skrohdere, ne oder skrohdereene, und kehninsch *f.* kehninene oder kehnineene.]

§. 47.

Werden aber Kinder von einem *Nomine proprio* angezeigt, so sind die Endungen ens *f.* ene, als: Klahwens des Clahßen Sohn, *f.* Klahwene des Clahßen Tochter, Maddens der Madden ihr Sohn, Maddene der Madden ihre Tochter, Leitens ein Litthauisch Kind, *f.* Leitene, von Leitis ein Litthauer.

[*Ad horum imitationem* werden auch die Kinder aus der Freundschaft angezeigt, als: brahlens ein Brudersohn, *f.* brahlene eine Brudertochter, mahsens ein Schwestersohn *f.* mahsene eine Schwestertochter. Also auch deewerens Mannsbrudersohn, *f.* deewerene Mannsbrudertochter. (*cf.* §. 207.) Ingleichen draudsens eines Freundes Kind, *f.* draudsene. Ja gar beym Vieh und Fasel, aber nur im *masc.* als wehrsens ein Ochsgen, kaslens ein Zickel, ahsens ein kleiner Bock, sohflens ein Gesselchen.]

§. 48.

Die übrigen *Substantiva mobilia* formiren das *fem.* also:

masc.   *fem.*
a —— a, als: nejehga ein Unverständiger, *f.* eben so.
e —— e, nerimsche, ein Unruhiger, *f.* auch so.
s (*I. Decl.*) a, wehrgs ein Leibeigener, *f.* wehrga.
is (s) *II. D.* e, saglis, ein Dieb, *f.* sagle, wahzeets ein Deutscher, *f.* wahzeete.
ja —— ja, arrajs ein Pflüger, *f.* arraja, strahdatajs der gut arbeitet, *f.* strahdataja, dewejs ein Geber *f.* deweja.
eeks —— eeze, semneeks ein Bauer, *f.* semneeze.

Ausgenommen Pohls ein Pohl hat im *fem.* Pohlite, Schihds ein Jude hat im *fem.* Schihdauka, ubbags ein Bettler hat im *fem.* ubbagge (auch ubbadse laut *Elvers Lexicon*) Nabbags arm ist eigentlich ein *adjectivum* und hat im *feminino* nabbaga. Wenn es aber *substantive* gebraucht wird, so hats im *fem.* nabbagge, und hievon kommt das *diminutivum* nabbadûte her, (*vid.* §. 44.)

Von den ADIECTIVIS.

§. 49.

Die *Adjectiva* einer Endung werden nicht *declinirt*, sondern behalten dieselbe Endung in beyden *Numeris* und in allen *Casibus*, als: daudſ viel, maſ wenig, als: winſch ar daudſ (oder maſ) ſirgeem eejahjis, er iſt mit viel (oder wenig) Pferden eingeritten.

§. 50.

Werden aber ſolche *Adjectiva ſubſtantive* gebraucht, ſo werden ſie auch als *Subſtantiva declinirt*, als: ar daudſeem runnaht mit vielen reden.

§. 51.

Die *Adjectiva* zweyer Endungen haben im *Nominativo feminini* juſt ſo, wie der *Genitivus ſingularis* im *maſc.* iſt, als: maſs klein *f.* maſa, labs *f.* labba, falſch *f.* falſa, daſch *f.* daſcha, glihts *f.* glihſcha (*cf.* §. 32.) wihrifks *f.* wihrifka oder wihrifchks *f.* wihrifchka, ſahlains oder ſahlainſch *f.* ſahlaina.

[Wie die *Pronomina adjectiva* und *Participia* ihre *feminina formiren*, davon wird jedes an ſeinem Ort gezeiget werden.

§. 52.

Von dieſen *Adjectivis* zweyer Endungen *formiren* die Letten *Adjectiva diſcretiva ſignificationis excellentioris* in ajs *f.* aja. Als: labs *f.* labba heiſſt ſchlechtweg der und die gute, aber labbajs *f.* labbaja heiſſt ſchon mit mehrerm Nachdruck der und die gute, oder vorzüglich gut. Alſo hat ſchehligajs Deews gnädiger GOtt mehr Nachdruck als ſchehligs Deews.

§. 53.

Alle *Adjectiva* gehen im *maſc.* nach der I. im *fem.* aber nach der IV. *Decl.* als: *maſc.* labs, G. labba, D. labbam &c. *fem.* labba, G. labbas, D. labbai &c. Alſo auch: *maſc.* labbajs, G. labbaja, D. labbajam &c. *fem.* labbaja, G. labbajas, D. labbajai &c.

Adjectivis.

§. 54.

Nur eins ist noch zu merken, daß die *Discretiva* im *plur. ee* anstatt *i* haben. Als: tee labbajee anstatt tee labbaji. Eben dieses muß man auch bey den *Comparativis* wahrnehmen, wenn sie *substantive* gebraucht werden, als: tee wezzakee starp teem laudim die Aeltesten im Volk.

§. 55.

Dieses thun die Letten auch so gar in den schlechten *Adjectivis*, daß sie nemlich das *i* in *ee* verwandeln, wenn sie nach ihrer Art *galant* austhun wollen, als: leelee sirgi anstatt leeli sirgi, labbee-laiki anstatt labbi laiki. Ja einige verwandeln auch das *u* in *o*, als: labbo lauschu dehls ein Sohn guter Leute. Also auch: atwedd man to behro (*sc.* sirgu) führ mir den Braunen her (d. i. das braune Pferd) anstatt to behru.

Von der Comparation.

§. 56.

Die schlechten *Adjectiva formiren* den *Comparativum* in aks *f.* aka, die *Discretiva* in akajs *f.* akaja, als: labs *f.* labba gut, *Compar.* labbaks *f.* labbaka, der, die bessere, Labbajs *f.* labbaja vorzüglich gut, *Compar.* labbakajs *f.* labbakaja der, die vorzüglich bessere.

§. 57.

Der *Comparativus* des *Discretivi* vertritt bey den schlechten *Adjectivis* die Stelle des *Superlativi*, als: *Positivus* labs, *Comparativus* labbaks, *Superlativus* labbakajs.

[Von der Erhöhung der *Comparation* siehe *Syntax.* §. 147.]

Von den Numerabilibus.

§. 58.

Die *Numeralia cardinalia* werden folgendermaßen *declinirt*:

(1) Weens, *f.* weena eins, geht regulär, (siehe §. 53.)
(2) Diwi zwey, wenn es *substantive* gebraucht wird, hat im G. diwju, D. diweem auch diwjeem, *Acc.* diwi.

(3) Tribs

(3) Trihs drey hat im *masc.* und *fem.* einerley, G. triju, D. trim. Acc. trihs.
(4) Abbi *f.* abbas beyde, G. abbu, D. abbeem *f.* abbahm, Acc. abbus *f.* abbas. Man sagt auch im *Singulari:* no abbas pusses von beyden Seiten.

§. 59.

Diwi zwey, desmits zehen und simts hundert, wenn sie *adjective* gebraucht werden, sind *indeclinabilia*, (cf. §. 49.) sonst aber werden sie *declinirt*. z. E. pehz diwi d eenahm nach zween Tagen, ar diweem runnaht mit zween ti:den.

§. 60.

Tuhkstohts ein Tausend wird im *sing.* blos als ein *Substantivum* gebraucht, als: weens tuhkstohts, G. weena tuhkstofcha &c.

§. 61.

Tschetri 4. peezi 5. sesschi 6. septini 7. astoni 8. dewini 9. simti hundert, und tuhkstofchi tausend, werden als *pluralia* im *masc.* und *fem.* ordentlich *declinirt*. (*cf.* §. 53.)

§. 62.

Weens, diwi, trihs und abbi haben auch ihre *discretiva*, die andern aber nicht, als: weenajs *f.* weenaja, diwejs *f.* diweja, treijs *f.* treija, abbejs *f.* abbeja. z. E. Deews irr tas weenajs GOtt ist der einige, diweju jeb treiju wihru spehks zweyer oder dreyer Männer Kraft, diwejôs jeb treijôs gabbalôs in zwey oder drey Stücken, abbejs pusse oder no alsbejas pusses auf oder von beyden Seiten.

§. 63.

Die *Ordinalia* sind samt ihren *Discretivis Adjectiva*, zweyer Endungen, als: pirms *f.* pirma d. d. erste, ohtrs *f.* a. d. d. andere, tresch *f.* trescha d. d. dritte, zettorts *f.* a d. d. vierte, peekts *f.* a d. d. fünfte, sests *f.* a d. d. sechste, septihts *f.* ita d. d. siebende, astots *f.* ta d. d. achte, dewits *f.* ta d. d. neunte, desmits *f.* ta d. d. zehnte, simts *f.* ta d. d. hunderte, tuhkstots *f.* ta d. d. tausendste. Also auch pirmajs *f.* aja, ohtrajs *f.* aja &c.

[Von der Ordnung der *Numeralium* siehe *Syntax* §. 149.]

Von

Von den PRONOMINIBVS.

§. 64.

Es ich, Tu Du, Kas wer oder welcher, Schis dieser, und das *Reciprocum* Sewis gehen irregulär, wie folget:

	1 perf.	2 perf.	Recipr.	Rel. & Inter.
S. N.	ES	TU	— —	KAS
G.	mannis	tewis	SEWIS	ka
D.	mannim, auch man	tewim, tew	sewim, sew	kam
Acc.	manni, auch man	tewi, tew	sewi, sew	ko
Pl. N.	mehs	juhs	Plur. wie im Sing.	
G.	muhsu	juhsu		
D.	mums	jums		
Acc.	muhs	juhs		

	Mascul.	Femin.
S. N.	SCHIS	schi
G.	schi auch scha	schihs — schahs
D.	schim — scham	schi — schai
Acc.	scho	scho
Abl.	schî, schaî, schinnî	schî, schaî, schinnî
Pl. N.	schee	schihs — schahs
G.	scho	scho
D.	scheem — schim	schim — schahm
Acc.	schohs	schihs — schahs
Abl.	schîs, schôs, schinnîs	schîs, schâs, schinnîs

§. 65.

Von den *Pronominibus.*

§. 65.

Die *Pronomina possessiva:* mans **mein,** taws **dein,** muhfs **unser,** juhfs **euer,** und das *Reciprocum* sawswerden wie ordentliche *Adjectiva:* Hingegen mannajs der **Meinige,** tawajs der **Deinige,** muhsajs der **Unsrige,** juhsajs der **Eurige** und das *Reciprocum* sawajs wie *Adjectiva discretiva* declinirt. (cf. §§. 53. 54.)

§. 66.

Winsch er s. winna, kahds **was für einer,** schahds **so einer,** tahds **ein solcher,** kursch **welcher unter ihnen,** katrs **ein jeder** und zits **ein anderer,** sind *Adjectiva* zweyer Endungen, und gehen regulär.

§. 67.

Pats **selbst, eigen,** f. patti (einige sagen auch pascha) gehet in den andern *Casibus* regulär, nemlich im *masc.* nach der *II.* im *fem.* aber nach der *IV. Decl.* also: *masc.* pats, G. pascha, D. pattim auch pascham, Acc. patti auch paschu, Abl. patti auch paschâ, plur. paschi &c. fem. patti, G. paschas, D. paschai &c. Also auch das *Compos:* ihpats eigentlich, besonders.

§. 68.

Tas **der** und ta **die,** ist mehr ein *Pronomen,* als ein *Articulus,* und heißt **derjenige,** auch **dieser.** Die Declination desselben siehe im Typo §. 30.

[Den Gebrauch der *Relativorum, Reciprocorum* und *Possessivorum* siehe Syntax §. 151. sqq.]

Von der Declination der PARTICIPIORVM.

§. 69.

Wie die *Participia* von einem jeden *Verbo* formirt werden, wird unten bey den *Verbis* gezeigt werden. Hier sehen wir blos auf ihre *Declination.*

§. 70.

§. 70.

Die *Participia* in AMS *f.* ama, TS *f.* ta und TINS *f.* tina gehen ganz regulär wie *Adjectiva*, als: buhdams *f.* buhdama seyend, redsehts *f.* redseta d. d. d. gesehene, plautins *f.* plautna was zu mähen ist.

§. 71.

Die *Participia* in OTS *f.* oti gehen in den übrigen *casibus* (da sie das t in sch verwandeln) auch regulär. als: essots *f.* essoti seyend, G. essoscha *f.* as, D. am *f.* ai &c. Also auch drebbots *f.* oti zitternd. (In *Elvers Lexico* steht drebboscha lappa ein rauschend Blat p. 219, anstatt drebboti.)

§. 72.

Die *Participia* in IS *f.* usi gehen gleichfalls in den übrigen *casibus*, (da das is und us in usch verwandelt wird) ganz regulär. Als bijis *f.* bijusi d. d. d. gewesene, G. bijuscha *f.* bijuschas. D. bijuscham *f.* bijuschai &c.

§. 73.

Noch findet man in der Adolphischen *Grammatic* die *Participia* in US, deren *Declination* und Gebrauch nicht angezeiget ist. Ich habe noch vor kurzer Zeit das Wort essusi als ein *fem.* von essus und zwar in derselben Bedeutung als essors *f.* essoti gehört. Daraus schliesse ich *ad analogiam*, daß es weiter G. essuscha *f.* essuschas, D. essuscham *f.* essuschai &c. haben muß.

§. 74.

Die *Participia* der *Verborum Reciprocorum* gehen ganz anders. Die *Praeterita* auf EES *f.* usees, *plur. m. & f.* uschees haben keine mehrere *casus*. Als: sargasees der sich gehütet hat, *f.* sargajusees die sich gehütet hat, *plur. m. & f.* sargajuschees die sich gehütet haben. Hingegen die *Praesentia* in DAMEES sowol im *sing.* als im *plur.* haben keine mehrere Endungen, als: sargadamees sich hütend *sing. & plur.*

§. 75.

§. 75.

Wenn sich *Participia* auf DSIS und ZIS und im *Reciproco* auf DSEES und ZEES endigen, so kommt im *fem.* und in allen andern *casibus* die veränderte *consona Infinitivi* wieder. (cf. §. 26. reg. I.) als: beidsis der geendet hat, f. beigusi, G beiguscha f. beiguschas &c. vom *Infin.* beigt. sahzis der angefangen hat, f. sahkusi, G. sahkuscha f. sahkuschas &c. vom *Inf.* sahkt. Also auch beidsees der sich geendet hat, f. beigusees, *plur.* beiguschees. sahzees der sich angefangen hat, f. sahkusees, *plur.* sahkuschees.

§. 76.

Endigen sich aber diese *Participia* auf JIS und JEES, und man sie *more Lettico contrahiren* will, so wird von jis das mittlere i und im übrigen das u durchgehends weggeworfen, als: sargajis *contracte* sargajs f. sargajusi *contracte* sargajsi, G. sargajuscha *contracte* sargajscha &c. Also auch sargajees, f. sargajusees *contracte* sargajsees, *plur.* sargajuschees *contracte* sargajschees.

Von den VERBIS.

§. 77.

Die Lettischen *Verba* werden wie im deutschen mit Vorsetzung der *Pronominum conjugirt*, als: es esmu ich bin, tu essi du bist, winsch (f. winna) irr er (sie) ist *plur.* mehs essam wir sind, juhs esset ihr seyd, winni (f. winnas) irr sie sind. Also auch: es sargu ich hüte oder bewahre, tu sargi du hütest, winsch sarga er hütet, (winna sarga sie hütet) *plur.* mehs sargam wir hüten, juhs sargajt ihr hütet, winni (f. winnas) sarga sie hüten.

§. 78.

Allgemeine Regel.

Die *tertia persona pluralis* ist mit der *tertia persona singularis* allezeit einerley, wie an den obigen Exempeln zu sehen.

Von

Von den Temporibus.

§. 79.

Tempora simplicia, die nach eigenen Endungen flectirt werden, sind im Lettischen drey: *Praesens, Imperfectum* und *Futurum*, als: es esmu ich bin, es biju ich war, es buhschu ich werde seyn. Also auch: es sargu ich hüte oder bewahre, es sargaju ich hütete, es sargaschu ich werde hüten.

§. 80.

Ueber diese werden noch drey *Tempora composita* aus dem *Verbo Substantivo* und dem *Praeterito Participii* gemacht, nemlich das *Perfectum, Plusquamperfectum* und *Futurum secundum* (welches auch *Praeterito-Futurum* genennet werden könnte.) Wobey man zugleich auf das *genus*, sowol im *sing.* als im *plur.* sehen muß. Als: es esmu bijis *f.* bijusi ich bin gewesen (*pl.* mehs essam bijuschi *f.* bijuschas wir sind gewesen) es biju bijis &c. ich war gewesen, es buhschu bijis &c. ich werde gewesen seyn. Also auch: es esmu sargajis *f.* sargajusi ich habe behütet oder bewahret (*pl.* mehs essam sargajuschi *f.* – as wir haben behütet) es biju sargajis &c. ich hatte behütet, es buhschu sargajis &c. ich werde behütet haben.

Von den Modis.

§. 81.

Modi, die ihre eigene und besondere Endungen haben, sind nur drey zu merken: *Indicativus, Conjunctivus* und *Infinitivus*, wozu noch die *Participia* gehören. Als: *Indicativus* es esmu ich bin &c. *Conjunctivus* es essus auch essoht ich sey, es buhtu ich wäre, es buhschus auch buhschoht (daß) ich werde seyn. *Infinitivus* buht seyn &c. Die *Participia* siehe §. 70. *sqq.* Also auch: *Indic.* es sargu ich hüte oder bewahre &c. *Conjunct.* es sargus auch sargoht (daß) ich hüte, es sargatu ich würde hüten, es sargaschus oder sargaschoht (daß) ich werde hüten. *Infin.* sargaht hüten &c. Die *Participia* siehe §§. cit.

Vom Imperativo.

§. 82.

Der ordentliche *Imperativus* ist allezeit *secunda persona praesentis Indicativi*, als: tu essi du bist, *Imperat.* essi sey, *plur.* juhs esseet ihr seyd, *Imperat.* esseet seyd. Also auch: tu strahda du arbeitest, *Imperat.* strahda arbeite, *plur.* juhs strahdajeet ihr arbeitet, *Imperat.* strahdajeet arbeitet.

§. 83.

So wie im deutschen die Endung e oftmals weggeworfen wird, eben so wird auch im Lettischen oftmals das i weggelassen, als: tezz anstatt tezzi, lauf anstatt laufe, darr' anstatt darri, thu anstatt thue.

§. 84.

Vom *Modo Concessivo* und *Necessitatis*, welche oftmals die Stelle eines *Imperativi* vertreten, siehe unten §. 112. *sqq.* und 160. *num.* 2.

Vom Verbo Substantivo.

§. 85.

Ehe wir von den zwey *Generibus Verborum* und von den drey *Conjugationibus* handeln, muß man sich das *Verbum Substantivum* zum voraus bekannt machen, weil sich die Letten desselben als eines *Verbi auxiliaris* in allen *Generibus* und *Modis* bedienen, wie zum Theil aus dem 80. §. zu ersehen.

TYPVS

TYPVS VERBI SVBSTANTIVI.

	INDIC.	CONI. I.	II.	INFIN.
Praesens.	ESMU essi irr (irraid) essam (essim) esseet (essat) irr (irraid)	essus (u) essus essus (u) essus essus essus	essoht	1) BUHT seyn. 2) *Praes.* essat daß · sey *Fut.* buhschar daß · seyn werde. * bijuschu pl. { - - us. f. as. daß · gewesen cf. §. 80.
Imperfectum.	biju biji bija (bij) bijam bijat (bijeet) bija (bij)	buhtu buhtu buhtu buhtum buhtut buhtu		GERUND. essoht im seyn.
Futurum.	buhschu buhsi buhs buhsim buhseet buhs	buhschus — — — — — — — — — —	buhschoht	PARTICIP. *Praes.* 1 buhdams 2. essots 3. essus *Praet.* bijis, cf. §. 70. sqq

* bijis cf. §. 80.

[Der Gebrauch des *Conjunctivi primi* und *secundi*, imgleichen des *Infinitivi primi* und *secundi*, wie auch des Gerundii und der *Participiorum* wird unten in der Syntax gezeiget werden.]

Von den Generibus Verborum.
§. 86.

Die Letten haben eigentlich nur zwey Arten oder *Genera Verborum*, die sie ohne ein *Verbum auxiliare* in den *Temporibus simplicibus* nach eigenen Endungen *flectiren*:

I. Das *ACTIVUM*, wornach auch das *Neutrum* (welches bisweilen so gar *significationem passivam* hat) gehet. z. E. es sargu ich hüte, bewahre, nehme in acht, tu sargi, winsch sarga ist ein *Activum*. Es eemu ich gebe, tu eij, winsch eet, ist ein *Neutrum*. Es dsemmu, ich werde gebohren, tu dsemmi, winsch dsemm ist ein *Neutrum significationis passivae*.

II. Das *RECIPROCUM*, welches im deutschen mit den *Pronominibus* mich, dich, sich, *pl.* uns, euch, sich gegeben wird, und was man an und in sich selbst verrichtet, anzeiget. Als: es sargohs ich hüte mich, tu sargees oder sargojs du hütest dich, winsch sargahs er hütet sich. Es smeijohs ich lache bey mir, es luhdsohs ich bitte für mich, oder ich bete, es mahzohs ich lehre mich selbst oder ich lerne.

> [In der Adolphischen *Grammatic* wird es *Intransitivum* genannt, welchen Namen auch ein jedes *Neutrum* führen kan.]

§. 87.

Gleichwie aus der Bedeutung eines *Verbi* beurtheilet wird, ob es ein *Activum* sey und ein *Passivum* habe, oder ob es ein bloßes *Neutrum* sey und dabey kein *Passivum* statt finde; eben so muß aus dem Verstande eines *Activi* beurtheilet werden, ob es ein *Reciprocum* habe oder nicht. z. E. es runnaju ich rede, hat kein *Reciprocum*, weil ich nicht sagen kan, ich rede mich. Hingegen es aprunnaju ich berede, hat das *Reciprocum* es aprunnsjohs ich berede oder bespreche mich, nemlich mit einem andern.

Auch einige *Neutra* haben ein *Reciprocum*, als: reet beilen, reetees sich zanken und beissen wie ein Hund. Eben also giebt es bloße *Reciproca*, ohne ein *Activum* oder *Neutrum*, als: brihnitees sich verwundern, preezatees sich freuen, dürtees sich verlauten lassen dieses oder jenes zu thun.

Vom PASSIVO.
§. 88.

Was aber das *Paſſivum* betrift, ſolches erfordert nicht wie im lateiniſchen eine *aparte Conjugation,* ſondern es wird wie im deutſchen durch ein *Verbum auxiliare* gemacht, wenn daſſelbe mit dem *Participio praeterito Paſſivi* zuſammen geſetzt wird.

§. 89.

Das *Verbum auxiliare Paſſivi* iſt im Lettiſchen es TOHPU oder es kluhſtu (bisweilen auch es teeku) und das *Participium praeteritum Paſſivi* endet ſich auf TS, ſ. ta, welches vom *Infinitivo primo Activi formirt* wird. z. E. Es tohpu oder kluhſtu ſargahts ſ. ſargata ich werde behütet, *plur.* mehs tohpam oder kluhſtam ſargati ſ. ſargatas wir werden behütet. Es tappu oder kluji ſargahts &c. ich ward behütet. Es tapſchu ſargahts &c. ich werde behütet werden. Alſo auch in den *Temporibus compoſitis:* es eſmu ſargahts tappis oder kluis (ſ. es eſmu ſargata tappuſi oder kluuſi) ich bin behütet worden, *plur.* mehs eſſam ſargati tappuſchi oder kluuſchi (ſ. mehs eſſam ſargatas tappuſchas oder kluuſchas) wir ſind behütet worden. Es biju ſargats tappis oder kluis &c. ich war behütet worden. Es buhſchu ſargats tappis oder kluis &c. ich werde behütet worden ſeyn.

[Man ſagt auch: winſch ne tikke labbi ſargahts, anſtatt ne tappe oder ne kluj, er ward nicht gut gehütet]

§. 90.

Das *Verbum auxiliare Paſſivi* wird bisweilen auch mit dem *Participio praeterito Activi* und *Neutrius* zuſammen geſetzt, als: es tappu ſawajis ich hütete, es tapſchu ſargajis ich werde hüten. Es tohpu dſimmis ich werde gebohren, es tappu dſimmis ich ward gebohren, es tapſchu dſimmis ich werde gebohren werden.

§. 91.

Damit man ſich in dem *Verbo auxiliari Paſſivi* deſto beſſer finden könnte, ſo ſoll jetzt der *Typus* von TAPT werden, folgen. Es iſt darin allenthalben blos *prima perſona ſing.* geſetzt. Die andern Perſonen ſind leicht nach dem allgemeinen *Typo Verborum,* der bald folgen wird, zu machen, wenn man nur noch dieſes bemerkt, daß Tapt *III. Conjugationis* iſt. VERB.

VERB. AVXIL. PASSIVI.

	INDIC.	CONI. I.	CONI. II.
Prf.	TOHPU	tohpus	tohpoht
Impf.	tappu	captu	
Fut.	tapfchu	tapfchus	tapfchoht
Prf.	efmu ⎤	effus ⎤	effoht ⎤
Plq.	biju ⎬ tappis?	buhtu ⎬ tappis	⎬ tappis
F.2.	buhfchu ⎦	buhfchus ⎦	buhfchoht ⎦

INFINIT.

1. TAPT werden.
2. *Praes.* tohpam daß – werde.
   Fut. tapfcham daß – werde werden.

   Perf. effam tappufchu, *pl.* $\begin{cases} -us \\ -as \end{cases}$

   daß – geworden sey.

   Fut. 2. buhfcham tappufchu, *pl.* $\begin{cases} -us \\ -as \end{cases}$

   daß – werde geworden seyn.

GERVND. tohpoht im werden.
PARTICIPIA.
   Praes. 1. tapdams werdend.
           2. tohpohts.
          (3. tohpus §. 73.)
   Perf. tappis f. ufi geworden.
   Fut. pass. tohpams der werden soll.

[Die andere beyde *verba auxiliar. passivi* gehen also:
Kluht ist *II. Conjugat. praes.* kluhstu, *imperf.* kluii, *fut.* kluhfchu, *Particip. praeter.* kluïs.
Tikt ist *III. Conjugat. praes.* teeku, *imperf.* tikku, *fut.* tikfchu, *Particip. praeter.* ti–is f. tikkuss. Die übrigen *Tempora* und *Modi* werden von diesen gemacht.]

Von der CONIVGATIONE PERIPHRASTICA.

§. 92.

Zum *Passivo* gehöret auch die *Conjugatio periphrastica*, welche (1) aus Zusammensetzung des *Verbi substantivi* mit einem *Participio passivi* entstehet, als: es efmu fargats sargats s. – ta ich bin behütet, *pl.* mehs essam sargati s. – tas wir sind behütet, es biju sargats ich war behütet, es buhschu sargats ich werde behütet seyn, es esmu sargats bijis ich bin behütet gewesen. Also auch mit dem andern *participio*: es esmu sargams s. – ama ich muß gehütet werden, *plur.* mehs essam sargami s. – amas wir müssen gehütet werden, es biju sargams ich muste gehütet werden, es buhschu sargams ich werde müssen gehütet werden, es esmu sargams bijis ich habe müssen gehütet werden &c.

(3) Aus Zusammensetzung des *Verbi auxiliaris Passivi* mit einem *Participio Activi.* als: es tohpu sargajis s. sargajusi ich behüte, oder bekomme zu hüten, es tappu sargajis ich behütete &c.

Von den CONIVGATIONIBVS.

§. 93.

Die Letten haben drey *Conjugationes*, welche man an dem *Infinitivo* unterscheidet.

I. *Conjugatio* ist, deren *Infinitivus* in den *Simplicibus* mehr als eine Sylbe hat, als: dohmaht denken, daudsiraht eine Rede unter die Leute bringen, wehleht wünschen, gawileht frohlocken, zeeniht verehren, barroht speisen, mästen, dabbuht bekommen.

II. *Conjugatio* ist, deren *Infinit.* in den *Simplicibus* einsylbig ist, und sich dabey auf ein t *purum* (d. i. *praecedente vocali*) endet, als: eet gehen, doht geben, kraht sammlen, laut zulassen, liht regnen.

III. *Conjugatio* ist, deren *Infinit.* in den *Simplicibus* zwar auch einsylbig ist, sich aber dabey auf ein t *impurum* (d. i. *praecedente consona*) endet, als: art pflügen, krist fallen, wilkt ziehen.

[Ich setze mit Bedacht in den *Simplicibus*. z. E. peedoht und nokrist sind auch zweysylbig und doch nicht I. *Conjugationis*, weil sie *Composita* sind. Ihre *Simplicia* aber doht und krist sind einsylbig, und darnach muß man beurtheilen *cujus conjugationis* sie sind.]

§. 94.

Der *Typus* aller *Conjugationen* in den *Temporibus simplicibus*, nebst der ordentlichen *formatione Temporum* in allen *Modis* und *Generibus* ist wie folget;

TYPVS GENERALIS
ACTIVVM.

	INDICATIVVS.		CONIVNCT.	
	I. Conjugat.	*II. et III.*	*Primus.*	*Sec.*
Praesens.	ju praec. Voc. Vocal. (char. Vocal. Inf. jam jat (jeet) Vocal.	Einige in aht, eht, iht gehen in biefem *tempore* nach der *III. Conjug.* (3 a)	u i * Conson. am at (eet) * Conson.	us (u) us us (u) us us us	*formal. ab u Indic.* *oht ab u Indic.*
	I. Conjugat.	*II. et III.*		
Imperfectum.	ju praecedente Vocali cha- ji racteristica Infinitivi. ja jam jat (jeet) ja		u i e (a) am at (eet) e (a)	tu tu tu tum tut tu	*formatur ab Infin.*

in allen 3 *Conjug.*

Futurum.	fchu formatur ab Infin. mu- fi tando ht (t) in fchu &c. hs (s) fim feet hs (s)	Die *Verba* in ft formiren es vom *Impf.* u in ifchu &c	fchus — — — — —	*form. a Fut. Indic.* *fchohe ab Indic.*

INFINIT. | PARTICIPIA.

1) T *cf.* §. 93. 2) am *congruit cum* 1 *perf. plur. Praef. Indic.* GERVND. oht *coincidit cum Conjunct. secundo.*	*Praef.* 1. dams *ab Infin.* 2. ots a *Gerund.* (3. us *coincidit cum Conjunct. primo.*) *Praet.* is *ab Impf. Indic.* Die *Verba* in gt und ke verändern in diesem *Participio consonam praecedentem* in df und z.

Wegen der übrigen *Temporum* Die ausführliche Erklärung

OMNIVM CONIVGATIONVM.

RECIPROCVM. formatur ab Activo.			PASSIVVM.
INDICAT.		GONIVNCT.	
ohs *ab* u *Act.* ees (einige ajs) ohs			Hier sind bloß die PARTICIPIA zu merken:
amees atees (cetera ujtees) ahs			Praet. TS formatur ab Inf. Act.
I. Conjug.	*II. et III.*		Fut. ams ab Infinit. secundu Act.
johs jees jahs	ohs ees ehs (ahs)	tohs tohs tohs	auch tins ab Infinit. primo Act.
jamees jatees jahs	amees atees ehs (ahs)	tumees tutees (tutohs) tohs	
fehohs fees fees			SVBSTANTIVA VERBALIA.
fimees fitees fees			(1) in *I. Conj.* tajs praecedente Vocali characteristica Infin.
INFINIT.	PARTICIPIA.		
1 tees. 2 amees	Praef. damees. Praet. EES (*ab is Activi.*)		in *II. et III.* ejs a Participio in is. (2) fehana ab Infin.

compositorum siehe §§. sqq. pag. sq.
dieses Typi siehe §§. 97. 98. 99. sqq.

§. 95.

Die übrigen *Tempora composita* werden laut §. 80. aus den *Temporibus simplicibus* des *Verbi substantivi* und dem *Participio praeterito* zusammengesetzt. Da dann zu merken, daß im *Activo* das *Participium praeteritum Activi*, im *Reciproco* das *Participium praeteritum Reciproci*, und im *Passivo* das *Participium praeteritum Passivi* zugleich mit dem *Participio praeterito* des *Verbi auxiliaris Passivi* (nemlich tappis oder kluis) gebraucht wird, als:

(1) im *Activo*: es esmu sargajis *s.* sargajusi ich habe gehütet, es biju sargajis ich hatte gehütet, es buhschu sargajis ich werde gehütet haben. Also auch im *Conjunctivo primo* und *secundo*: es essus (u) sargajis (es essoht sargajis) daß ich gehütet habe &c.

(2) im *Reciproco*: es esmu sargajees *s.* sargajusees ich habe mich gehütet, es biju sargajees ich hatte mich gehütet, es buhschu sargajees ich werde mich gehütet haben. Also auch in beyden *Conjunctivis*.

(3) im *Passivo*: es esmu sargats tappis oder kluis (*s.* sargata tappusi oder kluisi) ich bin gehütet worden, es biju sargats tappis oder kluis ich war gehütet worden, es buhschu sargats tappis oder kluis ich werde gehütet worden seyn. Also auch in den *Conjunctivis*. (cf. *Typus Verbi substantivi* im *Indicativo* und beyden *Conjunctivis* §. 85.)

§. 96.

Die *Tempora composita Infinitivorum* sind an folgenden Exempeln zu sehen:

(1) im *Activo* mit dem *Accusativo*:

man, tew, winnu &c.
essam sargajuschu, *plur.* { — us
          — as

daß ich ꝛc. gehütet habe.
man buhscham sargajuschu &c.
daß ich werde gehütet haben.

(2) im

2) im *Reciproco* mit dem *Nominativo*:
es essam sargajees *s.* sargajusees
  plur. mehs essam sargajuschees
    daß ich mich gehütet habe,
es buhscham sargajees &c.
    daß ich mich werde gehütet haben.

(3) im *Passivo* mit dem *Accusativo*:
man essam sargatu tappuschu oder kluüschu
    daß ich gehütet worden,
man buhscham sargatu tappuschu oder kluüschu
    daß ich werde gehütet worden seyn.
[*cf. Typus Verbi subst.* im *Infinit.* §. 85.]

Von der Formatione Temporum.

§. 97.

Damit man sich in dem Gebrauch des allgemeinen *Typi* aller *Conjugationen* desto besser finden könne, soll hier die *formation* eines jeden *Temporis* und *Modi* erläutert werden. Und wer also den *Typum* recht verstehet, wird hundertfache Erleichterung finden, weil der *Typus* alles, was zu den *Verbis* gehöret, in einem Anblick zeiget.

§. 98.

Vor allen Dingen muß man sich zuerst bey einem jeden *Verbo* die Haupt-*Tempora*, von welchen alle andere *Tempora* und *Modi* herkommen, merken. Im Lettischen sind die Haupt-*Tempora* der *Infinitivus*, das *Praesens* und das *Imperfectum Indicativi*. Dieser ihre *formation* aber ist so veränderlich, daß es (insonderheit in der II. und III. *Conjugation*) in keine Regeln gefasset werden kan, sondern als Vocabeln erlernt werden muß. Gleichwie man im Lateinischen die Haupt-*Tempora* als Vocabeln erlernet, *z. E. fero, tuli, latum, ferre*, eben so muß man es auch im Lettischen machen. *z. E.* Lohziht biegen, *praes.* lohku, *impf.* lohkiju. Eet gehen, *praes.* eemu, *impf.* gahju.

gahju. Lihſt kriechen, *praeſ.* leenu, *impf.* lihdu. (Eben um deswillen hat man den *Catalogum Verborum II. et III. Conjugationis* mit ihren Haupt-*Temporibus* beyfügen müſſen, welcher hernach §. 119. und 120. folgen wird.)

Anmerkungen über die Conjugationes.

§. 99.
ad Praeſ. Ind. Act. I. Conjug.

Die *Flexion* dieſes *Temporis* iſt zweyerley:
(1) Einige richten ſich nach dem *Vocali characteriſtica Infinitivi,* wie folgende Tabelle deutlicher zeiget:

aju	eju	iju	oju	uju
a	e	i	o	u
a	e	i	o	u
ajam	ejam	ijam	ojam	ujam
ajat	ejat	ijat	ojat	ujat
(ajeet)	(ejeet)	(ijeet)	(ojeet)	(ujeet)
a	e	i	o	u

als: Dohmaht denken: *Praeſ.* es dohmaju, tu dohma, winſch dohma, mehs dohmajam, juhs dohmajat auch dohmajeet, winni dohma.
Wehleht wünſchen: es wehleju, tu wehle, winſch wehle &c.
Zeeniht ehren: es zeeniju, tu zeeni, winſch zeeni &c.
Trakkoht toben: es trakkoju, tu trakko, winſch trakko &c.
Dabbuht bekommen: es dabbuju, tu dabbu, winſch dabbu.
[Die *Verba I. Conjugat.* in Oht richten ſich allezeit nach dieſem *Schemate.* Von *Verbis I. Conjug.* in uht aber giebt es nicht mehrere.]

(2) Einige in aht, eht und iht gehen in dieſem *Tempore* nach der *III. Conjugation.* Als:
Dſeedaht ſingen: es dſeedu, tu dſeedi, winſch dſeed, mehs dſeedam, juhs dſeedat auch dſeedeet, winni dſeed.

Redſeht ſehen: es redſu, tu redſi, winſch redſ, mehs
redſam, juhs redſat auch redſeet, winni redſ.
Darriht thun: es darru, tu darri, winſch darra, mehs
darram, juhs darrajt, winni darra.

[*Not.* Die *Verba I. Conjug.* in iht, die im *Praeſ.* nach
der *III. Conjugation* gehen, haben in 3 *perſ. ſing.* und
plur. a, (und in 2 *perſ. plur.* ajt.) Und dieſes iſt es
eben, was das 3 a, welches im *Typo* im *Parentheſi* ſte=
het, anzeigen ſoll. Theils weil es die dritte Endung
in iht, theils weil es beſonders die 3 Perſon betrift.]

(3) Einige von dieſen *Verbis* in eht und iht verän=
dern ſogar *conſonam praecedentem* nach Art der *Ver=
borum III. Conjug.* Nemlich:
Dſirdeht hören, es dſirſchu auch dſirdu, tu dſirdi,
winſch dſird, mehs dſirdam &c.
Tezzeht laufen: es tekku, tu tezzi, winſch tekk, mehs
tekkam, juhs tekkat auch tezzeet, winni tekk.
Sehdeht ſitzen, es ſehſchu, tu ſehdi, winſch ſehſch,
mehs ſehſcham, juhs ſehdeet, (auch ſehſchat) winni
ſehſch.
Brauziht abſtreichen: es brauku, tu brauki, winſch
brauka &c.
Lohziht birgen: es lohku, tu lohki, winſch lohka &c.
(auch es lohziju, tu lohzi, winſch lohzi &c.)
Raudſiht zuſehen, es raugu, tu raugi, winſch rauga &c.
Sazziht ſagen: es ſakku, tu ſakki, winſch ſakka &c.
Slauziht ſegen: es ſlauku, tu ſlauki, winſch ſlauka &c.

§. 100.

Hier entſteht nun die Frage: Wie man unter=
ſcheiden ſoll, ob ein *Verbum I. Conjug.* in aht, eht
und iht *im Praeſ.* nach der *littera characteriſtica Inf.*
oder nach der *III. Conjug.* gehe? Hiezu dienen fol=
gende Anmerkungen:

I. *ad Verba in AHT.*

(1) Es ſind in allem 90 *Verba diſſyllaba* in aht, darun=
ter 16 nach der ordentlichen *littera characteriſtica*
gehen,

gehen, als: Behdaht sorgen, es behdaju, tu behda, winsch behda &c.

Nur 4. gehen anders, nemlich:
  Dseedaht singen: es dseedu, tu dseedi, winsch dseed.
  Raudaht weinen, es raudu, tu raudi, winsch raud.
  Sargaht hüten, bewahren, es sargu, tu sargi, winsch sarga auch sarg.
  Sinnaht wissen, es sinnu, tu sinni, winsch sinn auch sinna.

(2) Die *Polysyllaba* in naht aber gehen auf beyderley Art, als: skubbinaht anspuden, es skubbinaju, tu skubbina, winsch skubbina, auch es skubbinu, tu skubbini, winsch skubbina. Aber dahwinaht geht blos nach der *littera characteristica*.

(3) Die *Reciproca*, die kein *Activum* haben, gehen nach der *littera characteristica*, als:
  Deewatees schwören, es deewajohs, tu deewajees, winsch deewajahs.
  Also auch: dischatees, gursatees, kuhnatees, launatees, siratees.

II. Ad Verba in EHT.

(1) Es sind über 340 *Verba disyllaba* in eht, darunter der grössere Theil, nemlich 206 nach der *littera characteristica* gehen, als:
  ahkeht haacken, es ahkeju, tu ahke, winsch ahke.

Folgende 105 gehen nach der andern Art:
  Bahleht bleichen, blaß werden, es bahlu, tu bahli, winsch bahl.

  Also auch: baideht, (berseht) besdeht, bildeht, bluhdeht, brasdeht, derreht, dimdeht, draudeht, drebbeht, drihksteht, dusseht, geldeht, glaudeht, grabbeht, gribbeht, grusdeht, gulleht, ihdeht, kauneht, kauseht, liksteht, klimsteht, klugsteht, klungsteht, kneedeht, kniddeht, kuhpeht, kungsteht, kurksteht, kusteht, kwarksteht, kwelksteht, lahdeht, lihdseht, lummeht, mehdseht, mehrzeht, minneht, mirdseht, mirksseht, mudscheht, muldeht, murdeht, naudeht, nihdeht, nurdeht,

100.) *formatione Temporum.* 47

zurdeht, paudeht, peldeht, perreht, pihkſteht, pilleht, (pirdeht,) plahpeht, plukſchkeht, purkſchkeht, putteht, redſeht, rihbeht, ruhpeht, ſaudſeht, ſchagſteht, ſchaudeht, ſchibbeht, ſchkaudeht, ſchlupſteht, ſchnukſteht, ſkandeht, ſkaudeht, ſkundeht, ſlihdeht, ſmilkſteht, ſmirdeht, ſnaudeht, ſpihdeht, ſtahweht, ſtenneht, ſtumdeht, ſuhdſeht, ſurſeht, ſwargsdeht, ſwinneht, tizzeht, trihſeht auch trihzeht, truhdeht, trunneht, tſchabbeht, tſchamdeht, tſchaukſteht, tſchibbeht, tſchihkſteht, tſchingſteht, tſchirkſteht, tſchuhkſteht, tſchukſteht, tuppeht, turreht, urkſchkeht, waideht, warreht, winneht, zihkſteht.

Folgende 22. gehören entweder mit zu dieſem Regiſter, oder ſie gehen gar auf beyderley Art:
Bambeht, baukſchkeht, brakſchkeht, breikſchkeht, deldeht, klabbeht, kladſeht, knakſchkeht, knaukſchkeht, kraukſchkeht, kurneht, kwehleht, kwehpeht, kweldeht, paukſchkeht, plakſchkeht, plaukſchkeht, pleikſchkeht, ſchmakſchkeht, ſchnukſchkeht, trauzeht, tſchakſteht.

Deeneht und reeteht gehen auf beyderley Art, aber mit folgendem Unterſcheid:
es deeneju ich diene, bin in Dienſten, es deenu ich diene, nütze, tauge. Alſo auch: es reeteju, ich mache, daß die Milch in der Bruſt zuſchießt, es reetu ich fühle, daß die Milch in der Bruſt zuſchießt.

Dſirdeht, ſehdeht und tezzeht ſiehe §. 99. *num.* 3.

Kaiteht, ruhpeht und ſahpeht ſind *imperſonalia*, vid. §. 116.

(2) Die *Polyſyllaba* in eht gehen nach der *littera characteriſtica*, als:
Gawileht frohlocken, es gawileju, tu gawile, winſch gawile.

(3) Die *Reciproca*, die kein *Activum* haben gehen nicht einerley.
Nach der *littera characteriſtica* gehende folgende 8:
Baileteespet ſich fürchten, es bailejohs, tu bailejees, winſch bailejahs.

Alſo

48 Von der

Also auch: bandetees, klihretees, laimetees, lustetees, mistretees, pauretees und wezzetees.

Nach der andern Art gehen 5:
Bihstetees sich fürchten, es bihstohs, tu bihstees, winsch bihstahs.

Also auch: dairetees, kaunetees, mittetees, waddetees.

III. ad Verba in IHT.

(1) Es sind in allem 148 *Verba disſyllaba* in iht, darunter 97 nach der *III. Conjugation* im *Praeſ.* gehen, als: addiht knitten, es addu, tu addi, winsch adda.

Folgende 28 gehen nach der *littera characteristica*:
Dihdiht abrichten, dreßiren, es dihdiju, tu dihdi, winsch dihdi.

Also auch: kehsiht, kristihr, krustiht, meddiht, mihkstiht, mihstiht, mohstiht, murkiht, pestiht, pohstiht, rahmiht, rammiht, rehdiht, ruhniht, sahliht, sehkihstiht, (sa-) schultiht. (ap-) seltiht. skuhpstiht, sunniht, swanniht, swehtiht, tihdiht, tihriht, tihtiht, wehtiht, zeeniht.

Folgende 18 gehen auf beyderley Art:
Gahniht, kahrpiht, laitiht, lohbiht, mahniht, mihdiht, mohziht, pluhtiht, rihdiht, rohbiht, sihkstiht, skrohstiht, slohdsiht, sohdiht, sohliht, swahrpstiht, tirdiht, wahriht.

Swaidiht geht auf beyderley Art, aber mit folgendem Unterschied: es swaidiju ich salbe, tu swaidi, winsch swaidi, es swaidu ich schmeisse, tu swaidi, winsch swaida.

Brauziht, lohziht, raudsiht, slauziht und slazziht siehe §. 99. n. 3.

(2) Von *Polyſyllabis* ist nur das einzige Lahgahdiht Rechnung thun, welches sich nach der *littera characteristica* richten muß, wenn es sollte gebraucht werden; es kommt aber selten vor.

(3) Die

102.) *formatione Temporum.*

(3) Die *Reciproca,* die kein *Activum* haben, gehen nicht einerley.

Nach der *littera characteristica* gehen 5:
Baschitees sich beklagen, es baschijohs, tu baschijeet, wiafch baschijahs. Also auch: gohditees, leelitees, wairitees und zihnitees.

Nach der andern Art aber gehen 11:
Balstitees wachsen, wohl fortkommen, es balstohs, tu balstees, winfch balstahs. Also auch: bohkstitees, gadditees, graffitees, klunnitees, knohfitees, nahstitees, schkertitees, flaistitees, suhditees, walstitees.
Brihnitees sich wundern, geht auf beyderley Art, es brihnijohs auch es brihnohs, doch ist das erste gebräuchlicher.
Schohbitees sich wackeln, hat es schohbjohs.

§. 101.
ad *Praes. Ind. Act. II. et III. Conjug.*

(1) Dieses *Tempus* muß laut §. 98. aus dem *Catalogo* ersehen werden, z. E. miht treten, *praes.* minnu, miht tauschen, *praes.* mihju. Mahkt können, *praes.* mahku, mahkt plagen, *praes.* mahzu.

(2) Das Sternlein im *typo* geht auf 1 *pers. sing.* in der *III. Conjug.* welche oftmals *consonam primae personae* ändert, als: auft weben, *praes.* es auschu, tu audi, winfch aufch.

(3) In der 2 *pers. plur.* sind zwey Endungen at und eet. Bey der Endung at richtet sich die *Consona* nach der 1 und 3 *pers.* Bey der Endung eet aber nach der 2 *pers. sing.* als: *plur.* mehs auscham, juhs auschat auch audeet, winni aufch.

[*Not.* Die Abweichung der 2 *pers. sing.* wird im *Catalogo* zugleich nebst andern Abweichungen gehörig angemerkt werden.]

§. 102.
ad *Imperf. Ind. Act. I. Conjugat.*

Dieses *Tempus* wird von der *littera characteristica Infin.* ganz regulär *formirt,* als: Dohmaht, *imperfectum* es dohmaju, tu dohmaji, winfch dohmaja. Redfeht, *impf.* es redfeju, tu redfeji, winfch redfeja. Darriht, *impf.* es darriju, tu darriji, winfch darrija. Barroht, *impf.* es barroju, tu barroji, winfch barroja. Dabbuht, *impf.* es dabbuju, tu dabbuji, winfch dabbuja.

§. 103.
ad Imperf. Ind. Act. II. et III. Conjug.

Auch diefes *Tempus* muß laut §. 98. aus dem *Catalogo* erfehen werden, als: Doht, *impf.* es dewu, tu dewi, winfch dewe. Lihft, *impf.* lhdu.

§. 104.
ad Futur. Ind. Act. in allen 3 Conjug.

(1) Diefes wird vom *Infinitivo* gemacht, wenn man das T in fchu, fi, &c. verwandelt, als: Dohmaht, *futur.* es dohmafchu, tu dohmafi, winfch dohmah (*cf.* §. 26. *reg.* 2.) Eet, *fut.* eefchu, eefi, ees. Pirkt laufen, *fut.* pirkfchu, pirkfi, pirks.

(2) Ausgenommen die *Verba* in ST formiren das *Futurum* vom *Imperf.* in ifchu. Als: weft führen, *impf.* weddu, *fut.* weddifchu, weddifi, weddihs. Krift fallen, *impf.* krittu, *fut.* krittifchu, krittifi, krittihs. Raft fitzen hat ein doppeltes *futurum*: rafchu, raffi, raff auch raddifchu, raddifi, raddihs.

  [*Not.* 1. Daß hier 3 *perf. contra* §. 26. *reg.* 2. lang ift, ift zum Unterfcheid des *Participii praeteriti* in IS, welches kurz ift. Als: weddihs heißt, er wird führen, weddis aber, einer der geführet hat.]

  [*Not.* 2. Im Oberlaufizifchen und bey den Tahmen behalten einige auch bey den *Verbis* in ST die ordentliche *formation*, als: es zirfchu, tu zirfi, winfch zirs anftatt zirtifchu, zirtifi &c. von zirst hauen.]

§. 105.

§. 105.
ad Conjunctivum Act. in allen Conjugat.

(1) Der *Conjunctivus primus* sowol als *secundus* wird vom *Indicativo* formirt, und zwar *praesens* vom *praesente* und *futurum* vom *futuro*. Als: *praes. Ind.* dohmaju, *praes. Conjunctivi primi* dohmajus, *praes. Conjunctivi secundi* dohmajoht. *Futur. Indic.* dohmaschu, *fut. Conjunctivi primi* dohmaschus, *fut. Conjunctivi secundi* dohmaschoht.

Also auch: lauju ich lasse zu, *Conjunct.* laujus und laujoht, *fut.* lauschu. *Conjunct.* lauschus und lauschoht, weddu ich führe, *Conjunct.* weddus und weddoht, *fut.* weddischu, *Conjunct.* weddischus und weddischoht. Ausgenommen: es eemu ich gehe, hat nicht im *Conjunctivo* eemus und eemoht, sondern eijus und eijoht von der 2 *pers.* tu eij. Zugleichen es dohmu auch es dohdu ich gebe, hat im *Conjunct.* dohdus und dohdoht allein.

(2) Das *imperfectum Conjunctivi* aber wird vom *Infinitivo* gemacht, als: dohmaht, *impf. Conjunct.* dohmatu, eet. *impf. Conjunct.* eetu, krist, *impf. Conjunct.* kristu.

§. 106.
ad Infinitivum Act.

(1) Der *Infinitivus primus Activi*, (welcher auch *Infinitivus absolutus* genennet werden könnte) ist der Stamm des *Verbi*, und enthält in sich den *characterem*, daraus man beurtheilet, zu welcher *Conjugation* das *Verbum* gehört. Siehe oben §. 93.

(2) Der *Infinitivus secundus* (welchen man auch *Infinitivum constructum* nennen könnte) ist allezeit gleich mit der 1 *pers. plur. Ind.* als:

Es dohmaju, tu dohma, winsch dohma, *pl.* mehs dohmajam. *Infinitivus secundus* heißt auch dohmajam. i. E. Ich sehe ihn denken, es redsu winnu dohmajam.

Also auch: mehs lausam wir lassen zu, *Infin. secundus* auch lausam, mehs krihtam wir sollen, *Infin. secundus* auch krihtam.

Ausgenommen mehs eewam, eimam, eetam und eijam wir gehen, hat im *Conjunctivo secundo* eijam allein.

(3) Das *Gerundium* ist mit dem *Praesente Conjunctivi secundi* allezeit einerley, als: *Conjunctivus secundus* dohmajoht, *Gerundium* auch dohmajoht. *Conjunct. secundus* eijoht, *Gerund.* auch eijoht. *Conjunct. secundus* krihtoht, *Gerund.* auch krihtoht.

§. 107.

ad Participia Act.

(1) Das *Participium praesens* in dams **wird vom *Infinitivo* gemacht, indem das t in dams verwandelt wird**, als: dohmaht, dohmadams, eet, eedams, krist, krisdams.

(2) Das andere *Participium praesens* in ots (oder ohts) wird vom *Gerundio* gemacht, als: dohmajoht, dohmajohts, eijoht, eijohts, krihtoht, krihtohts.

(3) Das dritte *Participium praesens* in us (cf. §. 73.) ist mit dem *Praesente Conjunctivi primi* einerley, als: *Praes. Conj. primi* dohmajus, das dritte *Particip. praes.* auch dohmajus. *Conjunct. primus* eijus, *Particip.* auch eijus.

(4) Das *Participium praeteritum* in IS, welches in den *Temporibus compositis Activi* das Hauptwort ist (cf. §. 95.) wird vom *Imperfecto Indicativi* gemacht, als: *Imperf.* dohmaju, *particip. praet.* dohmajis, *impf.* dewu von doht, *particip. praet.* dewis, *impf.* lihdu von lihst, *particip. praet.* lihdis.

(5) *Not.* Die *Verba* in GT und KT verändern in diesem *Participio* im *Nom. sing. masc.* die *consonam* in ds und z. Im *feminino* aber und in den andern *casibus redit consona prior* (cf. §. 26. reg. 1. et §. 75.) als: sirgt kränken, krank seyn, *imperf.* sirgu, *particip. praet.* sirdsis s. sirgusi. Likt legen, *impf.* likku, *particip. praet.* lizzis s. likkusi.

§. 108.

§. 108.
ad Reciprocum.

Das ganze *Reciprocum* wird vom *Activo formirt,* und zwar jedes *Tempus* von einem gleichnamigen. Als:

	Activ.	*Reciproc.*
Praes. Ind.	es pehrku ich laufe	es pehrkohs,
	tu pehrzi,	tu pehrzees,
	winſch pehrk &c.	winſch pehrkahs.
Impf.	pirku.	pirkohs.
Fut.	pirkſchu.	pirkſchohs.
Impf. Conj.	pirktu.	pirktohs.
Inf. prim.	pirkt.	pirktees.
Inf. ſec.	pehrkam.	pehrkamees.
Particip,		
praeſ.	pirkdams.	pirkdamees.
praet.	pirzis,	pirzees,
	ſ. pirkuſi.	ſ. pirkuſees.

§. 109.
ad Participia Paſſ.

Diese werden auch vom *Activo formirt,* und zwar

(1) Das *Participium praeter.* in TS, (welches im ganzen *Paſſivo* das Hauptwort iſt, cf. §. 88.) wird vom *Infinitivo Activi* gemacht, als: dohmaht, dohmahts, ſaut, ſauts, likt, likts.

(2) Das *Particip. futur.* in ams, wird vom *Inſin. ſecundo Act.* gemacht, (cf. §. 106. n. 2.) als: dohmajam, dohmajams, dohdam, dohdams, leekam, leekams.

[*Not.* Von dieſem *futuro* wird das *diſcretivum* in amajs (ſ. amaja) gemacht, als: mahzamajs ein Lehrling, rakſtamajs womit man ſchreibt, ein Griffel. cf. *Syntax.* §. 173.]

(3) Das andere *Particip. fut.* in tins, welches ſeltener vorkommt, wird vom *Inſin. primo Activi* gemacht, als: ſargaht, ſargatins, plaut, plautins, atraſt, atraſtins.

Von der (§. 110.

§. 110.

ad Substantiva Verbalia.

Es werden fast durchgehends zwey *Substantiva* von jedem *Verbo* gemacht.

(1) in JS; diese sind *Substantiva mobilia*, und enden sich in I. *Conjugatione* in taja *f.* taja *praecedente Vocali characteristica Infinitivi*, als: Runnatajs ein Redner, oder der da redet, *f.* runnataja eine Rednerin, oder die da redet, von runnaht. Darritajs ein Thäter, *f.* darritaja eine Thäterin, von darriht &c.

In der II. und III. *Conjug.* endigen sie sich in ejs *f.* eja, und werden vom *Participio* in is gemacht, als: Dewejs ein Geber, *f.* deweja eine Geberin, vom *particip.* dewis (*a verbo* doht) Plahwejs ein Mäher oder Schnitter, vom *particip.* plahwis (*a verbo* plaut erndten) Razzejs ein Gräber, razzeja eine Gräberin, vom *participio* razzis (*a verbo* rakt) Ausgenommen art pflügen hat arrajs ein Pflüger. Einige haben doppelt, als: dscherejs auch dschrajs ein Säufer.

(2) in SCHANA. Diese sind *Abstracta* und werden vom *Infin. Act.* gemacht, wenn das t in schana verwandelt wird. Als:

Dohmaschana das Denken, von dohmaht, redseschana das Sehen, von redseht, dohschana das Geben, von doht, krischana das Fallen, der Fall, von krist, brihnischana die Verwunderung, von brihnitees, isdohschana das Ausgeben, die Ausgabe, von isdoht ausgeben, item isdohschana das Gelingen, von isdohtees gelingen, von statten gehen.

§. 111.

§. 111.

Tabula formationis Temporum a se invicem,
Exemplo Pirkt kaufen.

Haupt-Tempora §. 98.

Pirkt
- pirkschu — { pirkschus / pirkschoht / pirkschohs }
- pirktu — pirktohs
- pirkdams — pirkdamees
- pirktees
- pirkts
- picktiw
- pirkschana

pehrku
- pehrkus
- pehrkoht — perkohts
- pehrkahm — { pehrkamees / pehrkams }
- pehrkohs

pirku
- pirzis — { pirzees / pirzeja }
- pirkohs

Vom Modo Concessivo.

§. 112.

Dieser *Modus* wird mit dem Wörtlein LAI oder laid (laß oder mag) und folgenden *Temporibus* gegeben:

Lai es esmu laß mich seyn, ich mag seyn.
Lai es biju laß seyn oder es mag seyn, daß ich war.
Lai es buhschu laß seyn, daß ich seyn werde (ich mag künftig seyn.)
Lai es essus oder essoht ich möge seyn.
Lai es buhtu ich mag seyn (gesetzt wenn ich wäre.)
Lai es buhschus oder buhschoht, laß es seyn, daß ich seyn werde (ich möge künftig seyn)
Lai buht laß seyn, es mag seyn.

Lai es esmu, essus, essoht, buhau bijis ich mag oder möge gewesen seyn.
Lai es sargu laß mich hüten, ich mag hüten.
Lai es sargus, sargoht, sargatu ich möge hüten.
Lai es sargohs laß mich mich hüten, ich mag mich hüten.
Lai es sargatohs ich mag mich hüten.
Lai es tohpu sargahts laß mich behütet werden, ich mag behütet werden
Lai es tohpus, tohpoht, taptu sargahts ich möge, mag behütet werden.
Lai es esmu, essus, essoht, buhtu sargajis ich mag, möge gehütet haben.
– – – sargajees ich mag mich gehütet haben.
– – – sargats tappis ich mag gehütet worden seyn.

Von den Impersonalibus und Modo Necessitatis.

§. 113.

Die *Verba impersonalia* werden in *tertia persona* mit Vorsetzung des *Dativi* gebraucht.

§. 114.

Es wird das *Verbum substantivum* auch *impersonaliter* wie im Lateinischen gebraucht, und hat dieselbe Bedeutung, nemlich haben, als:

Man, tew, winnam s. winnai, *plur.* mums, jums, winneem s. winnahm irr, *mihi, tibi &c. est.*
Man bija. *mihi erat.*
Man buhs. *mihi erit.*
Man irr bijis. *mihi fuit.*
Man bija bijis. *mihi fuerat.*
Man buhs bijis ich werde gehabt haben.
Man essus (essoht) *quod mihi sit.*
Man buhtu *mihi esset.*
Man buhschus (buhschoht) *quod mihi futurum sit.*
Man essam, *mihi esse.*
Man buhscham, *mihi fore.*

§. 115

§. 115.

Der *Modus Necessitatis* kan auch zu den *Verbis impersonalibus* gerechnet werden, und ist zweyerley:

I. Wenn bey dem *Verbo substantivo impersonali* (wie es im vorhergehenden §. beschrieben worden) das Wörtlein JA mit der 3 *pers. Praes. Ind.* sowol aus dem *Activo* als *Reciproca* stehet. Als:

Man irr ja raksta, *mihi scribendum est.*
Man bij ja raksta, *mihi scribendum erat.*
Man buhs ja raksta, *mihi scribendum erit.*

Also auch:

Man irr ja bihstahs, *mihi timendum est.*
Man bij ja bihstahs, *mihi timendum erat.*
Man buhs jabihstahs, *mihi timendum erit.*

[Im *Praesenti* kan man auch das irr weglassen, als: man ja raksta, man ja bihstahs.]

II. Wenn folgende *Tempora* aus dem *Verbo substantivo*: buhs, bija, buhschoht, buhscham und buhtu mit einem *Infinitivo absoluto* zusammen gesetzt werden, als:

Man buhs buht ich muß seyn, tew buhs buht du must (sollt) seyn, wiņņam (*s.* wiņņai) buhs buht sie muß (soll) seyn.
Man bija buht ich muste (sollte) seyn, ich habe seyn sollen.
Man buhschoht oder buhscham buht ich solle seyn.
Man buhtu buht ich sollte seyn.

Also auch:

Man buhs sargaht ich muß hüten ꝛc.
Man buhs sargatees ich muß mich hüten ꝛc.
Man buhs sargatam (*s.* sargatai) tapt, ich muß gehütet werden, ꝛc.

Exempeln ersehen werden. (Nur ist zu merken, daß man allezeit Acht haben muß, zu welcher *Conjugation* ein jedes gehöret *cf. §. 93.* und wie die Haupt-*Tempora* sind, *cf. §. 98.*)

I. Kaiteht schaden oder fehlen.

INDICAT.
Praes. Man kait oder kaiseh mir fehlet.
Impf. Man kaiteja mir fehlete.
Fut. Man kaitehs mir wird fehlen.
Perf. Man irr kaitejs mir hat gefehlt.
Plusq. Man bij kaitejs mir hatte gefehlet.
Fut. 2. Man buhs kaitejs mir wird gefehlet haben.

CONIVNCT. I.
Praes. Man kaitus mir fehle.
Impf. Man kaitetu mir würde fehlen.
Fut. Man kaiteschus mir werde fehlen.
Perf. Man essus kaitejs mir habe gefehlt.
Plusq. Man buhtu kaitejs mir hätte gefehlt.
Fut. 2. Man buhschus kaitejs mir werde gefehlet haben.

CONIVNCT. II.
Praes. Man kaitoht (daß) mir fehle.
Fut. Man kaiteschoht (daß) mir werde fehlen.
Perf. Man essoht kaitejs (daß) mir gefehlet habe.
Fut. 2: Man buhschoht kaitejs (daß) mir werde gefehlet haben.

Also auch:

Man lihdſ, palihdſ, es hilft mir, *impf.* lihdseja (von lihdseht)
— notihkst, noteek es widerfähret mir, *impf.* notikke, *Particip. praet.* notizzis, von notikt.
— reebj mir ekelt, *impf.* reebe von reebt.
— ruhp es sorget mir, *impf.* ruhpeja, von ruhpeht.
— sahp es thut mir wehe, *impf.* sahpeja, von sahpeht.
— tihk (patihk) es gefällt mir, *impf.* tikke, *Partic. praet.* tizzis, von tikt.
— truhkst mir mangelt, *impf.* truhkke, *Partic. praet.* truhzis, von truhkt.
— waijaga ich habe nöthig, *impf.* waijadseja, von waijadseht.

II. Klah-

II. Klahtees ergehen, sich befinden.

INDICAT.
Praes. Man klahjahs es geht mir.
Impf. Man klabjahs es gieng mir.
Fut. Man klahsees es wird mir gehen.

CONIVNCT. I.
Impf. Man klahtohs es würde mir gehen.
Perf. &c. Man essus, buhtu, buhschus klahjees, es sey, wäre ꝛc. mir gegangen.

CONIVNCT. II.
Perf. Man essoht klahjees (daß) mir gegangen sey.
Fut. 2. Man buhschohr klahjees (daß) mir werde gegangen seyn.

Also auch:

Man gaddahs es trift sich mir, *impf.* gaddijahs, von gaddītees.
Man gribbahs mich verlangt, *impf.* gribbejahs, von gribbeht wollen.
Man noteekahs es widerfähret mir, *impf.* notikkahs, von notiktees.

Von der Anomalia Verborum.

§. 117.

Dahin gehören
(1) Die *Defectiva*, als: samist, issamist verjagen, den Muth sinken lassen, hat weiter keine *tempora*, als nur noch das *Particip.* issmiffis, samiffis verjagt, verwirrt, und die Redensart: winni sawā starpā ess samiffejahs sie haben sich unter einander so verwirrt oder verwickelt.

(2) Von *Anomalis formatione* ist mir nur das *Imperf.* vom *Verbo* mahkt können, bekannt, als welches wider die *Analogie* mahzeju ich konnte, hat.

(3) *Heteroclita* aber giebt es in der Lettischen Sprache mehrere, als: mihleht auch mihloht, walkaht auch walkoht, mawraht auch mauroht, duhdoht auch duhdeht, lischkeht

lifchkeht auch lifchkoht, fchuhpeht auch fchuhpoht,
tekkeleht auch tekkalaht, brihnitees auch brihnotees,
difchatees auch difchotees, fchnaukt auch fchnaukaht,
nihft auch nihdeht, berft einige auch berfeht, pirft einige auch pirdeht, fkauft auch fkaudeht, einige auch fkaut.

Das Verbum SARGAHT.

§. 118.

Ehe wir den *Catalogum Verborum II. et III. Conjugat.*
herfetzen, foll hier das *Verbum* Sargaht hüten, bewahren, in acht nehmen, nach allen feinen *Generibus*,
Modis und *Temporibus* in 1 *perf.* hergefetzt werden,
damit man fich defto beffer fowol im *conjugiren*, als
auch, wie ein jedes *tempus* auf deutfch zu geben ift,
finden könne.

ACTIVVM.

INDICATIVVS.

Praef. Es fargu ich hüte (*cf.* §. 100. I. 1.)
Impf. — fargaju ich hütete.
Fut. — fargafchu ich werde hüten.
Perf. — efmu fargajis *contracte* fargajs (f. fargajufi *con-
tracte* fargajfi) ich habe gehütet cf. §. 76. et 95.
Plusq. — biju fargajis &c. ich hatte gehütet.
Fut. 2. — buhfchu fargajis &c. ich werde gehütet haben.

CONIVNCTIVVS PRIMVS.

Praef. Es fargus oder fargu (daß) ich hüte.
Impf. — fargatu ich würde hüten.
Fut. — fargafchus (daß) ich hüten werde.
Perf. — effus fargajis (daß) ich gehütet habe.
Plusq. — buhtu fargajis ich würde gehütet haben.
Fut. 2. — buhfchus fargajis (daß) ich werde gehütet haben.

CON.

Verbi SARGAHT.

CONIVNCTIVVS SECVNDVS.
Praes. Es sargoht (daß) ich hüte.
Impf. — sargaschoht (daß) ich hüten werde.
Perf. — essoht sargajis (daß) ich gehütet habe.
Fut. — buhfschoht sargajis (daß) ich werde gehütet haben.

IMPERATIVVS *cf.* §. 82. 83.
Sargi auch sarg hüte du, *pl.* sargat oder sargeet (einige auch sargajt) hüttt.

CONCESSIVVS. *cf.* §. 11a.
Praes. ⎧ Lai es sargu laß mich hüten, ich mag hüten.
⎩ Lai es sargus auch sargoht ich möge hüten.
Impf. Lai es sargatu ich mag hüten.
Perf. ⎧ Lai es esmu ⎫
⎩ — — essus, essoht ⎭ sargajis ich mag, möge gehütet haben.
Plusq. Lai es bubtu sargajis ich mag gehütet haben.

MODVS NECESSITATIS PRIMVS. *cf.* §. 115.
Praes. Man irr ja sarga auch man ja sarga ich muß hüten.
Impf. — bij ja sarga ich muste hüten.
Fut. — buha ja sarga ich werde hüten müssen.
Praes. — essus (essoht) ja sarga (daß) ich solle hüten.
Impf. — buhtu ja sarga ich sollte hüten.
Fut. — buhfschus (buhfschoht) auch buhfscham ja sarga (daß) ich werde hüten müssen.

MODVS NECESSITATIS SECVNDVS.
Praes. Man buhs sargaht ich muß hüten.
Impf. ⎧ — bij sargaht ich muste hüten.
⎩ — buhtu sargaht ich sollte hüten.
Fut. — buhfschus (buhfschoht) auch buhfscham sargaht (daß) ich werde hüten müssen.

INFINITIVVS
Primus: sargaht hüten.
Secundus: Man, tew, winnu &c. sargam, mich, dich, ihn hüten, oder daß ich hüte 2c.
Man sargajuschu essam daß ich gehütet habe.
Man sargajuschu buhscham daß ich werde gehütet haben.
Gerundium: sargoht im hüten.

PARTI-

PARTICIPIA *cf.* §. 69. *sqq. et* §. 107.
Praes. 1. fargadams *f.* fargaduma hütend.
       2. forgots *f.* fargoti, – – –
       3. fargus *f.* fargusi – – – *cf.* §. 73.
Praet.   fargojis *f.* fargujusi, *contracte* fargajs *f.* fargajsi der, die gehütet hat.

RECIPROCVM.

INDICATIVVS.
Praes. Es fargohs ich hüte mich.
Impf. — fargajohs ich hütete mich.
Fut. — fargafehohs ich werde mich hüten.
Perf. — esmu fargajees *f.* fargajusees *contracte* fargajsees ich habe mich gehütet.
Plusq. — biju fargajees ich hatte mich gehütet.
Fut. 2. — buhschu fargajees ich werde mich gehütet haben.

CONIVNCTIVVS.
Impf. Es fargatohs ich würde mich hüten.
Perf. — essus (essoht) fargajees (daß) ich mich gehütet habe.
Plusq. — buhtu fargajees ich hätte mich gehütet, ich würde mich gehütet haben.
Fut. — buhschus (buhschoht) fargajees (daß) ich mich werde gehütet haben.

IMPERATIVVS.
gargees (einige auch fargajs) hüte dich, *plur.* fargatees auch fargeetees (einige auch fargajtees) hütet euch.

CONCESSIVVS.
Praes. Lai es fargohs laß mich mich hüten, ich mag mich hüten.
Impf. Lai es fargatohs ich mag mich hüten.
Perf. Lai es { esmu / essus, essoht } fargajees, im mag, ich möge mich gehütet haben.
Plusq. Lai es buhtu fargajees ich mag mich gehütet haben.

118.) *Verbi* SARGAHT.

MODVS NECESSITATIS PRIMVS.
Praes. Man irr ja fargahs (oder man ja fargaha) ich muß
mich hüten.
Impf. — bij ja fargahs ich muste mich hüten.
Fut. — buhs ja fargahs ich werde mich hüten müssen.
Praes. — effus (effoht) ja fargahs ich müsse, solte mich
hüten.
Impf. — buhtu ja fargahs ich solte mich hüten.
Fut. — buhschus (buhschoht) auch buhscham ja fargaha
(daß) ich mich werde hüten müssen.

MODVS NECESSITATIS SECVNDVS.
Praes. Man buha fargatees ich muß mich hüten.
Impf. ⎧ — bij fargatees ich muste mich hüten.
⎩ — buhtu fargatees ich solte mich hüten.
Futur. — buhschus (buhschoht) auch buhscham fargatees
(daß) ich mich werde hüten müssen.

INFINITIVVS.
Primus: fargatees sich hüten.
Secundus: Man, tew, winnu &c. fargamees sich hüten, daß
ich mich hüte, daß du dich hütest ꝛc.

PARTICIPIA.
Praes. fargadamees sich hütend.
Praet. fargajees, *s.* fargajutees *contracte* fargajsees der, die
sich gehütet hat.

PASSIVVM.

INDICATIVVS.
Praes. Es tohpu fargats (*s.* fargata) ich werde gehütet.
Impf. — tappu fargata ich ward gehütet.
Fut. — tapschu fargats ich werde gehütet werden.
Perf. — esmu fargats tappis (*s.* fargata tappusi) ich bin
gehütet worden.
Plusq. — biju fargats tappis ich ward gehütet worden.
Fut. i. — buhschu fargats tappis ich werde gehütet worden
seyn.

CON-

CONIVNCTIVVS.
Praes. Es tohpus (tohpoht) fargats (daß) ich gehütet werde.
Impf. — taptu fargats ich würde gehütet.
Fut. — tapfchus (tapfchoht) fargats (daß) ich werde gehütet werden.
Perf. — effus (effoht) fargats tappis (daß) ich sey gehütet worden.
Plusq. — buhtu fargats tappis ich wäre gehütet worden.
Fut. 2. — buhfchus (buhfchoht) fargats tappis (daß) ich werde gehütet worden seyn.

IMPERATIVVS.
 Tohpi fargats f. fargata werde gehütet, *plur.* tohpeet fargati f. fargatas werdet gehütet.

CONCESSIVVS.
Praes. Lai es fargats (f. a) tohpu, laß mich behütet werden, ich mag gehütet werden.
Impf. Lai es taptu fargats ich mag gehütet werden.
Perf. Lai es {efmu / effus, effoht} fargats tappis ich mag, ich möge gehütet worden seyn.
Plusq. Lai es buhtu fargats tappis ich mag gehütet worden seyn.

MODVS NECESS. I. ist im *Passivo* nicht.

MODVS NECESSITATIS SECVNDVS.
Praes. Man buhs fargatam f. fargatai tapt ich muß gehütet werden.
Impf. {Man bij fargatam tapt ich muste gehütet werden. / Man buhtu fargatam tapt ich sollte gehütet werden.}
Fut. Man buhfchus (buhfchoht auch buhfcham) fargatam tapt (daß) ich werde gehütet werden.

INFINITIVVS.
Primus : fargats (f. a) tapt auch fargatam (f. ai) tapt gehütet werden, *cf.* Syntax § 164. n. 2. coll. §. 240.
Secundus: Man fargatu tohpam daß ich gehütet werde.
 Man fargatu tapfcham daß ich werde gehütet werden.
 Man effam fargatu tappufcham daß ich sey gehütet worden.
 Man buhfcham fargatu tappufcham daß ich werde gehütet worden seyn.

PARTI-

118.) *Verbi* SARGAHT.

PARTICIPIA.
Praet. fargats *f.* fargata der, die gehütete.
Fut. fargams *f.* fargama, der, die zu hütende, der, die soll gehütet werden.
 fargatins *f.* fargatina hat dieselbe Bedeutung, kommt aber seiten vor.

PERIPHRASTICVM PRIMVM. (*cf.* §. 92.)

INDICATIVVS.
Praes. Es esmu fargats (*f.* a) ich bin behütet.
Impf. — biju fargats ich war behütet.
Fut. — buhfchu fargats ich werde behütet seyn.
Perf. — esmu fargats bijis ich bin behütet gewesen.
Plusq. — biju fargats bijis ich war behütet gewesen.
Fut. 2. — buhfchu fargats bijis ich werde behütet gewesen seyn.

CONIVNCTIVVS.
Praes. Es essus (essoht) fargats ich sey behütet.
Impf. — buhtu fargats ich wäre behütet.
Fut. — buhfchus (– oht) fargats ich werde behütet seyn.
Perf. — essus (essoht) fargats bijis ich sey behütet gewesen.
Plusq. — buhtu fargats bijis ich wäre behütet gewesen.
Fut. 2. — buhfchus (– oht) fargats bijis ich werde behütet gewesen seyn.

IMPERATIVVS.
Essi fargats sey behütet.

CONCESSIVVS.
Praes. Lai es esmu (essus, essoht) fargats ich mag behütet seyn.
Impf. Lai es biju (buhtu) fargats ich mag behütet worden seyn.
Fut. Lai es buhfchu (– us – oht) fargats ich mag behütet werden.
Perf. Lai es esmu (essus, essoht) fargats bijis ich mag behütet gewesen seyn.
Plusq. Lai es buhtu fargats bijis ich mag behütet gewesen seyn.

MODVS NECESSITATIS II.
Man buhs fargamm (*f.* ai) buhe ich muß behütet seyn.
— bij fargatam buht ich muste behütet seyn.
— buhtu fargatam buht ich müste behütet seyn.

Man buhſchoht (auch buhſcham) ſargatam buht ich ſolle
behütet ſeyn.

INFINITIVVS.
Sargats buht, auch ſargatam buht behütet ſeyn.
Man ſargatu buhſcham daß ich werde behütet ſeyn.
Man eſſam ſargatu bijuſcham daß ich ſey behütet geweſen.
Man buhſcham ſargatu bijuſcham daß ich werde behütet
geweſen ſeyn.

PERIPHRASTICVM SECVNDVM. (cf. §. 92.)

INDICATIVVS.
Praeſ. Es eſmu ſargams (f. a) ich bin zu hüten, ich muß
gehütet werden.
Impf. — biju ſargams ich war zu hüten, ich muſte gehütet
werden.
Fut. — buhſchu ſargams ich werde zu hüten ſeyn, ich
werde müſſen gehütet werden.
Perf. — eſmu ſargams bijis ich bin zu hüten geweſen, ich
habe müſſen gehütet werden.
Plusq. — biju ſargams bijis ich war zu hüten geweſen, ich
habe müſſen gehütet werden.
Fut. 2. — buhſchu ſargams bijis ich werde zu hüten geweſen
ſeyn, ich werde müſſen gehütet geweſen ſeyn.

CONIVNCTIVVS.
Praeſ. Es eſſus (– oht) ſargams ich ſey zu hüten, ich müſ-
ſe gehütet werden.
Impf. — buhtu ſargams ich ſollte zu hüten ſeyn, ich ſollte
oder müſte gehütet werden.
Fut. — buhſchus (– oht) ſargams ich werde zu hüten
ſeyn, ich werde müſſen gehütet werden.
Perf. — eſſus (– oht) ſargams bijis ich ſey zu hüten geweſen, ich habe gehütet werden müſſen.
Plusq. — buhtu ſargams bijis ich wäre zu hüten geweſen,
ich hätte gehütet werden müſſen.
Fut. 2. — buhſchus (– oht) ſargams bijis ich werde zu hüten geweſen ſeyn, ich werde müſſen gehütet
geweſen ſeyn.

IMPERA-

IMPERATIVVS.
Effi fargams sey zu hüten, müsse gehütet werden.

CONCESSIVVS.
Lai es efmu (effus, effoht) auch buhtu fargams ich mag zu
    hüten seyn, ich mag gehütet werden müssen.
Lai es biju fargams ich möchte zu hüten seyn, ich möchte ge-
    hütet werden müssen.
Lai es buhfchus (– oht) fargams ich mag zukünftig zu hü-
    ten seyn, ich mag künftig gehütet werden müssen.
Lai es efmu (effus, effoht, buhtu) fargams bijis ich mag zu
    hüten gewesen seyn, ich mag haben müssen gehütet
    werden.

PERIPHRASTICVM TERTIVM. (cf. §. 92. n. 2. coll. §. 90.)

INDICATIVVS.
Praes. Es tohpu fargajis ich behüte, ich bekomme zu hüten.
Impf. — tappu fargajis ich behütete, ich bekam zu hüten.
Fut. — tapfchu fargajis ich werde behüten, ich werde zu
    behüten bekommen.

CONIVNCTIVVS.
Impf. Es taptu fargajis ich würde behüten, ich würde zu
    hüten bekommen.
Plusq. Es buhtu tappis fargajis ich hätte behütet, ich hätte
    zu hüten bekommen.

PARTICIPIA.
Praes. tapdams fargajis der da hütet oder zu hüten bekommt.
Praet. tappis fargajis der gehütet hat oder zu hüten be-
    kommen hat.

SVBSTANTIVA VERBALIA. (cf. §. 110.)

1. Sargatajs ein Hüter, der da hütet, *f.* fargataja eine Hü-
    terin, die da hütet.
2. ta fargafchana das Hüten, die Behütung, die Hut.

CATA-

§. 119.
CATALOGVS VERBORVM

Infinit	Praes. Indic.	Imperf.
Aut	auju auch aunu	ahwu
biht (–tees)	bihstu	bihju
blaut	blauju auch blaunu	blahwu
deet	deiju	deiju
deht	dehju	dehju
dehtees	dehjohs	dehjohs
doht	dohdu auch dohmu, dohdi, dohd &c.	dewu
dsiht treiben	dsennu	dsinnu
dsiht heil werden	dsihstu	dsiju
eet	eemu, eij, eet, pl. eemam (eetam, eijam) eijat, eet	gahju
graut	grauju	grahwu
gruht	gruhstu	gruü
guht	guhstu	guü
jaht	jahju	jahju
jaut	jauju	jahwu
kaut	kauju	kahwu
klaht	klahju	klahju
kluht	kluhstu	kluü
kraht	krahju	krahju
kraut	krauju auch kraunu	krahwu
kreet	kreiju auch kreenu	krehju
laut	lauju	lahwu
leet	leiju	lehju
liht	lihstu	liju
maut	mauju	mahwu
miht tauschen	mihju	miju
miht treten	minnu	minnu
naut	nauju	nahwu
piht	pinnu	pinnu
plaut	plauju auch plaunu	plahwu
puht	puhstu	puü
raht	rahju	rahju
		raut

II. CONIVGATIONIS. cf. §. 98.

Infinit.	Praes. Indic.	Imperf.
raut	rauju auch raunu	rahwu
reet	reiju	rehju
riht	rihju (auch rihstu)	riju
schaut	schauju	schahwu
schaut	schauju auch schaunu	schahwu
schkiht	schkinnu	schkinnu
schuht	schulistu	schuū
schuht	schuhju auch schuhnu	schuū
seet	seenu	sehju
seht	sehju	sehju
siht (atsiht)	– sihstu	– sinnu
skaut	skauju	skahwu
skreet	skreiju auch skreenu	skrehju
sleet	sleenu	slehju
smeet	smeiju	smehju
speht	spehju	spehju
splaut	splauju auch splaunu	splahwu
staht	stahju	stahju
tiht	tinnu	tinnu
triht	trinnu	trinnu
wiht	wiju	wiju
zihtees	zihstohs	zihjohs

§. 120.

§. 120.
CATALOGVS VERBORVM
cf. §§. 101, n. 2. 3.

Infinit.	Praes. Indic.	Imperf.
Art	arru, arri, arr	arru
augt	augu	augu
auft weben	auschu, audi, ausch	audu
auft sagen	austu	autu
bahrt	barru, barri, barr	bahru
bahst	bahschu, bahsi, bahsch	bahsu
beest (sa-)	beesu	beesu
behgt	behgu, behdsi, behg	behdsu
behrt	berru, berri, berr	behru
behst (ap-)	behschu, behsi, behsch	behsu
beigt	beidsu, (beidschu) beidsi, beids	beidsu
berst	berschu, bersi, bersch	bersu
bert	berru, berri, berr	behru
birt	birstu	birru
bleest (-ees)	bleeschu, si, sch	bleesu
blenst	blenschu, si, sch	blensu
brahst	brahschu, si, sch	brahsu
braukt fahren	brautschu, auch zu, zi, z	brauzu
braukt abstreifen	brauku	brauzu
breest	breestu	breedu
brehkt	brehtschu auch zu, zi, z	brehzu
brist	breenu	briddu
brukt	bruhku	brukku
burt	burru, burri, burr	buhru
daust	dauschu, si, s	dausu
deegt (ee -)	- deegu, dsi, g	deegu
degt	deggu, dedsi, degg	deggu
dihgt	dihgstu	dihgu
dilt	dilstu (dellu) dilsti, dilst (dell)	dillu
dirst	dirstu (dirschu) dirsti, dirst (dirsch)	dirsu

[dist

III. CONIVGATIONIS.
104, *n.* 2. 107, *n.* 5.

Infinit.	Praef. Indic.	Imperf.
[dift	diftu	diffu]
drahft	drahschu, st, sch	drahsu
drupt	druhpu	druppu
dschaugt	dschaugu	dschaugu
dselt	dsessu, lli, ll	dsehlu
dsert	dserru, rri, rr	dsehru
dseft	dsefchu, ffi, fch	dsehfu
dsimt	dsemmu	dsimmu
dsirtees	dsirrohs	dsihrohs
dsist	dseestu	dsiffu
dubt (ee –)	dubbu	dubbu
duhkt	duhzu	duhzu
duhkt (sa –)	duhku	dukku
durt	durru, rri, rr	duhru
elst	elschu, si, sch	elsu
ehst	ehdu (ehmu) ehdi, ehd	ehdu (ehschu) ehdi, ehde
gahst	gahschu, si, sch	gahsu
gaist (is –)	gaistu	gaisu
gaust	gauschu, di, sch	gaudu
gehrbt	gehrbju, bi, bj	gehrbu
geibt	geibstu	geibu
gibt	gibstu	gibbu
gihbt	gihbstu	gihbbu
gint	ginstu	gindu
[gist (no –)	gistu	giffu]
glahbt	glahbju, bi, bj	glahbu
glaust	glauschu, di, sch	glaudu
glumt (ap –)	glumstu	glummu
gnaust	gnauschu, di, sch	gnausu
grahbe	grahbju, bi, bj	grahbu
graust	grauschu, si, sch	grausu
grebt	grebstu	grebbu

greest

Infinit.	Praef. Indic.	Imperf.
greeſt	greeſchu, ſi, ſch	greeſu
gremſt	gremſchu, ſi, ſch	gremſu
grimt	grimſtu	grimmu
gruhſt	gruhſchu, di, ſch	gruhdu
grumbt	grumbju, bi, bj	grumbu
gubt (fa –)	gubju, bbi, bj	gubbu
gultees (ap –)	– gulſtohs	– gullohs
gurt	gurſtu	gurru
jaukt	jauzu	jauzu
jehgt	jehdſu	jehdſu
jemt	jemmu	jehmu
ihgt	ihgſtu	ihdſu
ilgt (pa –)	ilgu, dſi, g	ildſu
johſt	johſchu, ſi, ſch	johſu
irt (is-irt)	irſtu	irru
irt rudern	irru, irri, ire	irru
juhgt	juhdſu	juhdſu
juhkt	juhkſtu	juhku
jukt (ee –)	juhku	jukku
jumt	jumju, jummi, jumj.	juhmu
juſt	juhſtu	juttu
kahpt	kahpju, pi, pj	kahpu
kahrkt	kahrkſtu	kahrzu
kahrſt ſocken	kahrſchu, ſi, ſch	kahrſu
kahrſt (ee –)	– kahrſtu	– kahrſu
kahrt	karru, rri, rr	kahru
kahſt	kahſchu, ſi, ſch	kahſu
kaiſt	kaiſtu	kaiſu
kalſt	kalſtu	kaltu
kalt	kalſu, lli, ll	kallu
kampt	kampju, pi, pj	kampu
kaukt	kauzu	kauzu
kehrkt	kehrzu	kehrzu
kert	kerru, rri, rr	kehru
kleegt	kleedſu (dſchu) dſi, dſ	kleedſu
klihſt	klibitu	klihdu
klupt	kluhpu	kluppu

III. Conjugat.

Infinit.	Praes. Indic.	Imperf.
knahbt	knahbju, bi, bj	knahbu
kneebt	kneebju, bi, bj	kneebu
kneeſt	kneeſchu, ſi, ſch	kneeſu
knerkt	knerzu	knerzu
knihſt	knihtu	knittu
kohpt	kohpju, pi, pj	kohpu
kohſt	kohſchu, di, ſch	kohdu
krahkt	krahzu	krahzu
krahpt	krahpju, pi, pj	krahpu
krehſt	krefchu, krehti, kroſch	krehtu
krimſt	kremtu	krimtu
kriſt	krihtu	krittu
krupt (ſa -)	krupju, ppi, pj	kruppu
kuhſt	kuhſtu	kuffu
kult	kultu, lli, lt	kuhlu
kumpt	kumpſtu	kumpu
kupt	kuhpu	kuppu
kurkt	kurkſtu	kurzu
kurt	kurru, rri,	kuhru
kuſt	kuhſtu	kuffu
kweekt	kweezu	kwihzu
laiſt	laiſchu, laidi, laiſch	laidu
lakt	lohku	lakku
lauſt	lauſchu, lauſi, lauſch	lauſu
leegt	leedſu	leedſu
leekt	leezu	leezu
leeſt (no –)	leeſtu	leefu
lehkt	lezzu auch lehku	lehzu
lemt	lemmu	lehmu
lenkt	lenku, lenzi, lenk	lenzu
leſt	lehſtu	lehſu
lihgt	lihgſtu	lihgu
lihkt	leeku, leezi, leek	lihku
lihſt kriechen	leenu	lihdu
lihſt rößen	lihſchu, lihdi, lihſch	lihdu
likt	leeku, leezi, leek	likku
lipt	lihpu	lippu

74 Catalogus Verborum (§.

Infinit.	Praef. Indic.	Imperf.
luhgt	luhdfu	luhdfu
luhft	luhftu	luhfu
lupt	luhpu	luppu
mahkt können	mahku	mahzeju
mahkt plagen	mahzu	mahzu
malt	mallu, lli, ll	mallu
maft	mattu	mattu
maukt	mautfchu (ku) zi (ki) z	mauzu
meaft (ap –)	meefu	meefu
mehrkt	mehrzu	mehrzu
mehft	mehfchu, fi, fch	mehfu
melft	melfchu, fi, fch	melfu
meft	mettu	mettu (mefchu) metti
migt (ee –)	meegu, dfi, g	miggu
mihft	meefnu	mihfu
milft	milftu	milfu
mirkt	mirkftu	mirku
mirft (ais –)	– mirftu	– mirfu
mirt	mirftu	mirru
mift	mihtu	mittu
mohft	mohftu	mohdu
(mohftees)	(mohftohs)	(mohdohs)
muhkt } mukt	muhku	mukku
nahkt	nahku, zi, k	nahzu, (tfchu) zi, zo
naukt	nauku	nauzu
neeft	neefu	neefu
nemt	nemmu	nemmu
neft	neffu (fchu) ffi, ff	neffu, (fchu)
nihkt	nihkftu	nihku
nihft (ee –)	nihftu	nihdu
nikt (ap –)	nihkftu	nikku
ohft	ohfchu, ohdi, obfch	ohdu
pampt	pampju, pi, pj	pampu
paupt	paupju, pi, pj	paupu

pauft

Infinit.	Praef. Indic.	Imperf.
pauſt	pauſchu, di, ſch	paudu
pehrt	perru, rri, rr	pehru
pelt	peſtu, lli, lt	pehlu
pempt	pempju, pi, pj	pempu
pirkt	pehrku, zi, k	pirku
pirſt	perdu	pirdu
piſt	piſſu	piſſu
plahpt	plahpju, pi, pj	plahpu
plakt	plohku	plakku
plaukt	plaukſtu	plauku
plauſt	plauſchu, di, ſch	plaudu
plehſt	plehſchu, ſi, ſch	plehſu
pleſt	pleſchu, tti, ſch	plehtu
plihſt	plihſtu	plihſu
plohkt	plohku	plakku
pluhkt	pluhzu (tſchu) zi, z	pluhzu
pluhſt	pluhſtu	pluhdu
plukt	pluhku	plukku
plupt	plupſtu	pluppu
pohſt	pohſchu, ſi, ſch	pohſu
praſt	prohtu	prattu
puhſt	puhſchu, ti, ſch	puhtu
pult	pohlu	pullu
pumpt	pumpju, pi, pj	pumpu
rahpt	rahpu	rahpu
rakt	rohku	rakku
raſt (at-)	rohdu (rohnu) di, d (n)	raddu
raugt	raugſtu	raugu
raukt	rauzu (tſchu) zi, z	rauzu
rauſt (ap-)	rauſchu, ſi, ſch	rauſu
reebt	reebju, bi, bj	reebu
reeſt	reeſchu, ſi, ſch	reetu
reibt	reibſtu	reibu
rimt	rimſtu	rimmu
riſt	riſſu (riſtu, reeſchu) riſſi (riſti) riſt pl. riſſam (riſtam, reeſcham) riſſat (riſtat) riſt	riſſu

Infinit.	Praef. Indic.	Imperf.
ruhgt	ruhgstu	ruhgu
ruhkt	ruhzu	ruhzu
ruhpt	ruhpu	ruhpu
rukt	ruhku	rukku
sagt	sohgu, dsi, g	saggu
sahkt	sahhu, zi, k	sahzu (tschu) zi, ze
salkt	salkstu	salku
salt	salstu	sallu
sarkt	sarkstu	sarku
saukt	sauzu	sauzu
schaust	schaufchu, ti, sch	schautu
scheibt	scheibstu	scheibu
schibt	schibstu	schibbu
schilbt (ap–)	schilbstu	schilbu
schkeebtees	schkeebjohs, bees, bjahs	schkeebohs
schkehrst (is–) verschwenden	schkehrschu, di, sch	schkehrdu
schkehrst aufbauen	schkehrschu, si, sch	schkehrsu
schkelt	schkellu, lli, ll	schkehlu
schkihst	schkibstu, di, st	schkihdu
schkilt	schkillu, lli, ll	schkihlu
schkirt	schkirru, rri, rr	schkihru
schkist	schkeetu	schkittu
schlukt	schluhku, zi, k	schlukku
schmaugt (ais–)	schmaugu	schmaugu
schnahkt	schnahzu	schnahzu
schnaugt	schnaudsu (dschu) dsi, ds	schnaudsu
schnaukt	schnauzu	schnauzu
schnuhkt	schnuhzu	schnuhzu
schnurkt	schnurkstu	schnurku
schuhkt	schuhkstu	schukku
schust	schuhtu	schuttu
seegt	seedsu	seedsu
segt	sedsu	sedsu
sehrst	sehrschu, si, sch	sehrsu

sehrt

III. Conjugationis.

Infinit.	Praes. Indic.	Imperf.
fehrt	ferru, rri, rr	fehru
fehft	fehfchu, di, fch	fehdu
fekt (fektees)	fekku, zzi, kk	fezzu (tfchu) zzi, zze
felt	felłu, lli, łł	feblu
fihkft	fihkftu (fekku)	fikku
fihft	fihfchu, di, fch	fihdu
fikt	fihku, zi, k	fikku
filt	filftu	fillu
firgt	firgftu auch fehrgu	firgu
fift	fittu	fittu
fkahbt	fkahbftu	fkahbu
fkaift	fkaiftu	fsaitu
fkauft	fkaufchu, di, fch	fkaudu
fkohrbt	fkohrbftu	fkohrbu
fkrabt	fkrabftu	fkrabbu
fkumt	fkumftu	fkummu
fkuft	fkuhtu	fkuttu
flahpt	flahpftu	flahpu
flaukt	flauku, (tfchu) zi, k	flauzu
flehgt	flehdfu (dfchu) dfi, df	flehdfu
flehpt	flepju, ppi, pj	flehpu
flihkt	flihkftu	flihku
flihpt	flihpju, pi, pj	flihpu
fmakt	fmakftu auch fmohku	fmakku
fmelgt	fmeldfu	fmeldfu
fmelkt	fmelku (tfchu) zi, k	fmelzu
fmelt	fmełłu, lli, łł	fmehlu
fnauft	fnaufchu, di, fch	fnaudu
fneegt	fneedfu (dfchu) dfi, df	fneedfu
fnehgt	fnehdfu	fnehdfu
fnigt	fneegu	fniggu
fpeegt	fpeedfu	fpeedfu
fpeeft	fpeefchu, di, fch	fpeedu
fpert	fperru, rri, rr	fpehru
fpirgt	fpirgftu	fpirgu
fprahgt	fprahgftu	fprahgu

fprauft

Infinit.	Praef. Indic.	Imperf.
fprauft	fpraufchu, di, fch	fpraudu
fpreeft	fpreefchu, di, fch	fpreedu
fprehgt	fprehgftu	fprehgu
fprehft	fprehfchu, di, fch	fprehdu
fprukt	fpruhku	fprukku
fpurt	fpurftu	fpurru
fteept	fteepju, pi, pj	fteepu
fteigt	fteidfu (dfchu) dfi, df	fteidfu
ftigt	fteegu	ftiggu
ftingt	ftingftu	ftingu
ftreebt	ftreebju, bi, bj	ftreebu
ftreegt	ftreegu, dfi, g	ftriggu
ftrehbt	ftrebju, bbi, bj	ftrehbu
ftrigt	ftreegu, dfi, g	ftriggu
ftringt	ftringftu	ftringu
ftumt	ftumju, mmi, mj	ftuhmu
fuhkt	fuhkftu	fuhzu (tfchu)
fuhrft	fuhrftu	fuhru
fuhft	fuhftu (auch fuhtu)	futtu
fukt (is –)	fuhku, zi, k	fukku
fuft	fuhdu	fuddu
fweegt	fweedfu	fweedfu
fweeft	fweefchu, di, fch	fweedu
fwehrt	fwerru, rri, rr	fwehru
fwelt	fwellu, lli, ll	fwehlu
fwert	fwerru, rri, rr	fwehru
fwihft	fwihftu	fwihdu
fwilt	fwilftu	fwillu
fwirkt	fwirkftu	fwirku
tahrft	tahrfchu, fi, fch	tahrfu
tahft	tahfchu, fi, fch	tahfu
tapt	tohpu	tappu
tekt	teezu (tfchu) zi, z	teezu
teept	teepju, pi, pj	teepu
teerpt	teerpju, pi, pj	teerpu
tehrpt	tehrpju, pi, pj	tehrpu
tehft	tefchu	tehfu
teikt	teizu	teizu
		tikt

Infinit.	Praef. Indic.	Imperf.
tikt geschehen	teeku (auch tihkstu)	tikku
tikt gefallen	tihku	tikku
tilpt	telpu	tilpu
tirpt	tirpju, pi, pj	tirpu
trauke	trauzu (tschu) zi, z	trauzu
treekt	treezu (tschu) zi, z	treezu
treept	treepju, pi, pj	treepu
tremt	tremmu	tremmu
trenkt	trenku (tschu) zi, k	trenzu
truhkt	truhkstu	truhku
tscheebt	tscheebu	tschibbu
tuhkt	tuhkstu	tuhku
tuhfkt	tuhfku	tuhfku
tukt	tuhku, zi, k	tukku
twehrt	twerru, rri, rr	twehru
twihkt	twibkstu	twihku
urbt	urbju, bi, bj	urbu
wahrgt	wahrgstu	wahrgu
wahst	wahschu, si, sch	wahsu
weebt (- tees)	weebju, bi, bj	weebu
wehrpt	wehrpju, pi, pj	wehrpu
wehrst	wehrschu, si, sch	wehrsu
wehrt	werru, rri, rr	wehru
weiktees	weizohs	weizohs
welt	wellu, lli, ll	wehlu
wemt	wemju, mmi, mj	wehmu
west	weddu, (weschu) ddi, dd	weddu (weschu)
wihst	wihstu	wihtu
wilkt	welku, zi, k	wilku
wilt	willu, lli, ll	wihlu
wirst	wirsu	wirsu
wirt	werdu	wirru
zeest	zeeschu, si, sch	zeetu
zelt	zellu, lli, ll	zehlu
zenstees	zenschohs	zenfohs
zept	zepju, ppi, pj	zeppu
zirpt	zehrpju, pi, pj	zirpu
zirst	zehrtu	zirtu

Von

Von den PRAEPOSITIONIBVS.

§. 121.

In der Lettischen Sprache muß man einen großen Unterschied machen, ob die *Nomina*, die von den *Praepositionibus* regiert werden, im *singulari*, oder im *plurali* stehen.

§. 122.

Stehen die *Nomina* im *plurali*, so regieren alle *Praepositiones* ohne Ausnahme einen *Dativum*, als: ais kruhmeem hinter die Sträuche oder hinter den Sträuchen, ap teem laikeem um die Zeiten, ar sweedreem mit Schweiß, bes grehkeem ohne Sünden, us kohkeem auf die Bäume, auf den Bäumen, no assarahm von Thränen ꝛc.

§. 123.

Stehen aber die *Nomina* im *singulari*, so regieren die *Praepositiones* folgende *Casus*:

Ais hinter	*Gen. et Acc.*
Ap um	*Acc.*
Apkahrt (aplik) umher, herum	*Acc.*
Appakseh unter	*Gen (et Acc.)*
Ar mit	*Acc. et Gen.*
Bes ohne	*Gen. (et Acc.)*
Eekseh in (an)	*Gen. (et Acc.)*
Garr langst	*Acc.*
Is aus	*Gen.*
Kahrt um, umher	*Acc. (et Gen.)*
Klaht nahe bey	*Gen.*
Lihdś bis	*Dat. Acc. et Gen.*
No von, aus	*Gen.* (selten *Acc.*)
Pa {auf, über, durch, unter	*Acc.*
{bey, zu	*Dat.*
Pakkaļ hinter	*Gen. (et Acc.)*
Pahr über	*Acc. et Gen.*
Par für, wegen, zu, über	*Acc. et Gen.*
Pee bey, zu	*Acc. et Gen.*
Pehz nach	*Acc. et Gen.*

Pirms

Pirms vor	—	—	—	Gen.
Preekfch vor, (für)	—	—	Gen. (et Acc.)
Prett, (pretti, prettim, prettib) gegen, wider	Acc. et Gen.
[Sam ist Oberlausitsch und heist unter	—	Gen. et Acc.]
Sahnis beyseit	—	—	Gen. et Dat.
Sezz (sezzen) nebenhin	—	—	—	Acc.
Starp zwischen, unter	—	—	Acc. et Gen.
Us { auf	—	—	—	Gen.
{ nach, zu, an, auf	—	—	Acc.
Wirs oben, auf	—	—	Gen. et Acc.
Zaur durch	—	—	—	Acc.

[Den Gebrauch dieser *Praepositionen* siehe in der *Syntax* §. 182.]

§. 124.

Die *Pronom.* Es, Tu, Sewis, Kas *interrog.* und Tas, wenn es allein stehet, haben die Freyheit, bey jeder *Praeposition* auch im *Dativo singulari* zu stehen, als: pee sewi, pee sewis, auch pee sewim, ar tewi auch ar tewim, pehz manni, pehz mannis, auch pehz mannim, pee ka auch pee kam, no ta auch no tam.

§. 125.

Weil das *Relativum* Kas laut §. 64. keinen *aparten pluralem* hat, sondern im *plurali* wie im *singulari* gehet, so stehet es bey den *Praepositionibus* auch im *plurali* in demselben *casu*, in welchem es im *singulari* stehen sollte, als: die Zeiten, von welchen Christus redet tee laiki, no ka Kristus runna, nicht aber no kam, die Propheten, durch welche GOtt geredet tee praweefchi, zaur ko Deews runnajis.

§. 126.

Die Letten haben auch *Praepositiones postpositivas*, und zwar

(1) Die nach einem *Genitivo* gesezt werden. Diese sind dehl, pehz und labba oder labbad, und heissen alle auf deutsch wegen, halben, oder um, willen, als: mannis dehl meinetwegen, tewis pehz deinet-

deinetwegen, deinethalben, Jesus Kristus labbà oder labbad um JEsu Christi willen.

(2) Nach einem *Dativo* stehet pretti entgegen, als: kaulei pretti der Sonnen entgegen oder gegenüber.

§. 127.

Praepositiones inseparabiles sind: at, ee, sa und das Oberlauzische da anstatt pee.

§. 128.

Folgende *praepositiones separabiles* werden in den *Verbis compositis* auch als *inseparabiles* gebraucht: ais, ap, is, no, pa, pee, us. Dazu auch pohr und zaur gehören, ob sie gleich von ihren *Verbis* auch getrennt werden können.

§. 129.

Wenn man nun diese *Praepositiones inseparabiles* mit den *Verbis simplicibus* zusammensetzt, so kan man die *Verba composita* bey ganzen Handvollen zusammen nehmen. Es wird aber davon in der Einleitung zum *Lexico* in der Lehre von den *Compositis* ausführlicher gehandelt werden.

Von den ADVERBIIS und andern Particleln.

§. 130.

Die *Adverbia*, die von den *Adjectivis* gemacht werden, endigen sich größtentheils auf i, als: lab *adverbium* labbi, krahschns *adv.* krahschni.

§. 131.

Diese *Adverbia* werden auch comparirt, als: labbi gut, labbaki besser, wiffu labbaki am besten; krahschni schön, krahschnaki schöner, wiffu krahschnaki am schönsten, am allerschönsten.

§. 132.

§. 132.

Viele *Substantiva* werden *adverbialiter* meist im *Abl. locali*, bisweilen aber auch im *Dat.* oder *Acc.* gebraucht, als: oben wirfû, von wirfus der obere Theil, fchim brihfcham auch fcho brihdi für dißmal, von brihds G. brihfcha eine Weile oder kurze Zeit. Hieher gehören auch ahrâ hinaus oder draussen, eekfchâ hinein oder drinnen, preekfchâ vorwerts, appakfchâ unterwerts, starpâ zwischen oder unter, weetahm stellweise ꝛc.

§. 133.

Die Letten haben auch einige Partickeln von ihren kleinen Kindern, die die Worte noch nicht rein nachsprechen können, angenommen, als: dutfchu anstatt dohd fchur, nifchu anstatt neff fchur, à rè anstatt ak redfi, klau anstatt klauf, pag anstatt pagaid, edf anstatt redf, kufch anstatt kluffu.

§. 134.

Einige Partickeln werden von Sprachverderbern verkehrt gebraucht.

(1) Ahran hinaus, eekfchan hinein, und garram langst sind *Adverbia*, und werden fälschlich als *Praepositiones* gebraucht. z. E. ko mahzees ahran teem desmit Deewa baufleem? was lernst du aus den zehen Geboten? Es muß heissen: no teem. Eekfchan Deewa wahrdeem in GOttes Wort. Es muß heissen: eekfch. Garram fehtu läugst dem Gesinde. Es muß heissen garr fehtu.

(2) Ais to ist die *Praepositio* ais mit dem *Acc.* to, und heist hinter dem. Es wird aber von einigen fälschlich anstatt denn gebraucht. z. E. im Schluß des Vater Unsers: ais to tew peederr ta walstiba. Es muß heissen: jo tew peederr &c.

(3) ja

(3) Ja ist kein *Adverbium affirmandi*, sondern die *conjunctio conditionalis* wofern. Ja es tizzu heist nicht: ja, ich glaube, sondern dafern ich glaube. Der Lette sagt schlechtweg tizzu, oder es tizzu, wenn er sagen will: ja, ich glaube.

§. 135.

Damit man die *Adverbia* und *Conjunctiones*, die oftmals im *stylo* die gröste Schwierigkeit verursachen, leicht finden möge, so habe ich sie hier nach Alphabetischer Ordnung (im deutschen aufzuschlagen) hergesetzt. Die nöthigsten *Interjectiones*, wie auch die *Praepositiones*, die zum Theil *adverbialiter* gebraucht werden, sind mit darunter begriffen.

§. 136.

CATALOGVS PARTICVLARVM.

Ab nobst.
   In den *Compos.* gemeiniglich no, als: abbrechen nolaust, noluhst.
ab und zu schurpu turpu, schurp in turp.
aber bet.
abermal atkal, ohtrā reiss, ohtru reisi.
absonderlich sewischki, sawadi, sawrup.
ach ak! ach daß kaut, ak kaut!
alle, bey den *Substantivis temporum* heist ik, als: alle Tage, ikdeenas, alle Woche ikneddelas, allen dritten Tag ik treschu deenu (ā-ā)
all ander Tag pahrdeenōs, ,, Woche pahrneddelōs.
allein, aber bet.
allein, nur, ween, tikkai.
allemal ik brihschu (-am) siehe allezeit.
allenthalben wissur.
allerdings sinnams, teefcham.
allererst nuhle, nulle, tikkai.
allerhand daschadi.
allerley wissadi.
allermeist wiss wairak.
allerseits wiss apkahrt.
allerwegen wissur.
alleweil pat labban.
allezeit allasch, allaschin, allaschiht, weenumehr, ar ween

allgemach pamasam, weeglam, lehnam.
allhier schē, scheju.
allmählig pa reischm, , sacht lehninam, weegliņam, pamaschtam (-im), ganz sacht lehnschtam, pamasihtinam.
allzu, pahr leeku, wissai, wisskin.
allzumal wiss notaļ.
als, da kad, wie kā, als auch kā arridsan, kā ir, als — so, kad — tad.
Nach einem *Comparativo* ne, kā, nekā.
alsbald tuhdaļ, tuhdaliņ, tuhdaliht.
alsdenn tad, , erst tad tikkai.
als nemlich prohti.
als wenn itt kā, (kaschu)
als wie kā, itt kā.
also, auf diese Weise tā, , sehr tik johti, demnach tad, also auch tā arridsan.
am bey den *Superl.* wiss, als: am meisten wiss wairak.
an, am pee, us.
   In den *Compos.* wird es öftmals anders gegeben, als: ankleiden apgehrbt.
anfangen sahkt, eesahke.
anders zittadi, , wo , wohin zittur, , woher no zitturenes.

an einander kohpl.
annoch wehl.
anstatt weetâ, ‚ deiner tawâ
  weetâ.
auch ar. ir, (in) arri, arridſan.
auf wirs, us, oder bloß der
  Abl. loc. als: ſemmē auf
  die Erde, auf der Erden.
  In den Compoſ. wird es
  unterſchiedlich gegeben, als:
  das Bett aufmachen gultu
  ſataiſiht, die Thür ‚ durris
  atwehrt, auffſteigen uskahpt,
  die Sonne geht auf ſaule
  lezz.
auf beyden Seiten abbejup.
auf daß ka, lai.
auf den Mund krumm gebo-
  gen knuhpu, auf dem Rü-
  cken liegend augſchpehdu,
  aufs Geſicht vorwerts
  tſchuhriſku.
auf dieſe Art und Weiſe tâ
  (ſchitta) auf allerley ‚ wiſ-
  ſadi, wiſſaſchki, auf keinerley ‚ ne kahdi, ne ſchahdi ne tahdi, auf mancherley ‚ daſchadi, auf beyderley ‚ abbejadi, auf einerley ‚ weenadi, auf zweyerley ‚ diwejadi &c.
auf und ab ſchurp in turp,
  ſchē in tē, auf und nieder
  augſchup ſemjup, ſchurpu
  turpu.
aufs beym Superl. wiſſ. als:
  aufs beſte wiſſ labbaki.
aufs höchſte lai daudſ irr
  tad — — —

aufwerts augſchup, augſch-
  puſſs.
aus is, no.
  In den Compoſ. is, als:
  ausgeben isdoht.
aus, hinaus abrâ, ahran, zu
  Ende pa gallam, ‚ der Fremde no ſweſchenes.
auſſer, ausgenommen be-
  ween.
auswerts ahra puſſe.
Bald drihſ, ‚ genug gan
  drihſ.
bald — bald tad — tad,
  brihſcham — brihſcham,
  (tikkus tâ, tikkus zittadi)
be in den Compoſ. wird auf
  vielerley Art gegeben, als:
  bepflügen ap-art, bezahlen
  aismakſaht, begreifen, ſa-
  praſt &c.
beſonders ſ. abſonderlich.
beſſerhin turpmak, turplik
  (- am)
bey pee.
  In den Compoſ. auch pee,
  als: beylegen peelikt.
  Vor den Numeralibus pa,
  als: bey eins pa weenam,
  bey zwen pa diweem.
beyderley abbejadi.
beyderſeits abbejup.
bey Gott! nu dēe!
beynahe tik ne.
beyſeits ſahnis.
binnen ſtarp.
bis lihdſ, ‚ dahin ta-
  mehr, ‚ daß kamehr, teekams, ‚ dorthin lihdſ tur.
  lihdſ

lihds turrenes, lihds tejenes, ı her lihds schim,
ı hieher scharnehr, lihds tè,
lihds tejenes, lihds schejenes, ı oben zu lihds pilnam,
ı so weit lihds tam, ta-
mehr.
bisweilen breibscham, laikam,
pa brihscham, daschureis,
daschkahrt, daschubahn,
kaschkad.
Da, als kad, dort tur, hier
schè, tè, teju, teitan,
zugegen klaht, da und da
schè in tè.
dabey pee ta, pee tam, klaht.
da doch jebschu, kautschu.
dadurch zaur to, no ta, no
tam.
dafern ja, ja labban.
dafür par to.
dagegen tur pretti.
daheim mahjâs.
daher no ta, no tam, tapehz.
dahin tur, teitan, da hinaus
tè zauri, pa tejeni, pa tenneni, dahinwerts tejup.
dahinten pakkal, pakkala
(— an)
dahinter s. hinter.
damals tad, to reisi, to brihdi,
tad kà.
damit, auf daß kà, mit dem
ar to.
dank paldees.
daneben tur klaht.
dann, alsdann tad, dann und
wann s. bisweilen.
dannenhero tabapehz.

dar in den *Compos.* wird mancherley gegeben, als: dar-
legen nolikt, darthun pa-
rahdiht, darreichen sneegt,
atsneegt.
daran pee to, pee ta.
darauf us to, wirs to, nachdem pehz to, pehz tam,
pehz ta.
daraus no ta, no tam.
darein tur eekschà.
darnach pehz, pehz schim.
darnieder semmè.
darüber pahr to.
darum tapehz, tadehl.
darunter, darzwischen starpâ.
davon no ta, no tam.
daß kà, daß es recht — nek.
z. E. die Nachtigal singt so
schön, daß es recht ein Wunder zu hören ta lagsdigalla
tik sauki dseed, nek brih-
nums dsirdeht.
das wars tebè.
davon, weg nohst. In den
Compos. no, als: davon
laufen nobehgt.
daselbst turpatt.
dawider pretti.
dazu, dabey pee, klaht. In
den *Compos.* pee, als dazu
legen peelikt.
dazu, darum tapehz, tadehl.
dazumal, s. damals.
denn jo, denn — denn, s. bald
— bald, wer denn kas tad,
wenn denn kad tad &c.
denn allererst tad tikkai (et le.)
denn ja jeba.

dennoch

dennoch tapatt, tomehr, tatſchu,
(tak, takmehr) , aber bet
tomehr.
derb tikku tikkam.
dergeſtalt daß tà kà.
dermaleins ween reiſ.
dermaſſen tà.
derowegen, deswegen tapehz,
tadehl.
desgleichen tà lihdſ.
deſſelben gleichen tà lihdſ arridſan.
deswegen, deshalben tapehz,
ta dehl, ta labbad.
deſto bey den *Comparativis*
jo, als: deſto mehr jo wairak, , gröſſer jo leelaks.
dieweil kad, tapehz kà.
dieſesmal ſcho reiſ, ſcho
brihd, ſchim brihſcham.
diſſeit ſchai puſſé.
doch, ſiehe dennoch, ey doch
jell, jelle.
dort tur, , her no turrenes,
, hin turp, us turrenes,
, hindurch, , hinaus tur
zauri, pa tenneni, , hin-
werts turp.
drauſſen ahrà, (– an)
drinnen eekſchà (– an)
droben augſcham, wirſù.
drüber pahri, pahraki.
drunten appakſchà.
durch zaur, durch und durch
zaur zaurim, durch einan-
der vermengt jukku jokkam.
durchaus nicht pawiſſam ne.
Eben, juſſ itt, pat, ihſti,
, als itt kà, , alſo tapatt,

tà lihdſ, , da itt tè, tepatt,
ihſti tè, , darum tabapehz,
, das wolte ich haben tebe to
es gribbeju. , ein ſolcher itt
tahds, pat tahds, ihſti tahds,
, jetzt itt taggadin, pat labban
, recht mehreni, itt mehrà,
pat mehrà, ihſti mehrà, , ſo
ta patt, , ſo viel lihdſ tik
daudſ, , ſo wenig lihdſ tik
maſ, , ſo weit lihdſ tik
tahlu, , ſo wie ittin tà kà,
, ſowol tapatt, tà lihdſ arridſan, , zu rechter Zeit laikà,
patt laikà.
ehe, ehe als pirms, eekam,
ehe noch pirms ne kà.
ehemals zittkahrt.
eigentlich ihſti.
ein eekſch, eekſchà. In den
Compoſ. ee, als: eingehen
ee-eet.
einander weens ohtru (– a,
am) als: bey einander
weens pee ohtra, durch ,
weens zaur ohtru &c.
ein andermal zittu reiſi.
einiger maſſen puff lihdſ.
einmal, einſtens kahdu reiſi.
eins ums ander ſ. all ander.
ein wenig maſ, mag, maggeniht, druszin.
einwerts eekſchpuſſé.
einzig und allein weenigi
ween.
endlich pehdigi, beidſoht,
pehz gallà.
entgegen pretti.
entweder — oder jeb — jeb.
ents

entzwey puscham.
er in den *Compos.* wird auf
vielerley Art gegeben, als:
erhören paklaufiht, erwe-
gen apdohmaht, erstechen
nodurt &c.
erst, dann erst tad tikkai, nu
erst s. nu.
es sey lai tad, es sey denn
daß — so ja ne, ja labban
ne — tad.
etlichemal daschureiß, daschkahrt.
etwas vor den *Adjectivis*
wird mit pa gegeben, als:
etwas roth oder röthlich
pasarkans.
ey, i! ā, aj! ej!
ey lieber luhdsams.
ey mein Himmelschen ā pa-
sauliht.
ey siehe ā rē!

Fahrens braukschus.
falls ja.
fern tahlu.
ferner prohjam, - hin jo prohjam.
fort in den *Compos.* no, ais,
als: fortgehen no-eet,
ais-eet.
fortan eurpmak, pehz schim,
jo prohjam.
freylich, fürwahr sinnams, kā
tad? tebē.
früh agri.
führens weschus.
für par.
In den *Compos.* siehe vor.
fürnehmlich wiß-wairak.

für und für weenu mehr.
fürwahr teescham.

Ganz bey den *Adverb.* itt,
pat, ihsti, als: ganz na-
he itt tuwu, itt teju, pat
klaht, ihsti klaht, pat teju,
ihsti teju.
ganz und gar pa wissam.
gänzlich notal, wissai, wiskin,
pagallam.
gar, noch dazu wehl tur klaht,
- nicht ne wiß, ne mas, ne
kā, ne kā ne.
gar zu - pahrleeku, wissai,
wiskin.
gebückt pagubbu.
gegen prett, - über prett
(-im, -ib)
gemeiniglich s. insgemein.
genau ⎤
gerad ⎦ lihdsi (-s)
gerad zu teescham.
gern labpraht.
geschweige nelle wehl.
geschwind drihs, ahtri, knascht.
gesetzt lai, lai buht.
gestern wakkar.
gewiß teesā, teescham, pateest.
gleich, gerad lihdsi, so gleich
tuhdal, (-in, -iht.)
gleich als itt kā, - - wenn itt
kā kad.
gleichergestalt, - weise ta patt,
tā lihds arridsan.
gleich viel weenadi, lihdsa,
lihdsi.
Bey den *Pronom.* und *Adverb.* jeb, kaut, als: gleich
viel

viel wer jeb kas, kaut kas,
, wo jeb kur, kaut kur &c.
gleichwie — also kà — tà.
gleichwol tomehr, tatfchu.
genug gan, ganna.

Halb und halb puff lihdſ,
ne ihſti.
hart bey tuwu klaht, teju
klaht.
haſt du irrag tew?
haſt du nicht (*lat. nonne*) neg?
(*cum praeter.*)
heim mahjäs.
her fchur.
  In den *Compoſ.* at, als:
herkommen atnahkt.
herab, heran, herauf ꝛc.
ist eben ſo viel als ab, an,
auf.
hernach pehz.
herum apkahrt, aplik.
heute fchodeen.
hie, hier fchè, tè, fcheit, fchei=
tan, fcheju, hie und da
fchè tè, fchurp turp.
hiebey, hiedurch, hiemit,
hievon ꝛc. ſiehe dabey,
dadurch ꝛc.
hieher fchur, fchurp, werts
fchurp, us fchurrenes.
hier durch pa fchejeni, pa
fchenneni, tè oder fchè
zauri.
hin, weg nohſt.
  In den *Compoſ.* ais, no als:
hingehen ais-eet, no-eet.
hinab femmè.
hinauf augfchup.

hinaus ahrà (−an)
hinein eekfchà (−an)
hinfort, hinſtro ſ. fortan.
hinten pakkal, (−a, am)
hinter ais (*praepoſ.*) pakkal
(*adverb.*) hinterher pakkal.
hin und her, hin und wieder
fchur tur, fchurp turp,
fchurpu turpu, weenup
ohtrup, pa weetahm.
hinweg nohſt.
hinzu klaht.
  Not. In den *Compoſ.* hinab, hinauf, hinaus, hin=
ein, hinweg und hinzu
ſiehe ab, auf, aus, ein, weg
und zu.
hör hör klau klau, puifchè.
J! à!
J ja *affirmandi* ſiehe *Syntax* §. 185.
ja freylich ka tad? finnams,
te bè.
ja ſo gar in wehl.
je — je, je — deſto jo —jo.
je mehr und mehr jo deenas
jo wairak.
je länger, je größer jo deenas
jo leelaks &c.
jeden Tag ſiehe alle.
jederzeit allafch, (−in, iht.)
jedesmal ikreiſi, ikbriḣſchu.
jedoch bet, tomehr, tatſchu.
jemals zitkahrt, kad, jebkad.
jenſeit wiṅa puff.
jetzt taggad, (−in, iht.)
im Galopp aulam,aulifku, im
Schritt oder Schlapp fohlu,
fohlis, im Trabe rik fchu.

immer

immer muhscham, ar ween, ais weenu.
immerhin lai tad, mannu behdu.
immer so tahdai.
in eekſch, oder der *Abl. localis*, in der Dämmerung krehflâ, in der Hahnen Krähe, gailôs, in der Nähe tuwumâ, in die Länge garram, eegarram, in die Quere ſchkehrſcham.
in den Tag hinein, unbedachtſam aplam.
indem tà kà, oder das *Gerundium*.
indeſſen pa tam, pa tam ſtarpam, tik ilgam.
innen und auſſen eekſchâ in ahrâ.
innerhalb (*adv. loc.*) eekſch, eekſchâ, (*adv. temp.*) pahr.
insgemein muß mit dem Wort mehdſ (er pfleget) oder daſchdeen gegeben werden, als: er verſteckt ſich, wie es ein Dieb insgemein zu machen pflegt winſch ſlepjahs, kà daſchdeen ſaglis, oder kà ſaglis mehdſ.
inskünftige ſ. beſſerhin.
inſonderheit wiſſ wairak.
in ſtücken puſcham.
inzwiſchen pa tam, pa tam ſtarpam.
irgend einmal kahdu reiſi.
irgendswo kur, jeb kur, kaut kur.
iſt auch irrag?

iſt nicht, hat nicht newa, nawa, naw', newaid, nawaid, nawaida.
iſts nicht neg, neggi.
jüngſt, ſ. neulich.
juſt ſ. eben, - ſo itin tà, juſt zehen lihdſ deſmit.

Kan auch warrig? kaum tik, tik ko.
keinesweges ne kà.
keinmal ne kad.
kurz, kurz um ar maſ wahrdeem ſakkoht.

Lange ilgi, ſenn.
lang hernach ſenn pehzta, - vorher ſenn papreekſch.
langſum ſ. allgemach und allmählig.
längſt garz (*praepoſ.*) garram (*adverb.*) - vorbey ſezz (*praepoſ.*) ſezzan (*adverb.*)
längſt ſenn.
längſt und längſt ſchkehrſcham in garram, eegarram.
laufens tezzinus.
leyder Deewain ſchehl, deem ſchehl.
lieber labbis, ach oder ey lieber luhdſams.
loß walla, wallam.

Mal : reiſi - kahrt als : einmal weenreiſ, weenkahrt, zwey : diwreiſ, diwkahrt, &c. das erſte, pirmreiſ, pirmkahrt, &c. viel : daudſreiſ, daudſkahrt, manch

manch , daſchureiſ, daſch-
kahrt, jedes , ikreiſes , ik-
kahrt, jenes , wianu reiſi,
winn kahrt.
mal über mal reiſu reiſehm,
kahrtu kahrtahm,
mehr wairak, wairs, mehr
und mehr ſiehe je mehr
und mehr, zweymal mehr
diwiteek, ohtroteek, drey-
mal mehr trihs reiſ wai-
rak &c.
meiſtens, meiſtentheils ſ. insgemein.
mit ar, zugleich lihdſ.
mit eins ar weenu ween, mit
Gedränge ſumalam, mit
nächſten ſchim deenahm,
mit nichten neba, ne maſ,
mit verwendter Hand at-
ſchubu, atſchubenu,
mittlerweile ſ. indeſſen
[möchte denn beſſerhin jeppin
jo turplik.]
morgen riht.

Nach us, pehz (oder Abl.
 local.)
nach, hinten, hinterher pakkal,
nach und nach ſ. je mehr und
mehr.
nachdem — ſo kad — tad,
oder Particip. pract. in is,
ſiehe Syntax §. 170 n. 2.
nach dieſem, nachgehends,
nachmals pehz ſchim.
nach übermorgen aispariht.
nahe klaht, tuwu, teju, , vorbey ſezzen.

nächſtens ſ. mit nächſten.
neben garr (praepoſ.) , einander blakkam (– u,) , hin
garrun, ſezzen.
nein ne.
neulich ne ſenn, ſchim de e-
nahm.
nicht ne (ni.)
nicht interrog. neggi? nicht
anders als ihſti tā kā, nicht
dis nicht das nei ſchis nei
tas, nicht hin nicht her ne
ſchurpu ne turpu, nicht oft
paretti, nicht ſo nicht ſo ne
ſchahdi ne tahdi, nicht ſo
gar ſonderlich ne wiſſai
nicht ſo viel ne tik.
nichts neeka, neneeka (– u)
, weniger als ne maſ ne
, deſto weniger ſ. dennoch.
nie, niemals ne kad.
nieder ſemmē.
In den Compoſ. no, als:
niederlegen nolikt.
niederwerts ſemjup, ſemju
puſſē.
nimmermehr ne muhſcham,
muhſcham ne.
nirgends, , wo neekur, ne
neekur, , hin ne kurp,
, wohin ne ſchurp ne turp.
noch, annoch wehl, noch auch
nedſ, nei arri, nedſ arri,
, damals tad wehl, , drü-
ber pahri par, , einmal ſo
viel ohtru teek, diwi teek,
, ferner jo prohjam, , nicht
wehl ne, (nelle.)

nu,

nu nu, nu nu nu nu, gan gan,
    nu denn nu tad, nu erst
    nuhle, nulle wehl.
nun s. jetzt.
nunmehro nu jaw.
nun wolan nu tad.
nur ween, tikkai, = allein tik-
    kai ween.
nützlich, tauglich leeti.

Oak! o weh ak wai!
    ob woi (wai, wui) ar-
    rig, arri, ar (ai), nicht neg?
oben, auf wirs, wirsu, aug-
    scham.
oberwerts wirspuffé, augsch-
    puffé, augschup.
obgleich, obschon jeb, jebsch,
    jebschu, kaut, kautschu.
ob wo woi kur, ar kur?
oder jeb (woi.)
offen atwehru, (– a)
oft, oftmal daschureis, dasch-
    kahrt, daudsreis, daudskahrt.
ohne bes (auch besch wenn es
    ganz allein stehet.)
ohngesehr, beynahe pee, s. von
    ohngesehr.

Paarweise pahris, pahrims,
    pa pahreem.
pfuy wè!
platt auf der Erden peeplakku.

Quer schkehrscham, werts
    atscherbi.

Recht, richtig pareisi, = als
    wenn itt kà, kaschu, daß

es recht s. daß, recht, zu
    rechter Zeit patt laikà, pa-
    schà laikà.
    Vor den *Adjectivis* itt, als:
    recht groß itt leels.
reihenweise rindu rindehms.
reitens jahschus.
rips raps gribbu grabbu.
rücklings, rückwerts, verkehrt
    adschugarni (atschagarni)
    atkahru.
rund um wiff apkahrt, apkahrt
    kahrtim.

Sacht lehni, lehnam, wal-
    lam, weeglam, pama-
    lam, palehnihtim, ganz
    sacht, recht sachte lehninam,
    lehnihtam, lehniheinam,
    weegliaam, pamasihtim,
    pamasihtinam.
samt lihds ar.
schlimm schlamm schlimpu
    schlampu, schlukku brukku.
schwerlich (*ironice*) neba.
schon jau, jaw.
sehr lohti, wissai, gauschi,
    aplam.
seitdem tà kà.
seither lihds schim.
seits, beyseits blakkam (– u)
seitwerts sahnis.
selten retti (– am.)
siehe da luhk, lukschè, raug,
    redf, redfi, fkatt, (à re.)
so, also tà.
    In Vergleichung tik, als:
    so groß tik leels.

so

so aber ja tad, bet ja, ja atkal.
 so aber nicht ja ne, bet ja
 ne, so als tā kā, so bald
 als tā kā, lihdf — lihdf.
 so daß es recht tā kā
 nek, so denn ja tad, so etwa
 einer ja kas labban, so et-
 wan wo ja kur, so fern ja,
 so gar daß tā kā nek, sogleich s. alsbald, so jemals
 ja kad, so lange kamehr,
 so lange bis teekams, lihdf
 kam — lihdf tam, so nur
 ja tikkai, so sehr tik lohti,
 so viel tik, teek, so, vor die
 lange Weile schā, so wie
 tā kā, sowol — als auch
 tā — kā, kā — tā, tik labb
 — tik labb, tik labb — kā
 arri oder arridsan.
solchergestalt us tahdu wihsi.
sonderbar sawadi.
sonst zittadi, ja ne — tad.
spät wehlu.
stets allaseh, (—in, —iht) weenumehr, ar ween, ar wee-
 nu ween, ikbrihschu, ik-
 brihscham.
still kluff (kusch.)
Trotz spiht (traz, schukst,
 tschuk.)
Ueber pahr, pahri, wirsū.
 In den Compos. pahr,
 als: überheben pahrzelt.
überall wissur, pahr wiff.
überaus wissai, wiskin.
überhaupt ar mas wahrdeem
 sakkoht.
überhin par garru laiku.

übermäßig pahrleeku.
übermorgen parihte.
über und über pahr pahrim.
um ap, kahrt, apkahrt, aplik.
 In den Compos. ap, als:
 umstürzen apgahst,
um und um s. rund um.
umsonst welti, par neneeku.
um so viel mehr jo, jo wairak,
un (negat.) ne, bes, als, unvernünftig neprahtigs, bes-
 prahtigs.
unaufhörlich s. derb.
und in, ir (in Liefland un)
ungefehr s. ohngesehr.
unten, auf der Erden semmē,
 drunten appakschā.
unter, darunter appaksch,
 zwischen starp (— ā.)
 In den Compos. no, als:
 untersinken nogrime.
unterdessen s. indessen.
unter einander sawā starpā.
unterweilen pa reisehms, pa
 brihscheem.
unterwerts semjup.
unversehens peepesehi.
ver, in den Compos. wird auf
 vielerley Art gegeben, als:
 vergessen aismirst, peemirst,
 verkaufen pahrdoht, ver-
 treiben aisdsiht, nodsiht,
 verschwinden sust, pasust.
vergeblich s. umsonst.
vermengt jukku jukkam.
vermuthlich man dohmalit,
 man schkeet, ne kā kā,
 als: vermuthlich hat er das
 gethan ne kā, kā tas to buhs
 darrijis.

darrijis, oder man dohmaht
 tas to buhs darrijis.
verworren wirschu warschu.
vielleicht best, jaschu, negg.
vielmehr jō wairak.
vielweniger neg wehl.
völlig pilni, pa pillam, pa pilnam.
von no, ‒ auſſen no ahrenes,
 ‒ dannen no tejenes, ‒ no
 tennenes, ‒ dorten no turrenes,
 ‒ hinnen no schejenes,
 no schennenes, ‒ hinten
 no pakkaļas, no pakaļenes,
 ‒ innen no eekscha,
 no eekschenes, ‒ längsten
 no ſennenes, ‒ nahen no
 klahtenes, ‒ nun an no schi
 laika, ‒ oben no augschenes
 no wirſu, no wirſpuſſes,
 ‒ ohngeſehr no nejauſchi, neihschi,
 no newiļļu, newilloht,
 ‒ Tag zu Tage ſ je mehr
 und mehr, ‒ unten no appakscha,
 no appakschpuſſes, no
 appakschenes, ‒ vorn no
 preekscha, ‒ wannen no
 kurrenes, ‒ weiten istahļam,
 no tahļenes, no istahļam,
 ‒ wegen dehļ, pehz, labbâ
 labbad cf. §. 126.
vor preekſch, für par.
 In den Compoſ. preekſch,
 ais, als: vorstehen preekſch
 stahweht, fürstehen aisstahweht.
voran, voraus papreekſch, preekſchâ.
vorbey garram, ſezzen, pahr.
vor dem, vor dieſem zittkahrt,
 preekſch ſcha laika.
vor die lange Weile ſchā.
vorgeſtern aiswakkar.
vorher papreekſch, papreekſchan.
vorhin ſ. vordem.
vor jenesmal ais winnu reiſ.
vorm Jahr pehrn, vor zu
 Jahr, vor zwey Jahren
 aispehrn.
vormals zittkahrt, zittu reiſ.
vorn preekſchā, papreekſchan.
vor ſich werts ſuwjup.
vorüber pahr, garram, ſezzen.
vor voll pa pilnam.
vorwerts auß Geſicht tſchuhriſku.

W ahr, warlich, wahrhaftig
 teeſa, teeſcham, pateeſi.
warum kapehz, kam, par ko,
 ‒ nicht! kā ne!
wechſelweiſe pamihſchu.
weder ‒ noch nei ‒ nei,
 nedſ ‒ nedſ.
weg nohſt, prohjam. In den
 Compoſ. no, ais, als: weggehen
 no-eet, ais-eet.
wegen ſ. von wegen.
wehe wai!
weil tapehz ka.
‒ weiſe pa, als: ſtellweiſe pa
 weetahm, ſtückweiſe pa gabbaleem &c.
weit tahlu.
weiter, mehr wairs.
weiterhin ſ. beſſerhin.

wem

96 Catalogus

wem ju gut ka labbad?
wenn kad, wenn — so kad
— tad.
wenn doch kad jel, kaut jel!
wenn gleich lai irr, kautschu.
wenn nur kad ween, kad tikkai
· **werts** in den *Compos.* prett,
us (puffes) als: Abend-
werts pret wakkaru, us
wakkara puffes, vorwerts
us preekschu, hinterwerts
us pakkalu, us pakkalas
puffes, &c.
weswegen, weshalben kapehz,
kadehl, par ko?
wie kà, wie — so kà — tà.
Bey den *Adject.* und *Adverb.* zik, als: wie groß
zik leels, · lange zik ilgi,
· oft zik reisi, · sehr zik
sohti.
wie aber wenn bet ja, wie
auch kà ar, kà arri, kà arridsan, · denn kà tad? · lange zeekams, zikkams, (wo
ist schon die Zeit kohpsch?)
· nicht kà ne? wie viel zik,
zeek? · vielmehr zik wai-
rak, zik ne mit einem drauf
folgenden *Comparativo.*
· weit lihdskam.
wieder, abermal atkal, entgegen pretti.
In den *Compos.* at, oder
pretti, als: wiedergeben
atdoht, widersprechen pretti
runnaht.
wo kur? · es immer sey kur
ween.

wohl labbi, pareisi.
wol gan.
**womit, wodurch, worin,
woraus, woran, wo-
von, wornach** ist eben so
viel als mit was, durch was,
in was ꝛc.
wofern ja, ja labban.
woher no kurrenes, no ka,
no kam.
wohin kur, kurp, · aus pa
kurreni, · werts kurp,
kurjup, katrup.
wo nicht ja ne.
wo nur immer kur ween,
wolte GOtt ak kaut!
worüber par ko?
wozu kam?

Zer in den *Compos.* sa, is,
als: zerreissen saplehst,
zerbeissen sakohst, zergehen
ischkihst.
zu pee, us.
In den *Compos.* pee, ap,
ais, als: zuwerfen peemest,
apmest, aismest.
Vor den *Adject.* siehe allzu.
Bey Zahlen siehe bey.
zudem tur klaht.
zuerst papreeksch.
zugleich lihds, lihdsa, ween
lihdsa.
zuförderst wissirms.
zu Fuß kahjam, kahjop.
zu Jahr pehrn.
zu lange pa-ilgi.
zuletzt pehdigi, beidsoht, pehz
gallâ, pastarôs.

zum

zum, zur wird vielmals durch den *Dat.* gegeben, als: zum Lohn algai, zur Saat sehklai.

zumal wiss wairak.

zum Theil gan — bet ne wissai oder pawissam.

zum wenigsten lai mas irr tad — — (tomehr ween.)

zur siehe zum.

zurück atpakkal.

zusammen kohpâ, in den *Compos.* ta. als: zusammen binden saseet.

zu viel pahrleeku.

zuvor papreekfch, papreekschu.

zuweilen s. bisweilen.

zu welcher Hand oder Seite kurjup.

zuwider pretti.

zu Zeiten brihscham, laikam.

zwar gan.

zwischen starp, starpâ.

Der III. Theil.
Von der SYNTAX.

§. 137.

Damit man eine jede *Syntactische* Regel leicht finden könne, so soll die *Syntax* nach der Ordnung der *Etymologie* abgehandelt werden.

Vom Gebrauch des Articuli.

§. 138.

Die Letten haben eigentlich keinen *Articulum*, als: Ich sehe einen Menschen (gleich viel wen) es redsu zilweku, der HErr kommt kungs nahk, ich werde es dem Vater oder der Mutter sagen es to tehwam jeb mahtei teikschu.

§. 139.

Der sogenannte Lettische *articulus* tas und ta ist eigentlich ein *Pronomen demonstrativum*, als: ich sehe den Menschen (den man mit dem Finger zeigt) es redsu to zilweku, ich sehe wol den Jungen, der dort läuft, es gan redsu to puisi, kas tur tekk.

Vom Adjectivo und Substantivo.

§. 140.

Die Regel von der Uebereinstimmung des *Adjectivi* und *Substantivi* muß so genau, als nur immer im Lateinischen inacht genommen werden: und in gewissen Fällen muß man genau acht haben, auf welchen *Casum* sich das *Adjectivum* bezieht. Als:

Es esmu ustizzejis *fisus sum*, es esmu ustizzejusi *fisa sum*, mehs essam ustizzejuschi *fisi sumus*, mehs essam ustizzejuschas *fisae sumus*.

Es esmu preezajees *gavisus sum*, es esmu preezajusees *gavisa sum*, mehs essam preezajuschees *gavisi* auch *gavisae sumus*. cf. §. 95. et 69. sqq.

Saglis

Saglis ne waw boggats buht, *fur nequit dives esse.*
Winsch dohma man baggatu essam, *putat me divitem esse.*
Tew ne klahjahs pahrgudrakam buht, *tibi non licet nasutulo esse.*
Also auch: Tew ne buhs trakkam buht du sollt nicht toll seyn.
Winsch ne gribb saprasts tapt er will nicht verstanden werden.
Wella walstibai buhs ispohstitai tapt des Teufels Reich soll zerstört werden.
Winsch teizahs gudrs essam oder essots er rühmet sich klug zu seyn (nicht gudru essam oder essosehu, weil es sich auf den *Nominat.* winsch bezieht.)
Winsch leedsahs to darrijs er leugnet es gethan zu haben.
Deewu minn, to ne pasihstohts (oder pasinnis,) er schwört, daß er ihn nicht kennet (oder gekannt habe.)

§. 141.

Folgende Exempel sind eine Ausnahme von dieser Regel:
Lai Deews juhs stiprina nenoseedsigeem buht, GOtt stärke euch unsträflich zu seyn; *Thess. III.* 12.
Lai Deews juhs spehzina no wella naggeem isglahbteem tapt, GOtt stärke euch von des Teufels Klauen errettet zu werden.

[In beyden Exempeln steht der *Dat.* beym *Infin.* ob es sich gleich auf den *Acc.* juhs bezieht. *Rationem hujus exceptionis vid.* §. 164. n. 2.]

Hingegen: mehs ne essam netiklus turrejuschees wir sind nicht unordig gewesen, wie haben uns nicht ungebührlich verhalten = *Thess. III.* 7. hätte auch können gegeben werden: mehs ne essam netikli turrejuschees. Dort bezieht sich der *Acc.* netiklus auf den elliptischen *Acc.* tewi, hier aber bezieht sich der *Nom.* netikli auf den ausdrücklichen *Nom.* mehs. (cf. §. sq. num. 3.)

Vom Gebrauch der CASVVM.

§. 142.

Vom Nominativo.

Ausser dem ordentlichen Gebrauch des *Nominativi* vor einem *Verbo finito* brauchen die Letten

(1) Den *Nominativum rei* bey dem *Verbo substantivo*, wenn es wie im Lateinischen durch haben gegeben wird, als:

Man irr weens weenigs sirgs, tew diwi, *mihi est vnicus equus, tibi sunt duo.*

[Doch brauchen hier die Letten bisweilen auch den *Genit.* als: man irr maises in naudas ich habe Brod und Geld. cf. §. sq. num. 2.]

(2) Bey dem *Modo necessitatis primo* (§. 115. n. 1.) stehet auch ein *Nominatiuus rei*, als:

Deewa wahrdi tew labbi ja pahrdohma, *verba Dei tibi probe meditanda.*

(3) Die *Verba Reciproca* erfordern ordentlicher Weise einen *Nominatiuum*, als:

Winsch tahds swesch turrahs, er hält sich so fremd, er führt sich so fremd auf.

Apskatees pats betrachte dich selbst.

Pats sarga pats apsohgahs, selbst hütet er, selbst bestielt er sich.

[Wenn aber das *Pronomen reciprocum* ausdrücklich mit gesetzt wird, so kan das *Verbum reciprocum* auch einen *Accus.* zu sich nehmen, als: Apskattwes sewi pats, auch apskattees sewi pasehu.] (Hieher gehört das obige Exempel aus 2 Thess. III. 7. §. 141.)

(4) Bey den *Verbis sensuum, affectuum* und *dicendi* stehen diejenigen *praedicata*, welche *reciproc* sind, d. i. die sich auf kein ander *Subjectum* beziehen, im *Nominativo*, als:

Teizahs

Teizahs baggats essam oder effots er rühmet sich reich zu seyn, (oder baggats bijis reich gewesen zu seyn.)

Winsch leelijahs manni kuhlis er rühmet sich mich geschlagen zu haben.

Winsch swehre to ne runnajis er schwöret es nicht geredet zu haben.

Deewu minn to ne pasihstohts, er schwöret, daß er ihn nicht kennet.

[Hier halte man entgegen §. 145. n. 2.]

Vom Genitivo.

§. 143.

Auſſer der ordentlichen *Rection* des *Genitivi* brauchen die Letten einen *Genitivum*.

(1) Bey denenjenigen *Adverbiis*, die eigentlich *Substantiva* in *casu locali* sind, als: semmes wirsû auf Erden, gultas appakschâ unter dem Bette, lauschu preekschâ vor dem Volk, winnu starpâ unter ihnen. (cf. §. 132.)

(2) Bey den *vocibus copiae* und *inopiae*, als:

Daudsi lauschu viel Leute, mas lauschu wenig Leute.

Man irr, man newa, man truhkst maises, ich habe, ich habe nicht, mir mangelt Brod.

Scho gadd' buhs ohgu (sc. papilnam) dieses Jahr werden Beeren seyn (sc. vor voll.)

Zik ta puischa irr, wie viel ist des Jungens, d. i. was ist an dem kleinen Jungen dran.

(3) Anstatt eines *Adjectivi*, zumal wo es im Lettischen daran fehlt, braucht man den *Genitivum* des *Substantivi*, als:

Mahlu semme leemicht Land, selta gredsens ein gülden Ring, meschu weeta ein waldigter Ort, leetu laiks regnichtes Wetter, tehwu manta väterlich Gut, mahtes sirds das mütterliche Herz, wezu babbu pasakkas altvettelische Mährlein.

(4) Bey

(4) Bey der nachdrücklichen Verdoppelung eines *Substantivi* wird der *Genitivus pluralis* gebraucht, als:

Pa wissahm mallu mallahm an allen Orten und Enden.
Pa lauku laukeem, pa kalnu kalneem, über alle Felder und Berge.
Deews irr spehzigs eekśch wissahm leetu leetahm GOtt ist mächtig in allen Dingen.
Muhschu muhscham ewiglich.
Druśku druskâs, gabbalu gabbalôs, luppatu luppstôs in stück stücken, in tausend Trümmern.

(5) Es giebt noch besondere Redensarten, da die Letten anstatt des *Nominativi*, noch mehr aber anstatt des *Accusativi* einen *Genitivum* gebrauchen, als:

Irrag jums tehwa jeb brahlu habt ihr einen Vater oder Brüder, anstatt irrag jums tohws jeb brahli?
Tur waijaga wihru diweju jeb triju da hat man zwey bis drey Kerls nöthig.
Es luhdsohs schehlastibas ich bitte um Gnade.
Zittam launa oder skahdes darriht einem andern böses oder Schaden thun.
Man winna jabihstahs ich muß mich für ihn fürchten.
Waddi mannis führe mich, paklausi mannis erhöre mich.
Deews jaunas meitas dewis GOtt hat eine junge Tochter bescheret.
(Unter diesen Redensarten stimmen einige mit der Französischen *Construction* des *Articuli partitivi* überein, als: Dohd man maises, *donnez moi du pain*. Sche tew maises, *voici du pain*.

(6) Hieher kan man auch den Gebrauch der *Pronominum possessivorum* Unser, Euer, Sein und Ihr rechnen. Siehe §. 156.

Vom Dativo.

§. 144.

Ausser dem ordentlichen Gebrauch des *Dativi* auf die Frage wem, wird der *Dativus* bisweilen auch auf die Frage wozu gebraucht. Als:

Tas ne kam derr, das taugt zu nichts.
Tas buhs fehklai das wird zur Saat seyn.
Ko praffees algai was fragst du zum Lohn?

Ingleichen der *Dat. plur.* wegen ausgelassener *Praepositon*, als:
Baffahm kahjahm staigahe mit bloßen Füßen oder barfuß gehen.
Kur tu biji feheem gaddeem wo warest du die Zeit her?
To mtu affarahm faslauziht das Tuch von Thränen voll wischen.
Tur us-auge kupla leepa děwineem schubbureem daselbst wuchs eine grosse Linde mit neun Aesten auf.
Weetahm balts, weetahm mels stellweise weiß, stellweise schwarz, (*sc.* pa weetahm.)
Deenahm sneeg, naktim salst des Tages schneyts, des Nachts friert.

Insonderheit aber wird der *Dativus personae* gebraucht

(1) Bey dem *Verbo substantivo*, wenn es durch haben gegeben wird. (*cf.* §. 114, *coll.* §. 142, *n.* 1.) als:
Man irr ich habe, tew irr du hast ꝛc.

Hieher gehöret auch die *Negation* man newa ich habe nicht, tew newa du hast nicht ꝛc. Wie auch das Fragwort: irrag, als: irrag tew sirga oder sirga, hast du ein Pferd?

(2) Bey allen *Verbis impersonalibus* (§. 113.) als:
Kas tew kait oder kaiseh was fehlt dir?
Tas man oder mannim ne klahjahs das schickt sich für mich nicht.
Ki winnam klahjahs wie geht es ihm.
Man naudas waijaga ich habe Geld nöthig.

(3) Bey beyden *Modis necessitatis*, (§. 115.) als:
Waktneekam ja eet oder eet buhs der Wachtkerl soll gehen.

(4) Bey den *Gerundiis*, als:
Man mahjâs effoht indem ich zu Hause bin oder war.
Saulitei lezzoht mit Sonnen Aufgang, deeninai auftoht mit dem erften Anbruch des Tages.

[Einen ganz befondern Gebrauch des *Dativi* fiehe in den 2 erften Erempeln §. 141.]

Vom Accufativo.

§. 145.

Auffer dem ordentlichen Gebrauch des *Accufativi* nach einem *Verbo Activo*, ftehet der *Accufativus*

(1) Auf die Fragen wenn, wie lange und wie alt, imgleichen bey den *Nominibus menfurae*, als:
Scho isgahjufchu neddelu nahzis er ift diefe vergangene Woche gekommen.
Nahkofchu neddelu nahks er wird künftige Woche kommen.
Tur zauru gaddu bijis er ift da ein ganzes Jahr gewefen.
Trihs gaddus wezs drey Jahr alt.
Peezas affis garfch oder garrumâ fünf Faden lang, weenu sprihdi plats ein Spann breit.

[Bisweilen stehet auch das Maaß im *Genitivo*, als: 1 *Mof. VI*, 8. Trihs fimts ohlekfchu lai irr ta fchkirfta garrums &c. Zik wezs irr tas behrns? *Resp*. Triju deenu, &c.]

(2) Auf die *Verba fenfuum*, *affectuum* und *dicendi* folget zierlich der *Accufativus* entweder mit dem *Infinitivo fecundo* (oder *conftructo*) oder mit dem *Accufativo Participii* in ots, is und ees, wenn die *Praedicata* nicht *reciproc* sind, fondern fich auf ein ander *Subjectum* beziehen. (*cf.* §. 142. *n*. 4.) als:
Mans kaiminfch dohma man effam baggatu, auch man effofchu baggatu mein Nachbar meynt, ich fey reich.
Es dfirfchu tew baggatu bijufchu oder tew effam baggatu bijufchu ich höre, daß du reich gewefen bist.
Es dfirfchu lagsdigallu dfeedam ich höre die Nachtigall fingen.

Es

Es redſu laukus ſaſſojam ich ſehe die Felder grünen.
Ïaudis daudſina, Kungu jau nahkam (nahkofchu) die Leute reden, der HErr komme ſchon: oder jau nahkufchu (ſc. eſſam) daß er ſchon gekommen ſey.
Es preezajohs Tehwu nahkam ich freue mich daß der Vater kommt.
Tee Judi redſeja Mahriu zellamees in iseijam die Juden ſahen Maria auffſtehen und ausgehen *Joh. XI, 31.*
Es ſkattohs laiwu liddinajamees ich ſehe wie das Boot ſchwebt.
Es atraddu tohs ſenn zehlufchus ich fand ſie längſt aufgeſtanden, es atraddu tohs gullam (gullofchus) ich fand ſie ſchlafen: oder ſtahwam (ſtahwofchus) ſtehen. (cf. §. 190.)

(3) **Es giebt noch einige beſondere Redensarten, da die Letten einen *Accuſativum* brauchen, als:**
Baddu mirt Hungers ſterben, baddu mehrdeht ſchmachten laſſen, peldu eet ſchwimmend gehen, ſchwimmen, ak mannu fuhru deeniu ach mein Elend! nemm mannu behdu nimm meinetwegen wie dirs gefällt.

Vom Ablativo Locali.

§. 146.

Der *Ablativus Localis* (§. 28.) wird gemeiniglich auf die Frage wo, wohin, und zu welcher Zeit gebraucht, als:
Sirgi rudſôs die Pferde ſind im Roggen.
Darbineeki meſchâ die Arbeiter ſind im Walde.
Kungs mahjâs der Herr iſt zu Hauſe.
Brauz mahjâs fahr nach Hauſe.
Kungs Rihgâ der Herr iſt in Riga, Rihgâ aisbrauzis er iſt nach Riga gefahren.
Wezzôs laikôs zu alten Zeiten, vormals.
Pirmâ gaddâ im erſten Jahr.
Es nahku darbôs ich komme zur Arbeit.
Kalnâ uskahpis, kalnâ ſehſch er iſt auf den Berg geſtiegen, er ſitzt auf dem Berge.

Muggurū nest auf dem Rücken tragen.
Iſtabā, dahrſū eet in die Stube, in den Garten gehen,
 iſtabā, dahrſū buhe in der Stube, im Garten ſeyn.
Mett ſemmē oder ſemmei wirf es auf die Erde, zur Erden.
Akkā kriſt in den Brunnen fallen.
ļaudis braukt unter die Leute fahren.
Pakpahrnē eet unters Abdach gehen.
Paligā nahkt zu Hülfe kommen.
Meerā likt zufrieden laſſen.
Pelnōs fadegt zu Aſche verbrennen.
Baddā nihsinaht oder pohſtiht verſchmachten laſſen.
Brauz karratawās fahr an Galgen.
Schīs ſeewās kaunu ne mekle ſuche bey dieſen Weibern
 keine Schamhaftigkeit.
Schinni beskauniga ſeewā ihſta elle paſlehpta irr in die-
 ſem unverſchämten Weibe iſt die rechte Hölle verborgen.
Gruhtā nahwē mirt eines ſchweren Todes ſterben.
Algadſchōs eet vor Taglöhner gehen.
Mikkelōs auf Michaelis, Brentſchōs auf Laurentii.

[Im übrigen ſiehe auch §. 132.]

Von Erhöhung der Comparation.

§. 147.

Der *Poſitivus* wird durch die Wörtlein jo, lohti, warren, wiſſai, gauſchi, aplam &c. der *Comparativus* durch die Wörtlein jo, wehl, daudſ, und der *Superlativus* durch das Wörtlein wiſſu erhöhet. (*cf.* §. 57.) Als:
 Leels groß, jo leels noch mehr groß, lohti leels ſehr groß,
 warren leels mächtig groß, wiſſai leels allzugroß,
 gauſchi leels ſehr groß, aplam leels ungeheuer groß,
 breeſmigi leels grauſam groß ꝛc. Leelaks größer,
 jo leelaks, wehl leelaks noch größer, daudſ leelaks
 viel, weit größer. Tas leelakajs der größte, tas wiſſu
 leelakajs der allergrößte.

§. 148.

Man kan noch weiter gehen, als: pahr wiſſeem tas wiſſuleelakajs der allergrößte über alle. Man ſagt auch:

es tewi no (starp) wissem jo mihlu turru ich habe dich vor (unter) allen am liebsten. Tu essi man pahr wisseem tas mihlajs oder mihlakajs du bist mir über alle der liebe oder liebste.

Von Ordnung der Numeralium.

§. 149.

In zusammengesetzten Zahlen (sowol *cardinalibus* als *ordinalibus*) setzen die Letten die grössern den kleinern vor, und stimmen hierin mit der *Numeration* mehr überein, als im Deutschen. z. E. 365 sprechen wir Deutschen dreyhundert und fünf und sechzig aus: Die Letten aber trihs simts seschdesmit in peezi. Also auch der 24ste tas ohtrs desmits in zettorts.

§. 150.

Ausgenommen von 11 bis 19 kehren es die Letten um, als: weenpadesmit, d. i. eins über zehen oder 11, diwpadesmit 12, trihspadesmit 13, ꝛc. Also auch in den *ordinalibus*, z. E. pirmā padesmitā auch weenpadesmitā nodaļā im rilften Capitel, ꝛc. (*cf.* §. 191. n. 2.)

Vom Gebrauch der PRONOMINUM.

Vom Relativo.

§. 151.

Das eigentliche *Relativum* der Letten ist kas *in vtroque genere et numero*, als:

Tas wihrs, kas schĕ bija der Mann, der hier war, ta seewa, kas schĕ bija das Weib, das hier war, tee wihri, kas schĕ bija die Männer, die hier waren, tahs seewas, kas schĕ bija die Weiber, die hier waren. Tas wihrs, ko tu redsi der Mann, den du siehest, ta seewa, ko tu redsi das Weib, das du siehest, tee wihri, ko tu redsi die Männer, die du siehest, tahs seewas, ko tu redsi die Weiber, die du siehest ꝛc.

§. 152.

§. 152.

Wenn die Rede durch den Gebrauch des *Relativi* kas etwas dunkel wird, so gebraucht man anstatt dessen das *Pronomen* kurfch, als:

Tee pagani, kurru prahts aptumschohts, die Heiden, deren Verstand verfinstert ist, (ka prahts wäre hier undeutlicher, weil ka auch wie heist.)

[Deews,] kurra walsti swaignes irr, kas mums deen' in nakti schkirr, GOtt in dessen Reich Sternen sind, die uns Tag und Nacht scheiden.

§. 153.

Katrs hingegen heist ein jeder, und vertritt niemals die Stelle eines *Relativi*, ob sich gleich, wie in der Adolphischen *Grammätic* angemerkt worden, viele so unbarmherzig damit zerkätren, daß es ein Jammer ist anzuhören. Doch hat sich in unserm feinern *Seculo* diese schwere Noth meist gelegt.

Von den Reciprocis.

§. 154.

Die Lettischen *Pronomina Reciproca* sewi, saws und sawejs werden, wie im Polnischen, auch anstatt der ersten und andern Person gebraucht, als:

Es raugohs us sewi paschu ich sehe auf mich selbst.

Skattajs us sewi paschu siehe auf dich selbst.

Ikkatrs lai us sewi paschu skattahs ein jeder sehe auf sich selbst.

Lai mehs us sew' pascheem luhkojamees last uns auf uns selber sehen.

Mahzaitees papreekfch sew paschus pasiht lernt zuvor euch selbst kennen.

Prahtu laudis sewi paschus wisspirmak nolemm vernünftige Leute prüfen sich zuerst selbst.

Es dohmu tew sawu rohku ich gebe dir meine Hand, dohd man sawu rohku gib mir deine Hand, winsch dohd man sawu rohku er gibt mir seine Hand, winna dohd

dohd man ſawu rohku ſie gibt mir ihre Hand, mehs dohdam jums ſawu rohku wir geben euch unſere Hand ꝛc.

Es ar teem ſaweſeem ich mit den Meinigen, tu ar teem ſawejeem du mit den Deinigen ꝛc. mehs ar teem ſawejeem wir mit den Unſrigen ꝛc.

§. 155.

Wenn aber die Rede durch den Gebrauch des *Pronominis Reciproci* will zweydeutig werden, ſo braucht man die andern *Pronomina*, als:

Tas wohweris luhdſohs, ka es winnam ſawu kalpu atlaiſtu der Weber bittet, daß ich ihm ſeinen Knecht entlaſſen möchte. Es kan auch heiſſen, daß ich ihm meinen Knecht entlaſſen möchte. Dieſe Zweydeutigkeit zu heben, muß man anſtatt ſawu entweder winna oder mannu brauchen nachdem der Verſtand iſt.

Alſo auch: Deews jums ſawā dſihwibas gallā to debbes preeku dohs GOtt wird euch an eurem Lebensende die Himmelsfreude geben. Weil es auch heiſſen kan, an ſeinem Ende, ſo iſt am beſten hier anſtatt ſawā, juhſu zu ſetzen.

Von den Poſſeſſivis.

§. 156.

Die *Pronomina poſſeſſiva* mein und dein ſtimmen auch im Lettiſchen als *Adjectiva* mit ihren *Subſtantivis* überein. Hingegen ſein (ſ. ihr,) unſer, euer und ihr ſtehen im Lettiſchen *more Graecorum* im *Genitivo*, als:

Mans tehws mein Vater, manna mahte meine Mutter, manni brahļi meine Brüder, mannas mahſes meine Schweſtern.

Taws Kungs dein Herr, tawa gaſpaſcha deine Frau, tawi dehli deine Söhne, tawas meitas deine Töchter.

Winna nams ſein Haus, winna ſemme ſein Land, winna lohpi ſein Vieh.

Winna

Winnas gredsens ihr Ring, winnas behrnini ihre Kindergens.
Muhsu tehws debbesis, muhsu mahte ta semme, muhsu raddi wissa pasaule, unser Vater ist im Himmel, unsere Mutter ist die Erde, unsere Verwandten sind die ganze Welt.
Juhsu gohds eure Ehre, juhsu schehlastiba eure Gnade, juhsu laudis eure Leute.
Winnu pilsfahts ihre Stadt, winnu tehwu tehwi ihre Voreltern.

[Einige sagen auch nach dem Deutschen dohdeet juhsum (anstatt juhsu) Kungam dauds labbdeen' grüßt euren Herrn.]

Vom Gebrauch der MODORVM in den Verbis.

§. 157.

Vom Indicativo.

Ausser dem ordentlichen Gebrauch des *Indicativi* brauchen die Letten diesen *Modum* sehr oft anstatt des *Conjunctivi*, als:

Tu dohma, es esmu baggats (anstatt es essus) du meynst ich sey reich.
Luhdf winnu, ka tas nahk oder lai winsch nahk, bitt ihn daß er komme.
Sakki winnam, lai winsch ar gohdu eet sag ihm, daß er mit Ehren gehe.
Woi tu dohma, es ne esmu to redsejs, (ka es ne esmu to redsejs) meynst du, daß ich es nicht gesehen habe.
Tu gribbi sirgu peeseet, lai tas baddu mirst du wilt das Pferd anbinden, daß es schmachten soll.

Vom Conjunctivo Primo.

§. 158.

Bey dem Lettischen *Conjunctivo primo* muß man einen Unterschied machen unter dem *Imperfecto* (dahin auch das *Plusquamperfectum* gehöret) und unter dem *Praesente* und *Futuro*, (dazu auch das *Perfectum* und *Futurum secundum* gehört.)

(1) Jenes, nemlich das *Imperf.* nebst dem *Plusquamperfecto*, stellet eigentlich den *Modum Potentionalem* vor, und wird gebraucht, wo im Deutschen wären, würden, hätten und möchten stehet, als:

Es buhtu baggats, kad es buhtu gribbejs laudis peewilt ich wäre reich, wenn ich hätte wollen die Leute betrügen.

Es gan isfargatohs, kad es to ihsti sinnatu ich würde mich wol ausbüten, wenn ich es recht wüste.

Es gan buhtu isfargajees, kad es to buhtu sinnajis ich hätte mich wol ausgehütet, wenn ich es gewust hätte.

Mehs pee winna gan schehlotumees, kad tas ne buhtu dsihrees ne apschehlotees wir würden uns wol bey ihm beklagen, wenn er sich nicht hätte verlauten lassen sich nicht zu erbarmen.

Man buhtu schodeen tur buht ich hätte heute dort seyn sollen.

Luhdf winnu, kà tas nahktu bitt ihn, daß er kommen möchte.

Sakki winnam, kà tas labbi sargatohs sag ihm, daß er sich wohl inacht nehmen möchte.

Deews peewedde wissus lohpus pee ta zilweka, kà winsch redsetu, kà tas tohs nosauktu GOtt führte alles Vieh zu dem Menschen, daß er sähe, wie er sie nennete.

(2) Die andern *Tempora* aber machen den eigentlichen *Conjunctivum* aus, und werden gebraucht, wo man im Deutschen den *Conjunctivum* mit und ohne daß gebraucht, als:

Winsch

Winſch dohma, es eſſus (effu) baggats er meynt ich ſey
reich, oder daß ich reich ſey.
Winſch dohma, (kà) es eſſus (effu) baggats bijis er
meynt, (daß) ich ſey reich geweſen.
Winſch zerre, (kà) Kungs buhtſchus mahjàs er hoft,
(daß) der Herr werde zu Hauſe ſeyn.
Winſch bihſtahs, Kungs tur buhtſchus bijis er befürchtet,
der Herr werde da geweſen ſeyn.
Tu mello, kà) es ne ſargus lohpus, du lügſt, daß ich
das Vieh nicht inacht nehme.
ļaudis dauſchna, kà tas ne ſargaſchus lohpus die Leute ſagen,
daß er das Vieh nicht inacht nehmen wird. (Dieſes
Tempus kommt wunderſelten vor.)
Tee Wariſeeri dſirdeja, kà Jeſus mahzekļus darrus in
kriſtijus die Phariſäer hörten, daß JEſus Jünger mache und tauſe.

Vom Conjunctivo Secundo.

§. 159.

Dieſer *Modus* wird gemeiniglich gebraucht, wenn
man im Namen eines andern etwas berichtet, als:
Winſch teiz ne weens eſſoht mahjàs er ſagt, es ſoll nie-
mand zu Hauſe ſeyn.
Winſch teiz, Kungs ſchodeen ne buhſchoht mahjàs er
erzehlt, der Herr werde heute nicht zu Hauſe ſeyn.
Ne mas ne ſargoht lohpus er ſoll (*ſc.* wie ich höre) das
Vieh gar nicht inacht nehmen.
Zeenigs Kungs waizaja, kapehz winnu ne apmeklejoht
der gnädige Herr fragte, warum man ihn nicht beſuche.
Ne warroht to darriht er könne das nicht thun (nemlich: ſo habe ich es von ihm vernommen.)
Lai us winnu aisſuhtoht man ſolle zu ihm hinſchicken.
Winnam ne eſſoht ne kahdi ſirgi, nei arri buhſchoht
er ſoll gar keine Pferde haben und werde auch nicht
haben.
Ohrmannis teiz, gan tee paſchi juhs atkal atweddiſchoht
mahjàs der Kutſcher ſagt, daß ſie (nemlich die Herr-
ſchaft) ſchon ſelbſt euch wieder werden nach Hauſe
zurück führen.

Winni

Winni fchadeen ne ftrahda, bihftahs bafniz-kungu, kad at-eefchoht heute arbeiten ſie nicht, ſie fürchten ſich für den Prieſter, wenn er kommen werde oder ſollte.

[Die beyden letztern Exempel habe ich von Letten mit denſelben Worten gehört.]

Vom Modo Concessivo.

§. 160.

Dieſer *Modus* wird gebraucht

(1) wo im Deutſchen laſſen oder mögen ſtehet, (*cf.* §. 112.) als:

Lai es efmu (buhtu) nabbags, kas tew par to? ich mag arm ſeyn, was geht es dich an, oder laß ſeyn, daß ich arm bin, was geht es dich an?

Lai buhſchu, lai ne buhſchu, ko tu par to, behda ich mag künftig ſeyn oder nicht ſeyn, was bekümmerſt du dich drum?

Lai zits labbaki farga laß ein anderer beſſer hüten (ein anderer mag beſſer hüten.)

Ko winſch fazzija? *Reſp.* Lai effoht nabbags, tatſchu palikſchoht gohdigs. Was ſagte er? *Reſp.* Er möge arm ſeyn, ſo werde er doch ehrlich bleiben.

(*cf.* der 3te Vers des Liedes: Es pee Jeſu turreſchohs Meinen JEſum laß ich nicht.)

Lai mehs mahjäs paleekam laßt uns zu Hauſe bleiben.

(2) *imperative* (*cf.* §. 84.) und bittweiſe, aber nur im *Praeſenti*, als:

Lai tohp es werde.

[*cf.* das Lettiſche Vater Unſer.]

(3) anſtatt daß, als: Tu gribbi ſirgu peeſeet, lai tas baddu mirſt du wilt das Pferd anbinden, daß es ſchmachte.

§. 161.

Wenn dieſer *Modus* mit dem *Dat. perſonae* und dem *Infinitivo* gegeben wird, ſo iſt es ein *Germanismus* wider der Letten Mundart, als:

Lai man eet laß mich gehen, anstatt lai es eemu.
Lai man buht nabbagam, besser: lai es nabbags buhtu ich
 mag arm seyn.
Laideet mums luhgt, besser lai mehs luhdsamees laßt uns
 beten.

Vom Modo Necessitatis. (§. 115.)

§. 162.

Der *Modus Necessitatis Primus* wird gebraucht wie
das *Gerundium Necessitatis*, als:
 Tew ja eet, *tibi eundum*.
 Deewa wahrdi labbi ja apdohma, *verba Dei probe meditanda*. (*cf.* §. 142. n. 2.)

§. 163.

Der *Modus Necessitatis Secundus* wird gebraucht,
wo im Deutschen sollen und müssen gebraucht wer-
den kan, als:
 Tew buhs eet du sollt und must gehen.
 Tew ne buhs melkulim buht du sollt (und must) kein
  Lügner seyn.
 Man bij grahmatu rakstiht ich muste einen Brief schreiben.
 [*cf.* die Lettischen Zehen Gebote.]

Vom Infinitivo primo oder absoluto.

§. 164.

Nächst der ordentlichen *Rection* des *Infinitivi primi*
oder *absoluti*, ist zu merken

(1) daß das zu im Lettischen ausgelassen wird, als:
 Ich komme zu sehen es nahku raudsiht oder skattitees.
(2) daß dieser *Modus* bald mit dem *Nominativo*, bald
 mit dem *Dativo*, niemals aber mit dem *Accusativo* stehet, als:
 Tas ne warr labs buht das kan nicht gut seyn.
 Tew ne buhs trakkam buht du sollt nicht toll seyn.

Lai

Lai Deews usturr muhſu Kungu, allaſchin weſſelam buht (nicht weſſelu) GOtt erhalte unſern Herrn, daß er allezeit geſund ſeyn möge.

[Hieher gehören die 2 obige Exempel §. 141.]

Not. Man muß aber dieſe Regel wohl verſtehen. Der *Infinitivus* kan wol als ein *Activum* einen *Accuſativum* regieren, als: Kas tew pawehlejs ſweſchus lohpus ganniht, wer hat dir befohlen, fremdes Vieh zu weiden? Er ſelbſt aber kan mit keinem ſolchen *Accuſativo* zuſammen geſetzt werden, den er nicht als ein *Activum* regieret, wie aus den obigen Exempeln erhellet.

Vom Infinitivo secundo oder constructo.

§. 165.

Der *Infinitivus ſecundus* oder *conſtructus* wird gebraucht

(1) Wo die Lateiner *poſt verba ſenſuum, affectuum* und *dicendi* das *Participium praeſens* oder den *Infinit.* gebrauchen, als:

Es dſirſchu lakſtigallu dſeedam, *audio luſciniam canentem.*

Es preezajohs tehwu nahkam, *gaudeo patrem venire.*

[Mehrere Exempel ſiehe §. 145. *n.* 2.]

(2) Anſtatt des *Conjunctivi,* als:

Winſch dohma man baggatu eſſam er meynt, ich ſey reich. (cf. §. 145. *n.* 2.)

Winſch teizahs baggats eſſam er rühmt ſich, daß er reich ſey. (§. 142. *n.* 4.)

Winſch zerre, man turpmak baggatu buhſcham, er hoft, ich werde weiter hin reich ſeyn.

Winſch leelijahs turpmak baggats buhſcham er rühmt ſich, er werde weiterhin reich ſeyn.

[Mehrere Exempel ſiehe in den jetzt angeführten §§.]

Vom Gerundio.

§. 166.

Das *Gerundium* wird gebraucht

(1) Wie im Lateinischen das *Gerundium* in do, als:
Deijoht kahju lause, *saltando crus fregit.*

(2) Anstatt des *Infinitivi secundi*, als:
Es redsu fauli lezzoht ich sehe die Sonne aufgehen.
Tee atradde to basniza fehfchoht sie funden ihn im Tempel sitzen (anstatt fehfcham.)

(3) Wo die Lateiner *Ablativos consequentiae* mit einem *Participio* in *us* brauchen, als:
Saulei lezzoht, *sole oriente.*
Azzim redsoht, *oculis videntibus, i. e.* vor Augen sichtbarlich.

(4) Ein besonderer Gebrauch des *Gerundii* ist folgender:
Lihdf faulitei lezzoht gull er schläft, bis die Sonne aufgeht
Lihdf deenai austoht muld er schwärmet bis zum anbrechenden Tage.
Ar wahrdu sakkoht mit einem Wort zu sagen.
Deews palihdf strahdajoht GOtt helf zu arbeiten.
Jesus nahze swehtkôs, ne tà kà redsoht JEsus kam auss Fest *incognito*.

Vom Gebrauch der PARTICIPIORVM.

§. 167.

Von den Participiis in DAMS.

Der Gebrauch des *Participii praesentis Activi* in dams stimmt mit dem Lateinischen *Particip.* in *us* meist überein, als:

Sehdedams raksta, *sedens scribit.*
Tezzedamam pretti tezzeht, *currenti occurrere.*
Es mass buhdams ne spehju, da oder weil ich klein bin, habe ich nicht das Vermögen.
Es wakkar tur buhdams to redseju da ich gestern dort war, sahe ichs.
Es riht tur buhdams to gan redsefchu wenn ich morgen da seyn werde, werde ichs schon sehen.
Pats sargadams apsoligahs er hütet selbst und bestiele sich.
Ko palihds tas nabbagam buhdamam was hilft es dem, der arm ist.
Tas suns sakki dsennadams kwelksteja der Hund bellte, indem er einen Haasen jug.
Winsch wiss darra gribbedams Kungam patikt er thut alles, um dem Herrn zu gefallen oder zu Dank zu machen.

Von den Participiis in OTS.

§. 168.

Das *Participium Praes. Act.* in ots wird gebraucht
(1) als ein *Adjectivum,* als:
Tekkots uhdens fließend Wasser, G. tekkofcha uhdens des fließenden Wassers rc.
Deggots zeplis ein brennender Ofen.
Drebbofchus zellis spehzinaht zitternde Knie stärken.
Salstofchâ laikâ bey frierender Zeit.
Scho nahkofchu neddelu diese kommende Woche.

(2) anstatt des *Participii* in dams, als:
Tee pagani teem ne essofcheem Deeweem kalpo die Heyden dienen den nicht seyenden Göttern, d. i. die nicht Götter sind.
Tahs taggad essofchas waijadsibas dehl der jetzt seyenden, d. i. gegenwärtigen Nothdurst halber.
Deews sauz to ne essofchu kâ essofchu GOtt ruft dem, das nicht ist, daß es sey.

Ganna meita lohpus fargoti kruhmôs apgullahs indem die Hütermagd das Vieh hütet, legt sie sich im Strauch nieder.

Woi tew bij darriht ko gribboscham solltest du thun, was du willt.

Winsch atradde tohs gulloschus er sand, daß sie schliefen. (cf. §. 190.)

(3) anstatt des *Praesentis Conjunctivi* theils im *Nominativo*, theils im *Accusativo*, (§. 142. *n.* 4. und 145. *n.* 2.) als:

Winsch dohma, (kà) es essots baggats oder winsch dohma, man essoschu baggatu er meynt, ich sey reich.

Winsch dohma, (kà) es essots baggats bijis, oder man essoschu baggatu bijuschu er meynt, ich sey reich gewesen.

Tu mello, (kà) es ne sargots lohpus, oder man ne sargoschu lohpus, du lügst, daß ich das Vieh nicht inacht nehme.

Tu mello, (kà) lohpi ne tohposchi sargati, oder lohpus ne tohposchus sargatus, du lügst, daß das Vieh nicht gehütet werde.

Winsch sohlija, tas gribbots lihds eet er versprach, er wolle mitgehen.

Tas newa teesa, man neekus sakkoschu, oder (kà) es neekus sakkots es ist nicht anders (wahr,) daß ich nichtswürdige Dinge sage.

Winsch sehkeetahs stahwohts er bildet sich ein daß er stehe.

Winni leekahs Deewu zeenijoschi sie stellen sich an als ehrten sie GOtt.

Von den Participiis in US. (§. 73.)

§. 169.

Diese *Participia* sind mir sehr fremd. Doch erinnere ich mich, in meiner Jugend im Oberlande folgende zwey Redensarten gehört zu haben:

Scho nahkuschu neddelu anstatt nahkoschu, diese künftige Woche.

Es atraddu tohs gulluschus ich sand sie schlafen.

Und

Und da ich noch unlängst von einem reinen Letten sagen hörte: ci teiz, kà ta meita effusi uggui neffusi, man sagt, daß die Magd solle Feuer getragen haben: so schliesse ich daraus, daß diese *Participia* würklich, obgleich selten, gebräuchlich seyn müssen. Es müssen daher folgende Exempel, die ich *ad analogiam* gemacht, nicht unrecht seyn:

Tee pagani teem ne effufcheem Deeweem kalpo. Tahs taggad effufchas waijadfibas dehl. Deews fauz to ne effufchu, ka effufchu. Deggufchâ zepli. Salftufchâ laikâ, &c. (*cf.* §. 168.)

Not. Wenn diese *Participia* in us mit den *Participiis praeteritis* in is im *feminino* und in den *casibus obliquis* übereinstimmen, so geht ihr Gebrauch schwerlich an. z. E. runnajufi ist das *fem.* vom *Particip. praet.* runnajis. Daher kan es nicht füglich auch als das *fem.* vom *Particip. praef.* runnajus gebraucht werden. Und so auch in den *Cafibus obliquis* und im *plurali.*

Von den Participiis in IS.

§. 170.

Das *Participium praeteritum Activi* in IS wird gebraucht

(1) als ein ordentliches *Adjectivum* und *Participium*, als:

Iskrittufchi matti ausgefallene Haare.
Peekuffufcham ja duff ein Ermüdeter muß ruhen.
Jesus nomannija to no fewim isgahjufchu fpehku JEsus merkte die von ihm ausgegangene Kraft.
Swehta effi tu tizzejufi seelig bist du, die du gegläubet hast.
Tas mirrons zehlehs fehdis der Todte richtete sich sitzend auf.
Gullifchu zilweku mohdinaht einen schlafenden Menschen wecken.

Deews man augfcham zehlufcham dohs to debbes preeku
GOtt wird mir auferstandenem, d. i. wenn ich werde
auferstanden seyn, die himmlische Freude geben.
Ko palihdseja tas tam baggatam bijufcham was half es
dem reich gewesenen.
Teem tur gahjufcheem tappe aisleegts runnaht, als sie
dahin gegangen waren, ward ihnen verwehret zu reden.
Melis tappam tur eebraukufchi es traf sich, daß wir da
einfuhren, oder wir fuhren da ein. (cf. §. 92. n. 2.)

(2) Wie im Lateinischen ein *Participium praeteritum
Deponentis*, weil es *significationem activam* hat, als:
To sazzijs aisgahje, *hoc fatus abiit*.

Oder wo die Lateiner *Ablativos consequentiae* mit ei-
nem *Participio passivi* brauchen, als:
To redsejs aisgahje, *quo viso abiit*.
Deews fawus darbus beidfis duffeja, *finitis operibus suis
quievit Deus*.
Rohkas fahnös eefpreedis staiga, *ansatis manibus*, oder
ansatus incedit.
Rohkas isteepis hihdsahs er bittet mit ausgestreckten
Händen.
Ehdufchi dfehrufchi brauzeet mahjäs gegessen, getrun-
ken, fahrt nach Hause.

(3) Anstatt des *Perfecti Conjunctivi* im *Accuf*. oder
Nom. (cf. §. 142. n. 4. und 145. n. 2.) als:
Winfch dohma, man baggatu bijufchu er meynt, ich sey
reich gewesen.
Es ne sinnohs to darrijs ich weiß nicht, daß ich es gethan
habe.
Winfch teizahs baggats bijis er rühmt sich, daß er reich
gewesen.
Winni leekahs Deewu zeenijufchi sie stellen sich an, als
hätten sie GOtt verehret.
Tee teizahs Deewu mihlejufchi sie rühmen sich, daß sie
GOtt geliebet haben.
Es ne sinnohs ar tewim kohpâ dfehris ich bin mir des
nicht bewust, daß ich mit dir zusammen gesoffen hätte.

Kad

Kad es atraddiſchu tur eekſchā ko eelikkuſchu, tad ſar-
gees wenn ich finden werde, daß du da was wirſt ein-
gelegt haben, ſo nimm dich inacht.

Von den Participiis Reciprocorum.

§. 171.

Die *Participia Reciprocorum*, werden nur im *Nominativo ſingulari* und *plurali* gebraucht (cf. §. 74.)

(1) Der Gebrauch des *Participii Praeſ. Reciproci* in DAMEES
kan aus folgenden Exempeln leicht erſehen
werden:

Preezadamees ſmeijahs, *gaudens ridet*, auch *gaudentes ri-
dent*; (ſowol im *maſc.* als *fem.*)
Winſch ſargadamees runna er nimmt ſich im Reden
inacht.
Tee irr leekuli, likdamees taiſni eſſoſchi ſie ſind Heuchler und ſtellen ſich gerecht an (oder indem ſie ſich gerecht anſtellen.)

(2) Den Gebrauch des *Participii praeteriti Reciproci* in
EES zeigen folgende Exempel:

Gan preezajees aisgahje, *multum gauiſus abiit*, gan pree-
zajuſees aisgahje, *multum gauiſa abiit*, gan preezaju-
ſchees aisgahje, *multum gauiſi* auch *gauiſae abierunt*.
Labbi isſargajees aisgahje nachdem er ſich wohl ausgehütet, gieng er davon.
Winſch teizahs labbi isſargajees er rühmt ſich, daß er
ſich wohl ausgehütet habe.
Zellôs nomettees luhdſahs er bittet auf den Knien (indem
er ſich auf die Knie geworfen.)
Jeſus ſinnaja, kà wiſſas leetas beiguſchees Jeſus wuſte,
daß alles vollendet war, nicht beiguſchas wie *Joh. XIX.*
28. ſtehet, welches ich für einen Druckfehler halte.

Von den Participiis Paſſivi.

§. 172.

Die *Participia Paſſivi* werden meiſt wie im Lateiniſchen gebraucht.

I. Den Gebrauch des *Participii praeteriti Paſſivi* in TS kan man leicht aus folgenden Exempeln erſehen:

Mahzihts wihrs, *vir doctus*.
Iskults ais-eet, *caeſus abit*.
Ismahzihts aisgahje, *edoctus abiit*.
Appakſch Deewa glahbſchanas es gan eſmu glabbahts unter GOttes Schutz bin ich genug beſchützet.
Lai ne weens wahrds ne apdohmahts ais-eet laß kein Wort unbetrachtet hingehen.
Apbehdinahtu eepreezinaht einen Betrübten erfreuen.
Apbehdinahtam ne buhs wairak behdas darriht, einem Betrübten muß man nicht mehr Betrübniß machen.

II. Das *Participium futurum Paſſivi* in AMS wird gebraucht

(1) als ein *Adjectivum*, z. E.
Ne isfakkama leeta, *res infanda*.
Ne ſawihſtams krohnis eine unverwelkliche Krone.
Sinnama leeta eine bekannte Sache.
Ar ne isdſeſchamu ugguni mit unauslöſchlichem Feuer.

(2) als ein *Participium*, z. E.
Deews ſlawejams in teizams, *Deus laudandus* (*ſc. eſt.*)
Winſch wehl mahzams er muß noch gelehrt werden, er muß noch lernen.
Seens plaujams das Heu iſt zu mähen, meeſchi plaujami der Gerſten iſt zu mähen, auſas jau plaujamas der Hafer iſt ſchon zu mähen.
Teeſcham tu eſſi kullams gewiß du muſt Schläge haben.
Woi tu buhſi luhdſams (*f.* luhdſama) wirſt du müſſen gebeten werden, wird man dich bitten müſſen.
Eſi luhdſams geh ich bitte dich, (geh, der du muſt gebeten werden.)

(3) Ein

Participiorum.

(3) **Ein besonderer Gebrauch dieses** *Participii* **ist folgender:**

Plaujams laiks die Erndtezeit (darinn gemähet werden muß.)
Arrami lauki Pflügfelder, (Felder, die gepflügt werden müssen.)
Arrami wehrſchi Pflugochſen, (welche pflügen müſſen.)
Ezzejami lauki Eggfelder (die zu eggen ſind.)
Ezzejami wehrſchi Eggochſen (mit welchen geegt werden muß.)

(4) **Bisweilen wird dieſes** *Participium* **völlig** *active* **gebraucht, als:**

Sihſchams behrns ein ſaugendes Kind (Säugling.)
Iskrihtami matti ausfallende Haare.
Krihtama ligge die fallende Sucht.
Dſeedajamas ſahles heilende Kräuter.
Aprihjams ugguns ein verzehrend Feuer, *Ebr. XII,* 29.
Sauzama balſs eine rufende Stimme.

III. **Der Gebrauch des** *Participii futuri Paſſivi* **in** TINS **erhellet aus folgenden Exempeln:**

Seens plautins das Heu ist zu mähen, oder muß gemähet werden.
Meeſchi plautini der Gerſten iſt zu mähen.
Auſas plautinas der Hafer iſt zu mähen.

Von den Diſcretivis participialibus in AMAJS. (§. 109. n. 2. not.)

§. 173.

Dieſe *Diſcretiva* **werden gebraucht**
(1) **Wenn man mit Nachdruck reden oder einen Vorzug und Unterſcheid anzeigen will, z. E.**

Jahjams ſirgs heiſt ſchlechtweg ein jedes Pferd, darauf man reitet, oder das zum Reiten gebraucht werden kan. Hingegen jahjamais ſirgs heiſt das Reitpferd, das man vor andern zum Reiten hält.

Tas irr tas mahzamajs puifis das ist der Lehrling.
Tas irr tas arramajs wehrſis das iſt der Pflůgochſe.

(e) *Subſtantive*, als:
Sneedſ man to rakſtamaju reich mir das Bleyſtift oder Griffel.
Apklahjamajs, usleekamajs, usgahſchamajs ein Deckel.
Ais- oder preekſchaujamajs ein Riegel.

Von einigen beſondern Redensarten.

§. 174.

Die deutſchen *Adjectiva composita* werden auf Lettiſch mit dem Wörtlein kà gegeben, als: ſchneeweiß balts kà ſneegs, ſteinhart zeets kà akmins, kugelrund appalſch kà lohde, grasgrün ſalſch kà ſahlite, blutroth ſarkans kà aſſins. Dieſes geſchiehet auch in einigen *Adjectivis ſimplicibus*, zumal wenn die Letten ein ſolches *Adjectivum* nicht haben. Als: er redet kindiſch, kà jauns behrns runna, er ſorgt für mich väterlich kà tehws par mannim gahda.

§. 175.

Die *Subſtantiva verbalia* in js (und neeks) werden vielmals anſtatt ihrer *Verborum* gebraucht, als: tas ne buhs dſihwotajs der wird nicht leben, nu wakkars nahk, nu winſch irr ſtrahdneeks nun der Abend kommt, nun arbeitet er, tas ſehns irr jau arrajs der Junge kan ſchon pflügen, ta biſſe newa putnu ſchauweja die Büchſe tödtet nicht leicht einen Vogel.

§. 176.

Das deutſche man und es wird gröſtentheils im Lettiſchen ausgelaſſen, als: (1) Tà daudſina ſo ſagt man. Ne wiſſ warr tizzeht man kan nicht alles glauben. Ja ſtrahda, tad buhs maiſes man muß arbeiten, ſo wird man Brod haben. Winſch pagubbu eet, kà ne buhs redſcht er geht gebückt, daß man ihn nicht ſehen ſoll. (2) Sahp es thut wehe, es ſchmerzt. Wakkar lije, ſchodeen ſneeg, riht

ſals

kals gestern regnete es, heute schneyet es, morgen wird es frieren. Dauds tohp rumnahts es wird viel geredet. Weenreiß oder zittkahrt bija wihrs es war einmal ein Mann.

§. 177.

Die Redensart laßt uns wird auf dreyerley Art gegeben, als: Laßt uns gehen eimam (oder eima,) eesim und lai mehs eetam. Laßt uns saufen, Brüder, dserram brahli, dserfim brahli, lai mehs dserram brahli. Laßt uns fahren brauzam, braukfim, lai mehs brauzam. Laßt uns aufstehen zellamees, zelsimees, lai mehs zellamees.

§. 178.

Wenn auf einem *Verbo Reciproco* ein *Infinitivus* folgt, und das mich, dich, sich ꝛc. auf beyde *Verba* gehet, so stehet beydes im *Reciproco*, ob gleich das mich, dich, sich ꝛc. nur einmal stehet, als: Er läßt sich taufen winsch leekahs kristitees. Liktees redsetees sich sehen lassen. Sonst aber nicht, als: Ich freue mich, morgen Geld zu bekommen es preezajohs riht naudu dabbuht.

§. 179.

Die Redensarten einer den andern, ein Mensch den andern ꝛc. geben die Letten nach Art der Lateiner, als:
Zits ar zittu, *alter cum altero.*
Draugs draugu apkampj, *amicus amicum amplectitur.*
Brahls brahli eenihst, *frater fratrem odit.*
Akls aklam zellu rahda ein Blinder weiset dem andern den Weg.
Suns sunni bluffina, ein Hund sihet den andern.
Kraukls krauklam azzi ne eezirtihs, ein Rabe hackt dem andern nicht die Augen aus.

§. 180.

Die Redensarten wie er (es) wolle, wo er (es) wolle, wenn er (es) wolle, wer er (es) wolle, was er (es) wolle ꝛc. werden *per Participium praesens cognatum* gegeben, als:

Lai buht kà buhdams laß es seyn, wie es wolle.
Lai strahda kà strahdadams laß er (er mag) arbeiten, wie er wolle.
Lai eet kà eedams laß er (es) gehen, wie er (es) wolle.
Lai strahda kad strahdadams er mag arbeiten wenn er wolle.
Lai buht kas buhdams er mag seyn wer er wolle, es mag seyn, was es wolle. (cf. §. 26. reg. 5.)
Lai eet kur eedams er mag gehen, wo (wohin) er wolle.
Lai es sargohs kà sargadamees ich mag mich hüten, wie ich wolle.
Ko darridams apdohma to gallu thu was du thust (du magst thun was du wollest) so bedenke das Ende.
[Man sagt auch: lai strahda kà strahdajoht man mag arbeiten, wie man wolle.]

§. 181.

Die Letten mögen gern um eines Nachdrucks willen beym *Verbo vocem cognatam* brauchen, und zwar verschiedentlich, als:

Es sargadams sargu ich hüte mit Fleiß.
Es sargadamees sargohs ich hüte mich mit Fleiß.
jautadams jauta er forscht genau.
Es klausiht klausu ich erhöre.
Es redsoht redsu ich sehe mit sehenden Augen.
Sahpeht sahp es thut sehr (heftig) weh.
Naw' ne buht es ist ganz und gar nicht, naw' ne buht winnam er hat ganz und gar nicht.
Jahschus jahj braf reiten.
Braukschus braukt braf fahren.
Weschus atwest führens herführen.
Schibbu schibbeht sehr flunkern.
Augumà augt zusehens wachsen, überhand nehmen.
Behdsin behgt eilig laufen, pirzin pirkt braf kaufen, skreetin skreet als mit Flügeln lausen.
[Die Endung in ist nur in dergleichen Redensarten gebräuchlich.]

Vom

Vom Gebrauch der PRAEPOSI-TIONVM. (cf. §. 121. sqq.)

§. 182.

Hier soll der Gebrauch aller *Praepositionum* durch gnugliche Exempel gezeiget werden. Wobey zugleich auch in einigen Lettischen *Praepositionen* der Unterscheid *motus ad locum* und *in loco* erhellen wird.

Ais krahkna gulleht hinter dem Ofen schlafen, ais krahknu mest hinter den Ofen werfen, ais juhru ais-eet übers Meer ziehen.

Ap scho laiku um diese Zeit.

Apkahrt oder aplik namiuu eet um das Haus herum gehen.

Appaksch benkes gulleht unter der Bank liegen, appaksch galdu auch appaksch galda mest unter den Tisch werfen.

Ar wahrdu mit einem Wort, ar maises mit Brod.

Bes wallodas ohne Sprache, sprachloß, bes kunga auch bes kungu ohne Herrn.

Eekschi istabas eet in der, auch in die Stube gehen, eekschi Deewu tizzeht an GOtt glauben.

Garr wiju langst dem Zaun.

Is wird selten gebraucht, man setzt dafür no, als, ne is weetas, ne no weetas nicht aus (von) der Stelle.

Kahrt wihru buht um den Mann seyn, 1 *Mos. II,* 18.

Klaht altara nahe bey dem Altar.

Lihdsi schim laikam auch lihdsi scho laiku bis auf diese Zeit, lihdsi gaismas bis am hellen Tage.

No schi laika von dieser Zeit an, no selta von Gold oder gülden, no wirsu von oben, ko mahzees no ta was lernst du daraus?

Pa tirgu staigaht auf oder über dem Markt spatzieren, pa zellu eet auf dem Wege gehen, pa leetu eet unter dem Regen gehen, pa meschu klihst durch den Wald oder im Walde irren, pa labbu rohku zur rechten Hand.

Pa weenam bey eins, zu eins, pa gallam zu Ende, pa gohdam dsihtees nach Ehren streben, pa weetahm stellweise.

Pakkal tehwa in mahtes skreet hinter dem Vater und hinter der Mutter laufen, pakkal krahsna auch pakkal krahsnu mest hinter den Ofen werfen.

Pahr galdu kahpt über den Tisch steigen, pahr mannas galwas karr es hängt über meinem Haupt.

Par sawu behrnu in par sawas seewas gahdaht, für sein Kind und für sein Weib sorgen, ko es par to behdaju was frage ich darnach, was bekümmere ich mich darum, par nelaimi zum Unglück, apscheblojees par man oder par mannim erbarm dich über mich, par ko weswegen, warum, worüber, par neneeku um nichts, für nichts, wegen nichts, par scho zellu über (durch) diesen Weg, par paligu nahkt zu Hülfe kommen, kas tas par kungu! was ist das für ein Herr!

Pee sirga auch pee sirgu eet zu dem Pferde gehen, pee sirga stahweht beym Pferde stehen.

Pehz scho laiku auch pehz scha laika nach dieser Zeit, pehz kungu auch pehz kunga eet nach dem Herrn gehen, pehz sahls nahkt nach Salz kommen.

Pirms wird selten gebraucht, man setzt dafür preekseh, als: pirms mehra, preekseh mehra vor der Pest.

Preeksch laika vor der Zeit, preeksch sunnu bihtees sich für den Hund fürchten.

Prett kungu wider den Herrn, prett saules gegen der Sonnen, nach der Sonnen zu, saulei pretti der Sonnen gegen über, pretti, prettim, prettib sawu tuwaku wider seinen Nächsten.

[Sam ist nur im Oberlautzischen gebräuchlich, als: sam benkes gulleht unter der Bank schlafen, sam galdu auch sam galda mest unter den Tisch werfen. Dafür wird im reinen *stilo* appaksch gesetzt.]

sahnis altara auch sahnis altaram beyseits dem Altar.

sezz wiju neben dem Zaun vorbey.

starp ahdu babst zwischen die Haut stecken, starp ahdas sahp es thut zwischen der Haut wehe.

us weenas weetas auf einer Stelle, us galdu likt auf
den Tisch legen, us pilsfahtu eet nach der Stadt gehen, us kungu rakstiht an den Herrn schreiben, us
galdu gull es liegt auf dem Tisch.
Wirs semmes auf der Erden, (wirs semmi auf die Erde,
kommt selten vor.)
Zaur Deewa spehku durch GOttes Macht.

Vom Fragen, Bejahen und Verneinen.

§. 183.

Wo im Deutschen in einer Frage kein ausdrücklich Fragwort stehet, da pflegen es die Letten
gemeiniglich mit woi (oder wai) auszudrücken. Als:
Kommt er schon? woi (wai) jau nahk? Kommt er noch
nicht? woi (wai) wehl ne nahk? Anstatt woi wird
auch bisweilen arrig, arri, arr und ai gebraucht, als:
arrig winsch jau nahk, arri jau nahk, ar jau nahk, ai jau
nahk? Selten aber ist im Lettischen eine Frage ohne Fragwort, als: Irr Kungs mahjâs? ist der Herr zu
Hause? Essi tu bijis? bist du gewesen? Tizzi tu eeksch
Deewu? gläubst du an GOtt?

§. 184.

Man kan auch folgende Arten zu fragen merken:
Irrag Kungs mahjâs? ist der Herr zu Hause?
Irrag tew maises? hast du Brod?
Warrig akls aklam zellu rahdiht? kan ein Blinder dem
andern den Weg zeigen?
Neggi tu essi ehdis no ta aisleegta kohka? hast du nicht
gegessen von dem verbotenen Baum?

§. 185.

Wenn die Letten eine Frage bejahen sollen, so
antworten sie niemals mit ja, (cf. §. 134. n. 3.) sondern nach Art der Lateiner mit demselben *Verbo*,
oder mit einem andern Wort, das sich auf die Frage
passet, als:

Woi

Woi jau nahzis? *Resp.* Nahzis oder jau senn. *Venitne? Resp. Venit* oder jam dudum.

§. 186.

Eine doppelte *Negation* **verneinet desto stärker, als:**
Es ne ko ne redſu ich sehe gar nichts.
Tew to no buhs ne kam sazziht du sollt es gar keinem sagen.
Ne weens ne patihk winnam ihm gefällt ganz und gar keiner.
Naw' ne buht es ist ganz und gar nicht, oder er hat ganz und gar nicht.
Ne mas ne ganz und gar nicht, nicht im mindesten.
Ne kam ne derr es (er) taugt gar zu nichts.
Ne weens ne warr ne-ehdis in nedschris buht niemand kan ungegessen und ungetrunken seyn.

Von der Syntaxi FIGVRATA.

§. 187.

Die Letten haben auch elliptische Redensarten, als:
Kur manni swahrki? (*sc.* irr) wo ist mein Rock?
Kur winsch bijis? (*sc.* irr) wo ist er gewesen?
Man ja raksta (*sc.* irr) ich habe zu schreiben, oder ich muß schreiben.
Winsch gudrs leekahs (*sc.* essam oder essots) er dünkt sich klug (zu seyn.)
Winsch man baggatu teiz (*sc.* essam oder essoschu) er hält mich für reich.
Pilns assarahm (*sc.* ar oder no) voll Thränen.
Wilkeem ap-ehdams (*sc.* no) der werth ist, daß er von Wölfen gefressen werde.
Sche tew maises (*sc.* gabbals) da hast du (ein Stück) Brod.
Kas tew par to (*sc.* kaisch, oder ruhp, oder behdas irr, oder _____ ahs) was geht es dich an?

Kā tew baggati wilki (*sc.* rautu) daß dich die Wölfe ho:
len möchten.
Tī teiz (*sc.* laudis) oder tā daudsina so sagt man, so
sagen die Leute.
Wesseli, muhs apraudsijuschi (*sc.* esseet wesseli) seyd
gesund, (lebt wohl) da ihr uns besucht habt.
Sche tew diwi! (*sc.* spiggas) ich weise dir beyde Feigen.

§. 188.

Den letzten *Vocalem*, **welcher fast ohnedem** *insensi-*
bel **ist** (*cf.* §. 21.) **pflegen die Letten oft wegzuwer-**
fen, als:
Brahls anstatt brahlis, *Voc.* brahl' anstatt brahli.
Semm' in debbes anstatt semmi in debbesi.
Tu gan reds', ko winsch darr' anstatt redsi und darra.
Bij anstatt bija, pasarg' man anstatt pasargi man, lai
 Deews pasarg' anstatt pasarga.

§. 189.

Es giebt auch überflüßige Buchstaben, die einige
bisweilen vor die lange Weile an- oder einflicken.
Dahin gehört:
 (1) **das s im** *Dat. plur.* **als:** wisseems zilwekeems,
  anstatt wisseem zilwekeem, wissahms seewahms anstatt wissahm seewahm.
 (2) **das j im** *Praes. I. Conjugat.* **als:** Tu dohmaj,
  winsch dohmaj anstatt dohma, gawej anstatt gawe,
  swehtij anstatt swehti, barroj anstatt barro, dabbuj
  anstatt dabbu.
 (3) **das n, als:** dabbun schaff anstatt dabbu, welns anstatt wels, wilna anstatt willa, melns anstatt mels,
  pilns anstatt pils, papilnam anstatt papillam.
 (4) **das i in den** *Adjectivis*, **wo ein harter** *concursus*
  consonantium **ist, als:** wihrschkis anstatt wihrschks,
  taisnis anstatt taisns, tschaklis anstatt tschakls.
 (5) **das k, als:** smilktis anstatt smilts, pahkschku anstatt pahkschu, rihkschku anstatt rihkschu, schkihksts
  anstatt schkihsts, buhschkoht anstatt buhschoht,
  buhschkam anstatt buhscham, at-eeschkoht anstatt
  at-eeschoht, atweddischkoht anstatt atweddischoht.

 (6) Es

(6) Es giebt noch andere Arten, als: Irra anstatt irr, irraidas anstatt irraida, einige sagen gar irraidanas. Ehstu nogahje anstatt ehst. Dsertu praffa anstatt dsert.

§. 190.

Man hat auch Exempel, daß die Letten bisweilen einige Buchstaben verwandeln, als: gullim, gullischu, stahwim, stahwischu anstatt gullam, gulloschu, stahwam, stahwoschu. Essim anstatt essam, es eschu anstatt esmu.

§. 191.

Endlich muß auch hier der *Contraction* gedacht werden. Dahin gehört
(1) Die *Contraction* der *Participiorum* in jis und jees, davon oben §. 76.
(2) Die *Contraction* der *Numeralium* von 11 bis 19. als: weenpazmit anstatt weenpadesmit, diwpazmit anstatt diwpadesmit &c. Also auch: pirmpazmitâ anstatt pirmâ padesmitâ, ohtrpazmitâ, anstatt ohtrâ padesmitâ nodaļlâ &c.
(3) In den *Compositis*, als: basnizkungs anstatt basnizas kungs der Kirchenherr oder Pastor, tas kehninsch ar saweem leelkungeem der König mit seinen Fürsten, anstatt leeleem kungeem. Deem' schehl leider, anstatt Deewam schehl!

Von

Von der VARIATIONE SYNTACTICA.

§. 192.

Ehe ich die *Syntaxin* schliesse, muß ich noch die grosse *Variationem Syntacticam* der Letten hersetzen, die in den vorhergehenden Regeln zerstreut zu finden, dadurch sie nemlich den deutschen *Conjunctivum* mit und ohne daß ausdrucken. Es brauchen die Letten hiezu
(1) den *Indicativum*, §. 157.
(2) den *Conjunct. primum*, §. 158. n. 2.
(3) den *Conjunct. secundum*, §. 159.
(4) den *Nominat. Participii* in ots, §. 168. n. 3.
(5) den *Infinit. secundum*, §. 165. n. 2.
(6) den *Accus. Participii* in ots, §. 168. n. 3.
(7) die *Ellipsin*, §. 187.

Exempel
(1) am Verbo Substantivo.

Praes. Er meynt, ich sey reich, oder daß ich reich bin oder sey.

winsch domâ { (kà) es esmu baggats.
— — essus (u) —
— — essoht —
— — essots —
man essam baggatu.
— essoschu —
[*ellips.*] kà es baggats, (oder winsch man baggatu dohmà.)

Fut. I. Er erzehlt, (daß) der Herr werde zu Hause seyn.
winsch teiz, (kà) Kungs buhs mahjâs,
— — buhschus
— — buhschoht
Kungu buhscham —

Perf.

Perf. Er meynt, ich ſey reich geweſen.

      (kà) es eſmu baggats bijis.
      — — eſſus (u) — —
  wiuſch dohma — — eſſoht — —
      — — eſſots — —
      man eſſam baggatu bijuſchu.
      — eſſoſchu — —
  [*ellipt.*] kà es baggats bijis oder man baggatu
      bijuſchu.

Fut. II. Er befürchtet, der Herr werde zu Hauſe geweſen
    ſeyn.

      (kà) kungs buhs mahjâs bijis
  Bihſtahs — — buhſchus — —
      — — buhſchoht — —
      Kungu buhſcham mahjâs bijuſchu.

(2) Imperſonaliter.

Praeſ. et Perf. Er meynt, ich habe Pferde. (gehabt)

      (kà) man irr ſirgi.
      — — eſſus —
  wiuſch dohma — — eſſoht —
      — — eſſoſchi — (bijuſchi)
      — — eſſam —
  [*ellipt.*] kà man ſirgi

Imp. I. et II. Er glaubt, er wird keine Pferde haben.
    (gehabt.)

      (kà) tam ne buhs ſirgi.
  wiuſch — — — buhſchus —
  uzz   — — — buhſchoht — (bijuſchi.)
      — — — buhſcham —

(3) am Verbo Activo.

Praeſ. Du lügſt, daß ich das Vieh nicht hüte oder in acht
    nehme.

      (kà) es ne ſargu lohpus
      — — — ſargus —
  Tu meſlo — — — ſargoht —
      — — — ſargots —
      man ne ſargam —
      — — ſargoſchu —

Fut. I.

Fut. I. Leute sagen, daß er das Vieh nicht inacht nehmen wird.

$$\left.\begin{array}{l}\text{laudis}\\\text{daußим,}\end{array}\right\{\begin{array}{l}\text{(kà) tas ne fargahs lohpus,}\\\text{— — — fargaschus —}\\\text{— — — fargaschoht —}\end{array}$$

Perf. Wer sagts, daß ich nicht inacht genommen habe?

$$\left.\begin{array}{l}\text{kas to teiz,}\end{array}\right\{\begin{array}{l}\text{(kà) es ne esmu fargajis?}\\\text{— — — effus —}\\\text{— — — effoht —}\\\text{— — — effots —}\\\text{man ne effam fargajuschu?}\\\text{— — — effoschu —}\\\text{man ne fargajuschu?}\end{array}$$

Fut. II. Warum giebst du der Rede Gehör, daß er nicht werde inacht genommen haben?

$$\left.\begin{array}{l}\text{kam klausi}\\\text{to wallodu,}\end{array}\right\{\begin{array}{l}\text{(kà) tas ne buhs fargajis?}\\\text{— — — buhschus —}\\\text{— — — buhschoht —}\\\text{to ne buhscham fargajuschu?}\end{array}$$

(4) am Verbo Reciproco.

Praes. Du siehest, daß ich mich gnug hüte.
   Tu redsi, (kà) es gan fargohs,
   — — — man gan fargamees,

Fut. I. Er glaubt, ich werde mich nicht gnug hüten.
   winsch tizz, kà es ne gan fargaschohs,

Perf. Ich höre, daß deine Tochter sich nicht inacht genommen habe.

$$\left.\begin{array}{l}\text{Es dsirdu,}\end{array}\right\{\begin{array}{l}\text{kà tawa meita ne irr fargajusees,}\\\text{— — — — effusi —}\\\text{— — — — effoht —}\\\text{— — — — efsoti —}\\\text{— — — — effam —}\\\text{kà tawa meita ne fargajusees.}\end{array}$$

Fut. II.

Fut. II. Man meynt, sie werden sich nicht gehütet haben.

laudis dohms {
  (kà) tee ne buhs   sargajuschees.
  — — — buhfchus ——
  — — — buhfchoht ——
  — — — buhfcham ——
}

(5) am Verbo Passivo.

Praes. Er glaubt, das Vieh werde gehütet.

winschtitz {
  (kà) lohpi tohp sargati,
  — — tohpoht —
  — — tohpofchi —
  lohpus tohpam fargatus,
  — tohpofchus —
}

Fut. I. Er befürchtet, das Vieh werde nicht wohl in acht genommen werden.

winnan buihs {
  (kà) lohpi ne taps   labbi fargati.
  — — — tapfchus — —
  — — — tapfchoht — —
  lohpus ne tapfcham labbi fargatus.
}

Perf. Er sagt, das Vieh sey nicht gehütet worden.

winfch mello {
  (kà) lohpi ne irr (newa) fargati tappufchi.
  — — — effus ———
  — — — effoht ———
  — — — effofchi ———
  lohpus ne effam fargatus tappufchus,
  — — effofchus fargatus —
}

Fut. II. Er besorgt, daß das Vieh nicht werde gut gehütet worden seyn.

winnam ruhp {
  (kà) lohpi ne buhs   labbi fargati tappufchi.
  — — — buhfchus — — —
  — — — buhfchoht — —
  lohpus ne buhfcham labbi fargatus tappufchus.
}

(6) Noch

(6) Noch andere Exempel.

Bitte ihn, daß er komme.
   Luhdſ' winnu, kà tas nahk, kà tas nahktu, lai winſch nahk.

GOtt ſchuf Sonne und Mond, daß ſie Lichter ſeyn ſollen.
   Deews raddija ſauli in mehneſi, kà tee eſſus (eſſoht, eſſoſchi) auch buhtu par ſpihdekleem.

GOtt machte dem Manne eine Gehülfin, die um ihn wäre.
   Deews darrija wihram paligu, kas kahrt winnu eſſus (eſſoht, eſſoti) auch buhtu.

Du muſt deine Arbeit thun.
   Tew taws darbs ja darra.
   Tew buhs tawu (ſawu) darbu darriht.
   Tew waijag tawu darbu darriht.
   Tew taws darbs darrams.

Ich bitte dich ſehr oder inſtändig (§. 181.)
   Es tew luhgdams luhdſu.
   — — luhgt —
   — — luhdſoht —
   — — luhdſin —
   — — luhgſchus —
   — — leelâ luhgſchanâ —
   Es tew gauſchi, ſohti, wiſkin &c. luhdſu, auch es tew luhdſohs.

   [*Not.* Wunderſelten gehen alle Arten auf einmal an.]

Der IV. Theil.
Vom DIALECT und IDIOTISMO.

§. 193.

Gleichwie es allen Sprachen gehet, daß selbige nach der Verschiedenheit der Provinzen und Districte Veränderungen leiden, eben so gehet es auch der Lettischen.

§. 194.

Der beste und reinste Dialect in der Lettischen Sprache ist theils der Semgallische um Mietau und Bauske herum: theils der Liefländische um Riga, Wolmar und Wenden herum. Und nach diesem reinsten Dialect ist die Bibel ins Lettische übersetzt, und auch gegenwärtige *Grammatic* eingerichtet.

§. 195.

Der schlechteste Lettische Dialect hingegen ist theils der Pohlnischliefländische bey den sogenannten Rehden oder Rehddingen, (*cf. Paul Einhorn hist. Lett. p. 1.*) und der Oberlautzische im Seel- und Dünaburgischen bey den sogenannten Pintainen, die an der Düna wohnen: theils der Curländische im Libauschen und Schrundischen bey den sogenannten Tahmen oder Tahmnecken.

§. 196.

Den Pohlnischliefländischen und Oberlautzischen Dialect kan man sich leicht aus folgenden Exempeln vorstellen:

Schitti mihschi, schitti mihschi, na skrihs kulles gollā, anstatt schee meeschi ne skrees klohna gallā dieser Gersten wird nicht bis an das Ende der Tennen fallen,

D. I.

d. i. dieser Gersten wird zu leicht oder schlecht gerathen.

Ok Dihwen, Dihwen! oder Dihs sinn, Dihs sinn, koda bäus schi wossorinna, koda na bäus, anstatt Ak Dewin oder Deews sinn, kahda schi wassara buhs, kahda ne buhs, ach GOtt! oder GOtt weiß, was für einen Sommer wir haben werden, oder nicht.

Meita eine Tochter nennen sie dort maita, welches nach dem reinen Dialect ein Aaß heisset, welchen Tittel man einigen nicht streitig machen darf.

Zeenigs mahzitajs ist der Tittel eines Predigers, den er gemeiniglich von den Letten bekommt, es heist so viel als geehrter oder Hochzuehrender Lehrer. Ein Oberlautzischer spricht zihnigs mohzitajs, das ist nach dem reinen Dialect so viel als ein Peiniger, der fertig zum Ringen und Kämpfen ist. Wie mancher von den dasigen Heidhaasen mag auch den Prediger dafür ansehen, wenn er demselben das mindeste Gebühr abtragen soll, welches er zuerst hinter den Ohren suchet, und wenn es da nicht findet, anders woher herfür langet.

Eben also sagen sie mihstä anstatt meestä im Städtchen, jirr anstatt irr, sis anstatt winsch, pi ganz kurz anstatt pee, siht anstatt feet binden, pissiht anstatt peefeet anbinden. Wenn nun ein solcher Oberlautzischer nach seiner Art in dem rechten Curlande in seiner Unschuld sagen wolte: wo werde ich meine Stutte anbinden? so würde man über ihn ausspeyen, und ihn als einen Sodomiten zum Morast und zur Höllen verweisen.

§. 197.

Die Tahmen oder Tahmneeken führen den Namen von dem Worte tahm: welches bey ihnen bis jetzt heisset, im rechten Lettischen aber sihds tam oder sihds schim. Im übrigen dehnen sie einige Sylben, die sonst kurz sind, er v. z. als: ahs anstatt ais, gohla anstatt galwa, seergs anstatt sirgs, dohris anstatt durris, schohrks anstatt schurka, warradi anstatt wahrdi, darrasa

anstatt

anstatt dahrĕā, Marratschis anstatt Martschis. Aus folgenden Exempeln kan man sich den Lahmischen Dialect besser vorstellen:
Dui letze dangā, dui dubbunā,
Ustubas widdā fakkikazzijahs.
anstatt: diwi lehze kaktā, diwi dibbeni, istabas widdū sakampahs, zwey sprungen oder tanzten im Winkel, zwey der Thür gegen über (dieses soll istabas dibbens bedeuten) mitten in der Stuben aber haben sie sich wieder zusammen gefasset.

§. 198.

Die Lahmen pflegen zwischen den meisten *Verbis compositis* das sa einzuflicken, als: apsarunnatees anstatt aprunnatees, atsaschkirt anstatt atschkirt, nosaslehpt anstatt noslehpt, pahrsaschkelt anstatt pahrschkelt, ussaflehgt anstatt usslehgt. Im Oberlautzischen aber flickt man das si ein, aber doch weit sparsamer, als: apsirunnatees anstatt aprunnatees, atsigreestees anstatt atgreestees, pasiraudsiht anstatt paraudsiht.

§. 199.

Noch giebt es eine Art Letten, welche man Suiken nennet. Diese machen keinen eigentlichen District aus, sondern wohnen im Oberlautzischen zerstreut, und sind eine *Melange* von Litthauern, Russen, Finnen und dergleichen. Man kan sich ihren Dialect leicht vorstellen, z. E.

Nu kuggi, te ko goije, to pridure swoiju koiju pri wokmenu, anstatt nu kā! tā kā es gahju, peeduhru es sawu kahju pee akmina. Nu wie! indem ich gieng, stieß ich meinen Fuß an einen Stein ab.

Insonderheit pflegen sie gern ein w vorzusetzen, wenn sich ein Wort mit einem *Vocali* anfängt, als:

Wokmensch anstatt akmins, waudensch anstatt uhdens, wuzzens anstatt uzzens, welches Oberlautzisch ist, wofür man sonst auns setzet, wufchka anstatt ufchka, welches auch Oberlautzisch ist, und aws oder aita heissen sollte.

§. 200.

Wenn ein Esth- oder Finnländer nach Curland läuft und die Lettische Sprache erlernet, so kan man ihn (wie dorten einen Ephraimiter an dem *Siboleth*) daran erkennen, daß er bey vielen Wörtern den ersten *Consonantem* wegläßt, als:

Punde anstatt spunde, naust anstatt snaust, nappi anstatt knappi, rohschi anstatt grohschi, kreet anstatt skreet, mirdeht anstatt smirdeht, prahgt anstatt sprahgt &c.

§. 201.

Es giebt auch Wörter, die unter den reinen Letten selbst veränderlich ausgesprochen werden. (*cf.* §. 38. *n.* 4. *et* 117. *n.* 3.) als: Pahwils, Pahwels auch Pahwuls, dibbins auch dibbens, apkauneht auch apkaunoht, woi auch wai, ne, im Bauskerschen ni, in gilt in Curland, un in Liefland. Hieher gehört auch der *Abl. localis* von Schis und Tas: schimmi, schammi, schanni, schammu, *plur.* schimmis, schammis, schannis anstatt schinni und schinnis. Also auch tammi, *pl.* tammis, anstatt tanni und tannis. Einige sagen auch schin laikan, schan laikan anstatt schinni laikā oder schinnis laikōs.

§. 202.

Es giebt auch besondere Lettische District-Wörter, die nicht allenthalben, wo Lettisch geredet wird, gelten. Als:

(1) Bey den Tahmen heist ein Ferding eiduks anstatt wehrdiņsch, ein Winkel danga anstatt kaktes, reichen kazzeht anstatt sneegt, zwey duj anstatt diwi, &c.

(2) Im Oberlautzischen heissen Eyer ohles, und man würde sehr wider die Ehrbarkeit verstossen, wenn man sie dort pauti nennen wollte. In Curland aber wird den diejenigen Eyer, die man bekäme, wenn man ohlas fragte, ziemlich unsanft im Magen liegen, weil sie daselbst kleine glatte Steine bedeuten. Ferner heist im Oberlautzischen Feuer guns *G.* gunna anstatt ugguns, kuija oder stagge anstatt kaudse, kulle anstatt klohns, stahrasts anstatt waggare.

§. 203.

§. 203.

Einige Wörter nehmen die Letten ohne Noth aus der deutschen Sprache an, als: bukkis anstatt ahfis, abber anstatt bet, adder anstatt jeb, tak anstatt tomehr. Insonderheit geschiehet-es in den Städten.

§. 204.

Die an den Litthauischen Grenzen wohnen, nehmen Litthauische Wörter an, ars: dabbar anstatt taggad, sebbu anstatt wehlu, deendahrse anstatt laidars, klahwe anstatt kuhts, winsch luhb to darriht anstatt winsch wehdf oder zeeni to darriht.

§. 205.

Weil es den Letten als Leibeigenen an der Cultur fehlet, so fehlet es ihnen auch an solchen Wörtern, die zu Künsten und Wissenschaften gehören, und an Wörtern, die das bedeuten, was in diesen Ländern nicht anzutreffen, z. E. Grotten, Alleen, Orangerien, Wasserkünste rc. imgleichen Satz, Vorsatz, Nachsatz, Substanz, zufällig Ding rc. Ferner: Hirsche, Kameele, Esel, Straußen rc. In der Lettischen Bibel hat man diese letztern Wörter nach dem deutschen gegeben: erschkis, kameels, ehselis, straufis. Meines Erachtens hätte man wenigstens die zwey ersten Wörter füglich durch wahzsemmes breedis und meschusirgs geben können. Denn ein Elendthier hat ja grosse Aehnlichkeit mit einem Hirschen, und alles, was ausländisch ist, heist bey den Letten gemeiniglich wahzsemmes; und einen Kameel habe ich selbst von den Bauren in Liefland, da ein Kameel vorbey geführt wurde, meschu sirgs nennen gehört.

§. 206.

Was den Letten in ihrer Sprache fehlet und ihnen mit der Zeit bekannte Sachen werden, das nehmen sie aus der deutschen Sprache mit einer Veränderung nach ihrer Mundart. (cf. §. 24.) Am meisten geschiehet dieses in den Höfen und Städten. Als: Tee-uhdens, Theewasser, Kappeija Coffee, chrgelis

ehrgelis eine Orgel, ſkunſte eine Schanze ꝛc. Ja einige
Bauren, die viel mit den Deutſchen umgehen, wiſſen ſchon
von Lombere und Mahteduhreem zu reden. Und ein
Mädchen in der Stadt, das recht zimper nach ihrer Art
austhun will, läſt ſich mit untermengtem deutſch franzöſi-
ſchen vernehmen. z. E. Tas tù ahrtigi ar man kompelmen-
teereja, ar tahdeem jauneem inwenzioneem, d. i. er hat ſo
artig mit mir complimentiret, mit ſolchen neuen Inventio-
nen. Hieher gehören auch die, die auf eine Frage
mit einem deutſchen Ja antworten. (cf. §. 185.)
In den Baurgeſindern aber, zumal die entfernt von den
Städten ſind, weiß man von dem allen wenig oder nichts,
auſſer in den Worten, die gar zu bekant ſind, und gleich-
ſam das Lettiſche Bürgerrecht, oder vielmehr, wo das Wort
anſtößig iſt, Sclawenrecht erlanget, als: ſpeegelis ein Spiegel, lukturis ein Leuchter, tohrnis ein Thurm, ſkunſte die
Kunſt.

§. 207.

In den Dingen aber, womit die Letten umgehen, ſind ſie reich genug an Worten. Zu einer
Probe will ich hier die Benennungen ihrer Freund-
ſchaften herſetzen, welche Prediger vor allen Dingen zu wiſſen nöthig haben, wenn ſie ſich in die
Connexion der Perſonen finden wollen. Als:

Schwiegervater Tehwozis.
Schwiegermutter Mahtize.
Schwiegerſohn Snohts.
Schwiegertochter Weddekle.
Manns Bruder Deeweris.
Manns Schweſter Mahtize.
Weibes Bruder Swainis.
Weibes Schweſter Swine.
Bruders Weib Mahrſcha.
Schweſter Mann Snohts.
Weibes Schweſter Mann kelluwainis.
Manns Bruders Weib Eetala.

[kelluwaini heiſſen alſo diejenigen Männer unter
einander, deren Weiber leibliche Schweſtern ſind:
Eetalas

Eetalas hingegen diejenigen Weiber, deren Männer leibliche Brüder sind.]

Der als ein Fremder im Gesinde, wo er freyet, bleibet, Uskurs.
Stiefvater Patehws.
Stiefmutter Pamahte.
Stiefsohn Padehls.
Stieftochter Pameita.
Stiefbruder Puffbrahlis.
Stiefschwester Puffmahse.
Großvater Wezzajs tehws.
Großmutter Wezza mahte.
Voreltern Tehwu tehwi.
Manns Bruders Sohn Deewerens.
Manns Bruders Tochter Deewerene.
Weibesbruders Sohn auch
Weibes Schwester Sohn Swainens.
Weibes Bruders Tochter auch
Weibes Schwester Tochter Swainene. &c. (cf. §. 47.)

§. 208.

Endlich hat die Lettische Sprache auch die Ehre, daß man aus ihr in Curland einige Wörter bisweilen im Deutschen annimmt, welches einem Ausländer ziemlich spanisch vorkommen muß. z. E. Mein Herzen mahsin anstatt Schwesterchen. Hör mein zablin anstatt liebes Kind. Er redet aplams, d. i. in den Tag hinein oder ohn Bedacht. Sich Paj pahdin machen, d. i. sich einlecken, einschmeicheln. Hier ist noch ein schön fett kummasin d. i. ein schöner fetter Bissen. Dergleichen Wörter giebt es in der Curländischen Wirthschaft mehrere, als: der Waggar, die Nowadden, die Kleete, die Rije, Talk halten, Karthasen, Burkanen, ein Wann Ey &c.

Ja einige Deutschverderber machen die deutsche *Construction* und *Phrases* nach dem Lettischen, als: leelaks ne kā sirgs größer nicht als ein Pferd, lai es nabbags esmu laß ich arm seyn, ne kas nicht wer, ne kur nicht wor, sahles doht Kraut geben, preeksch-auts ein Vortuch ꝛc.

§. 209.

§. 209.

Der IDIOTISMVS oder das Eigenthümliche der Lettischen Sprache, worin sie nemlich vor andern was besonders hat, bestehet zuerst in dem rechten Gebrauch theils der Wörter, die einerley zu bedeuten scheinen, theils derer, die mehr als eine Bedeutung haben, z. E.

Ein Haufen heist pulks, kaudse, kohpa, bars, aber mit Unterscheid. Pulks heist ein solcher Haufen, der eine Menge anzeigt, als: pulks ļauschu ein Haufen oder eine Menge Volks. Kaudse ein zugespitzter Korn- oder Heuhaufen auf dem Felde, wie auch alles Uebermaaß an dürren Waaren, als: ein Stof Nüsse mit einem Haufen stohps reekschu ar kaudsi. Kohpa ein gemachter Haufen von Erde, Sand, Kehrigt, dahin auch ein Misthäufgen gehört, als: kohpu nolikt einen solchen Haufen machen. Wenn man nun z. E. ein Lof Roggen mit einem Haufen puhrs rudsu ar kohpu sagen wolte, so würde der Lette dabey die Nase ziemlich rümpfen. Und dennoch heist zusammen kohpâ, als: zusammen essen kohpâ est, zusammen trinken kohpâ dsert &c. Bars heist ein Haufen oder eine Rotte, als: putni dseed ar barreem die Vögel singen mit Haufen (indem sie sich versammlet und gleichsam eine Rotte ausmachen.) Barru nodsiht oder beigt, ein gewisses Stück oder Strich Korn auf dem Felde, welches sich ein Theil (Rotte) der Schnitter gewehlet, abmähen.

Prahts heist bald der Verstand, die Vernunft, bald der Wille, das Gemüth, bald das Gedächtniß, bald Sinn und Gefallen, Muth, Vorsatz, Attention, Begierde, bald das Gewissen, im *plur.* die Sinnen, davon der Gebrauch im *Lexico* gezeigt werden wird unter dem *Verbo* Prast.

Sirds heist eigentlich das Herz, es wird auch vor das Gemüth und Gewissen, ja gar bisweilen vor das innerliche genommen. Wenn dem Bauren der Magen wehe thut, so sagt er gleich sirds sahp.

K Swehts

swehts heilig, wird auch *in sensu malo* gebraucht, z. E. swehts nass ein Messer, das ausserordentliche Schmerzen verursacht, wenn man sich damit eingeschnitten. Also auch swehts kohdums ein Biß, der sehr wehe thut, swehti sohbi Zähne, deren Biß nicht leicht heilen will, swehtas jumprawas heissen nach dem Lettischen Aberglauben unsichtbare Geister oder Kobolden, die bey Nachtzeit alles fertig spinnen, nähen, mahlen, dreschen ꝛc.

Eben so werden die Wörter Tehws, Mahte, Brahlis und Mahse oft *in sensu latiori* gebraucht. Wo nur *respectus parentelae* ist, das ist schon bey den Letten Vater oder Mutter, und die Freunde, die in gleicher Linie stehen, heissen Brüder oder Schwestern. Daher man denn, wenn mans genau wissen will, fragen muß: woi meesigs tehws oder meesiga mahte? woi meesigs brahlis oder meesiga mahse? ists ein leiblicher Vater, Mutter, Bruder, Schwester? Da dann aus der Antwort erhellen wird, wie nahe die Freundschaft oder Verwandschaft ist.

[Wie nöthig bisweilen dergleichen Fragen sind, erhellet aus folgendem Beyspiel. Ein Freund von mir bietet mit Hofes Einwilligung ein Paar auf. Ein Kerl aus einem andern Gebiete thut Einsprache, weil die Verlobten leibliche Brüder Kinder wären, oder nach dem Lettischen meesigi brahlu behrni. Wie nun bald darauf von Seiten des Hofes glaubwürdiger bezeugt wird, daß die vorgegebene Freundschaft nicht so nahe wäre, und man nachgehends den andern zur Rede stellt, entschuldigt derselbe sich damit: der Priester hätte ihn genauer befragen sollen, und er hätte nicht unrecht geredet, indem Brüder-Kinder bey ihnen brahli hiessen, folglich wären deren Kinder oder Nächsten brahlu behrni. Hätte nur mein Freund, wie er selbst erwehnet, die Frage gethan, ob des Bräutigams Vater und der Braut Vater leibliche Brüder gewesen, so hätte sich die Nichtigkeit der Einsprache leicht gezeiget. Ein anders ist meesigi brahlu behrni, und ein anders meesigu brahlu meesigi behrni.]

§. 210.

Zum *Idiotismo* gehören ferner die besondern lettischen *Phrases*, als worin eigentlich der *Letticismus* bestehet. z. E.

Deewinsch Gottchen, kundsinsch Herrchen ꝛc. hat bey den Letten nicht so eine verkleinerliche *Idee*, wie im Deutschen.
Grahmatā eelikt im Buch anzeichnen.
Baggata maise das liebe Brod.
Zauru oder augoschu deenu den ganzen Tag.
Lihds scho baltu deenu bis auf den heutigen Tag.
Ak mannu suhru deeniu! ach mein Elend!
Manna selta oder balta mahmulite mein allerliebstes (trautes) Müttergen.
Selta lihgawiņa eine Charmante.
Pahr galwu laist in den Wind schlagen.
Seewu apņemt heyrathen.
Rohkai muttes doht die Hand küssen.
Pasaule lauschu eine grosse Menge Volks.
Pehrkons grausch es donnert, pehrkons eespehre das Gewitter hat eingeschlagen, pehrkons kaufu laiku opduzzina es donnert rund herum, und deutet auf trockne Zeit.

[Ein mehrers muß man im *Lexico* suchen.]

§. 211.

Noch rechne ich hieher die lettischen Sprüchwörter und Räzeln. Ich will von einem jeden nur ein Exempel geben:

Putninsch, kas agri zellahs, agri deggunu slauka, ein Vögelgen, das früh aufsteht, wischet früh seinen Schnabel. d. i. wer früh aufsteht, muß früh essen, welches die Langschläfer nicht verdienen.
Usminn mannu mihklu: simt-azzis kaudsi mett. Raht auf mein Räzel, ein Hundertäugiger macht einen Haufen. *Resp.* Tas irr seets das ist ein Sieb.

[Die übrigen Sprüchwörter und Räzeln siehe im Anhange des *Lexici*.]

§. 212.

Der Letten ihre Monate muß ich auch anführen. Sie rechnen sie nicht nach unserm Calender, sondern nach den Umständen des Jahrs, und zwar von einem Neulicht bis zum andern. Daher fangen sich ihre Monate nicht nach einem gewissen *dato* unsers Calenders an, und daher haben sie auch manchmal 13 Monate im Jahr. Sie folgen auf einander also: (cf. *Paul Einhorn hist. Lett. p. 22. sq.*)

1. Seemas mehneß der Wintermonat oder Jauna gadda mehneß der Neujahrsmonat ist größtentheils der Januarius.
2. Swetschu mehneß der Lichtmeßmonat, (die alte Benennung soll daher kommen, weil man vormals in diesem Monat den Seelen der Verstorbenen Lichter geopfert,) ist größtentheils der Februarius.
3. Sehrknu mehneß Harstmonat, weil das, was des Tages thauet, des Nachts befriert und einen Harst setzt. Es heist auch schkihbajs mehneß der schiefe Monat, weil alsdenn die Wege beym Abgange des Schnees schief zu werden pflegen. Es heist auch balloschu mehneß, der Taubenmonat, weil die Tauben alsdann wieder ankommen, *it.* Gawenu mehneß der Fästenmonat. Ist größtentheils der März.
4. Sullu mehneß der Saatmonat, darinn man das Birkenwasser sammlet, ist meist der April.
5. Lappu mehneß Laubmonat, darinn das Laub ausschlägt, heist auch sehjas mehneß der Saatmonat, ist größtentheils der May.
6. Seedu mehneß der Blütmonat ist meistens der Junius.
7. Leepu mehneß der Lindenmonat, darinn die Linden blühen, ist größtentheils der Julius.
8. Sunnu mehneß der Hundstagemonat, ist größtentheils der August.
9. Sillu mehneß der Heidemonat, darinn die Heide blühet, ist meist der September.

10. Mikke-

10. Mikkelu mehneſs der Michaelismonat, iſt gröſtentheils der October. Bey den heidniſchen Letten hieß
dieſer Monat Wella auch ſemlika mehneſs, d. i. Teu-
fels- und Seelenſpeiſenmonat (von ſemmê likt die Spei-
ſen auf die Erde legen.) Dieſelben Tage haben ſie
Deewa deenas d. i. Gottes Tage genannt.
11. Sallas mehneſs Froſtmonat, auch Mahrtina mehneſs
Martinmonat, iſt gröſtentheils der November.
12. Wilku mehneſs der Wolfsmonat, iſt meiſt der December.
13. Swehtku mehneſs der Feſtmonat, darin das H.
Weihnachtfeſt einfällt.

§. 213.

Zum Schluß iſt noch zu merken: Ob man gleich
von den Letten ſelbſt am beſten ihre Sprache lernen muß, ſo muß man doch dasjenige, was einem
Mißbrauch unterworfen iſt, oder würkliche Fehler
ſind, nicht annehmen. Ich will die wichtigſten
herſetzen:

(1) Da ein unciviliſirter Lette von ſich ſelbſt im
plurali ſpricht, dagegen den Herrn dutzet,
z. E. zeenigs Kungs, mehs gribbetum no tew maiſes,
gnädiger Herr, wir wolten von dir (Korn zu) Brodt
haben.
(2) Pahtarus ſkaitiht ſoll beten heiſſen. Es hat ſeinen
Urſprung vom Roſenkranz. Anſtatt deſſen kan man
lieber Deewu luhgt, und anſtatt pahtarōs nahkt zum
Gebet kommen, pee Deewa luhgſchanas nahkt, ſagen.
(3) Wenn ein Bauer ein Kind, welches getauft werden
ſoll, anmeldet, ſo hört man öfters ſagen: mehs nahkam kriſtitees wir kommen uns zu taufen, oder gar
kruſtitees uns zu ſeegnen mit dem H. Creutz.
(4) Wenn ein ſchwaches Kind getauft worden, ſo pflegen
gemeiniglich die Letten zu ſagen: Paldees Deewam,
ka tas behrninſch tikkai ſawu wahrdu dabbujis GOtt
Lob, daß das Kind nur ſeinen Namen bekommen,
rechr als wenn dieſes das Hauptſtück der Tauſe wäre.

K 3 (5) Ei-

(5) Einige, wenn sie sich zur Beichte melden, brauchen den Ausdruck: mehs nahkem grehkôs wir kommen zur Sünde (oder zu den Sünden) gleichwie darbôs nahkt zur Arbeit kommen heist.

(6) Andere, wenn sie sich zum H. Abendmahl melden, brauchen die Redensart, pee Kundsiņa eet zum Herrchen oder Jungen Herrn gehen. Sie zielen damit auf den in einigen Kirchen am Altar geschnitzten *Genium*, der den Kelch und den Teller drauf in der Hand hält.

(7) Leela krusta deena heist Christi Himmelfahrtstag, an welchem die Letten ihre Heuschläge bekreutzigen, und wenig zur Kirchen kommen. Daran ist die Benennung mit schuld. Besser ists, daß man diesen Tag ta deenā tahs debbes braukschanas Kristus nennet. Eher könnte Charfreytag, ta leela krusta deena, der grosse Kreuztag, heissen.

(8) Wenn es anfängt zu donnern, pflegen einige zu sagen: Nu jau wezzajs tehws atkal barrahs nun keift der alte Vater schon wieder.

Diese und dergleichen Redensarten suchen rechtschaffene Diener GOttes in ihren Gemeinen abzuschaffen.

§. 214.

Zu diesem Mißbrauch gehören auch der Letten ihre Aberglauben. z. E.

(1) Wenn ein Mädchen eine ausgefallene Nehnadel suchet und nicht finden kan, pflegt sie im Suchen die Worte zu sagen: Semmes mahte atdohd adatiņņu, Erdgöttin gieb mir meine Nabel wieder. Dieses ist ein Ueberbleibsel des Heidenthums.

(2) Von einem Nordlicht urtheilen einige Letten also: edf ki karru lauschu dwehseles kaujahs, sieh wie der Soldaten Seelen sich schlagen.

(3) Wenn eine Sonnen- oder Mondfinsterniß sich ereignet, so heist es: ragganas sauli oder mehnesi plehsch oder maita, die Hexen reissen oder verfinstern die Sonne oder den Mond.

(4) Swehti

(4) Zwohti lahsti heilige Flüche, heissen bey den Bauren, wenn jemand auf der Kanzel auf Begehren eines andern (vermuthlich nicht umsonst) brav verflucht wird. Gottselige und tugendhafte Lehrer verabscheuen es.

(5) Pesteli werden von den Bauren genannt, wenn sie in ihren Wohnungen und auf ihrem Felde was seltsames finden, als Blut, ein Ey, einen verscharrten Knochen, eine verreckte Katze, verworren Garn oder zusammen geknöpfte Aehren u. d. g. m. Sie halten es gleich vor Zauberey und laufen ängstlich zum Prediger. Denen es nun um den Lohn der Ungerechtigkeit zu thun ist, stärken die Bauren darin. Treue Knechte des HERRN aber suchen dergleichen Aberglauben nach und nach abzuschaffen, und den einfältigen Bauren die ungegründete Furcht zu benehmen. *Haec ceteraque instar Lydii lapidis sunto!*

[Was der Leuten ihre Flüche, Scheltwörter und grobe Unflätereyen betrist, daran mag ich nicht einmal gedenken.]

Der V. Theil.
Von der POESIE.

§. 215.

Die Lettischen Bauerliederchens kan man als den ersten Anfang der Lettischen Poesie ansehen, und es ist etwas eigenes, daß selbige gröstentheils zu zwey Strophen und ohne Reimen sind, und dabey auch fast alle auf einerley Melodey gehen.

§. 216.

Die historische Lieder zeigen an, daß sie ziemlich alt sind, weil man darin Spuren aus dem Heidenthum antrift. Man höret darin mescha mahte, juhras mahte, wehja mahte, saules meita, Deewa dehli, Deewa sirgi, Deewa wehrschi, Deewa putni &c.

§. 217.

Unter den andern Liedern sind den Letten besonders angenehm diejenigen, darin balta mahmulite, selta lihgawiana und dergleichen Baurzärtlichkeiten vorkommen. Am allerangenehmsten aber sind ihnen ihre Johannislieder, darin sie jede Strophe mit einem doppelten Lihgo beschliessen.

§. 218.

In diesen ihren Liedern bestehet der Letten Vocal-Music auf ihren Hochzeiten sowol, als auf ihren Talken, d. i. wenn eine Menge Personen zu eines Tages Arbeit zusammen gebeten sind und dabey tractirt werden. Ihre vollständigste Vocal-Music bestehet darin, wenn eine Parthey Mädgens zusammen singen, und ein Theil darunter blos das O! aus einem Ton weg einstimmet, als welches gleichsam den Baß vorstellet, wovon oftmals die ganze Gegend erschallet. Nimmermehr werden

werden wir Deutschen bey der schönsten Music so
vergnügt seyn, als die Letten bey ihren Liedern, zumal wo Fressen und Saufen vollauf ist.

§. 219.

Dem allen sey nun wie ihm wolle, so ersiehet
man aus ihren einfältigen Liedern so viel, daß
die Letten ziemlich auf ein Sylbenmaaß sehen, und
nicht leicht das Ohr durch eine falsche *Prosodie* verletzen. Und wenn ihnen eine Sylbe fehlen will, so
setzen sie gemeiniglich i oder u zu, wie aus einigen Exempeln, die hernach kommen werden, erhellen wird.

§. 220.

Daß in den meisten Bauerliedern nicht eben
viel witziges anzutreffen, daran ist nicht ihre Sprache selbst, sondern der Mangel der *Cultur*, wegen
der Leibeigenschaft, darin sie stehen, schuld. Indessen findet man doch hin und wieder Spuren eines angenehmen Witzes. z. E. In einem Liede, da die
Schwester den Bruder herzlich beweint, heist es:

Ne weens mannis ne sinnaja, kur es gauschi noraudaju,
Gan sinnaja peedurknite kur slauziju affaras.

Imgleichen, da ein verunglückter Flüchtling auf der Mutter Frage, wenn er dereinst aus der Fremde wiederkommen
werde, antwortet:

Kad sattohs sehtas meeti, kad sapuhs akmintinsch,
Ohla kahpe us uhdeni, spalwa grimme dibbina,
Tad es nahkschu schai semme, tehw' in mahti spraudsiht.

[Mehrere Exempel siehe §. 223, ic. an den Lettischen
Räzeln.]

§. 221.

Wie sehr die Lettische Sprache zu einer angenehmen *Poesie* geschickt sey, haben viele Gottesgelehr-
ten, die der Lettischen Sprache mächtig sind, er-
wiesen, und das neue Lettische Gesangbuch ist die
herrlichste Probe hievon. Weil es aber den Letten

an der *Cultur* der Künste und Wissenschaften fehlet, so kan man freylich nicht so weitschweifend in der Lettischen *Poësie* seyn, als in andern Sprachen. z. E. *Allusiones* aus der Historie, Geographie, Mythologie u. d. g. kan man nicht anbringen. Dagegen aber, was die Beschreibung der Natur betrift, da ist die Lettische Sprache wortreich genug. Ich habe hievon eine Probe abgelegt durch eine freye Uebersetzung des bekannten Brockischen Gedichts: Die auf ein starkes Ungewitter erfolgte Stille. Und ich freue mich, daß es bey Kennern Beyfall gefunden. Ich wünsche, daß meine andern wenige Gedichte ein gleiches Glück haben mögen.

§. 222.

Meine gegenwärtige Absicht gehet nicht dahin, eine Anweisung zur Lettischen *Poësie* zu schreiben, sondern nur einige Anmerkungen, (insonderheit zur Vermeidung der fürnehmsten Fehler) herzusetzen.

§. 223.

Weil der *Accent* laut §. 18. durchgehends *in prima syllaba* eines jeden Worts ist, so sind auch die Trochäischen Verse bey den Letten in ihren Bauerliedern am beliebtesten. Ihr *Metrum* nebst dem Lettischen *Genie* wird man leichtlich aus folgenden Exempeln ersehen:

(1) Snuni reij, wrefi nahk, behds meitina kambari,
   Sukka fawus daikus mattus, lec; krohniti galwini.

(2) Ar pukkiti laiwu irru prettim fawu lihgawiņ':
   Lai nahk manna lihgawiņ' fa pukkite feededama.
   (*cf.* §. 220.)

(3) Ak Jahniti Deewa dehliņ', ko tu weddi wefamā?
   Lihgo! Lihgo!
   Meitahm weddu felta krohni, puifcheem zauņu zeppuri.
   Lihgo! Lihgo! (*cf.* §. 217.)

Einige

Einige sind ziemlich scherzhaft, als:

(4) Darbineeki, darbineeki, wilks aychde waggaribt':
Sámettami pa graschami, pirksin jaunu waggaribt'.
(cf. §. 219.)

(5) Saimineeka garra tehwe, manna garra pahtadsu':
Sischas dernas diwi juhdses ka kammohtu nokammohs'.
(cf. §. 219.)

(6) Sakkis mannu tehwu spehre ar pakkalu kahjinu:
Ak es buhtu ganna glahbis, ais smeekliemi ne warreju.

Nur schade, daß einige darunter Zucht und Ehrbarkeit gar zu sehr verletzen. Wider dergleichen böse Art haben treue Lehrer Ursach in Predigten und *Catechisationen* zu warnen.

§. 224.

Einige Bauerlieder continuiren in der angefangenen Materie, so wie es die Phantasie hinter einander eingegeben. Diese werden besonders Singes genannt, und am meisten in den langen Winterabenden beym Spinnen gesungen. Ich will folgendes zur Probe hersetzen, so gut, als ich es habe erhalten können.

Kur tu eesi bahluliu, wakkarā kahjas ahwi?
  Ak mahsina ne waiza, atwedd mannu kummeliu'.
Kur tu jahsi bahluliu, kummelinu atweddis?
  Ak mahsina ne waiza, seglo mannu kummelin.
Kur tu jahsi bahluliu, kummelinu apsealojs?
  Ak es jahschu tahtu zellu, zeema meitas apluhkoht.
Kam tu jahsi bahluliu, zeema meitas apluhkoht?
  Ak mahsina ne waiza, atwerr mannim warra wahrtus.
Nu uskahpu kummeliann: ar Deewinu tehws, mahmina!
  Nu es jahju us zellinu, nu eeraugu saltu birsi.
Nu peejahju saltu birsi, greeschu schautru zillu kauf'.
  Nu aisjahju saltu birsi, nu eeraugu angstu kalnu.
Augstu kalnu pahrjahjis, nu eeraugu masu zeemu,
  Tur ifteff trihs melni suuni: sweeschu schautru seht-
    malli.
                                        Sabihdahk

Sabihbahs zeema sunni: sahk sunnischi lahdinaht.
  Jau pajahju masu zeemu, usjahju us leelu zelku.
Jahju jahju leelu zelku, nu eeraugu leelu zeemu.
  Nu peejahju leelu zeemu, istell man trihs seltenites.
Diwi manni paschu wedde, trescha manni kummelin.
  Ewedd manni istabâ, kummelinnu stallitê.
Pazell mannim seepu galdu, apklahj baltu galdautin:
  Usklahjuschi galdautin, usleek mannim sahl' in mais.
Nu es eeschu luhkotees, to tahs zeema meitas darra:
  Weena wehrpe, ohtra adde, trescha sihdu schkettere.
Dohd man nahmin tu meitinu, kas to sihdu schkettere:
  Ja ne dohsi tu meitinu, es nomirschu behdinâs.
Kur juhs manni apraksset, kad nomirschu behdinâs?
  Raksim rohschu dahrsinâ, appasch rohschu lappinahm.
Tur us auge daikas rohses manna kappa gallinâ,
  Tur tezzeja zeema meitas, swehtku rihtâ puschkotees.

§. 225.

Von Dactylischen Liedern ist mir nur das einzige bekannt:
  Spihguko saulite rahdi to deenin,
  Kas mums jo saldaks kà meddus in peeninsch.

§. 226.

Jambische Lieder trifft man bey den Letten gar nicht an. Indessen lassen sich gar wol Jambische Verse auch im Lettischen machen. Meine aus dem Brockes übersetzte Lettische Gedichte sind eine neue Probe hievon.

§. 227.

Alle einsylbigte Wörter werden in der Lettischen Poësie wie im Deutschen bald lang bald kurz gebraucht, als:
  Deēws Küngs tew slawejam, auch
  Küngs Deēws tew slawejam.

§. 228

§. 228.

Obgleich der Haupt-*Accent* in *prosa* allezeit in *prima syllaba* ist, so kan doch *in ligata* die erste Sylbe kurz werden. Dieses geschiehet in den *Compositis*, deren Vorderwort einsylbig ist. Als:

Wiſſpehzigs in bĕsgulligs Deews.

Einige gehen auf beyderley Art an, als:

Es no Deewa no ūtstāhschū.

Es no grehkeem ūtstāhschū.

Hier muß man in Beurtheilung solcher Wörter ein genaues Gehör anwenden, damit kein Uebelklang entstehe, dadurch der schönste Gedanke verunzieret wird. z. E. pasuddusi geht auf beyderley Art an, pŭsŭd-dŭsi auch pŭsuddŭsi. aber paaugstinaht geht nur auf einerley Art an, pă-aŭgstinaht, nicht aber pāaŭgstinaht.

§. 229.

Die Klage über den Mangel der Reimen ist in so weit gegründet, daß viele hundert Wörter im Lettischen anzutreffen, darauf kein Reim vorhanden, als: kalps, zilweks &c. Es fällt aber diese Klage bey denen weg, die der Sprache mächtig sind und sich der Vortheile zu bedienen wissen, die der Sprache eigen sind. Dahin gehören hauptsächlich in den männlichen oder einsylbigen Reimen die Endungen in den *Declinationen* und *Conjugationen*. z. E. auf u kan sich ein jeder dreysylbigter *Accus. sing.* oder *Gen. plur.* wie auch *prima persona* in den 3 Haupt-*Temporibus Activi* fast in allen *Modis* reimen. Als auf nu oder tu reimt sich swehtibu, jaunumu, wallodu, padohmu, padohdu, padewu, padohschu, padohtu und hundert, ja wol tausend andere Wörter mehr. Also auch aufnams, mekledams, meklejams, pasteidsams, isteizams, noschkirrams &c.

§. 230.

In den weiblichen oder zweysylbigten Reimen aber helfen die Endungen in den *Declinationen* und *Conjugationen* fast nichts. Hiezu dienet aber folgende Tabelle, welche alle mögliche *Consonantes*, damit ein Lettisches Wort sich anfangen kan, in sich enthält:

Vocalis

Vocalis	l (l)	ft
b	m	ftr
bl	n (n)	fw (fw)
br	p	fch
d	pl	fch
dr	pr	fchk
dſ	r (r)	fchl
dw	ſ	fchm
g (g)	ſ	fchn
gl	ſk	fchn
gr	ſkr	t
j	fl	tr
k (k)	fm	tſch
kl	fn	tw
kn	fp	w
kr	fpl	z
kw	fpr	

Hat man nun einen recht schönen Gedanken in einem Vers, den man gern *ipsissimis verbis* beybehalten und nicht gerne fahren lassen wollte, und man kan sich auf keinen guten Reim, dessen *Idee* drauf passen könnte, besinnen, so laufe man diese Tabelle durch, die mir bey dem Anfange meiner Lettischen Poesie, da ich die Hübnerische Gottselige Gedanken in den biblischen Historien in weit kürzern Lettischen Versen übersetzte, grosse Dienste gethan. Ich will an einem Exempel meine Meynung näher zeigen. In der 27 Geschichte von den Fürbildern A. T. war ich in den Gottseligen Gedanken auf die ersten Worte verfallen:

Wezzas derribas pakrehſli
  Senn, gohds Deewam, mittejahs.

Diesen Gedanken wollte ich nicht gern fahren lassen. Ich konnte mich so bald auf einen geschicklichen Reim nicht besinnen. Ich lief die Tabelle durch, und fand nur den einzigen Reim mehſli. Weil ich ihn nun ohne Zwang also anbringen konnte;

Saulei

Saulei nahkoht grehku mehfli
    Ja ismett ar fteigfchanas:

so war es mir lieb, daß ich die erſten Zeilen nicht verwerfen durfte. Und damit die *Idée* der Sonnen nicht dunkel bliebe, machte ich die *Application*:

Jeſu, tu ta kaulite,
Nahz: jo fchkihſta kirds irr fchē.

§. 231.

Es muß aber dieſe Tabelle kein beſtändiges Reitpferd werden, und man wird auch erfahren, daß man oftmals darinnen ſchlechten Troſt findet.

§. 232.

Am ſchönſten iſts, wenn ſich ein Reim von ſelbſten ohne allen Zwang findet, ſo daß es ſcheinet, als hätte er nothwendig *per idearum aſſociationem* einfallen müſſen. z. E.

Ta nahwe nahk no feewas,
No pirmas mahtes Eewas.

§. 233.

Die Hauptregeln der *Poëſie* beſtehen in dieſen drey Stücken:
(1) Ein Vers muß würklich ſchöne und deutliche Gedanken haben, und nutzbare Wahrheiten enthalten.
(2) Die *Phraſes* und *Conſtruction* müſſen rein und fließend ſeyn.
(3) Das *Metrum* und der Reim muß genau inacht genommen werden. z. E.

Kad mann irr ſahls in maiſes
  Mans apgehrbs azzidſan,
Kam buhs man turreht raiſes,
  Man tad irr Deews in gan.

Wer dieſes nicht leiſten kan, ſondern Gedanken, *Conſtruction*, *Metrum* und Reime erzwingen will, ſollte lieber mit ſeiner Arbeit zu Hauſe bleiben. So iſt das Lied in der vorigen *Edition* des Lettischen Gesangbuchs *Num.* 120. p. 103. Tee praweeschi in Deewa wihr' beschaffen. Es mag hier wol recht heissen: Reim dich, oder ich freß dich. Daher ist dieses Lied in der neuen *Edition* weggelassen.

§. 234.

Man kan es einem Poeten leichtlich abmerken, ob er die Reimen ängstlich gesucht, wenn nemlich die Gedanken um der Reime willen und nicht der Reim um der Gedanken willen da stehet; ingleichen, wenn man selber *Phrases* backet und Ausdrücke erzwinget. Witz und Kenntniß der Sprache, nebst Uebung und Erfahrung macht mit der Zeit alles leicht, was Anfängern sauer ankommt. Nachdem ich diese *Grammatic* und das *Lexicon* verfertigt, und also mich in der Sprache sehr bereichert habe, fällt mir die Lettische *Poësie* ziemlich leicht und ganz ohne Zwang. Die Schäfergedichte und Oden können eine Probe seyn, wie nahe ich der Schönheit im Deutschen gekommen.

§. 235.

Noch muß ich der Poetischen Freyheit gedenken. Diese muß kein Deckmantel der Ungeschicklichkeit werden, weil sie heut zu Tage nicht mehr in dem vormaligen Ansehen stehet. Wider die 2 ersten Regeln (die §. 233. angeführt sind) gilt gar keine *licentia poëtica*, weil sie das Wesentliche betreffen. Von der dritten Regel aber, die nur den äussern Schmuck und Verzierung betrift, kan man wol, aber doch sehr sparsam abweichen, wenn kein ander Mittel vorhanden ist, einen Hauptgedanken, daran am meisten gelegen ist, beyzubehalten. Auch denn muß die Abweichung nicht zu hart ins Gehör fallen, sonst verliert der beste Gedanke das Vorzügliche und Liebenswürdige.

§. 236.

Zur *Licentia poëtica*, deren man sich bedienen kan, gehört

(1) ein

§. 236.

Zur *Licentia poëtica*, deren man sich bedienen kan, gehört

(1) ein gelinder *Apostrophus*, als: nahw' anstatt nahwe, dwehsel' anstatt dwehsele oder dwehseli, darbneeks anstatt darbineeks.

(2) Der Zusatz eines Buchstaben beym *concursu consonantium* (*cf.* §. 189. *n.* 4.) als: tschaklis anstatt tschakls.

(3) eine gelinde Verwechselung der *Prosodie*, als: ìlwehkeem anstatt ìlwekeem.

(4) ein ganz gleicher oder unvermerklich abweichender Reim, als: deenina und meesina endet sich beydes auf na, Elisabete und retti, raudsiht und klausiht, behrnu und ehrnu ist für ein Bauersl. recht gut. Ein im übrigen ungezwungener Fluß der Gedanken und Worte verdeckt solche kleine Fehler.

§. 237.

Nun will ich die fürnehmsten unerlaubten Fehler berühren, die man schlechterdings vermeiden muß. Es sind folgende:

(1) wenn das Ohr durch eine falsche ganz übel klingende *Prosodie* verletzt wird. z. E. in dem 347. Liede (nach der vorigen *Edition* des lettischen Gesangbuchs) *p.* 306. Kungs Jesus Krist dohd paligu, *v.* 2. Ki ne grehkojam kahdu brihd'. Der Lette sagt nicht grehkòjam, sondern grehkojàm. Weil aber ein solcher Fehler im Singen fast unvermerklich wird, so hat man diese Stelle in der neuen Auflage unverändert gelassen.

(2) gar zu harte *Apostrophi*, zumal am Ende der Strophen. z. E. in dem Abendliede: Paleez pee mums Kungs Jesus Krist, *v.* 5.

Mehs gribbam zehluschees bes breesm'
Tew dseedaht saldu rihta dseesm'.

Dieses

Dieses habe ich in der neuen *Edition* also geändert:
>Mehs gribbam zehluschees labpraht
>Tew saldu dseesmu nodseedaht.

(3) **die Häufung hartklingender Wörter**, als in dem Paßionsliede *Num.* 99. *pag.* 79. nach der alten *Edition*: Jesus dshwib' mannas sirdis, *v.* 3.
>Tà irr mannas wainas leeta
>Dsijuff' in dohts preeks ar kaudsî.

(4) **Eine gezwungene und verworrene** *Construction*, z. E. in dem jetzt angeführten Paßionsliede taugen die drey ersten Verse nicht viel. Es sind da noch mehrere Fehler zusammen, als: firdis anstatt sirds, pirtis anstatt pirts, was grehku-kahw' heissen soll versteh ich nicht u. s. w. In der neuern *Edition* habe ich das Lied geändert, und fängt sich also an:
>Jesus manna dshwibinna,
>Mannas nahwes pohstitajs.

(5) **Wenn in einer Strophe sich der Verstand der vorigen endet, und in derselben sich ein neuer Verstand anfängt.** Der Bauer richtet sich nach dem *commate* oder Verstand. z. E. in dem kostbaren Osterliede: Jesus dshwo muhschigi heist es in der alten *Edition* p. 106. *v.* 7.
>Sche ar waimanahm apmests
>Esmu, kamehr kappâ welschohs.

Man muß mit Verdruß hören, wenn die Bauren bis am *Commate* im singen hüpfen, und nach dem *Commate* Sylben und Melodey schleppen, dabey den Reim und alle Anmuth aufheben. In der neuen *Edition* ist es von mir also geändert:
>Behdahm esmu seheit apmests,
>Kamehr sawâ kappâ welschohs.

(6) **Districtwörter, die nicht allenthalben gelten** (*cf.* §. 202.) z. E. in dem Paßionsliede *Num.* 100. p. 80. Jesus taisnajs Deewa dehls stund *v.* 9. skansti. Dieses Wort ist nur im Rigischen bekannt. In dessen Stelle habe ich in der neuen Auflage pilli gesetzt, als welches Wort durchs ganze Land bekannt ist.

(7) **Ausdrücke, die zum Mißverständniß Anlaß geben können.** z. E. in dem herrlichen Paßionsliede: Ak taisnajs Jesu waren d. 10. die Worte: Kā man buhs mehrdeht sawu kahru meeku, To darriht leesu. Um allen üblen Auslegungen vorzubeugen, ist es von mir also geändert worden: Kā man buhs walditees, kad kahrums rohdahs In sirdī dohdahs.

(8) **Insonderheit dunkele *Metaphorn* und *Allegorien*.** z. E. in dem Johannisliede: Deews Israel' aprauga Num. 190. p. 158. stehet in der 5. Strophe des ersten Verses: Winsch (sc. Deews) raggu pazehlis. Mein GOtt, was soll der arme einfältige Bauer sich vor Begriffe von GOtt machen, da ihm ohnedem das sinnliche anklebt, und er sich GOtt unter dem Bilde eines alten Mannes mit einem langen weissen Bart vorstellet. Hört er noch dazu, daß GOtt ein Horn haben soll, so bildet seine Phantasie ein völliges *Monstrum* draus, wie etwa der Vizzli pouchtli abgebildet wird. Im 2 Vers wird GOtt zum *Chirurgo* gemacht, da es heist:

Ak Deewin meeksche, saisti,
Schās wahtis to eelaisti,
Tahs struttas pats aptwerr.

d. i. Ach GOtt, erweiche und verbinde die Wunden, geuß dieses Oel darein, und drücke selbst die Eyter aus. Es sey ferne, daß ich einen Spötter abgeben sollte! dieses würde mit meinem *Character* nicht übereinstimmen. Ich überlasse einem jeden Vernünftigen das Urtheil, ob der Bauer im Stande ist, die darin liegende wahre Begriffe zu entwickeln, und wenn man ihn einen ganzen Tag dabey schwitzen liesse, geschweige denn, da die *Ideen* so geschwind im singen vorbey fliegen. Der Bauer bleibt, ohne weiter nachzudenken, bey dem ersten sinnlichen Eindruck. Auch ein Gelehrter findet bey solchen Ausdrücken was zu klauben. Daher dann dieses Lied in der neuen Auflage des Lettischen Gesangbuchs weggelassen worden, weil es durchgehends dunkel gerathen, und ein anderes in dessen Stelle vorhanden ist.

§. 238.

Diese bisher angeführten Fehler sind die Ursachen, warum man manche Veränderungen im neuen Lettischen Gesangbuch vorgenommen, die einige auch mir, weil ich die Arbeit mit unter Händen gehabt, zur Last legen wollen. Doch das thun nur kleine Geister. Wollte GOtt, daß unser deutsches Gesangbuch eine gleiche Musterung paßiren möchte, und doch endlich einmal auch ein eigenes deutsches Curländisches Gesangbuch ans Licht träte, als wozu der in GOtt ruhende Herr *Superintendent* Baumann Hofnung machte. Darf ich einen ohnmaßgeblichen Vorschlag thun, so rathe ich zu dem neuen Lauenburgischen Gesangbuch oder Liedertheologie, welches die allervollkommenste und fürtreflichste Sammlung alter und neuer Lieder nach allen Glaubens- und Lebensartikeln in sich enthält. Ich freue mich herzlich, dieses unschätzbare Kleinod zu besitzen.

Ende der Grammatik.

Ent-

Entwurf
eines
Lettischen
LEXICI,
darinn
alles nach den Stammwörtern
aufzuschlagen,
Nebst
einer Sammlung
Lettischer Sprüchwörter
und einiger Rätzeln.

Vorbericht.

Gegenwärtiges *Lexicon* ist kurz abgefasset, nicht in Ansehung der Stammwörter, als welche ich, so viel mir möglich gewesen, aufgesucht, sondern in Ansehung der meisten *Derivativorum* und *Compositorum*, die man darum weggelassen, weil man sie von selbst verstehen kan, so bald man ihre *Primitiva* weiß, und dabey die gleich folgende Abhandlung von den *Derivativis* und *Compositis* wohl inne hat. Diejenigen *Derivativa* und *Composita* aber, die entweder von der ordentlichen Form abgehen oder die *Idée* ändern, sind keinesweges weggelassen worden. Eben so hat man es mit den *Phrasibus* gehalten. Nemlich, die man von Wort zu Wort deutsch geben und verstehen kan, die suchet man hier vergeblich, die aber vom Deutschen abgehen, sind allhier zu finden. Ich will meine Meinung durch Exempel näher zeigen. Doht stehet im *Lexico* geben. Es verstehet sich also von selbsten, daß dohschana das Gehen, imgleichen atdoht wiedergeben, eedoht eingeben u. s. f. heisse, daher stehen sie in diesem *Lexico* nicht. Weil aber

dewigs

Vorbericht.

dewigs milde heist, und pahrdoht die *Idée* ändert, und nicht übergeben sondern verkaufen heist, so sind sie im *Lexico* zu finden. Heist nun pahrdoht verkaufen, so versteht es sich abermals von selbsten, daß pahrdolchana das Verkaufen oder der Verkauf heist, und folglich nicht hat dürfen beygesetzt werden. Laist heist lassen, folglich läst sich leicht verstehen, daß ahderi oder affinis laist zur Ader oder Blut lassen heist; hingegen allu laist Bier zapfen, pahr galwu laist in den Wind schlagen, nicht achten, gehet vom Deutschen ab und hat im *Lexico* gesetzt werden müssen. Prahts hat viele Bedeutungen (*cf. Gramm. §. 209.*) daher sind unter diesem Wort so viele *Phrases* anzutreffen.

Von

Von den DERIVATIVIS und COMPOSITIS.

§. 1.

Hauptsächlich muß man sich die Art der *Idee* einer jeden Art der *Derivation* und *Composition* bekannt machen, so wird man viele tausend Vocabeln zu lernen ersparen können, indem man sie gleich verstehen kan, so bald man nur ihre *primitiva* weiß. Und weil es etwas schwer fällt, sich den Unterscheid erwehnter *Ideen* genau zu *imprimiren*, so darf man nur von jeder Art die Exempeln wohl behalten, so wird man sich durch die *analogie* gar leicht darein finden können.

§. 2.

Die fürnehmsten *DERIVATIVA* sind:

(1) Die *Diminutiva*, (siehe *Gramm.* §. 39 *sqq.*) Sie werden von allen *Substantivis* gemacht, und verringern die *Idee* des *Primitivi*. z. E. Kundsinsch Herrchen von Kungs Herr.

(2) Die *Substantiva mobilia* in JS (cf. §. 110. n 1.) werden fast von allen *Verbis* gemacht. Sie zeigen Personen an, die das thun, was die *Idee* des *Verbi* in sich enthält. z. E mahzitajs ein Lehrer von mahziht lehren, arrajs ein Pflüger von art pflügen, dewejs ein Geber von doht geben, Deewa bihjatajs ein Gottesfürchtiger von Deewu bihtees GOtt fürchten.

(3) Die *Substantiva mobilia* in *NEEKS* sind dreyerley:

  1) Die von *Substantivis loci* herkommen, zeigen Bewohner desselben Orts an, als: Kursemneeks ein Curländer von Kursemme Curland, Rihdsineeks ein Rigauer von Rihga die Stadt Riga, lauzineeks der in Feldern wohnet, von lauks das Feld. Also auch: mescheneeks ein Buschbauer, kalneneeks der auf einem Berge, lejeneeks der im Thal, uppeneeks der am Bach,

preedeneeks der am Tannenwalde, rohbeschneeks der an der Grenze, juhrmalneeks der am Strande wohnt.

2) Die von andern *Substantivis* herkommen, zeigen Personen von dem Geschäft an, welches das *primitivum* erfordert, als: kurpneeks ein Schuhmacher oder Schuster, von kurpe ein Schuh, bitteneeks der mit Bienen umgehet, von bitte eine Biene.

3) Die von *Verbis* herkommen, zeigen Personen von der Beschaffenheit des *Verbi* an. als: jahtneeks ein Reuter, (dessen Beruf es ist, als ein Schildreuter, ein Cavallerist) zum Unterscheid von jahjejs ein jeder Reutender, von jaht reuten, i. E. tas Kundsinsch gan irr jahjejs, bet ne jahtneeks der junge Herr kan zwar reuten, er ist aber kein Ritter. Nebehdneeks ein Fragnichts von ne behdaht nicht achten, nach nichts fragen.

[Weil neeks sonst ein *Substantivum* ist und ein nichtswürdiges Ding bedeutet, so hat einmal ein Lette von dergleichen Wörtern, die sich auf neeks endigen, folgenden spaßhaften Einfall gehabt: Wiff tāhri neeki pusaulé: semneeks irr neeks, ammatneeks neeks, krohdsineeks neeks, namneeks neeks, muischneeks arridsan neeks: bet basnizkungs ween tas irr ihsti Kungs.]

(4) Die *Substantiva mobilia in ENS* sind zweyerley:
1) Die von Personen *derivirt werden*, sind *patronymica* (*cf. Gramm.* §. 47.) als: brahlens ein Brudersohn, brahlene eine Brudertochter, *plur.* brahleni Brüderkinder von brahlis der Bruder.

2) Wenn sie aber von *Substantivis loci* herkommen, so haben sie gleiche Bedeutung mit den *Substantivis* in neeks, als: Gaujenens ist eben so viel als Gaujeneeks der an der Aa wohnet, von Gauja der Aafluß in Lettland, 3 Meilen von Riga. Also auch Ahbauwens der an der Abau wohnet. (Diese kommen selten vor.)

(5) Die

(5) Die *Substantiva in KLIS* (welche eben nicht so häufig vorkommen) werden gemeiniglich von *Verbis*, bisweilen aber auch von *Nominibus* derivirt und haben *significationem passivam respectu primitivi*. Sie sind zweyerley:

1) Einige sind *mobilia*, als: lutteklis ein Zärtling, der verzärtelt wird, *f.* luttekle von lutteht zärteln, mahzeklis ein Lehrling, Jünger, Schüler, der gelehret oder unterrichtet wird, von mahziht lehren. Hieher gehört auch das *fem.* weddekle eine Schwiegertochter, die ins Gesinde eingeführt wird, von west führen.

2) Andere sind *immobilia*, als: perreklis ein Brütnest, darin ein Vogel seine Jungen brütet, oder darin die Jungen gebrütet werden, von perreht brüten, addeklis ein Knittliß, was man kuttet, von addiht knitten, deeweklis ein Götze, was man zum GOtt macht, von Deews GOtt.

[Folgende gehen von der *significatione passiva* ab: spihdeklis ein Licht, welches scheinet, als Sonne, Mond, ꝛc. von spihdeht scheinen; jauneklis ein Jüngling, der jung ist, von jauns jung.]

(6) Die *Substantiva abstracta in SCHANA* werden von allen *Verbis* gemacht (*cf. Gramm* § 110. n. 1.) und zu deutsch mit das und dem *Infinitivo* gegeben, als: strahdaschana das Arbeiten von strahdaht arbeiten, zeeschana das Leiden von zeest leiden. Also auch mahzischana das Lehren, kristischana das Taufen, die Taufhandlung, laulaschana die *Copulation* oder Trauhandlung, dsihwoschana das Leben, der Wandel.

(7) Die *Substantiva abstracta in IBA* werden von *Verbis* und *Adjectivis* gemacht, und zeigen einen Zustand an. Als: Kristiba die Taufe von kristiht taufen, lauliba die Ehe, der Ehestand, von laulaht ehelich zusammen geben oder copuliren, trauen, dsihwiba das (natürliche) Leben, von dsihws lebendig, lehniba die Gelindigkeit von lehns gelind, baggatiba

der Reichthum von baggats reich, augstiba die Höhe, die Hoheit von augsts hoch, erhaben. Also auch mahziba die Lehre, nicht der *actus*, sondern der Inhalt des Unterrichts.

(8) Die *Substantiva in UMS* sind zweyerley:
   1) Die von *Adjectivis* herkommen, sind *abstracta* und zeigen eine Beschaffenheit an, als: jaukums die Annehmlichkeit, die Anmuth, von jauks angenehm, anmuthig. Also auch saltums die Grühnigkeit, das Grühne, jaunums die Jugend, wezzums das Alter, leelums die Größe, (hingegen leeliba heist Praleren, von leelitees sich pralen.)
   2) Die von *Verbis* herkommen, zeigen ein *Quantum* an, als: weenas deenas gahjums eines Tages Gang, eine Tagereise, von eet gehen, schihts deenas addijums dieses Tages Knittewerk, von addiht knitten, krahjums ein gesammleter Vorrath, von kraht sammlen, truhkums der Mangel, von truhkt mangeln.

(9) Die *Substantiva in EENS* werden von *Verbis* derivirt, und zeigen eine Sache an, die mit dem *Primitivo* allezeit verbunden ist, als: ehdeens eine Eßwaare oder Speise von ehst essen, dsehreens ein Getränk, von dsert trinken, sitteens, kuhleens ein Schlag, von sit, kult schlagen. Dieser Art *Substantivorum* giebt es eben nicht viele.

(10) Die *Adjectiva discretiva in AJS* werden fast von allen schlechten *Adjectivis* gemacht. (*cf. Gramm.* §. 52.) Sie erhöhen den Begrif des *Primitivi*, als: leelajs der Große, von leels groß, augstajs der Höhe, von augsts hoch.

(11) Die *Discretiva in AMAJS* werden von den *Participiis Passivi* in ams gemacht (*cf. Gramm* §. 109. n. 2. not.*) Ihren Gebrauch siehe in der *Syntax* §. 173. Sie kommen aber nicht so häufig vor.

(12) Die *Comparativos in AKS* und *AKAJS* siehe in der *Gramm.* §. 56. 57.

(13) Die

(13) Die *Adjectiva in IGS qualitatem significantia* werden von *Verbis* und *Nominibus* derivirt, als: deewigs göttlich, von Deews GOtt, dewigs milde, der gern giebt, von doht geben. Also auch debbesigs himmlisch, laizigs zeitlich, redsigs sehend, der sehen kan ꝛc.

(14) Die *Adjectiva in AINS* oder *AINSCH copiam significantia* werden von *Substantivis* derivirt, als: kalnains oder kalnainsch bergicht, wo viele Berge sind, von kalns der Berg. Also auch akminains steinicht, dublains kothig, dumbrains sumpficht, sahlains grasicht, seltains goldicht, sudrabains silbericht. (Dseltains gelblicht, deglains brandgelb ꝛc. kommen von *Verbis* her.)

(15) Die *Adjectiva in ISCHKS* oder *ISKS proprietatem significantia* (derer es aber wenige giebt) werden von *Substantivis* derivirt. Als: deewischks oder deewisks göttlich, was GOtt eigen ist, von Deews GOtt. Also auch tehwischks väterlich, brahlischks brüderlich, wihrischks männlich, seewischks weiblich, widdischks der mittelste, sewischks besonders.

(16) Die *Verba in NAHT* werden gemeiniglich von andern *Verbis* derivirt, und ersetzen gröstentheils die *Idée*, die dem *Primitivo* fehlt, als: degt brennen hat *significationem passivam*, z. E. nams degg das Haus brennet. Dedsinaht aber ersetzt *significationem activam*, z. E. sihmi eededsinaht ein Zeichen einbrennen. Also auch migt schlafen, midsinaht einschläfern, tezzeht laufen, tezzinaht machen daß es läuft, d. i. zapfen. Sie werden auch bisweilen von *Adjectivis* derivirt, als: augstinaht hoch machen, erhöhen, erheben, von augsts hoch, daudsinaht ein Getrede machen, unter die Leute bringen, von daudf viel.

(17) Die *Verba in ELEHT*, derer sehr wenige sind, sind *frequentativa*. Als: skraideleht hin und her laufen, von skraidiht herum laufen, tekkeleht hin und her laufen, von tezzeht laufen, jahdeleht jackern, d. i. hin und her reiten, von jaht reiten.

(18) Die

(18) Die *Adverbia in I* werden fast von allen *Adjectivis* gemacht, (*cf. Gramm.* §. 130.) als: jauki annehmlich, von jauks angenehm, tkunstigi künstlich, von tkunstigs.

§. 3.

Von den COMPOSITIS hat man folgendes zu merken:

(1) Die *Substantiva Composita in IS* sind zweyerley:

1) Einige sind *mobilia*. Als: mell-azzis der schwarze Augen hat, *f.* mell-azze. Also auch wikkgribbis ein Habegern, ais-uppis' der über dem Bach wohnt, ween-radsis ein Einhorn, beswallodis ein Sprachloser ꝛc. Hieher gehört auch das *fem.* sikspahrne eine Fledermaus, deren Flügel wie dünne Riemen beschaffen sind, von sikfne ein Riemen und spahrns der Flügel.

2) Andere sind *immobilia*, als: galwgallis was zun Häupten ist, das Hauptstück, kahjgallis was zun Füssen ist, das Fußstück, zellmallis was am Wege ist, juhrmallis was am Strande ist.

[Dergleichen *Substantiva* in is kan man selbst zusammen setzen.]

(2) Die *Adjectiva* und *Substantiva*, die mit BES oder NE zusammen gesetzt werden, haben *vim negandi*, als: bespehzigs, nespehzigs ohnmächtig, unvermögend, bespehziba, nespehziba das Unvermögen, die Ohnmacht, besdeewigs gottloß, besdeewiba Gottlosigkeit, negudrs unklug, unweise, wahnwitzig, negudriba Thorheit, Wahnwitz.

(3) Die *Nomina*, die mit PA zusammen gesetzet sind, sind zweyerley:

1) Wenn sie nicht von einem *Verbo composito* herkommen, so verringern sie die *Idæe*, als: sarkans roth, pasarkans etwas roth oder röthlich, rupsch

rupsch grob, parupsch etwas grob. Tehws der Vater, patchws der Stiefvater ꝛc. (cf. §. 207.) pa-egle ein Wacholderbaum, der einige Aehnlichkeit mit einer Fichte hat, als welche egle heist.

2) Kommen sie aber von einem *Verbo*, das mit *pa componirt* ist, her, so richten sie sich nach der *Idee* des *Verbi compositi*, als: padewigs der sich ergiebt, von padohtees sich ergeben, pasemnigs demüthig, von pasemmotees sich erniedrigen, sich demüthigen, pasemmiba die Demuth.

(4) Die *Verba composita* betreffend, (davon schon etwas §. 129. *Gramm.* gedacht worden) muß man sich vor allen Dingen die Bedeutung der *Praepositionum inseparabilium* wohl bekannt machen, als wodurch *copia Vocabulorum* auf eine sehr leichte Art ungemein erweitert wird. Die *Praepositiones inseparabiles* sind folgende:

ais weg, fort, hin (ver, zu *operiendo*)
ap um (be)
at her, wieder, zurück (auf *aperiendo*)
ee ein, herein, hinein.
is aus, heraus, hinaus.
no davon, weg, fort, hin, (ab, herunter)
pa ein wenig, (er)
pahr über, herüber (von einander)
pee bey, zu, herzu, hinzu, an. (voll)
sa zusammen (zer)
us auf, hinauf, herauf.
zaur durch.

Als: aisdsihe weg- fort- hin- ver- treiben, aisbahst ver- zustopfen, apmest um- be- werfen, atnahke her- wieder- zurück kommen, atwehrt aufmachen, öfnen, ee-eet ein- hereingehen, is-eet aus- herausgehen, nodsiht davon- weg- fort- hin-treiben, nomest herunter- ab-werfen, panihke ein wenig zu nicht gehen, nicht recht fortkommen, pagaidiht etwas warten, padohtees sich ergeben, pahr-eet über- herüber

herüber gehen, pahrſchkelt von einander ſpalten, pee=eet
bey: zu herzu hinzu gehen, peekiſt anſchlagen, peebahſt
vollſtecken, ſanahke zuſammen kommen, ſalauſihe zer=
brechen, uskahpe aufſteigen, zaurlihſt durchkriechen.

[Wo die Bedeutung merklich abgehet, als: doht geben,
pahrdoht verkauſen, like legen, palike bleiben ꝛc. wird
im Lexico ſelbſt gehörig angemerkt werden.]

§. 4.

Zum Schluß des Vorberichts muß ich noch an=
merken, daß, um den Druck zu erſparen, man ſich
oft dieſes Zeichens (;) bedienet hat, deſſen Gebrauch
ich an ein paar Exempeln zeigen will. z. E. Bey
abbi beyde, ſtehet im Lexico ; ejahds. Hier darf man nur
die Stammbuchſtaben abb in Gedanken vorſetzen, ſo heißt
abbejahds. Eben alſo ſteht bey ahbols Apfel, kreewu; Gur=
ke, das iſt, kreewu ahbols eine Gurke.

§. 5.

Endlich habe ich im Lexico noch andere Zeichen ge=
braucht, die ich auch erläutern muß.

E. L. bedeutet Elvers Liber memorialis Letticus oder
Lexicon.
Gram. dieſe meine neue Lettiſche Grammatic.
Obl. der Oberlauziſche Dialect.
Thm. der Tahmiſche Dialect. Von beyden ſiehe meine
Gramm. §. 195. ſqq.
Lit. Litthauiſch.

Was in Klammern [ ] eingeſchloſſen iſt, zeiget an, daß es
entweder zu einem verderbten Dialect gehöret oder ſonſt un=
gewiß iſt, oder nur darum da ſtehet, weil es in Elvers Le=
xico zu finden. In beyden Fällen müſſen ſolche Wörter im
reinen ſtilo entweder vermieden oder doch wenigſtens behut=
ſam gebraucht werden.

A   Ab

Ā ī! ey! hum! à re siehe da!
abbi beyde, ejahds beyderley, ejup auf beyden Seiten.
abra Brodtrog, Backtrog, kaſſa Ausſchrapliß, kaſſis Teigkrätzer, Brodſchrap.
addiht knitten, ſtricken, addata Nadel.
[addini Sommerroggen *Obl.*]
adſchubu, benu mit verwendter Hand.
adſchugarni rücklings.
agrs, a früh, zeitig, otees ſich früh ſpuden.
ahà holla!
ahbols Apfel, kreewu-Gurke (leels, Kürbiß) wahzſemmes Citron, Apfel-Sina ꝛc. abbele Apfelbaum (wilku ein Baum mit ſtinkenden Beeren) [nize Obſtgarten *Obl.*] lites, linni, lu ſahles Klee, abboliňſch heiſt auch der Adamsapfel am Halſe.
ahda Haut, Fell, Leder, par ahdu doht aufs Fell oder Schläge geben, kluhs filts pee ahdas du wirſt derbe Schläge bekommen, ahdminnis Gerber.
ahdere Ader, eht adern, zur Ader laſſen.
ahkis Haacken, eht haacken.
[ahla unſinniger, raſender Menſch, otees ſachten, raſen, ſich als tull ſtellen *E. L.*]
ahlawa jüſte, weete jüſte Kuh.
Ahle Alexandrina.
ahlings Waacke oder Viehtränke im Eiſe.
[ahmuls ſahles Klee *E. L.*]
ahnkis Laßzapfen, Hahnen am Faß.

abpſch-

ahpfcha Dachs.
ahrdiht reffeln, feenu ⸺ Heu wenden.
ahrs *m.* was auſſer dem Wohngebäude iſt, pa ahru drauſſen (in der Luft) kur ahrs ſo nöthigt man die Hunde
  aus der Stube, ahra pulſe die auswendige Seite,
  ahran hinaus, ahrigs äuſſerlich, ahrejs äuſſerſt.
ahrſte Arzt, ⸺ eht curiren.
[ahſenes wehiſch Südoſtwind. E. L.]
ahſis Ziegenbock, ahſchös eet den Böcken nachgehen, wird
  von den Ziegen in der Brunſtzeit geſagt, ahſchi heiſſen
  auch die wie Hörner herfürragende Hölzer auf den
  Strohdächern.
[ahte Steinbutte. E. L.]
ahtrs, a ſchnell, haſtig, flüchtig, ⸺ as dufmas Jähzorn.
ahu! wenn man etwas vor verlohren giebt.
ahwerſte ein Oberſter.
aj ey, iſt auch ein Fragwort, ob?
aidenikku eet einen Paß gehen.
airis Ruder, ⸺ eht rudern.
ais (1) *praep.* hinter, ⸺ pariht nach übermorgen, ⸺ wakkar
  vorgeſtern, ⸺ pehrn vorzu Jahr. (2) In den *Compoſ.*
  weg, fort, hin, ver, zu.
aiſa Riß, Spalte, Borſt, ⸺ aht berſten, Riß bekommen.
aisdars Zugemüſe.
aita Schaaf.
ak! ach! ak mannu fuhru deenin' ach mein Elend!
akka Schöpfbrunnen.
akkots G. ta jede ſcharfe Spitze an einer Aehre.
akls blind.
akmins Stein, ⸺ kalns Felß.
aknis Leber.
[aktinu doht Achtung geben]
alga Lohn, Suld, ween⸺ gleichviel, gleichgültig, ⸺ düs ein
  Taglöhner.
alkſnis, alkſchnis Erlen, ⸺ ites eine Art von Erdſchwämmen
  oder Nietzchens.
alla Höle, Gruft.
allaſch, ⸺ in, ⸺ ihr ſtets, immer.

alloht irren, fehlen (wankelmüthig seyn), tajs mahziba
    Schwärmer, Ketzer.
[allohts Quelle, Sprinkbrunnen. Obl.]
alluhns Alaun.
allus Bier, mukcha Bierigel, Saufaus.
altaris Altar.
alwa Zinn, ap-alwoht verzinnen.
[ambulta Amboß. E. L.]
ammats m. Amt, Beruf, Handwerk, neeks *in sensu malo*
    ein Zauberer.
[amme Obl. amba E. L. Amme.]
an an, annin annin so ruft man die Gänse.
Andrejs Andreas.
Anne Anna.   Ankis Hans.
Antinsch Anton, Antinsch kur stabbulinsch Alberling,
    Tölpel, tummer Jahn.
ap (1) *praep.* um. (2) in den *Compos.* um, be.
ap-auwas *vid.* aut.
apkahre herum, umher.
[apkalla Glahdeiß Obl.]
aplam bliudlings, ohnbedacht, leels sehr ungeheuer groß.
aplik herum, umher.
aplohks ein umzäunter Ort zur Grasung.
apmeslis *vid.* mest.
appakfch unter, â unten, drunten, schejs der unterste,
    neeks Unterthan.
appalsch rund, [la dsihwofchana unehrlich Leben E. L.]
    la treppe Windeltreppe.
appaufchi Halfter.
appinsch Hopfen, kasa Blindhopfen, semmes i Ehren-
    preiß, ein Kraut.
appischi *vid.* piht.   appohgs Käutzlein.
apsa Espe.   apstatni *vid.* stabt.
apteeke Apothek.   Apustuls Apostel.
apwehrte, apwirde Geschwür am Finger unter dem Nagel.
apzirknis Fach im Speicher, Kornkasten.
ar (1) *praep.* mit. (2) *adv. interrog.* ob? (3) *conjunct.*
    auch, arrig ob, arri, arridsan auch.

M 2   ackls

arkls *vid.* art.
[arrohds Fach im Speicher, Kornkasten *Obl.*]
art pflügen, ackern, at, im Pflügen nachholen, was man
 versäumet, arkls *m.* ein Pflug.
[artaws Heller, Pfenning. *Thm.*]
asaids Mittagsmahl.
aschas, enes Schachtelhalm, Scherslitz.
aschki Binsen, Schilf.
aschtschugalli Afterkorn, Aechterlitz.
aschu (aschku) seets Haarensieb.
aschu G. pl. *vid.* afs.   asots *f.* Busen.
afs *f. subst.* (1) Achse am Wagen, (2) ein FadenMaaß,
 aschu malka Faden Holz.
afs, afsa scharf, spitzig (zackig) afmins Schärfe, Schneide,
 Spitze (Zacken am Holz) affinaht schärfen, zuspitzen.
affaka Fischgräte.
affara Trahn, Zähre.
affers Barsch, ein Fisch.
affins Blut, i laist zur Ader lassen (at radsineem
 schröpfen.)
afte Schwanz, Schweif (Anhang *E. L.*) aftits geschwänzt,
 ta swaigsne Comet.
astoni acht, astots der achte.
at *praep. insep.* her, wieder, zurück, (auf.)
at-als Grummet, zum anderumal gewachsenes Graß.
at-augs *vid.* augt.
at-dsihjahs *vid.* dsiht.
atkahru abhängig, rücklings, verkehrt.
atkal wieder, abermal, ja wo aber, es ich hingegen.
[atkihls hurtig, eilfertig. *E. L.*]
atmaeta Brach im Acker, gewesen Ackerfeld.
atpakkal zurück, dahinten (*E. L.* seitwerts.)
atpihlis *f.* e Spätling von Lämmern.
atraitnis Wittiber, *f. e.* ites Stiefmütterchens, fremde
 Sorgen, eine Art kleiner Gartenblumen.
atschagarni rücklings, rückwerts, verkehrt.
atscherbi querwerts.
atsehje *vid.* seet.
atschka Blindon, einäugig.

atschubu,

Auf   Auk   17

atschubu, benn mit verwendter Hand.
atstattu seitab, seitwerts.
atwars eine tiefe Kolke im Waſſer, wo es ſich drehet, Wirbel im Strom.
audeklis *vid.* auſt.
audſinaht, audſis, auglis, augons *vid.* augt.
augſch der obere Theil, was oben iſt, à droben, in der Höhe, aufwerts, am hinauf, empor, am zeltees auferſtehen, up aufwerts, op ſemjup auf und nieder, augſchpehdu rücklings, die Füße in die Höhe.
augſchlejs Gaumen.
augſts hoch, vornehm, inahe erhöhen, erheben.
augt wachſen, tas winnu aisaudſis der hat ihn überwachſen, winſch noaudſis er hat ſeinen Wachsthum gethan, pee-audſis aufgewachſen, mündig, pee-auguſi meita mannbare Tochter.
 augots wachſend, augoſchu deenu den ganzen auslängden Tag.
 at-augs Wiederwachs, ein neu wiederwachſendes Geſträuch, was vorher abgehauen geweſen, puſſ-auge zilweks ein Menſch, der ſeinen halben Wachsthum gethan.
 augums Wachsthum, Gröſſe, Länge, no-a us-u von Art zu Art, von Geſchlecht zu Geſchlecht, à eet ſich ausbreiten, zunehmen, â augt überhand nehmen, in die Höhe wachſen.
 augons Gewächs, Drüſe, Geſchwür.
 auglis Frucht, Gewächs, *plur.* Zuwachs, Einkommen, Verdienſt, Intreſſen, Profit, Nutzen, pirmaji-l Erſtlinge.
augligs fruchtbar, nützlich, a gohws trächtige Kuh.
augioht vermehren, otees ſich mehren, fruchtbar werden.
audſis *ſubſt.* Gehege.
audſeht erziehen, gohws-ejahs die Kuh iſt trächtig.
audſeknis Aufzieglung.
audſinaht erziehen, tees milchig werden, ta gohtina jau ajahs die Kuh eutert ſchon, ſie wird bald milchig werden, tajs Erhalter, Ernehrer, ſirgu-ſchana Stuttereÿ.
auka Sturmwind.
aukla Kinderwärterin, eht behrnu ein Kind warten, und auf den Händen tragen.

M 3   aukl-

auklis Schnur an den Baurpasteln, mehra= Richtschnur.
aukſts kalt.
aulam, leem, lifku im Galopp.
[aulis ein mit Bork überzogener Bienenstock. E. L.]
[aumakam mit Gedränge. E. L.]
aumalam stromweise, piperlings.
[aumanis unsinnig, aberwitzig, rasend. E. L.]
auns Schöps, Bötling, Schaafbock.
ausas Haber, lahtsch (u), Trespe.
ausche m. et f. Haselnut, lustiger Kopf, der nicht recht gescheut ist.
auseklis vid. auſt.
aufs Ohr, aufina Henkel.
auſt weben, stricken, audi, (at=) Einschlag der Weber,
     audekls Leinwand.
auſt tagen, at= ſich wieder erholen, auseklis Morgenstern,
     austrinkſch id. =na wehjsch der Morgenwind, austrums
     Osten.
aut, (ap=) die Füße anziehen, auts ein Tuch, Binde, tin=
     nams= Windel, ap-auwas die Tücher, damit die Füße
     bewunden werden.
[awens ein Bötling. Obl.]
aweschi Hin= oder Madebeeren.
awots Quelle, Sprinkbrunnen, awokſnains sprinkicht, wo
     viel Quellen sind.
aws f. Schaaf, dim. aitina von aita.
azs f. Auge, azzis meſt Knospen gewinnen, =usmeſt an=
     blicken (Maſchen aufwerfen) us-azzis f. pl. Augenbrau=
     nen, [wall-azzis übersichtig E. L.] azzu mirklis vid.
     mirkschkeht.

Bā hum, ja schon, nebi mit nichten.
Babbe Barbara.
baddiht stoßen, stechen, =dulis stößig.
bads m. Hunger, Hungersnoth, baddmirris Verhungerter,
     =a kahfis Nimmersatt.
baggats reich, =a maise das liebe Brod.
bahba alt Weib, puiſchu= ein Mädgen, das zu sehr auf
     die Kerls versürzt iſt, mehklu= die Göttin des Aus=
     ſchrliſſes.

bahderis

bahderis Bader, bahdmodere Hebamme.
bahkes (juhras, gatwas,) Baaken, Zeichen in der See,
wornach sich die Schiffer richten.
bahlinsch, -usinsch, -ulitis ein ganz klein Brüdergen.
bahls, -a bleich, blaß, -eht bleich, blaß werden.
[bahns der Gang, daschubahn manchmal]
bahrda [Obl. bahrkda] Bart, plohstabahrsdis Bruhsbart.
bahrgs, -a streng, bös, hart, -pehrkons schwer Gewitter,
-otees ereisern, wüten, unmenschlich verfahren, -ums,
bahrsiba Grimm, Eifer, hartes Verfahren.
bahrksta Saum am Kleide.
bahrinsch verwäistes Kind,
bahrkschke Bartsch oder Bärenklau, ein wohlschmeckend
Kraut.
bahrstiht vid. behrt.
bahrt keifen, scheiten, -ees sich zanken.
bahst stopfen, stecken, -ees sich aufdringen, einmengen, -us
zittu leetahm Eingrif thun.
bajahrs Litthauischer Edelmann.
baideht (-iht) bange machen, schrecken, drohen, -klis
Schreckbild, -muschu- Fliegenwedel, putnu- Vögel-
schrecker, Grasteufel. -inake recht bange machen.
baigi alle fürchterliche Zeichen am Himmel, z. E. Nordlicht,
baiglis wovor man sich schreckt.
bail bange, man irr- mir grauet, baile Furcht, Angst, is-
Schrecken, -igs furchtsam, feig, blöde, schüchtern,
-otees (-etees) sich schrecken, in Furchten seyn.
bails bange, angst, man irr- mir ist angst und bange.
bakkes Pocken, Blattern, -eht pocken.
bakkuhsis Backhaus.
bakstiht oft, hin und her stossen, sohbus- Zähne stackern,
aufis- Ohren rein machen, -amajs das Instrument
hiezu, (ap- bestecken.)
balberis Barbier.
balkis Balken.   balkfne vid. balfs.
[balla Blankwasser, Morast. Lit.]
balta (balje) Balje, Zuber.
balle ein Ball.   ballinaht vid. balts.
ballodis eine Taube, -oschu mehnefs März.

M 4   balfs

balſs *f.* Stimme, Thon [balkſne *id. E. L.*] atbalſs Wi-
derſchall, Echo.

balſte das Holz am Pfluge, welches der Pflüger in beyden
Händen hält und damit den Pflug regieret.

balſtitees wachſen, wohl fortkommen.

balts weiß, lihdſ ſcho baltu deenu bis auf den heutigen
Tag, ‐as deenas redſeht gute Tage haben, ‐a mahmulite trautes Müttergen, ‐a lihgawinna ſchöne Charmante oder Engelskind, baltoht, ‐eht, ‐inaht weiſſen,
anweiſſen, ballinaht bleichen, weiß färben.

[**balwoht**, ap‐ mit Gelde beſtechen. *E. L.*]

bambals Käfer.

bambaht (‐eht) [bamſaht *E. L.*] klopfen, ſtoßen.

bandas (es) Knechtsſaat, *it.* Nebenverdienſt, auſſerordentlich Profit, ‐ineeks Halbknecht, ‐ineeka ſirgi, kummeli ſchöne Pferde, Fohlens, ‐otees (‐etees)
auf fremd Land ſäen, *it.* ſich etwas durch Nebenverdienſt erwerben.

bankſti, kruſta‐ Kreutzbänder im Sparrwerk.

bante Band, farkana bantite roth Bändgen.

barrawihka eine Art von groſſen braunen Erdſchwämmen.

barroht ſpeiſen, mäſten, fretzen, füttern, ‐iba Speiſe, Koſt,
Futter, Nahrung, ‐oklis Mäſtling, *pl.* Maſtvieh,
‐oſchana Speiſung, Maſt, ‐otajs Ernehrer, ap‐ bo‐
fretzen, pee‐ vollfretzen.

bars *m.* Hauſe, Menge, Rotte. *Gramm.* §. 209.

baſchitees ſich kümmern, beklagen, [*E. L.* zweifeln.]

balniza Kirche, Tempel, (‐iana Capelle) ‐as kungs der
Paſtor, Prediger.

baſs, baſſa barfuß, baſſakahja *m. et f.* Barfüßer.

[**batſchwinkſch** die Blätter der rothen Rüben, die zum Eſſen
zubereitet werden. *Lieb.*]

baudiht ſchmecken, koſten, *it.* prüfen, verſuchen, wagen, ne
ka baudijs noch nüchtern, kas wehl ne neeka baudijis
der noch keinen ſauren Apfel angebiſſen, baud tikkal
to darriht unterſteh es dich nur zu thun, ‐itees bey
der Kräfte erforſchen, pahrbaudiht auf die Probe ſtellen, (‐itees ſich prüfen, ‐itajs akmins Probierſtein.)

baukſch

baukſch ſtellt den Puff oder Schall eines Schlages vor,
   -keht klopfen, daß es puſt.
bauklis [bauſchlis] Gebot, -iba Geſetz.
bebris Biber.
beddiht, ee- einſenken, bedre Grube, Gruft.
beedeht ſchrecken, ängſtigen, bang machen, -eklis Scheuſal,
   Schreckbild, nakts- Nachtgeſpenſt, -inaht Furcht
   einjagen, drohen.
beedris Geſell, Gefährte, -iba Gemeinſchaft, -oht (eht)
   zuſammen geſellen, -inatees ſich zuſammen geſellen.
Beerents Bernhard.
beerize Büttel, Henker.
beefs, -ſa dicht, dick, beeſt, ka- dick werden, gerinnen,
   zaur beeſumeem braukt durch einen verwachſenen Weg
   fahren.
beete rothe Rübe.
beh ſo pflegt man einen zuzurufen, der in Gedanken iſt.
behda Kümmerniß, Sorge, Leid, Ungemach ꝛc. nemm mannu behdu nimm meinethalben, behdu laiks Zeit der
   Noth, -igs bekümmert, beſorgt, -igi kümmerlich.
   behdaht ſich kümmern, ſorgen, ne- nach nichts fragen,
   -tees ſich mit Sorgen plagen, no-- ſich abgrämen,
   nebehdneeks Fragnichts, --iba Unachtſamkeit, ne-
   behdneedſiba Frechheit. E. L. apbehdinaht betrüben,
   kränken.
behgt fliehen, meiden, -glis Läufling, Flüchtling, behdſeklis
   Entloffener. E. L.
behniņſch der Bodenraum über einem Gebäude, it. Stock-
   werk.
behre Todtenbähre, it. eine Trage, pl. Begräbniß, -es
   walloda Leichabdankungsrede, apbehreht begraben.
behrns Kind, no behrna von Jugend auf, nelaika behrns
   unzeitige Geburt, wilka- junger Wolf, pirmi-i die
   erſte Kinder, der erſte Wurf, biſchu-i Bienenſchwarm,
   bittes behrnus laiſch Bienen ſchwärmen, raudawas
   behrni junge wilde Enten ꝛc. -iba Kindheit, Kind-
   ſchaft, pabehrni Stiefkinder.
behrs, a braun.

behrſa

behrse Birke, pa- unechte Birke, behrf-lappas eine Art
　　Erdschwämme, (birse Birkengehäge, *dim.* - see auch
　　- stele.)
behrt streuen, schütten, bahrstiht ausstreuen, verschütten.
Behrtuls Bartholomäus.
behruls lang Brod, d. i. mit Afterkorn gebacken Brod,
　　daß die Hülsen und Spitzen im Halse stecken bleiben.
　　Daher wünscht man in Curland lang Leben und kurz
　　Brod essen. *Obl.*
behst mit Erde beschatten, ap- begraben.
beigt endigen, vollbringen, -dsoht endlich, zuletzt, pabeiga
　　das Ende, die Neige.
bekkenis Becken.　　bekkeris Becker.
[belsens Backenstreich. *E. L.*]
bende Büttel, Henker, - eht bütteln.
benkis Bank.
berst [berseht *E. L.*] reiben, scheuren, rihkus- die Kü-
　　chengeschirre aufwaschen.
[bert, ee- einbrocken. *E. L.*]
bes (1) *praep.* ohne (2) *adv.* auſſer, ausgenommen, (3) an-
　　statt best vieleicht. (4) in *Compos.* hats *vim privandi*,
　　als: besdeewigs gottloß, besdibbens Abgrund, bes-
　　dwehfele Puppe.
　　besch ohne stehet allein, als: woi tu bes sirgu essi bist
　　du ohne Pferd? *Resp.* besch ja, ohne Pferd.
besdeht siesten, besde, -ele *m. et f.* Stänkerer, -eklis ein
　　stinkender Wind, pee- vollfiesten.
besdeliga Schwalbe, -as aztinas Dreyfaltigkeitsblumen.
besmers Schnellwage.　　best vieleicht.
bestije *m. et f.* Bestie, ein Scheltwort.
bet aber, jedoch, allein.
[bihbotes Beyfuß. *E. L.*]
bihdeleht beuteln.　　[bihsitteris Beysitzer. *E. L.*]
[bihte Beute. *E. L.*]
biht fürchten, -ees sich fürchten, bihstetees *id.* Deewabih-
　　jigs gottsfürchtig, gottselig, fromm, pahrbihtees sich
　　erschrecken.
bikkeris Becher, Pokal, Kelch.
[biks sirgs wildes Pferd. *E. L.*]
　　　　　　　　　　　　　　　　　　　　　　bikses

bikkes Unterkleider, Hosen, ains was Beinkleider trägt, bebikkehe der keine an hat.
bikts s. Beichte, eht beichten.
bilde Bild, Gemählde.
bildehr anreden, ar, antworten, ee, anbringen E. L. ais, entschuldigen, verantworten, inabe anreden, mit einem schwatzen, behrnu, mit einem Kinde scherzen oder kakkeln.
Bille Sybilla.
[birde Webergestelle. E. L.]
birkaws Schifpfund.   Birre Brigitta.
birre Pille.   birse vid. bebrse.
birsums ein Stück Feldes, Feldweges.
birt riesen, abfallen, assaras birst Thränen rollen von den Wangen, rinahe abfallen machen, assaras, Thränen verursachen, pabirres das ausgetiesete Korn.
bisa (s e) Haarzopf.
bischkis was weniges, adv. bischkiht.
bischu G. pl. vid. bitts, it. biffe.
biskaps Bischof.
biffe Flinte, bifs sables Schießpulver, bischu kalleys Büchsenschmidt, ratta, Radbüchse.
bissohr schwärmen wie das Vieh in der Hitze.
bitte, Biene, Imme, bischu tehwinsch Bienenkönig, bischukrehflis Reinfarren, ein Kraut, ineeks der Bienenstöcke hält, sc. Bienenwärter.
blahkis Strohplatt.
blahkschkeht ungedörrt Korn dröschen.
blahksns, a flach, gleich und eben.
blahsma, ribtas Morgenröthe. E. L.
[blahweris Hutbinde. E. L.]
blakka Tinte.
blakkam (s u) neben einander, seits bey seits.
blakts s. Wanze, Wandlauß
[blandiht, ees umher schweifen. E. L.]
[blankstiht abschreiten, auf die Seite gehen. E. L.]
blaschke Flasche.
blaut blöcken, mauen, brüllen.
bleekis Bleiche, eht bleichen.

blees

bleest sich bresig machen. *E. L.*
blehdis Schalk, *igs tückisch, *neeks Betrüger, *iba Schalkheit, Tücke.
blehaas (*ni) unnütze Dinge, Possen, Fabelen, *u tizziba Aberglaube, *oht Possen, Gauckeley treiben.
blekke Blech. [blense Backenstreich. *E. L.*]
[blihgsne eine Art Weyden.]
blibneht gluhpen, mit halben Augen sehen. *E. L.*
blihweht, fa*an einander einpacken.
blohda Schüssel.
[bluhdeht irren, herum streifen. *Lit.*]
blukkis Kloß, Block, *ös likt Klötze an die Füße legen, [*u wakkars der Abend vor Weihnachten. *E. L.*]
bluffa (*e) Floh, *u kungis der viel Flöhe hat, Flohsack, *oht flöhen.
bluffenes Musern.
bohde Krambude, *neeks Krämer.
bohjä eet ju nicht*ju Grund*unter*gehen.
bohkstitees wandern, sich herum stossen, wie einer, der keine bleibende Stelle hat.
bohmis Baum oder Stange zum heben oder tragen, usbohmeht das Garn aufs Weberbaum bringen.
bohstaks eine lange Botstange, damit man auf den Grund stoßt.
braddaht waten, *dinfch Wateneh.
brahga Brahge beym Brantewein brennen.
brahkeht brahken, d. i. böse Waaren von den guten scheiden, (tadeln, meistern. *E. L.*)
brahlis Bruder (*cf. Gramm. §. 209.*) brahlens Brudersohn, brahlneeki Geschwisterkinder, *iba Brüderschaft.
brahst abstreifen (Blätter.)
braks zerbrechlich.
brakseh stellet den Schall des Brechens vor, *fehkeht knastern, knacken, krachen, wenn etwas fällt und bricht.
brandwihns Brantewein.
brankuhle Brankhaus.
brasdeht im Fallen poltern, brisdu brasdu über holl über holl, ** eet im Gehen alles über einen Haufen werfen.

brakl*

brafls, a flot, untief, seicht, ˶lis Ueberfahrt oder Ort im
    Strohm, wo man durchwaten kan, und wo die Fahr-
    stelle ist.
braukt fahren, reisen, wehderu braukt oder brauziht den
    Leid abstreichen, ˶aht oft fahren, ˶elcht jackern, bald
    hie bald dahin fahren, ˶schus fahrens, brauzinaht
    oft abstreichen, rohkas usbraukt die Hände aufstrei-
    sen, die Armen von vorne entblössen, lappos no˶Blät-
    ter abstreifen, sirgi fabraukti die Pferde sind abgefahren,
    pahrbraukt überfahren, x. zu Hause kommen.
breedis Elendthier, breeschoht auf die Elendsjagd gehen.
breekma Gefahr, man˶nahk es grauet mich, es eckelt mir,
    ˶igs grausam, ˶igi leels ungeheuer groß, ˶iba Grau-
    samkeit, Gefahr.
breest quellen, d. i. in die Dicke wachsen.
brehkeht gebrechen, mangeln.
brehkt schreyen, ˶kis Schreyhals, ˶kaht oft schreyen, lär-
    men, ˶zinaht zum Schreyen bringen, jörgen.
breikfch stellet den Schall vor, wenn man Sträucher bricht,
    ˶fehkeht brechen, daß es knastert, knacken, knastern.
Brenzis Lorenz, ˶tschös auf Laurentii.
brihdeht veriren, ˶inaht bey der Nase ziehen.
brihds m. Weile, Frist, brihscham bisweilen, (doppelt heist
    es bald˶bald˶) ikbrihschu (am) stets, immer, pa
    brihscheem unterweilen, seho brihd' dismal, to˶da-
    mals, kahdu brihdi dermaleins.
brihnitees (˶otees) sich wundern, ˶nums Wunder, ˶numu
    leels ungemein groß, ˶nischks (˶ischkigs E. L.) wun-
    derbar, act. apbrihnoht bewundern, als ein Meer-
    wunder betrachten.
brihws, a frey, erlaubt, loß und ledig, ˶iba (˶estiba) Frey-
    heit, Erlaubniß, par brihwibu nahkt zum ausseror-
    deutlichen Gehorch kommen.
brihz stellt den Schall einer Maulschelle vor.
brikfch id. quod breikfch.
brisdu brasdu vid. brasdeht.
brist waten, briddens Watenetz. E. L. edskur breen der
    (die) tanzt, als wenn er (sie) durch Koth watete.
brohkasts Frühstück, Morgenbrod.

brugge

brugge Steinpflaster, - oht (- eht) mit Steinen pflastern.
bruhke Gebrauch, Art, Manier, - keht gebrauchen, drah-
 nas- Kleider tragen.
bruhklenes Heidel Sträuch Beeren.
bruhsis *vid.* bruhweht.
bruhte Braut, bruhtgans Bräutigam.
bruhweht brauen, bruhsis (bruiisis) Brauhaus-
bruhze Schramm, Strieme, Narbe.
brukt abgehen, abfallen (wie Farbe) no- abfallen, abressein,
 wie ein Spulgarn, us- anfallen, angreifen, übern
 Hals kommen.
brunnas Rüstung, Waffen, Panzer, Harnisch- dselschu-
 Kiraß, preekschturramas- Schild, - oht bewafnen.
bruzzinaht brühen.
bubbinaht wiehern wie ein Pferd, wenn es Haber siehet.
bubbulis ein Schreckwort der Kinder, wie im Deutschen
 der Knecht Ruprecht.
buddele Butelje.
buddinaht ermuntern, aufwecken.
buhda Hütte, Laube.
buhkeht Kleider bäuchen, - kis Bäuche.
buht seyn *vid. Gramm.* §. 85. (2) haben, §. 114. (3) sollen, müssen, §. 115. winsch buhs teels er wird groß
 seyn, winnam bail buhs ihm wird bange seyn, winnam buhs spehks oder spehka er wird Kraft oder
 Stärke haben, winnam buhs eet er soll gehen, buhs
 tew du wirst (Schläge) bekommen, buhschana Wesen, Daseyn, Stand, Zustand, Beschaffenheit, swehta-
 Heiligkeit (*etc. ad imit.*) es tur faliju trihs gaddus ich
 bin dort drey Jahr auf einer Stelle gewesen.
buhweht bauen, buhmannis Baumann, buhmeisteris Bau-
 meister, eebuhweetis Einwohner.
[bukkis Bock. *Thm.*]
bukstinsch Faustsoß, Faustschlag, -inaht mit der Faust
 stoßen, schlagen.
buldrians Baldrian, ein Kraut.
bullis Boll, bullôs eet den Bollen nachgehen, wird von
 den Kühen in der Brunstzeit gesagt.

bulta

bultas Pfeil, it. Bolze oder Zapfen am Wagen, bultu (bulschu) maks Köcher.
bulwerkis Bollwerk.
bum bum stellt den Schall vor, wenn jemand an der Thür
 anklopfet.
bumberis Birne, wahzsemmes, Citrone.
Bumbist Reformirten. Lit.
bumbulis kleine runde Büchse, sweestu Butterbüchse.
bunga Paucke, Trommel, uttubunga m. et f. Lausangel,
 oht (aht) paucken, trommeln, Getös machen, ak tu deb-
 besu bungatajs ach mein Himmel, ist eine Verwunderung.
bunkeht mürb klopfen.
bunte Päckchen, Bündlein.
burbulis Wasserblase, eht sprudeln.
burde Borte, Halsband, it. Mittelstück in den Bauer-
 kronen.
burkahne gelbe Rübe.
burlaks ein gemeiner Russe, der sich herum treibt, wie die
 Querrnnacher, Strusenzieher rc.
burmeisteris Bürgermeister.
bursgulis Wasser- oder Speichelblase, lehe Blasen machen.
bursiht morachen, d. i. in Händen zernichten.
burt zaubern, hexen, wis Zauberer, weklis Zauberstück,
 Hexenwerk.
burta kohks Burtstock, Kerbholz.
[buschoht, pretti, entgegen murren. E. L.]
butschoht küssen.
buttes Butten, eine Art von Fischen.
[buzza Tonne. Obl.]

[D a praepos. insep. herbey, hinzu. Obl.]
dabba Natur, Eigenschaft, Art, igs natürlich.
[dabbar jetzt. Lit.]
dabbuht bekommen, erlangen, zuwege bringen, dabbun man
 to schaf mir das.
daddassa eine Art Kräuter in den Heuschlägen mit gelber
 Blüte.
dadsis Distel, Klette.
[dagga Dolch. E. L.]

dsglains,

daglains, a sprenklicht, fleckicht.
[dahboli, inni Klee. *Obl.*]
dahleris [dahlderis *Obl.*] Thaler.
dahrgs, a theuer, köstlich, i akminl Edelgesteine, as sahles Spezerey, Gewürz, gums Kostbarkeit, düba
   Theurung, dsinaht vertheuren, natees theuer werden.
dahrs Garten, (pee Tenne *E. L.*) apkahrt mehneši Hof
   um den Mond.
Dahrte Dorothea.
dahwaht widmen, tees sich erbieten, wana Gabe, Geschenk, inaht (anaht) schenken, peedahwa Zugabe.
[daijotees bey sich anstehen, zweifeln. *E. L.*]
dails, a schön, nett, angenehm.
dairetees sich herum treiben schleppen.
dakfcha Heugabel.   dokts *f.* Lichttocht.
dakteris Arzt.   daktinfoh Dachpfanne.
[dalbs Stöpstange, damit die Fische getrieben werden. *E. L.*]
dalla Theil, Antheil, Portion, dalliht theilen, iba Antheil
   nodalla was abgetheilt ist, *it.* ein Capitel.
dambis Damm, eht Damm machen, werfen.
[danga Winkel. *Thm.*]
danzoht (aht, *E. L.* eht) tanzen, zis Tanz, zinaht
   zum Tanzen aufnehmen.
darbs Arbeit, Werk, Geschäft, That, *it.* Fleiß, Mühe,
   schkelmja Schelmerey, darbs darba gallā stete Mühe, warras Frevel, Gewaltthätigkeit, ineeks Arbeiter, der ordentlichen Wochen-Gehorch thut, darbotees
   sich bearbeiten und bemühen, sich womit beschäftigen,
   womit zu schaffen haben, sich bestersigen, besdarbis
   Müßiggänger.
darriht thun, verrichten, machen, pahri unrecht thun,
   übervortheilen, pakkal nachahmen, ischana Thun,
   Handthierung, ijums Machwerk, inaht oft thun,
   formen, kuilus Schweine schneiden, (labbdarris Se-
   gensprecher, Zauberer,) darreklis eine Handarbeit
   z. E Knittliß.
darwa Theer, lai sallas darwas ehd laß er kleine Steine fressen.
dafch mancher, daschahds mancherley, unterschiedlich,
   daschdeen was gemeiniglich geschicht.

daudſ

daudſ viel, ‗ ināht ein Gerede machen, ausbringen, aus=
sprengen, ta daudſina ſo ſagen die Leute.
Daugawa Dünaſtrom, ‗gulis, ‗gaweetis der an der Düna
wohnet.
dauſt, ‗ſiht ſchlagen, zerſchlagen, ‗ tees herum ſchweifen,
lärmen, ‗ſigs ſchlägeriſch, (pee ‗ anſtößig) nagga
dauſis Bauerarzt.
debbes Himmel, ‗ſis. (pa ‗) Wolke, ‗ſtinkſch Wölklein;
wiſſas deenas laiſtijums ne makſa weenu debbeſi ein
Schaur Regen thut mehr, als wenn man den ganzen
Tag begießt, tahs debbes padebbeſis Waſſerſchlauch
oder Hoſe, debbeſigs (E. L. debbeſchkigs) himmliſch.
[dedderes unechte Leinſaat, das zwiſchen dem echten wächſt.]
dedſinaht vid. degt.
deedeleht betteln, faullenzen, ‗ neeks Bettler, unverſchäm=
ter Faullenzer.
deegs m. Zwirn, ne deega gallu aiskahrt nichts anrühren,
deegt, ee ‗ einfädnen.
deegſts vid. dihgt.   deem ſchehl vid. Deews.
deena Tag, ſchim deenahm dieſer Tage, mit nächſten, neu=
lich, deenu deenās von Tag zu Tage, no wezzahm
deenahm vorlängſt, no maſahm, von Jugend auf,
ak mannu ſuhru deenin' ach mein Elend! jo deenas
jo wairak je länger je mehr, (augſtā deenā hoch am
Tage, E. L.) voliktā deenā Termin, deenas ſaglis
Tagdieb, Faullenzer, lab deen doht grüſſen, ar labbu
deenu doht Adje geben, Abſchied nehmen, ſwehdeena
Sonntag, pirmdeena Montag, ohtrdeena Dien=
ſtag ꝛc. leel, Oſtern, deeniſchks täglich.
deeneht dienen, it. nützen, taugen.
deer tanzen, hüpfen, frolocken.
Deews GOtt, ak Deewin Deewin ach mein Gottgen, dehl
Deewa beyleibe, um Gottes willen, deewam ſchehl
contr. deem ſchehl leider Gottes, deews gan zur Gnü=
ge; ar Deewu Adje, (‗, ſazziht Abſchied nehmen)
Deewa tizzigs fromm, ‗igs, ‗iſchks göttlich, (E. L.
‗iſchkigs) ‗iba Gottheit, ‗eklis Götze, ‗atees ſchwö=
ren, bes deewigs gottlos, deewa kohziņſch Haber=
raute,

N

raute, ·wehrſinſch Holzbock, eine Art Ungeziefer ſchwarzer Farbe.

deeweris Mannsbruder, ·rens deſſen Sohn.

degguns (·ons) Naſe, Schnabel, Rüſſel.

degguts *vid.* degt.   deglains *vid.* degt.

degt brennen, in Brand ſtehen, dedſin· heftig brennen, ·ggots glühend, brennend, ·gguts eine Art Theer, welches von Birkenrinde gebrennt wird, ·ggums Brandmahl, ·lis f. e ein Menſch, der ſeine Kleider bebrannt hat, ·lains feuerfarbig, brandgelb, nodeglis Löſchbrand.

dedſinaht brennen, in Brand ſtecken, anzünden, dedſinis Schwefel *E. L.* ·dedſeklis Brenn· oder Zeicheiſen, Brandmahl, ·inatais Mordbrenner, ·ſchana das Sengen und Brennen.

dehkla eine Göttin bey den alten heidniſchen Letten, welche die neugebohrne Kindlein eingewiegt und gewartet. cf. *Einhorn. hiſt. Lettica.*

dehl *praep. poſtpoſ.* wegen, halben, um willen, kadehl weswegen, tadehl deswegen.

dehle Blutigel, (*it.* eine Düle *E. L.*)

dehlis ein ganzes langes Brett, apdehleht mit Brettern verdillen.

dehls Sohn, dehla· Großſohn, pa· Stiefſohn.

dehſtiht pflanzen, verſetzen, dehſts, ee· Pflanze, eedehſtijams ſarrinſch Pfropfreislein.

deht Eyer legen, drawas· Bienenſtöcke aushauen, padehkls ein Ey, welches man unter einer Henne legt, damit ſie bey demſelben das andere deſto eher legen möge, ne ſinnaht kur dehtees nicht wiſſen wo ſich zu laſſen oder wo aus noch ein.

dehweht nennen, benennen.

dekkis Decke.

dekſns moraſtig unbrauchbar Land.

deldeht tilgen, ausrotten.

della, delna flache Hand, das Inwendige der Hand.

[delwereht herum ſchwärmen, ·ris Nachtſchwärmer. *E. L.*]

denninne die Schläfe.

derreht (1) nutzen, taugen, dienen, (2) wetten, (3) dingen, ·ts gans Miethling, ·igs tauglich, nützlich, peederreht derrcht (1) zugehören, (2) sich schicken, geziemen, gebühren, (3) betreffen, fa, (1) (sich) vergleichen, vertragen, sich zusammen schicken, (2) verwetten, (3) verdingen, peederrigs zugehörig, geziemend, fa, verträglich, it. was sich zusammen schickt, derretajs der da wettet, dinget, sehana das Wetten, Verdingen, it. Verlöbniß. E. L. derriba Bündniß, Verlobung, (wezza in jauna: das A. und N. Testament, pee, Bequemlichkeit, E. L.) , inaht einen zum wetten bringen, verdingen, (fa, den Hader stillen.)

desmit (ts) zehen, padesmit *contracte* pazmit was über zehen ist, als: ween, eilse, diw, zwölfe ec.

dessa Wurst.   deweis, dewigs vid. doht.

dewini neun, dewits, ta dd. neunte.

dibbins (,ens) Boden, Grund, it. was der Oefnung gegenüber ist, als: istabas, die Stubenwand, die der Thür gegen über ist, bes. Abgrund, it. grundlose, unergründliche Tiefe im Morast, isdibbinaht ergründen.

dihdiht tresiren, lahtschus, Bären tanzen lehren.

dihgt keimen, kühnen, dihgls, deegts m. Keim, Kühnliß.

dihkis Teich.

dihks, a müßig, [dihzineeks ein Arbeiter, der zum ausserordentlichen Gehorch kommt. Obl.]

dihraht Haut, Fell abziehen, it. schinden.

dihstele Deichsel.

dihwains, a wunderlich, , bar, , a leeta ein Meerwunder.

dikkis Dütchen oder 2 Ferdingstück.

dikti brav.   dille Dillenkraut.

dilt verschleissen, verquinen, drahtas dilst muggurs die Kleider vertragen sich oder werden alt auf dem Leibe, mehnes dilst des Mondes Licht nimmt ab, dellofchâ mehnest im abnehmenden Mond, dellama sehrga Schwindsucht, dillinaht verbrauchen, stumpf machen, no, sa, dillis stumpf.

dimdeht klingern, (E. L. wenn die Erde drehnt vom Laufen der Menschen oder Pferde.)

dingeht dingen, , tees mit sich lange dingen lassen.

[dinkis Ding, Sache.]

dirschli Trespe.

dirst scheissen, dirſche *m. et f.* Scheiſſer ⸗in, ſtahwu⸗
der im ſtehen ſcheiſt, gattawa⸗ ein Menſch, der auſs
fertige ſiehet, iſt ein Lettiſches Schimpfwort wider die
Faullenzer, dirſa der Hintern oder Podex.
[dirwans neu geriſſen Land. *Lit.*]
diſch, ſcha groß, ſchön groß, ⸗atees (⸗otees) ſich brüſten,
⸗rühmen, groß austhun, ⸗ans hübſch, fein, brav,
(⸗kohks fein gerader Baum.)
[diſt ruhen.]
diwi zwey, ⸗ejahds zweyerley, ⸗teek zweymal mehr, noch
einmal ſo viel, diwprahtigs wankelmüthig, ungewiß,
unentſchloſſen.
dohbe Grube, *it.* Gartenbett, ⸗ains grubicht, ⸗ens, ⸗ums
Höle (im Auge, in der Hand) ⸗eht, is⸗ (oht) aushö⸗
len, auslöchern, ausgraben, dubt, ee⸗ einfallen (wie in
einer Grube, eedubbuſchas azzis eingefallene Augen.
dohlis *f. e* ein Stück Hornvieh ohne Hörner.
dohma Gedanke, *it.* Meynung, Wahn, ⸗aht denken, mey⸗
nen, man ⸗aht mich daucht (vermuthlich) us ko⸗ auf
etwas ſinnen, tichten, apdohma Bedacht, Andacht,
(⸗ms Fürſichtigkeit, ⸗igs bedächtig, fürſichtig, ⸗aht
bedenken, erwegen, betrachten,) eedohmatees ſich in den
Sinn kommen laſſen, isdohmaht erdenken, auſſinnen,
erdichten, no⸗ beſchlieſſen, pa⸗ fürſetzen, fürnehmen,
padohms Rath, Anſchlag, *it.* Vorrath, Haab und Gut,
pahrdohmaht überlegen, ſa⸗ ſich entſchlieſſen.
[dohris Thüre. *Thm.*]
doht geben, (verleihen, beſcheren) (⸗tees ſich geben, ſich be⸗
geben, ⸗us ko ſich einer Sache ergeben, ſich auf etwas
legen, ſich zu etwas lenken,) pateizibu ⸗pateikſchanu doht
ſich bedanken, kas dohs wer giebt *pro* keinesweges,
(dewejs Geber, ⸗igs milde, ⸗ums Gabe) aisdoht aus⸗
leihen, (⸗ees ſich wohin begeben) at⸗ wieder⸗ zurück⸗
geben, ee⸗ eingeben, (eedaſcha Eingebung, Trieb)
is⸗ ausgeben, (⸗tees von ſtatten gehen, gelingen, ge⸗
beihen, ⸗dams feil, ju Kauf, ne⸗⸗ ungerathen, *E. L.*
isdewigs laiks Gelegenheit) no⸗ hin⸗ über⸗ geben, an⸗
heimſtellen, darreichen, (ar wiltu⸗ verrathen) pa⸗ rei⸗
chen, hergeben (⸗tees ſich ergeben) pahr⸗ verkauſen,
pee

pee ‚ zugeben, zulegen, *it.* vergeben, verzeihen, ka ‚ zusammen geben, us ‚ Zugabe, Aufgeld geben.
drabbini Träber.
draggaht zerstuckern.
drahna Tuch, Zeug, Gewand, *pl.* Kleider, ‚ u seewa Wäscherweib, tai seewai irr us drahnahm das Weib hat ihre Zeit oder monatliche Reinigung.
drahst beschaben, glätten, hobeln, ‚ schamajs das Instrument hiezu.
drankis (1) Brage, *pl.* zusammen gespült Wasser, (2) Schlagge d. i. halb Schnee, halb Regen, (3) Freßbauch, der alles durch einander frißt und sich mästet, drankeballa Freßsack, *it.* ein Dickert, der zu aller Arbeit ungeschickt ist wie ein Klotz.
draschkis (*f.* e auch a) Reißspleiß, ‚ eht die Kleider reissen, daß die Flicken herbey hangen, driska dratku eet zerrissen zersplissen einhergehen.
draudeht drohen, ‚ eklis etwas so zum Drohen gebraucht wird.
draudse *vid.* draugs.
draugs Freund, (*f.* ‚ dsene) (‚ dse Gemeine, Versammlung, engelu ‚ Engelschaar, ‚ iba Gemeinschaft, Gesellschaft, ‚ ineeks Freund, ‚ eht, ‚ etees sich gesellen, Umgang haben, ka ‚ ‚ vereinigen, versammlen, eedraudsetees sich in Freundschaft begeben, sadraudsinaht vereinigen, versammlen.)
drawa Bienenstock. *E. L.*
drebbeht zittern, beben, [‚ inaht *id. E. L.*]
drehbe Gewand, Tracht, Zeug, *pl.* Kleider.
drehgns, a feucht.
dreijeht (‚ aht) drechseln, dreimannis Drechsler.
driggants Hengst, *it.* ein verliebter Narr, der sich nicht hemmen kan.
driggenes Bilsenkraut.
drihksteht dürfen, sich unterstehen, ‚ tees sich erkühnen, wagen.
drihs *adv.* geschwind, bald, jo ‚ aufs schleunigste.
drikkeht drucken, pressen (wie ein Buch) ‚ eris Drucker.
[drikki Grücken, Buchweitzen. *Obl.*]

driska

drifku drafku *vid.* drafchkis.

drohfch, fcha ſicher, frey, getroſt, dreiſt ꝛc. ,iba Sicherheit, Herzhaftigkeit, ,ums freyer Muth, Kühnheit, eedrohfchinaht beherzt machen, einen Muth zuſprechen, (,tees ſich unterwinden, das Herz nehmen.)

[drohſteleht ſchnitzeln, mit dem Meſſer ſchaben. *E. L.*]

drudſis (1) Fieber, (2) fliegende Motte oder Matte, die gern ums Licht flattert und ſich verbrennt.

[druhſma Schaar. *E. L.*]

[drummis Bauchfluß. *E. L.*]

drupt zertrümmern, bey Stücken abfallen, druppis Trümmer, ,u ,ôs in tauſend Trümmern, ,ans brock, brockigt, ,enes Krömer, Brocken, [,utin ein klein wenig, ein Krömchen, *Obl.*] ,inaht krömern, brocken.

drufka Krom, ,zin ein wenig, ,ku ,kahm in tauſend Trümmern.

druwe (,a) Ackerland, Ackerfeld.

druzka quablichter Menſch, der, die dick, rund und fett iſt.

dſchaugt, ap, vergnügt, frölich machen, , tees ſich an etwas beluſtigen, (ap, bis zur Gnüge,)

dſchahweht, dſchaut, dſchuht *id. qd.* ſchahweht, ſchaut, ſchuht.

dſeedaht ſingen, gailis dſeed der Hahn krähet, ,atajs Sänger, Vorſänger, dſeeſma Lied, Geſang, Pſalm.

dſeedeht heilen, curiren, ,inaht helfen, geſund machen.

[dſeedris Querbalken. *E. L.*]

[dſeeſna, wakkara, Abendröthe. *E. L.*]

dſeggulains, a gezinkt.

dſegguſe Kuckuck, badda, Widhopf.

dſehrt *id. qd.* dſert.

dſehrwe Kranich, ,enes Kransbeeren.

dſehſt *id. qd.* dſeſt. dſellons *vid.* dſelt.

dſelſe Eiſen, ,es krekls Harniſch.

dſelt brennen, wie Neſſeln, oder wie wenn einen eine Biene oder Schlange ſticht, ,llons Stachel einer Biene oder Schlange) (ohdſchu, Otterngift.)

dſelteht gelb werden, ,tang (,ens) gelb, ,ums, ,enums das Gelbe, ee,pa,dſektens ſahl, gelblich.

dſemdeht *vid.* dſimt.

dſennaukſls ein Strick am Kummet.
dſennahe vid. dſiht.
dſennis bunter Specht oder Holzhacker, zuhku dſennihts eine Art kleiner Raubvögel.
dſerrokſlis Backenzahn.
dſert trinken, ſaufen, zechen, tabakku Toback rauchen, ſchmauchen, dſchreens Getränk, dſerres, iſchi [Obl. dſirres] dünn Bier der Bauren, dſihre Schmauß, Gelack, Gaſterey, dſirrulis verſoffener Sauſaus, dſirdiht, inaht tränken, apdſirras ſahles (ſakne) Goldwurzel, E. L. welches denen, die betränkt ſind, zum Brechen eingegeben wird, atdſertees ſich den Durſt löſchen, padſert ein wenig trinken, padſirras gullehr den geſtrigen Rauſch ausſchlafen, peedſertees ſich vollſaufen, peedſirdiht berauſchen, volltränken.
[dſeſe Storch E. L.]
[dſeſna, rihta Morgenröthe. E. L.]
dſeſt löſchen, acl. ap is das Feuer dämpfen, auslöſchen, ar abkühlen, dſeſtrs kühl, ſtrums kühle Luft, (deenas die Abendzeit, da der Tag kühle wird.)
dſihjas (es) Garn, it. die Fäden.
dſihpores gefärbt wollen Garn.
dſihre vid. dſert.
dſihkla (dſihgkla) Sehnader, lains ſehnicht.
dſiht treiben, jagen, pehdas ſpüren, ar wadſi keilen, bahrdu no barbiren, dſihtees ſich treiben, beſtreben, ſich befleißigen, trachten, (dſennamajs naſis Scheermeſſer, rittens Schubkarn,) dſinnejs, dſennejs Treiber, mauku Hurenjäger, dſennaht ſehr treiben, jagen, [dſihdinaht verfolgen. E. L.]
dſiht heilen, heil werden, jahe heil machen, atdſihtees zu ſich ſelbſt kommen, ſich recolligiren, wiņſch atdſihjahs er erholt, ermuntert ſich wieder.
dſihws, a lebendig, zittur dſihwôs eet ſich anderwerts wohnhaft niederlaſſen, e Lebensart, tahs trihs dſihwes kahrtas die drey Hauptſtände oder Orden, iba das natürliche Leben.
dſihwoht leben, wohnen, otajs Lebender, (tas ne buhs der wird wol von dieſem Lager nicht mehr aufkommen.

men,) ҂ oklis Wohnung, ҂ofchana Leben, Wandel, ҂u eetaifiht seine Haushaltung einrichten, ap҂ bewohnen, at҂ wieder aufleben, wieder zu sich selbst kommen, ee҂ einwohnen, is҂ ausleben, auswohnen, no҂ ableben, (darbu҂ Arbeit vollbringen) pahr҂ überleben, pee҂erleben, bey einem andern wohnen, Ablager haben, us҂ abarbeiten.

dsijas *id. qd.* dsihjas.

dsilna gelber Specht.

dsilkch, Ha tief.

dsimt gebohren werden, dsimmis gebohren, dsimts erblich, ҂ta (e) Geburt, Stand, ҂tene Geburtsort, ҂mums Geschlecht, Nachkommenschaft, Art, ohdschu҂ Osterngezücht und Brut, ҂schana Geburt (eines Kindes) ar kleppu apdsimmis dem der Husten angebohren, angeerbt, at҂ wiedergebohren werden, ee ҂ angebohren werden, *it.* empfangen werden ꝛc. dsemdeht, ҂inaht gebähren, zeugen, (*ir.* Jungen hecken.)

dsintele *id. qd.* sintele.   dsinters *id. qd.* sihters.

dsirdeht hören, ҂igs der da hören kan, ee҂ vom Hörsagen etwas haben, is҂ aushören, vernehmen, in Erfahrung bringen, no҂ abhorchen, sa҂ erfahren.

dsirdiht, ҂inaht *vid.* dsert.

[dsirkles *id. qd.* sirkles. *Obl.*]

dsirkste fliegende Gicht in den Händen.

dsirkstele Funken.

dsirna Handmühle, ҂awa Quirne, azzu dsirnums Augapfel.

dsirneklis [*E. L.* dsirneklis] *id. qd.* sirneklis.

dsirres *vid.* dsert.

dsirtees Vorhabens oder Willens seyn und sich dessen verlauten lassen, dsihrahs nahkt er gedachte zu kommen.

dsist von sich selbst verlöschen, erkalten, ҂ssinaht kalt machen, (҂tees sich kühlen.)

dubbults, ta doppelt, zweyfach.

dublis *pl.* li Schlamm, Koth, Mott, ҂ains kothigt.

dubt *vid.* dohbs.

duhde Flöte, ҂u puhklis Dudelsack, ҂oht (҂eht) auf einer Flöte blasen.

duhkans dunkelfarbig.

duhkt

duhkt brausen, summen, pehrkons duhz es donnert, du-
 zinaht brausen, donnern, zeklis womit man ein Ge-
 töse macht.
duhmi Rauch, Schmauch, Dunst, Dampf, u saglis
 Hausdieb.
duhnas Pflaumfedern.
duhni Schlam, u needras Schilf, Rohr.
duhre Faust, duhraini (zimdi) Fäustlinge, Fausthandschuhe
 ohne Fingern.
duhscha Muth, Herz, Seele.
[duhsma Gethön. E. L.]
dukkureht, fa: zerklopfen, zerstückern, zerschüttern.
dukkurs m. Fischreuse, d. i. Netz wie ein Beutel mit einer
 Stange.
dukstinsch id. qd. bukstinsch.
dukt, fa: abgemattet seyn.
dulkis das staubichte und stömichte Wesen im Wasser,
 Wein ꝛc.
dulli Tollen, d. i. die am Bauerwagen ꝛc. an einem Boot
 oder Kahn herfürragende Hölzer.
dumbrs, a feucht, marastig, is Quebbe, Morast.
dummikis tummer Laff.
dumpis (1) Rohrdommel, (2) Aufruhr, öffentlicher Lärm,
 igs aufrührerisch, neeks Aufwiegler.
[dumsch, neja (1) tumm, einfältig, (2) dunkel, schwarz.]
[duj zwey. Thm.]
dunduris Horniß, Wespe.
dunksch stellet den Schall eines Faustschlages vor, kis
 Faustschlag, eht, fa: mit Fäusten zerschlagen.
Dunsku semme Dännemark, kis Däne.
[durns doll, dwatsch. Lit.]
durris (durwis) Thüre.
durt stechen, stossen, (zittam eeksch azzim durtees einem
 unter die Augen treten, E. L. zittu azzis, andern ein
 Stachel im Auge seyn, E. L.) duhreens Stich, Stoß,
 atdurtees sich im Rennen abstossen, ir. stumpf vom
 stossen werden, nodurt erstechen, azzis Augen niederschlagen, peedurtees stulpern und sich stossen, (irren, fehlen,
 pee zitta, sich an einen reiben, einen anfahren, E. L.)
 dusma

dufma Zorn, ›igs zornig, der wenig vertragen kan, ›iba
 Zorn, Eifer, Wuth, ›oht zürnen, eifern, böfe feyn,
 wüten, ee› erbittern, in Zorn fetzen, ›ees fich ärgern,
 ereifern, entrüften.
duffeht ruhen, raften, ›inaht fich erholen laffen, ›eduffeht
 fich erholen, firgus paduffinaht die Pferde verfchnau-
 fen, verfchieffen laffen.
[duttfchu gib her. Ift ein Kinderwort.]
duzzinaht vid. duhkt.
dwafcha Othem, Hauch, Dampf, Dunft.
dweelis (›e) Handtuch.
[dwehrgis Zwerg. E. L.]
dwehfele Seele, bes› Puppe.
dwihnis Zwilling.

E, i, ey, é kur fieh dort (iftd.) Edde Hedwig.
edf fiehe ift ein Kinderwort.
ee *praep. infep.* ein, herein, hinein.
eebuhweetis vid. buhweht.
eedubt vid. dohbs. eegarram vid. garr.
eekam ehe und bevor, bis.
eekfch in, innerhalb, ›Deewu tizzeht an GOtt glauben,
 ›a das Inwendige, no› von innen, pl. ›as Eingeweide, Kaldaunen, ›an hinein, herein, no ›eekfchenes von
 innen, ›kigs innerlich.
eela Gaffe, Straße.
eeleija vid. leija.
eelohki Ausfteuer, Brautfchatz.
eemauts vid. maut. eemefls vid. mefls.
eenaids vid. naidiht. eenahfis vid. nahfis.
eerafcha vid. raft.
eerkas Riemen, damit die Näte der Bauerpelzen befetzt
 werden.
eerobzis vid. rohka.
eefals m. Malz, ›nize Malzrige, ›Darre.
eefchnawas Flomen, Flomenfett.
eefkaht den Kopf laufen.
eefms m. Bratfpieß. eefnas Schnupfen.

eet

eet gehen, lai eet kā eedams es mag gehen wie es wolle, kā tew eetahs wie geht es dir, eim', eima, eimam laßt uns gehen, (tas irr gahjis der ist fort, das ist hin) gahjejs der da gehet, (zella, Wandersmann, Pilgrim,) weenas deenas gahjums eines Tages Gang, eine Tagreise, ais-eet tahlu zellu weit wegziehen, (likstā, in Gefahr umkommen, saule, die Sonne geht unter,) ap-eet herum gehen, (, tees sich belaufen, trächtig werden,) isgahjuschu neddelu vergangene Woche, pahr-eet übergehen, wieder kommen, vergehen, pee-eijama weeta Ansurt, sa-eet zusammen kommen, an einander gerathen, (peens, Milch gerinnet,) us-eet aufgehen, (tas winnam ti us-eet das kommt ihm so an, er bekommt Schrullen, lahzi, auf einen Bären stoßen, einen, begegnen, antreffen, kahriba, die Lust kommt ihm an, slimmiba, Krankheit stößt zu, bailes, Furcht kommt ihm an.)

eetala Manns Bruders Weib, *pl.* Weiber, deren Männer leibliche Brüder sind.

Eewa Eva.   eewa Faulbaum.

egle Fichte, Grehnenbaum, pa-Wacholderbaum, Kaddick, eglonis Fichtengehäge, *E. L.* eglite ein hochzeitlich Klapperhölzgen.

ehka Gebäude, Wohnhaus, Zimmer, arraja ehzina Bauer-Hütte.

ehna Schatten, pa-ehna (pawehnis) ein schattigter Ort, *it.* Schirm vor der Lust oder Sonne, ap-ehnoht überschatten.

ehrberge Herberge oder Nebengebäude.

ehrgele Orgel, -neeks Organist.

ehrglis Adler, sarkan-dseltanajs, Falke, eine Art von großen Habichten.

ehrkschkis Dorn, (pa-Hagedorn) -inaht mit Dornen zerritzen, (zerbeissen. *E. L.*)

ehrkulis ein Stock, woran die Mädgens in der Hütung spinnen.

Ehrmanis Herman.

ehrms *m.* Abentheuer, Wunderding, Mißgeburt, *pl.* Gaukeley, -igs (-ahds) abentheurlich, wunderlich, monströse,

ströse, ohe gauckeln, tees Gauckeley treiben, sich närrisch und wunderlich stellen.
ehrselis Hengst.   [ehrts Kameel. E. L.]
ehsalis Esel, sirgs Maulesel.
ehst essen, ees sich selbst nagen und fressen, ehstes sewim darriht. id. (ehde Mahl, scorbutischer Ausschlag, ehdeis Esser, Fresser, it. fressende Krankheit, als: Krebs, Haarwurm ꝛc. lauschus Tyrann, eens Speise, wakkars Abendmal, ams eßbar, Futter, Proviant, eligs fräßig, der wohl essen thut, inaht zu essen geben, speisen, futtern,) ap-ehst aufessen, verzehren, at-ehstees sich ausfressen, ee-ehsta labbiba Korn, so man anzugreifen angefangen, (maisa angegessen Brod,) no-ehst abessen, weaffressen, no-ehdinaht abfressen lassen, pee-ehstees sich satt essen, kirds-ehsti Herzeleid, Gram, (ees, otees sich grämen, innerlich quälen.)
ehwelis Hobel, eht hobeln.   ei ey!
eideneeks Paßgänger, nifki eet Paß gehen.
[eiduks Ferding. Thm.]
ekkur siehe da, ist ein Kinderwort.
ekfele Hexel, sein geschnitten Stroh.
elje Oel, bohms Baumöl.
elkons Arm, Ellenbogen.
elks Götze, a deews Abgott, (igs abgöttisch) a tizziba Aberglaube.
elkschni vid. alkfnis.
elle Hölle, kur elles winsch ees wo zum Henker wird er gehen, preekfchs Fegfeuer.
elpeht helfen, insch kleiner Behülf.
elst belchen, keichen, engbrüstig seyn, Bauch schlagen.
emme Amme.   enge Henge.
engelis Engel, ischks englisch.
enkuris Anker.
[erschkis Hirsch, u mahte Hindin. Bibl.]
es ich vid. Gram. §. 64.
esars (ers) stehende See, Weiher, Stauung.
escha Peener oder Feldscheidung, as isdalliht Grenzen austheilen.

eſis Igel, Schweinigel (iſt im Lettiſchen kein Scheltwort.)
ettikis Eßig.
ezzeht eggen, zeſchi (eklis) Egge.

Gabbals Stück, raksta, Hauptſtück, Capitel, Abſchnitt, tu maitas du Luderzeug, tu ſunna du verfluchter Hund ꝛc. *pl.* li Stücke, Theile, leeli Canonen, is, pa gabbaleem, apgabbaleem ſtückweiſe, Stück vor Stück, gabbal gabbalös it Stück Stücken, inſch Stückgen, Theilgen, (Deewa raksta Spruch aus der Bibel.)

Gabris Gabriel.
gaddigs, a mäßig, nüchtern.
gaddiees ſich ereignen.
gadrini Gatter, Gegitter.
gads *m.* Jahr, gadskahrts Zeit von einem vollen Jahr, (igs jährlich um dieſe Zeit.)
gahdaht ſorgen, Vorſorge hegen, denken, digs mäßig, diba Mäßigkeit, ap-gahdaht bedenken, betrachten, (inaht verſorgen,) at; zurück gedenken, ſich erinnern, (ees ſich erinnern, eingedenk ſeyn) es eegahda johs es fällt mir bey, isgahdaht ausdenken, ſa beſorgen, zuwege bringen, verſchaffen, ſagahds Vorrath, neſagahda der nicht vors künftige ſorgt.
gahjis, gahjums *vid.* eet.
gahls, a eißglatt, (e Eiß im Wege, wenn der Schnee abgegangen.)
gahnibt beſchmutzen, beſudeln, beflecken, ſchmähen, ſchänden, entweihen, entheiligen, neklis Greuel, Scheuſal, Schandfleck, ſagahnitees ſich verunreinigen, bekaken.
gahrds *id. qd.* gards.
gahrſes eine Art Kräuter, die im Frühling von den Bauren wie friſch Kohl gegeſſen werden.
gahſt ſchütten, gieſſen, ſtürzen, ees umſchlagen, ſas Waſſerwogen, die ſich über einander ſtürzen, apgahſt umwerfen, umſtürzen, umſtoſſen, atgahſt wehderu den Bauch voraus ſtrecken, ſich brüſten, pa zu Boden werfen, neigen, (myzzu eine Tonne, die auf die Neige iſt, biegen,) pagahſs (*E. L.* pagahſne) die Neige, usgahſt aufſtürzen, (ſchamaji Deckel oder Stürze.)

gaidiht

gaidiht warten, harren, Verlangen haben, pa: verziehen, (, da pl. i Zins, Interessen,) ka: erwarten.
gaigale (, is) Taucher, eine Art von Wasservögeln.
gailis Hahn, rahmihts: Kapaun, gailôs in der Hahnen=Krähe, , u laiks die Zeit, wenn die Hähne krähen, gailini die ersten weissen Mayblumen in den Wäldern, gailenes eine Art Nietzgens, gailu paklawas eine Art Kräuter.
gaisch, seha licht, hell, scho gaischu deenu diesen lichten d. i. den heutigen Tag, ums Helligkeit, Licht, Schein, Glanz.
gaisma Tageslicht, apgaismoht erleuchten, beglänzen, bestrahlen.
gaiss m. Luft, Wetter, (, sa grahbejs unnützer Wäscher *E. L.*) gaist, is = verschwinden wie ein Nebel und Dampf, isgaisinaht verlieren, wegkommen lassen.
gaits, weena: aus einem Stück nach der Reihe (z. E. wenn man in eins etwas fortlieset.)
galds m. Brett, Tisch, Tafel, ais = ein von Brettern oder Stangen abgetheilter Ort, wo das kleine Vieh stehet, galdauts (galdohts) Tischtuch.
galla Fleisch.   gallôds m. Wetzstein.
gallotnis Gipfel am Baum.
gals m. alles was das äusserste oder letzte ist, das Ende, darbu= Ende, Schluß der Arbeit, nascha= Messerspitze, kalna=, kohka= Gipfel des Berges, des Baums, wirfgals Obertheil, *pl.* oberste Spitzen oder Enden, no pirma galla von vornen an, no eesahkta= von Anfang, no masa= von Jugend auf, bes= ohn Ende, unaufhörlich, bes= leels ungeheur, abscheulich groß, azzu gallâ ne eezeest nicht vor seine Augen leiden, puppas gals Warze, gullu gallam ausführlich, pa gallam aus, zu Ende, pehz gallâ endlich, zuletzt, = insch Stückgen, Endgen, galwgallis Kopfstück, was zun Häupten ist, reffgallis das dicke Ende ec. galligs, a endlich, galleja, ja äusserst, galleht endigen, schlüssen.
galwa Kopf, Haupt, kam weegla= der leicht was fassen kan, stegs kam zeeta= hartmäulig Pferd, no= as runnaht aus freyem Gedächtnis reden, par= u laist in den Wind schlagen,

Gan   *Gau*   43

schlagen, nicht achten, *it.* durch die Finger sehen, nicht so genau nehmen, wiſſa, á brehke vollen Halſes schreyen, , as kauſis Hirnſchaale, , as geuhruhms Schnupfen, , ineeks Oberhaupt, (*it.* Bürge, Geiſel, *E. L.*) oht Bürge seyn, caviren, pagalwe was zun Häupten oder unterm Haupt iſt, pahrgalwigs halskarrig, (pat, eigenſinnig, zeet, hartnäckig, ſtuhr, unbändig, trak, wild,) plikgalwis der einen kahlen Kopf hat ꝛc.

gan (ganna) gaug, zulänglich, Deews, vollkommen zur Gnüge, gan redſu ich sehe es ganz wohl, gan redseſi du wirſt es schon sehen, gan winſch tur bija, bet — er iſt da zwar gewesen, aber — gan gan nu uu.

gangis Gang, sudmalla ar diwi, eem eine Mühle mit zwey Gängen, zauras ganges Durchgänge.

gans Hirte, Hüter, awju, Schäfer, os dsiht in die Hütung oder Weide treiben, gannibt weiden, das Vieh hüten, , iba Weide, Hütung, , ekle Trist, Vieh, , ams pulks Heerde.

gardine Vorhang vor Fenſtern, Bett ꝛc. *it.* Tuch oder Schirm vor der Sonnen.

gards a, wohlschmeckend, lecker, süß.

[garnis Reiger, *G. na. Obl.*]

garr *praep.* langſt, neben, , am *adv.* langſt, nebenhin, vorbey, fürüber, *it.* in die Länge, eegarram ling und langſt.

garraini *vid.* gars.   garrkuhli *vid.* kuhls.

garroſis ein Korſt Brodt.

gars *m.* (1) Geiſt, (2) Hitze in der Badſtuben, garraini Qualm und Dampf.

garsch, rra lang, weit, weitläuftig, , ains länglich, pagarroht verlängern, länger friſten, , inaht erlängern, erweitern.

gaspaſcha Frau, Gemahlin.

gattaws, a fertig, bereit, (geneigt, willfährig) , wiba Bereitschaft.

gatwa Straße zwiſchen zwey Zäunen.

gauda, , ens *vid.* gauſt.

Gaugenes pils Adſel ein alt versallen Schloß in Lettland.

Gauja

Gauja Aastuß in Lettland, drey Meilen von Riga.
goumā nemt wahrnehmen, E. L.
[gaurs Taucher, ein Wasservogel, E. L.]
gauſa Seegen beym Essen, [Deews gauſ GOtt segne, so
pflegt man die Essenden zu grüssen, Obl.] ‹kis, ſcha
lanaſam, ‹ſums Langsamkeit, ‹ſiba Seegen, Gedeyen,
negaukſcha Unersättlicher, (‹kis Nimmersatt, it. filzi=
ger Geitzhals, ‹figs unersättlich, it. karg.)
ganſt klagen, anklagen, ‹ees ſich beklagen, gauſch, ſcha
kläglich, bitterlich, grausam, ‹i ſehr, überaus, unge=
mein, gauda Klage, ‹du darriht Leid zufügen, ‹dejs
Kläger, ‹dens gebrechlich, (‹nam tapt Schaden krie=
gen, ‹nu nams Lazareth.)
[gaut id. qd. guht Liv. E. L.]
gaweht faſten, gawenu mehneſs Fastenmonat, ist größten=
theils der März.
gawileht jauchzen, frohlocken, (‹eſchanas gads Jubeljahr,)
no‹ einigemal aus rufen, daß die umliegende Wälder
erſchallen.
gedderts Gotthard.   geerts Gerhard.
gehrbt ankleiden, ‹apgehrbs Kleidung, ar bruunahm
apgehrbts geharnischt, is‹ auskleiden, putzen, zieren.
gehrde Gerdruta.
gehreht gerben, ahdu‹ heist auch den Puckel dröschen,
ahdgehris Gerber.
[gehwelis Giebel. E. L.]
geibt bedüſeln, ohnmächtig werden, ‹ſchana Ohnmacht,
Schwindel.
gekkis Narr, Thor. it. Haselant, ‹igs närrisch, ‹oht äf=
ſen, zum Narren machen, ‹otees haseliren.
gelbeht einen Flüchtigen verbergen, ‹tees ſich durch die
Flucht retten, ‹ſchana Retirade, ‹ſchanas weeta
Freyſtäte.
geldeht gelten, ‹digs gültig.
[gerſtele Backbrett E. L.]
gibt ſich bücken, no‹ pa‹ gibbis gebückt.
gihbt id. qd. geibt.
gihmis Angeſicht, Ebenbild, weenā gihmī buht gleich aus=
ſehen, nogihmeht abbilden, abconterfeyen.
                                               gildens

gilden= Gulden.
gillas (=is, =otas, =ens) Pferdegeschwär, die sich wie Erbsen und Nüsse zwischen Fell und Fleisch setzen.
[giltens Tod, Todtengerippe, *c.* der wie im Grabe gelegen aussieht. *L/t.*]
gint, is= zu Grunde gehen, ginda dürrer Knochenmensch. *E. L.*]
ginta Familie, Anhang. *E. L.*
girbes kohks Quitschenbaum. *E. L.*
girgsde Knorrband, d. i. wenn es am Gelenk des Armes wehe thut. *E. L.*
[gist, no= abnehmen, muthmassen, schliessen, *E. L.*]
giz so treibt man die Ziegen.
glabbaht hüten und bewahren, beschützen, beschirmen, *ic.* beylegen und verwahren, =inajs worinn man etwas bewahret, (spalwu= Pennal,) =atajs Hüter, Bewahrer, behrnu= Kinderwärter, lihki apglabbaht eine Leiche zur Erden bestatten, pa= zum Vorrath halten, sa= versparen, paglabbums Vorrath.
glahbt schützen, retten, helfen, befreyen, =tees ar maksma sich mit wenigem behelfen, =ba Lebensmittel, Auskommen, =schana Schutz, Rettung, wiņnam sawa= er hat sein Auskommen, [=baht helfen, *E. L.*] paglahbjums Retrade, Zuflucht.
glahse Glaß, =enes Blaubeeren.
glahstiht (=chi) streicheln, wie man an einer Katze thut.
glaimoht scherzen, schmeicheln.
glaudeht streicheln, schmeicheln, peeglauditees sich anstreu cheln wie eine Katze am Menschen.
glaust verhelen. *Adolph. Gram.* peeglaustees liebkosen. *E. L.*
gleemesis Schnecke, Muschel.
glehws, a schlapp, lohj, zu loß, =is Faulenzer, =ains etwas schlapp, nicht steif genug.
glihfds *m.* blau keem, Töpfererde.
glihts, ta schön, geputzt, ordentlich, =ens *id.* =ums Schmuck, Puß, dahrgs= Kleinod, glihschi schön, ordentlich.
glihwe Wasserblüte. *E. L.*
glohdens Blindschleiche. *E. L.*

glohtes Schleim.
gluds, dda glatt, schlüpfrig, *ddens id.
[gluhds *m.* Leem, Thon, Schlamm. *E. L.* *ains schlam-
 nicht.]
[gluhme Pflaume, mescha* Schleen. *E. L.*]
gluhneht lauren, nachstellen, *ikis Aulaurer.
glumsch, mma glatt, schleimicht, klebricht, glumt schleimig
 werden.
[gluppis einfältiger Tropf. *Lit.*]
glusch, scha glatt.
gnaust, is* mit der Hand ausdrücken, wie beym Kleider-
 waschen.
gnehga der mit langen Zähnen frist, *aht also fressen.
gnihdes Nüsse von Läusen.
[gohba Kornzins oder Gerechtigkeit. *E. L.*]
gohbas eine Art Stauden, die man in Ermangelung des
 Futters im Frühling schabt und die Rinde dem Vieh
 giebt.
gohds *m.* alles was löblich ist, Ehre, Ruhm, gute Lebensart,
 *a darbi löbliche Thaten, (pa gohdam dühtees nach Eh-
 ren streben, * * turretees sich der Erbarkeit befleißigen,
 * * behrnus audsinaht Kinder in der Zucht erziehen,)
 ar gohdu runnaht mit Bescheidenheit reden, * * eet
 mit gutem gehen, gohdâ buht im Staat auf einem
 Gelage seyn, *igs geehrt, ehrlich, ehrbar, treu, redlich,
 höflich, bescheiden, *it.* herrlich, ansehnlich, ne* unehrlich, liederlich, grob, (ne* igi dühwoht wüst leben)
 negohdis ungeschliffen, *pl.* schi, gohdiba Herrlichkeit,
 ne* Unehre, Unart, gohdaht ehren, *itees sich bessern,
 *inaht ehren, *ati laudis ehrliche angesehene Leute.
gohrnis G. na Reiger. *E. L.*
[gohra Knenel. *E. L.*]
gohse Röste, *aht rösten, *atees sich braten, (z. E. in der
 Sonnen) sich auf die faule Seite legen.
gohws *f.* Rub, *dim.* tina, *sniņa auch*, *tene, gohtenes eine
 Art Erdschwämme.
grabbeht rasseln (wie ein dürres Fell oder ausgedörrtes hölzern Gefäß) waskch grabb, ne kann Kupfer klingt ver-
 dompfen, nicht hell, ne tschakku ne grabbu maußstill.

grabbt

grahbt greifen, haschen, fahen, fassen, *it.* stehlen, feenu=
Hen harken, =dklis Harke oder Rechen, (*E. L.* Hen=
horde) =ulis der nach allem greift wie ein Kind, =bjums
was erhascht oder zusammen genommen ist, =stihe mit
der Hand tappen, hampeln, (ar mutti, mit dem Mun=
de schnappen), wahrdus= stammeln, lallen, to laffi=
schanu= lesen wollen, wallodas= in der Rede aus=
schweifen, =fnige anfangen zu schneyen,) aisgrahbe
heimlich wegnehmen, (=ts prahtâ entzückt) fa= ergrei=
fen, erhaschen, ertappen, erwischen, (=ts heist auch bey
den Bauren so viel als bezaubert, z. E. wenn ein Kind
die Klemme hat.)

grahmata Buch, Brief, Schrift, laiku= Calender, zilts=
Geschlechtregister, =ina Büchlein, Brieflein, Zettel,
=necks der lesen kan.

grahpis Grapen.   grahwis Graben.
graiss *id. qd.* greiss.   graisiht *vid.* greest.
graffis Groschen.   [graffitees drohen. *Lit.*]
grauds Körnlein, azzu= Augapfel.
graust nagen, pehrkons grausch es donnert, (smalki fa=
pulverisiren.)
graut einfallen, stürzen.
grawa eine ausgefahrne Grube.
grebt mit einem krummen Messer ausschrapen.
gredsens Ring (auf dem Finger.)
Greekeris ein Grieche, =kifchks griechisch.
greesa Schnarrwachtel.
greesgalwa eine Art Vögel grauer Farbe.
greest (1) schneiden, (2) wenden, lenken, drehen, kehren,
(3) sohbus= mit den Zähnen knirschen, =ees kâ traks
wīten, toben, rasen, =sums Schnitt, sarnu greeschana
Darmgicht, at= stumpf schneiden, *it.* wieder= zurück=
umkehren, *it.* bekehren, grihste feenu Päckgen zusam=
men gedreht Heu.
graisihe schnickera, ar rihkstehm= mit Ruthen strichen,
sohbus= (ar sohbeem=) mit den Zähnen knirschen,
graise Schneiden im Leibe, eine Art Krankheit.
grohsiht kehren, drehen, wenden, lenken, grohfeh, scha=
drall, überdreht, grohschas Jageleine.

greests m. Querbalken. **Greeta** Greta.

grehks m. Sünde, *it.* Unglück, *assins* Blutschande, *ugguns* Feuersbrunst, *ku gabbals* muthwilliger Sünder, *zigs* sündlich, lasterhaft, *koht* sündigen, apgrehzinaht sündigen machen, verführen, Aergerniß geben, (*ziba* Aergerniß oder *Scandalum*.)

grehmens Sodbrennen im Halse.

greiß, sa schief und krumm, *sī raudsitees* schielen, *sī usluhkoht* scheel sehen, *sazzis* Schielender.

gremdeht *vid.* grimt.

gremnoht käuen, wiederkäuen.

gremst murren, *ees* ungehalten seyn.

gresns, a geschmückt, prächtig, *it.* stolz, *ā leppotees* prangen, [*nis* Hutband, *E. L.*] *nums* Schmuck, *iba* Geschmück, Gepränge, Pracht, Stolz, *oht* schmücken, putzen, rüsten, *otees* sich schmücken und zieren, *it.* stolziren.

gribbekt wollen, haben wollen, verlangen (wünschen, fordern, *E. L.*) *man gribbahs* mich verlangt, ich will, *gribbu grahbu* Ripsraps, der alles an sich rafft, *dauds gribbetajs* Geiziger, Habgern, *eegribbeht*, *tees* begehren, gelüsten, Appetit haben, nach einer Sache gierig seyn, *witkgribbis* f. e der alles haben will, was die Augen sehen.

Grigge Gregorius. [**grihbas** Steinpülzen. *Obl.*]

grihds m. Ober- und Unterlage, Boden, Estrich.

gribnis f. e Griesslacher, *nebt* grieslachen.

grihflis Riedgraß, welches schlecht Heu gibt.

grihste *vid.* greest.

grikki Buchweizen, (*E. L.* Heidekorn) *u wahzeets* ein verbauerter Deutscher.

grimt im Wasser einsinken, *eegrimmufchas azzis* tiefe eingefallene Augen, **gremdoht** versenken.

grinni grausam, *igs* tyrannisch. *E. L.*

grohpcht aushölen, auslöchern. *E. L.*

grohschi, grohsüht *vid.* greest.

grubbulis, grubbuzis ein verhärteter Hümpel, der vom Fahren entstanden, es mag von Frost oder Hitze verhärtet seyn.

gruhst

grubſt ſtoſſen, ſtampfen, ‚ ees ſtolpern, ‚ dens verſtoſſenes, verlaſſenes Kind, ‚ denes Graupen, nogruhſti meeſchi Gerſtengraupen, woi weens tē irr gruhdis? iſt da einer gefahren, wird von einem ausgefahrnen Wege geſagt.
gruht einfallen, einſtürzen, fagruis verfallen, alt, gruhts, a ſchwer, ‚a ſeewa ſchwanger Weib, gohfnina gruhfna die Kuh iſt trächtig, gruhti ſchwer, kaum, ‚ dſirdeht hart hören, ‚ runnahe ſtammelnd reden, ‚ iba Schwierigkeit, Beſchwerniß, ſirds‚ Schwermüthigkeit, ‚ ums Schwere, Beſchwerde, Verdruß, galwas‚ Schnupfen, apgruhtoht beſchweren, Laſt auflegen, ‚ inaht id. it. ſchwängern.
grumbt Runzeln bekommen, ‚ba (*E. L.* is) Runzel, Falte ‚oins runzelicht, verſchrumpfen, fagrumbaht verſchrumpfen, verrunzeln.
grundulis Gründling, eine Art kleiner Fiſche.
grunte Grund, Fundament.
gruſchi Schutt, Grauß.
grusdeht ſchwelen, glimmen.
gruwa eine ausgefahrne Gruft, ‚ains wo viel ſolche Grüfte ſind, gruwekis *id. qd.* grubbulis und ‚zis.
gubt ſich niederbücken, verfallen, ſich ſenken, (wie das Heu) gubbu eet bückend gehen, (‚baht *id. E. L.*) fagubbis, pagubbu gebückt.
gubba Heu‚Kornſchober, ſneega gubbens Schneehauſen.
gudrs, a (1) klug, weiſe, witzig, liſtig, ſcharfſinnig, (2) wie eine *Interj.* winſch, gudrs, ne gahje, was meynſt du, er gieng nicht, ‚darbs künſtlich Werk, ‚ums, ‚iba Klugheit ꝛc. ‚ineeks Klügling, ‚oht klügeln, is‚ auskünſteln, isgudraht (‚eem) quantsweiſe, negudrs thöricht, albern, dwatſch, (woi tu‚ effi biſt du ein Narr) pahrgudrs ſuperklug, patgudriba Laßdünkel.
Guds, dda Weißrußländer.
[gugatnis Waſſerhuhn, das den Hals krauß machet. *E. L.*]
[guhrotees ſicken, ſich paaren. *E. L.*]
guhſchas Lenden. *E. L.*
guht haſchen, fangen, [ee‚ abgewinnen, *E. L.*] ‚ ſtiht haſchen, greifen, jagen (wie man Hüner fähet.
gulbis Schwan.

gulleht

gulleht liegen, schlafen. gulta weeta Nest, Lager, Schlaf-
   stelle, gulta Bett, [·tneeks Bettstäter, E. L.] , diht
   bettigen, ·dinaht zu Bett bringen, apgultes sich schlafen legen, (·dinaht schlafen machen, zum schlafen bringen) allus nogullejees das Bier hat sich gesetzt, ist abgestanden, peegulleht beyliegen, beyschlafen, (·uls-
   Nachthütung) usgultees sich auflegen, aufliegen.
[gumba eine Mannskrankheit, der Raderkuchen genannt.
   Lit.]
[gumbis Fischreuse. E. L.]
gumdinaht antreiben, anpurren.
gunneht, gundeht id. qd. junneht.
[guns, G. ana Feuer. Obl.]
gurkis Gurke, leelajs· Kürbiß.
gurni Lenden, (E. L. Poder.)
[gursatees sich auf die faule Seite legen, faullenzen, E. L.]
gurt matt, müde werden, no· pagurris müd und matt,
   pagurrinaht abmatten, müde machen.
guschas Hüfte, Hüftblatt.
guschenes ein fein stachlicht Kraut.
guschones Diesteln.
gusa Kropf an einem Vogel.
[gwalta Gewalt, par gwaltu dlthe zum ausserordentlichen
   Gehorch treiben, (··nahkt ··· kommen.) Obl.]

Hà, oder hè kur lohpi, it. wilkam hà oder hè sind Com-
   plimenten für die Hunde.
hel hel so schreyt man auf die Gänse, wenn sie im Korn
   sind.
hohô partic. admirantis.
hujà, · wilks so pflegen die Hüter auf einen Wolf zu schrey-
   en, [Obl. huschgà.]

I i, ey!
ja wofern, dafern, wenn, so, fals, it. ja gar, · ne wo nicht,
   es sey denn. (vid. Gram. §. 134. n. 3.) Es wird
   auch beym modo necessitatis primo gebraucht, cf. Gram.
   §. 115. n. 1.
Jahnis Johann, ·na behrni Johannisleute, d. i. die zusammen im Singen kommen und Johanniskraut bringen,
                                                  · noht

, roht sich mit der Johannisluft belustigen. (vid. lihgoht.)

jahschu *id. qd.* jukschu.   Jahseps Joseph.

jaht, jahdiht reiten, ,tneeks Reuter, Schildreuter, Cavallerist, (,naifes, Bettler,) ,jums Ritt, ,schus reitens,
,dinaht oft reiten, ,deleht jackern, hin und her reiten,
nojahdinaht abstrapziren.

jakts *m.* Scherz, Spaß, Lustbarkeit, ,reht jachten, aus Spaß
tollen und rasen, eejakteees ins Tollen herein gerathen.

[jal *id. qd.* jel. *Obl.*]

[jareht jachten. *E. L.*]

jaschu ob vielleicht, ob etwa, kā ne, damit nicht etwa ohngefehr.

jau oder jaw schon, nu, nunmehro.

jauks, a alles was ein Gefallen erweckt, angenehm, anmuthig, hübsch, schön, lieblich, artig, freundlich, lustig ꝛc.
,ums Anmuth, Zierde ꝛc. azzu, Augenlust.

jaukt mengen, mischen, maisi-Brod einsäuren, ne jauz
nannas dstihres mache mein Gelack nicht unruhig,
(,eklis Bulwan, Lockvogel, *E. L.*) eez, einmischen,
einrühren, sa, vermengen, verwirren, verfälschen,
(,ees sich fleischlich vermischen, ,kts buht in Verwirrung seyn, sich empören, *E. L.* ,kta buhschana unordentlich Wesen, ,ktas leetas Mischmasch.)

jauns, a jung, neu, zart, frisch, (,eekseh tizzibas Neuling,)
,iba, ,ums Jugend, ,eklis Jüngling, atjaunoht
(,aht) erneuren, neu machen, jauna gadda mehnefs
Januarius.

jaut, ee, einkneeten, eejahwums der Anbruch *Rom. XI, 16.*
d. i. was man zum Einkneeten nimmt, nemlich Mehl
und Wasser.

jautaht fragen, forschen, vernehmen, pahr, überhören.

jautrs, a wachsam, munter, lebhaft, ,meegs leichter Schlaf.

jauzeklis *vid.* jaukt.   jaw *vid.* jau.

idu Doddern, Filzkraut, unecht Flachs.

jeb oder, jeb — jeb entweder — oder, (vor einem *Pronom.*
und *Adverb. loci* oder *temp.* etwa, gleichviel, irgends,
als:

als: jeb kas etwa einer, gleichviel wer, irgends einer, jeb kur etwa wo, gleichviel wo, irgendswo rc.)
[jeba denn ja, *E. L.*] jebsch, su obgleich, obschon, wenn gleich, da doch.
jehgt sich besinnen, verstehen, fassen, no, sa, inne werden, begreifen, laiku no, die Zeit abpassen, nejehga *m. er f.* Einfältiger, der nichts versteht, (sleeta Unverstand, Unvernunft.)
Jehka, Jehkabs Jacob.
jehls, *a* rohe, ungar, sakappahts blutig zerhauen, s wehders Unverdauung. *E. L.* sums Rohigkeit.
jehrs *m.* Lamm.   Jehzis (se) Jacob.
jell, jelle ep doch, doch nur.
Jelgawa Mietau, Jauna, Friedrichstadt oder Neustädtgen
jemt *id. qd.* nemt.
[jeppin jo turplik möchte denn besserhin]
jepschu *id. qd.* jebschu *vid.* jeb.
Iggauns Esthländer, *f. e.* sifks Esthländisch.
[igwahts Fischkasten. *E. L.*]
ihdeht ächzen wie eine Kuh, wenn ihr die Euter zu vol ist, und sie ausgemilcht werden will.
ihgneht eckeln, snis, sgums Eckel, pa-ihgneta leeu eckelhafte Sache.
ihgt grillisch seyn, sauren und pfeisen, ihgums, sigdums Grelligkeit, ihdsinahe grell machen, sörgen.
ihksehkis Daumen.   ihksis *pl.* Nieren.
ihlens Pfriemen, Schusterahle.
ihfs, sa kurz, snaht kürzen.
ihfts, *a* eigen, recht, eigentlich, rechtschaffen, si eigentlich, eben, just, sklaht ganz nahe, s tä kä nicht anders als, sens, *a* eigentlich, s enä laikä eben zu rechter Zeit, ihsineeki Geschwister von einem Vater.
[jirr *id. qd.* irr. *Obl.*]
[jis *G.* ja, *D.* jam. *Acc.* jo er. *Obl.*]
ik vor den *subst. temp.* alle, jede, als: ikdeenas alle Tage, täglich rc. ikbrihschu, sam allezeit, stets, jedesmal, ikweens, skatrs ein jedweder, s kursch ein jeglicher, sreis jedesmal.
[ikls, *a* stockfinster. *E. L.*]

ikri

ikri (1) Fischrögen, (2) Waden an den Füßen.
Ilbranta basniza Versteische Kirche.
ilgs, a lange, langwierig, ilgi, = am *id.* tik ilgam indessen,
    mittlerweile, ilgt, ee = pa = verlängern, =ums Lang-
    wierigkeit, =otees harren, sich sehnen, ildsinaht, pa=
    auf die lange Bank schieben.
ilks *f.* (*E. L.* ilkfns) Femerstange.
ilkfes Schechten, Backenzähne bey jungen Pferden.
Ilse Elisabeth.   in und, auch, *Curl.*
[indewe Gift, =wigs giftig. *E. L.*]
indiwa fallende Sucht. *E. L.* tawas=as den Henker auf dei-
    nen Kopf.
Indrikis Heinrich.   ingests Hengst.
ingwers Ingber.
inz inz so ruft man die Katzen, inze eine Katze.
jo (1) denn, (2) vor den *Posit.* noch, vor den *Compar.* de-
    sto, (3) jo — jo, je — desto, jo prohjam fernerhin.
johds Feld=Waldteufel, Gespenst.
johst gürten, =a Gürtel, Gurt, behrna = Wickel oder Win-
    delband.
ir auch, (und)
irbe, lauku=Feldhuhn, meschu=Haselhuhn, =ene Quitsch-
    beeren Strauch, darauf die Haselhüner sehr fallen, es
    hat Blätter fast wie Feigenblätter.
irbulis ein Stöckgen, damit man ein Wickel am Spinn-
    wocken ansteckt.
irgneht griesfachen, die Zähne wetsen.
irr, irra, irraida, irraidas, einige sagen auch irraidanas, ist
    die 3. *pers. praes. Indic.* vom *Verbo subst.*
    irrag anstatt arrig irr? ist er? sind sie? hat er? haben
    sie?
irt, is = sich zertrennen wie eine Naat.
irt rudern, =klis Ruder.
is *praep.* aus.   In den *Compos.* aus, heraus, hinaus.]
iskapts *vid.* kappaht.
istaba Stube (augst=Söller. *E. L.*)
itt recht als, just, eben, ganz, gleich als.   ittin *id.*
[judri *id. qd.* idri. *Lit.*]   Judds Jude.
juhdse Meile, juhds=semmes Meileweges.

juhgt anspannen, juhgs *m.* (*E. L.* a) Joch.
juhke gewohnt werden, eejuzzinaht angewöhnen.
juhrs Meer, (schaurs Sund. *E. L.*) = as smiltis Triebsand, = as malla, juhrmallis Strand, juhrmalneeks Strandwohner.
juhs *pl.* von tu, *vid. Gram.* §. 64. juhss, a euer, = sajs der Eurige, = ahds euerley.
juhtis, zessa= Wegscheide. *E. L.*
Jukkums Joachim.
juke vermischt werden, ss = irre werden, jukki Unordnung, jukku jukkam ganz durch einander vermischt oder gemengt, = umi durch einander verworren Stroh.
jummis (1) doppelte Nuß mit zwey Körnern, (2) eine abhängende Haut an der Stirn eines Pferdes.
jumprawa Jungfrau.
jumt decken (Dach,) jumts Dach, juhmejs auch jummikis Dachdecker, nojums (nojumts) Abdach, Regendach, peejums ein am Ende eines Gebäudes angesticktes Abschaur.
junkuris Amtmann.
junneht öffentlich abkündigen, pahr= die Abkündigung wiederholen.
[juppis Teufel.]
Jurris Georg.
just fühlen, merken, empfinden, erfahren, = schana Gefühl, (ta irr manna pirma = das ist das erste, das ich höre, erfahre) tee peezi juschanas prahti (spehki) die fünf Sinnen.

Kā (1) wie, gleichwie, als, auf was Art? (2) daß, auf daß, damit, (3) kā — eī wie — so, tā — kā sowol — als auch. (4) kā, nekā beym *Compar.* als, (5) ne kā, ne kā ne gar nicht, mit nichten, keinesweges, (6) ne kā kā tas to buhs darrijis vermuthlich hat es dieser gethan, schwerlich wird es ein anderer gethan haben.
kabbats *m.* Schubsack, Ficke, Tasche.
kablis Häcklein, =bbinaht anheften.
kabsekkes *vid.* sekkes.

kad da, als, wenn, dieweil, indem, nachdem, (es kad wenn
   etwa, E. L.) (2) jemals, ne kad, ne kad ne niemals,
   (3) kad—tad als—so, wenn—so, nachdem—so.
kadehl vid. dehl.
kahds, a was für einer, welcherley, von welcher Art, · taws
   sirgs wie ist dein Pferd beschaffen? (2) einer, jemand,
   irgend einer, woi tur kahds swesch? ist dort ein Fremder? (wer, jemand, irgend was fremdes?) ne kahds
   keiner, (3) kahds—tahds wie—so, tahds—kahds
   so—als, (4) pl. etliche, welche, es tur kahdus redseju
   ich habe dort welche, etliche gesehen, (5) ne kahdi adv.
   auf keinerley Art.
kahja Fuß, · ås mestees sich auf die Beine werfen, d. i. dem
   Hasenpanier folgen, · ås buht üreend, aufgestanden
   seyn, · am zu Fuß, · op mestees sich zu Fuß aufmachen, · neeks Fußgänger, Fußknecht.
kahkklis der Knoten an der Gurgel.
kahli Schnittkohl.
kahlis ein Band, d. i. 30 Stück.
[kahpars id. qd. kahpurs, E. L.]
kahposts m. Kohl.
kahpt steigen, · ps Stufen, (pa· Bank. E. L.) · pklis
   Steigbügel, (pa· Fußtritt) · peklis Tritt, z. E. am
   Wagen, · eht klettern, atkahpt ab· zurück treten, weichen, abfallen, abgehen, sich abwenden, (· ees treulos
   werden) pahr· übertreten, laulibu· Ehe brechen,
   (· schana Uebertretung, Mißhandlung ec.)
kahpurs Raupe, Krautwurm, is. unzeitiges weisses Bienlein
   im Honig.
[kahrbe Fischerboot zum Lachsfange. E. L.]
kahrdinaht vid. kahrs.
[kahri Wachsschichten der Bienen. E. L.]
kahrklis Bachweide, bebra· Bibernell, E. L. eine Art von
   Stauden, deren Rinde gebraucht wird, wenn das Vieh
   hustet, · enes Art Erdschwämme.
kahrkt (1) wie eine Henne schreyen, (2) wie ein Frosch
   quaken. E. L.
kahrniht was unrein ist auskehren, säubern, ausmisten.
kahrpe Schachtel.

[kahrniht

[kahrniht mit den Füßen scharren wie ein Pferd. E. L.]
kahrpis Warze, ains warzig.
kahrs, a lüstern, lecker, wollüstig, igs lüstern, vernossen, geil, (gohda, ehrgeitzig, naudas, geldgeitzig,) igi sehnlich, (dsihwoht sich der Wollust ergeben,) oht begehren, (ee, sich gelüsten lassen,) iba Lüsternheit, Begierde, Wollust, azzu, Augenlust, meesas, Fleisches-lust, ums Gelüstung, Begierde, Leidenschaft, Wollust, ofchana Begierde, Verlangen, (ee, Gelüstung, neschkibsta, Geilheit, sirds, Neigung des Gemüths,) kahrdinaht versuchen, reitzen, zu verführen suchen.
kahrst tocken, kartetschen, stawas Wollocke, Kartetsche, willkahrsis Wolltocker.
kahrst, ee, vid. karst.
kahrt (1) praep. um, umher. (2) adv. mal, ween, einmal, diw, zweymal ꝛc. ik, jedesmal, zeek, zik, wie oft, so oft, zitt, vormals.
kahrta (1) besondere Art und Geschlecht, ꝛc. Stand, lai ikweens turrahs pee sawas kahrtas ein jeder halte sich zu seines gleichen, paganu kahrtā wie ein Heide, heidnisch,) (tabs trihs dsihwes kahrtas vid. dsihws.) (2) Schicht, Ordnung, pirmu kahrtu like die erste Schicht legen, pehz kahrtas, pa kahrtam schichtweise, ordentlich, bes kahrtas ohne Ordnung, pirmā kahrtā (an, an) zum erstenmal ꝛc. kahrtu kahrtam um und um, mal über mal. (3) Gewohnheit, pehz tauschu kahrtas gewöhnlich.
kahrtigs, ween, einfächtig, diw, zweyerley, zweyfach, zweyfältig ꝛc. daudſ, vielerley ꝛc. bes, unordentlich, igi adv. ordentlich.
kahrteht (oht, eleht) karthajen, zwiebrachen, d. i. zum andernmal das Feld pflügen, ohtru reisi zur Saat pflügen.
kahrt hangen, heuken, ais, an, berühren, betasten, angreifen, no, galwu den Kopf hengen lassen, nokarrams abhängend, nokahris (ans) abhängig, karratawas Galgen.
[kahrtakſnis Laffe, Salter oder Vieheingeweide. E. L.]
kahrtes Charten, Karten.

kahrts *f.* Stange, Meßruthe, makschkera, Angelruthe.
[kahrweles, kahreli Kalmus. E L.]
kahfs Husten, eht husten, kahfuls Husten.
kahsas Hochzeit, necks Hochzeiter.
kahschu wie, als wenn, recht als.
kahsiba *vid.* kahst.
kahsis Haacken, Thürangel.
kahst durchseigen, allu: Bier saßen, einfüllen, staws Seig-
  saß, Seigekorb, siba Willkomms- oder Segentrunk,
  (as dsert den ersten Trunk zum guten Gedeihen thun.)
kahts *m.* Stiel, Grif.
kahwejs *vid.* kaut.
kaikaris Tschekker, d. i. Schindmähr.
kails, a kahl, blos, nackend.
kaiminsch Nachbar *dim.* nenne, nös in der Nachbarschaft.
[kaireht, inäht zörgen. *Obl.*]
kaisiht streuen, ausstreuen, verschütten, pakaisa Streu.
kaist heiß brennen, sausa malka driht kaist trocken Holz
  brenut leicht, galwa kaist der Kopf brenut heiß.
kaiteht schaden, fehlen, kas tew kait (kaisch) was schadet,
  fehlet dir? kas man par to kait was geht es mich an,
  kad jau wezzums kait (kaisch) wenn schon das Alter
  drückt, wenn man schon alt und schwach wird, kaite
  Leid, Plage, Fehl, Gebrechen, Krankheit, (kahda tew
  irr suhdseht was hast du für Ursach zu klagen,) inäht
  Leid zufügen, betrüben, zörgen, ee: zum Zorn reitzen ꝛc.
kakkale Hode.
kakkis Katze, u brehkums Katzengeschrey. Diese Redensart wird in Curland für ein Stückweges gebraucht,
  so weit man eine Katze hören kan, worüber man aber
  lange genug zu fahren hat.
  kakke ist auch ein Bauinstrument, eht katzen, d. i. mit
    dem Instrument die Balken einreissen.
  mahja kakkis *f. e.* Hauskätzgen, d. i. der, die immer zu
    Hause bleibt und die Nachbarn nicht besuchet.
kakku pehdini, pautini, seerini sind besondere Arten
  Kräuter.
kakls Hals, a leeta was Leib und Leben betrift, a teesa
  Criminal, Halspeinliches Gericht, a darbs Verbre-
                                                 chen,

chen, das den Kopf kostet, apkakls Halskragen, pa-
kaklis Genick.

kaks ist ein Kinderwort, und heist ein Schiß, we kaks pfui
das ist was garstiges, kakkaht scheissen.

kakts *m.* Winkel, (*E. L.* Schlupfloch,) azzu kaktini Augen-
winkeln.

kalkis Kalk, -eht (oht) kalken, tünchen.

kallascha lärmendes Gezänk.

kallejs *vid.* kale.

kalns *m.* Berg, -ninsch Hügel, (die Letten nennen alles
kalns was höher liegt, und leija was niedriger liegt,)
-ainsch bergig, gebürgig, pakalns Anberg, Anhöhe,
Hügel, (-ains hügelicht.)

kalps Knecht, Deewa-Diener GOttes, (Deewa kalpa kalps
wird scherzweise der Küster oder Glöckner genannt,)
-one Dienstmagd, Dienerin, -igsknechtisch, dienstbar,
-oht dienen, unterthänig seyn.

kalst trocknen, dürre werden, -eht, -tinaht trocken machen, dörren, kalstana sehrga Dürrsucht.

kale schmieden, naudu- münzen, dsirnes- Quirn bicken,
-leja (*E. L.* ajs) Schmid, kweektu- Brudler, atslehgu-
Schlösser, -lums Schmiederey, Eisenwerk, seles in
sudrabā eekalt in Gold und Silber fassen, -dinaht
in eisernen Banden legen, (pee- anheften, anschlagen.)

kam ist der *Dat.* von kas, kam heist auch warum?

kambars (-is) Kammer, (Schlafgemach, *E. L.*) rakstitaju-
Kanzeley, -insch Kämmerlein. (*it.* Zelle, *E. L.*)

kameelis Cameel.

kamehr bis, bis wie weit, bis daß, wie lange, so lange, seit,
tamehr—kamehr so lange—bis.

kammanas Schlitten (Butte.)

kammesis Schulter.

kammoht morachen, abmergeln, -klis womit man abmo-
rachet.

kammotsch Knenel.

kampt umfassen, fassen, greifen, schnappen, ap-umfangen,
umarmen, no- erhaschen, sa- erwischen, ertappen,
(-teis sich einander fassen oder packen, *it.* sich umarmen, halsen, herzen.)

[kam-

[kamrahts mager Dorſch. E. L.]
[kanapis Haldeiſen. E. L.]
kanihnkenis Kaninchen.
kankaras abgeriſſene Lumpen, die neben bey hangen, ‒ ka
 abgeriſſener abgeſpliſſener Menſch, ‒ ainſch lumpicht,
 zoticht, nokankaraht abreiſſen, abſpleiſſen.
kanna Kanne, (‒ inas Bienenhäuslein, E. L.) kannu rau-
 gis oder ‒ puhſchtotajs Kannengucker oder Kannenblaſer
 iſt eine Art Zauberer.
kannepes (‒ pji) Hanf, ‒ pu putnini Hanfvögelein, die ſich
 von Hanf nähren, als Häuſerlinge, Stieglitzen, Zeiſ-
 chens ꝛc. puff‒Paßhanf.
kannikis Kaninchen.   kanninas vid. kanna.
kante Kante, Ecke, ‒ igs kantig, eckig, ‒ ains id. ‒ eht kantig behauen.
[kanzinaht id. qd. kazzinaht. Thm.]
kapehz vid. pehz.
[kaplis Grabeiſen. E. L.]
kappaht hacken, hauen, quäſten.
kappunis Kapaun.
kapprahlis Korporal.
kaps m. Grab, Begräbniß, ‒ enes Ort, wo die Todten begraben werden, ‒ ſehta Kirchhof, Gottsacker.
karraſcha, karſcha Kuchen, Fladen.
karratawas vid. kahrt.   karreete Kutſche.
karrinaht zörgen.   karrohgs vid. karſch.
karrote Löffel.   karruhke Karauſch.
karpiht, is, ſcharren, ausſcharren die Erde.
karſch G. ra Krieg, Streit, ‒ a wihrs Soldat, ‒ a leels
 kungs General oder Feldmarſchall, ‒ oht Krieg führen, ſtreiten, ‒ otajs Held, ‒ ogs m. Fahne, (‒ a neſſejs
 Fähndrich.)
karſt adv. heiß, ‒ ſts, a heiß, brünſtig, ſchwul, (us karſtu
 darbu auf friſcher That. E. L.) ‒ ums Hitze, Brunſt,
 Eifer, Heftigkeit, karſtons (karſons) Hitzkrankheit,
 kahrſt, ee‒ erhitzt werden, ee-kahrſcht hitzig, brünſtig
 machen.
kas wer, was? welcher, welche, welches, it. jemand, etwas,
 ne kas keiner, niemand, ne kam derr er (es) taugt zu
                                      nichts,

Kaſ — Kau

nichts, es ne ko redſu ich ſehe nichts, lihdſkam bis
wie weit, no ka (kam) von wem, wovon, woher, zaur ko
durch wen, wodurch ꝛc. ka ſikkas *Acc.* ko ſikko wer
(was) er (es) wolle, *adv.* kà ſikka wie er wolle, immerhin.

kaſa Ziege, kalnu (meſcha) - Gemſe, pehrkona - Vogel,
der wie eine Ziege ſchreyt, kaſlehns Zickel, kaſenes,
kaſa ohgas Bromberen.

kaſchels lederne Taſche, Betteltaſche.

kaſchkad bisweilen, zuweilen.

kaſchkis Krätze, Reude, - u pauris Schorſnickel, - ains
krätzig, reudig.

kaſchoks m. Pelz, [rohku - zinſch Muffe.]

kaſchu *vid.* kahſchu.

kaffihe kratzen, ſchaben, ſchrapen, ſcharren, kaſſa Krätze. *E. L.*

katls m. Keſſel.

katrs, a ein jeder, ik - jedweder, - ahds jeder Art, - up
wohinwerts.

Katſche Katharina.

kaudſe Korn- oder Heuhaufen, - i meſt einen großen zuge-
ſpitzten Haufen werfen, puhrs ar - i ein Loff mit einem
Haufen oder mit Uebermaaß.

[kaukis Kröte. *E. L.*]

kauke heulen, winſeln, *it.* ſauſen, brauſen, no - in eins weg
heulen, kauzinaht zum Winſeln bringen.

kauls m. Bein, Knochen, Stengel, tas kohſch kaulã (- ôs)
das geht durch Mark und Bein, das thut wehe, das
ſchmerzet, das geht nahe, kaulini lappas die Aederlein,
Faſern in den Blättern, kesberu oder pluhmju kaulini Kirſch- oder Pflaumenſteine, kauliaus meſt wür-
feln, - ains beinicht, ſtenglicht, faſericht, kaulenes
Steinbeeren.

kauns m. Schande, Schmach, Hohn, Schaam, - a walloda
unverſchämte Rede, übel Gerücht, beskauna m. *et f.*
unverſchämter Menſch, *it.* der keine Ehre im Leibe hat,
kaunigs, a ſchamhaftig, züchtig, blöde, - iba Schamhaftigkeit, - ums die Schaam, kauneht, (- oht) ſchim-
fen, - ees ſich ſchämen, erblöden, ap - eht beſchämen,
beſchimpfen ꝛc. (- ees ſcheu haben.)

kauſeht

kauteht ſchmelzen, act. zum ſchmelzen bringen.
kauſis Napf, Schale, Krüsgen, kriſtiſchanas, Tauffſtein,
    kauſinſch heiſt auch das Eiſen in der Quirne, darin
    die Spindel liegt.
kaut ach daß! it. obſchon, kautſchu obgleich, obſchon
kaut rödten, ſchlachten, kà kautin kauts gull er ſchläft wie
    todt, er hat einen Todtenſchlaf, ⹀ees ſich ſchlagen, it.
    ſich placken, ar behdahm, ſich mit Kummer plagen,
    baigi kaujahs das Nordlicht flattert, kahwejs Todt-
    ſchläger, Mörder, ap⹀tödten, morden, no⹀todtſchla-
    gen, abſchlachten, erwürgen, ſakautees ſich in Schlä-
    gerey begeben.
[kauteklis Bolwan. E. L.]
kaweht zögern, hindern, aufhalten, ⹀tees zaudern, ſäumen,
    ⹀eklis Zeitvertreib, Hinderniß, uskaweht hemmen,
    friſten, auf die lange Bank ſchieben.
kazzehns m. Stengel am Gewächs, inſonderheit am Kohl.
[kazzeht reichen. Thm.]
kazzinaht einen ausforſchen, ausfragen.
keegelis Ziegel, jumta⹀ Dachpfanne.
kehde Kette, ſakehdeht zuſammen ketten.
kehkoht ſchockeln, wippen, (von kehku, welches man den
    Kindern vorſingt, wenn man ſie auf den Füßen wipt,)
    kehkatās lehkt das Lettiſche Narrenſpiel, (dabey ſich
    einer wie ein Pferd verkleidet) treiben, welches um Weih-
    nachten und in der Faſtenzeit geſchiehet.
kehms m. Geiſt oder Geſpenſt.
kehninſch König.
[kehrinſch Floßholz, das oben am Beutel einer Waden
    gebunden wird. E. L.]
kehrne Gefäß, darinn man Butter macht, ⹀u peens But-
    termilch, ⹀eht buttern, Butter machen.
kehrkt ſahkeln, d. i. wie eine Henne, die auf Eyern ſitzt,
    ſchreyen.
kehrſchi (⹀fes) Brunnkreß, uhdens⹀ Löffelkraut. E. L.
kehrt id. qd. kert.
kehſiht zernichten, ſchmähen, ausſchelten, warde tā kehſt
    der Froſch ſchreyt ſo wunderlich.
kehwe Stutte, ⹀u puppas Morcheln.

P [keiris

[keiris linkſch. *Lit.*]
keiſers Kaiſer.   kekkars Traube.
kekkis Haacken, Boots-Feuerhaacken, *it.* womit man Stri-
   cke dreht.
kelluwainis Weibes Schweſtermann, *pl.* Männer, deren
   Weiber leibliche Schweſtern ſind.
kemme Kamm.   kerre Karren.
kert haſchen, anfaſſen, packen, fangen, ſchnappen, ⸗tees ſich
   anfaſſen, grahmatu aiskert einen Brief auffangen,
   eekertees ſich anhangen, bekleben bleiben, (matteh⸗ einem in den Haaren liegen,) pee⸗ anhangen, ſakert
   feſt nehmen, peekerrums Anhang, Geſchmeiß.
keſbere Kirſchbaum, *it.* eine Kirſche.
keſſa Lumpen, zerlumpt Kleid.
keſteris Küſter.
kezze eine Art gewalkter Matratzen.
kibbele Verdruß und Lärm.
kibbinaht *id. qd.* knibbinaht.
kihlis Keul.
kihls *m.* Pfand, Geiſel, ⸗eht (⸗aht) pfänden.
kihris kleine Meewe mit ſchwarzen Kopf, eine Art Vögel.
kihrlis ein ſchwärtzlicher Vogel, gröſſer als der Weihe, *vid.*
   lihja.
kihſels Habermehlſpeiſe, die wie ein Gallert gerinnet.
kihkis Kaulbarſch.
kihwens Küſſen, ein Braugeſchirr.
kihwite Kiebitz.
[kikkatôs lehkt *vid.* kehkoht, kikkata deena Faſtnacht. *E. L.*]
kikki iſt ein Kinderwort, indem man, wenn man ſich einem
   Kinde im Spiel unvermuthet zeiget, kikki zu rufen
   pflegt.
kikkuts *m.* groſſer Schnepf.
kilda Gezänk, Lärm, Zank, *pl.* ſtreitige Händel, ⸗aht (⸗eht)
   hadern, zanken, ſtreiten.
killens *m.* ein Waſſervogel, der zu rufen pflegt: kur likke
   kur likke, tē tē tē &c.
kimmenes (1) Kümmel, (2) Einfaſſung des Bodens an
   einem hölzernen Gefäß, ⸗tekk der Boden läuft.
kinkeleht ſich kuppeln, (*E. L.* quackeln.)

kiplohks

kiplohks *m.* Knoblauch.
kippars kleiner Hund.
kippe hölzern Gefäß mit einem Grif.
kirlis [kirnis *Lit.*] magere Sau.
kirpis Holzwurm, as das Mehl vom ausgefressenen Holz.
kirrelis Erdkrebs.   kirsatte (, saks) Eyder.
[kirzinaht zörgen. *E. L.*]
kiwulis Kühhirt, der auf seinem Horn bläset.
[kiwulis Zeisgen. *E. L.*]
klabbeht, inahe an die Thür klopfen, bikis ein Thür-
    klopfer.
kladseht, inaht wie eine Henne kahkeln.
Klahfis Clas, Niclas.
klaht (1) *praep.* nahe, bey. (2) *adv.* klaht (u) nahe, bey,
    zugegen, da, tur gar, noch dazu, eis der nahe,
    ums Nähe, no enes von der Nähe (, buhdamas lee-
    tas Umstände. *E. L.*)
klaht decken, zudecken, jums Schicht, z. E. was man auf
    einmal in der Tenne zum dröschen ausspreitet, apklah-
    jamajs, jums Deckel. [*pl.* jamee Tafelwerk. *E. L.*]
atklaht entdecken, blößen.
klahtees sich befinden, sich schicken, geziemen, gebühren, kā
    klahjahs wie gehts? jams wohlanständig, lab, fchana
    Wohlergehen, pee jigs anständig, bescheiden.
[klahwa Schaafftall. *Obl.*]
[Klahwis Clas, Niclas. *Obl.*]
klaidiht *vid.* klihft.   klaigaht *vid.* kleegt.
klajs, ja eben und flach, as pukkes einfache Blumen,
    a ispohstischana gänzliche Verwüstung, jums Ebene,
    Fläche, (à offenbar, à nahkt unter die Leute
    kommen.)
Klaipede (, ada) die Stadt Memel.
klaipa ein groß Brod, davon ein Arbeiter die ganze Woche
    zehren kan, maise grob Brod.
klambaris Klammer.
klannitees sich neigen, bücken, einen Reverenz machen.
klapps Schenkkanne.
klau höre! ist ein Kinderwort.
klaudsinaht *vid.* klaueht.

P 2   klaueht

klaucht, ꞏdſinaht an der Thüre pochen.
klauſiht hören, gehorchen, folgen, dienen, ꞏtees anhören, zuhören, ꞏigs folgbar, dienſtfertig, ꞏitajs Zuhörer, ꞏſinaht (ꞏſchinaht) forſchen, auf eines Rede horchen, apklauſitees, ꞏinaht nachforſchen, behorchen, paklauſiht erhören, gehorſamen, einen Dienſt erweiſen, bedienen, ſaklauſinaht in der Stille erforſchen, usklauſiht aufmerken, Acht haben
klawa Lehnen- oder Ahornbaum.
klaweht id. qd. klaucht.
kleegt ſchreyen, krieſchen, jauchzen, frohlocken, kleegaht, klaigaht aus Uebermuth ſchreyen.
klehpis Schooß, it. ein Schooß voll.
klehts ſ. Kleete, Speicher.
kleppus Huſten, ꞏoht huſten.
[klibbikis der Klopfer an der Thüre.]
klibs, ba lahm, hinkend, ꞏoht hinken.
klihre Zierpupgen, ꞏetees ſich zieren wie ein Pupgen.
klihſt ver- zerſtreut ſeyn, zaur wiſſeem meſcheem, durch alle Wälder irren, isklihdinaht zertreiben, ausſchüchtern, (noklihſt fehlen, irren, anſtoſſen,) kläidiht, apkahrt, herum ſchwärmen, wie in der Irre gehen.
klijas (ꞏes) Kleyen.
klikſteht wackeln, loß ſeyn, wie ein Zahn oder aus der Niete gekommenes Meſſer, winna tahdai klikſt ihre Geſundheit ſteht auf ſchwachen Füſſen.
klimſteht die Nacht ungeſchlafen zubringen, ko juhs te klimſteer was ſchwärmt ihr da?
[klingeres Bretzeln. Obl.]
klinkis Klinke, Riegel, it. Halseiſen.
klints ſ. Fels, ꞏains felſicht.
klohnis Tenne, Leempflaſter, darauf man dröſchet.
klubga Weidenband.
kluht werden, gelangen, mahjäs, nach Hauſe kommen, tas ſirdi kluhhdahs das findet ſich im Herzen.
klukſteht (E. L. klukſchkeht) wie eine Brüthenne klucken.
klunkſteht flunkern, d. i. wenn es im Bauche hohl klingt, als wenn ſich Waſſer drin bewegte.
klunzis ein Menſch wie ein Klotz, der ſich nicht viel rühren kan.

[kluppinu

[kluppinu im ſachten Galopp. *E. L.*]
klupt ſtolpern, (fehlen, irren. *E. L.*)
kluſs, ſa ſtill, ‐inam heimlich, in der Stille, leiſe, ‐eht, ‐inaht ſtillen, ‐inatajs Schiedsmann, apklukkinaht be-
ſänftigen, das Maul ſtopfen.
kluzzis Klotz.
knablis hölzerner Haacken.
knahbt (‐eht) mit dem Schnabel hacken, maiſi ar pirk-
ſteem, das Brod mit den Fingern aushölen.
knakſchkehe knacken, knaſtern, knallen.
knaps, pa enge, wenig, karg, ‐ats ein kleiner Junge. f. e.
knakſch, ſeha flink, hurtig, friſch, geſchwind.
knaukis ein kleiner nichtswürdiger Junge.
knaukſch ſtellet den Schall vor, wenn einer mit dem Daumen einen Fauſtſtoß giebt, *it.* wenn man Läuſe ſchlägt,
‐ſchkeht auf obige Art ſchallen.
knauſchi Hundsmücken.
kneebt kneifen, zwicken.
kneedeht vernieten.
kneep-addata Stecknadel.
kneeſt kribbeln.   knehpe Talje.
[knehwels kleiner nichtswürdiger Junge. *Obl.*]
knerke knarren, ſauren, kränkeln, z. E. wenn ein Kind nicht
mehr ſchreyen kan, ſondern nur knarret.
knibbinaht knibbern, jörgen.
[kniddeht kribbeln. *E. L.*]
knihpe kleines verachtetes Mägdlein.
knihpſtanga Kneifzange.
knihſt kienen, keimen.
knikſteht ſich mit dem Knie beugen, pa-knikſtees mach ein
Knix, ‐etajs ein Galan.
kniſchi ganz kleine Mücken, die gern in die Augen zu kriechen pflegen, ‐eles *id.*
knohpis Knopf.
knohſtees ſich knibben wie ein Vogel, der ſich federt.
knuhpu auf den Mund liegend, wie ein Kind in der Taufe.
knuſchinaht knibbern, nuſcheln, nicht recht arbeiten.
knutteles dünne Stangen, daran beym Dachdecken das
Stroh ſtrichweiſe befeſtiget wird.

P 3

ko ist der *Acc.* von kas.

kohda (׳ e) Motte, Schabe, Holzwurm.

kohdelsch Wickel oder Deissel Flachs, Heede oder Wolle.

kohdinaht drauen, warnen, pee׳ hart ansagen, ernstlich be-
schlen.

kohdols Kern.

kohkali eine Art von Unkraut unter dem Korn, Rübsaat,
(*E. L.* Kornnägelein, Rahden.)

kohkle Baurharfe, Juhdu׳Hackebrett, wahzeeschu׳Cy-
ther, Laute, ׳eht leyren, auff. ielen.

kohks m. Baum, Stock, Holz, ׳zene, ׳zitis hölzern Gefäß,
weenkohzis ein hölzern Gesäß, z. E. ein Eimer, das
aus einem Stück gemacht ist, stahwkohzis Stankete,
Palisade, wihna׳ Weinstock.

kohpa kleines Häufgen, smilschu׳ aufgehäufter Sand,
suhdu kohps Misthäuslein, kohpä zusammen, miteinander,
an einander.

kohpsch wo ist schon die Zeit daß.

kohpt warten und pflegen, semmi׳ das Land bauen, lohpus ap׳ das Vieh beschicken, nammu pee׳ das Haus
in Ordnung halten, no׳ wahrnehmen.

kohrtelis Quartier, ee׳eht einquartiren.

[**kohsa** Dohle, Thalken. *E. L.*]

[**kohſ-azs** Glaßauge. *E. L.*]

kohsch, scha schön, rein, fein, fürtreflich.

kohst beissen, käuen, nafis atgreests ne kohsch das Messer
ist stumpf und schneidet nicht, (zirwis׳ die Art ist
stumpf, man kan nicht damit hauen,) ׳dums, ׳deens
Biß, aiskohsts no salna vom Frost gerührt, atkohst
stumpf beissen, pakohds frischer Inbiß, (׳am zum
Inbiß.)

kohwahrs (׳rns) Dohle, Thalken.

kohzeris (׳oris) Köcher, Holfter.

kosch kosch so locket man die Pferde, ׳inksch ein Pferdgen
oder Fohlenchen.

kraggis ein alt Schindmähr.

krahge (is) Koller oder Kragen.

krahke schnarchen, krachen, röcheln, leetus nahk schnahkdams krahkdams es kommt ein großer Regen im Sausen und Brausen.

krahpt betrügen, hintergehen, fälschen, täuschen, it. blauen
 Dunst machen, heucheln, ˈigs betrügerisch, falsch.
krahfehns, a (ˑfns, a) schön, kostbar, artig, fein, sauber,
 zierlich.
krahſns (ˑis) Ofen, Kachelofen.
kraht ſammlen, ˑjejs, ˑtneeks Sammler. ˑjums Sammlung, Vorrath, ˑjsmajs was man sammlet, naudu ſa-
 Geld zusammen scharren, (karra wihrus ˑ Soldaten
 werben.)
krahtinſch ein Kloben, Syr. XI, 17. d. i. ein Schlagbaur,
 darian man einen Lockvogel setzt. (2) das Behältniß
 des Bienenköniges.
kraiſtiht ſchmänden.
krakkis Schindmähr.
krallinſch Kaninchen.
krakfchkeht krachen, knastern, rauschen, wie wenn was bricht.
krampis Riegel.
krams m. Feuer-Flintenstein, krammagalwis Starrkopf,
 krammagalwa grindiger Kopf, ˑains grindig. E. L.
kramſtiht wird von Pferden gesagt, wenn sie sich einander
 aus Liebe laufen.
[kranna alte Stutte Obl.]
kranzis Kranz oder Streifen, it. Bauschicht, da man einmal
 mit den Balken herum kommt, ˑzains was einen Kranz
 oder Streifen hat.
kraſchu ratti Korbwagen.
kraſts m. Ufer.
krattihe schütteln, rütteln, ˑeklis, ˑijums Schütterliß, d. i.
 Stroh mit etwas Heu vermengt.
kraujis ein steiler Ufer, Marth. VIII, 32.
krauklis Kolkrabe.
kraukſch stellet den Schall vor, wenn man etwas hartes,
 z. E. Nüsse beißt, ˑfchkeht vom beißen krachen.
kraupis (1) Kröte, (2) Grind, ˑains grindig, reudig.
kraut häufen, packen, laden, ˑstihe steigen d. i. auf einander legen.
kreens vid. kreet.
kreet schmänden, krehjums (kreens) Schmant.
kreets, ta gut, rechtschaffen, brav.

Kreews Russe, ikks Russisch.
Kreewini die Letten im Alt- und Neu-Rahdischen, ohnweit Bauske. *cf. Gram. §. 1.*
krehpalas (*it.* krehputschi) Qualster, selcht reuspern.
krehsla, iba Abenddämmerung, pakrehslis, iba Schatten
krehsls *m.* Stuhl, gohds, Tron.
krehst erschüttern, drudsis kresch ich habe das Fieber, wissi kauli, alle Glieder werden gebrochen, alle Beine zittern, stees sich erschüttern, beben, zittern, (bange seyn) *it.* seine Nothdurft verrichten, kresche *m. et f.* der, die den Bauch ausschüttert und wieder fressen will, apkrehst bescheissen.
[**krehts** *n.* Kamm oder Mähne am Pferde. *E. L.*]
kreilis Linkpolt.
kreiss, sa link, linksch, ikehki linksch.
[**krekkenes** Beestmilch. *Obl.*]
krekls *m.* Hemd, mirrona Sterbkittel, dselses Harnisch.
krelles Baurkorallen von Glas
kremmeles eine Art Erdschwämme.
krengeleht durch Verdrehung der Worte Ausflüchte suchen.
kresche *vid.* krehst.
[**kretruls** Schwinge, d. i. eine Wanne oder Sieb zum Korn reinigen. *E. L.*]
krihts *m.* Kreide.
krija (*E. L.* krijsch) hole Baumrinde, Bork.
krimst nagen.   **kringelis** Brezel.
Krischans Christian, a muischa Zohden, a basniza Zohdische Kirche.
krisls *vid.* krist.
krist fallen, krisdams eet stürzens fallens gehen, nelaimê in Unglück gerathen, krihtams binsällig, (a ligga fallende Sucht,) krisls *m.* was abfällt, man ne krisla salmu ich habe kein Halm Stroh, ne krislinu dabbusi du wirst nicht ein Staub bekommen, at- abfallen, abstehen, (iskritte ist eine Lettische Redensart, wenn sie etwas nicht geben wollen,) (allus nokrittis das Bier ist abgestanden, hat sich gesetzt,) pee- zufallen, einstimmen, *E. L.* (sakrittis sirgs eingefallenes Pferd,) us- überfallen.

Kristaps Christoph.
kristiht taufen, ˑihts getauft, ˑigs Christlich, ˑiba die Taufe, ˑischana die Taufhandlung, atˑwiedertaufen, noˑ die Taufe vollenden.
Krists Christian, ˑe Christina.
Kristus Christus, Prettiˑ Wider‚ oder Antichrist.
krohgs m. Krug, Schenke, Wirthshaus, dim. ˑdsinsch auch ˑgelis, ˑdsineecks Krüger, Schenkwirth, ˑgeht krügen, Bier und Brantwein schenken.
krohka Runzel, deichte Falte am Kleid oder Hemde, ˑkeht falten, Falten nähen.
krohnis Krone, ˑeht krönen.
krohpls, a verstümmelt, krumm und lahm.
kruhkles eine Art Bäume, die schwarze Beeren tragen, Voˑgelbeerbaum, ˑini Dollbeeren. E. L.
kruhms m. Gesträuch, ehrkschkuˑ Dornhecke.
kruhse irden Krug.
kruhfs, fa krauß, ˑains krausig, ˑgalwis Krauskopf.
kruhts f. Brust.
krukkis Krücke, Ofengabel, ellesˑ Höllenbrand.
krumklis (ˑschlis) Knorpel, Knorren, Knöchel.
[krunka Falte am Kleide, ˑaht falten. E. L.]
kruppis Kröte, (kleine böse Kröte)
krupt, fa verschrumpfen (von Arbeit oder Alter.)
krussa Hagel, Schlossen.
krusts m. Kreutz, it. Zeichen auf einer Wiese, daß man daselbst das Vieh nicht weiden soll, ˑa tehws (mahte) Pathe, Taufpathe, ˑa wahrds Taufname, ˑa deena Kreutzestag, als Kreutzerfindung, Kreutzerhöhung, leelaˑˑ Christi Himmelfahrtstag, ˑht kreutzigen, abusive taufen, ˑitees sich kreutzigen und segnen, apkrustiht beˑ kreutzigen, bezeichnen.
kruwa, malku, Holzhaufen.
Kubbis (ˑe) Jacob.
kubbuls Küfen, groß hölzern Gefäß.
kudlis f. e der ganz verschrenkte Haare hat und sich niemals kämmet.
kuggis (ˑe) Schif.   kugsnis Kropf.
kuhdinaht reitzen, antreiben, hetzen, paˑ anmahnen.

P 5   [kuhki

[kuhki auch kuhtschi Weitzen und Erbsen zusammen gekocht. *Obl.* ‒ u wakkars H. Weihnachtsabend. *Obl.*]
kuhkoht wie ein Kuckuck schreyen.
kuhls (ris) Garbe, Strohbund, garrkuhli lang Stroh, kuhla (zli) verdorrt Graß, was im Frühjahr als ein Ueberrest vom Winter zu finden, kuhlinus mest oder no-eer sich über den Kopf herum welzen.
kuhleens *vid.* kult.
kuhms *f.* e Gevatter, Taufzeuge, Pathe, ‒ ineeks *id. lapsa* kuhmite so hört man oft in den lettischen Fabeln den Fuchs nennen, kuhminfch heist auch bisweilen der Wolf.
kuhnatees, ‒ etees sich bewegen, ko tu te kuhnajees, kam ne steidsees eet prohjam was schlenterst und zauderst du hier, warum gehst du nicht fort? gan tas kuhnejahs, bet ne warr tapt prohjam er bemüht sich gnug, (er läst sich sauer werden,) kan aber doch nicht fortkommen. *E. L.*
kuhpeht rauchen, schmauchen wie ein Ofen, ‒inaht Rauch, Schmauch machen.
kuhpis Wasserhuhn sonderlicher Art. *E. L.*
[kuhsaht wall n, aufsieden, wie ein Kessel. *E. L.*]
[kuhse *vulva. Obl.*]
kuhst schmelzen, *pass.* ahrä kuhst es thauet draussen, at‒ aufthauen, is‒ ausschmelzen, zerfliessen, zergehen, ap‒ pee‒ ermüden, peekussinaht müde machen.
kuhtrs, a faul, träg, verdrossen.
kuhts *f.* Viehstall.
[kuigas Wasserhuhn. *E. L.*]
[kuija ein grosser Korn- oder Heuhausen. *E. L.*]
kuilis (1) Eber, unverschnittener Borg, (2) Kohl ohne Häuptgen.
kukkains Ungeziefer, Erdfloh.
kukkuls (1) ein Kugel Brodt, (2) ein jedes Geschenk, das der Bauer bringet, es mag Brod, Käse, Fleisch, Butter, Flachs u. d. gl. seyn.
kukkuri Flachsknospen.
[kukna Küche. *Obl.*]

kulba

kulba Palubbe, Rüst-Troßwagen.
Kuldiga Goldingen.   [kulla Tenne. *Obl.*]
[kullainis Wasserhuhn.]
kulle (-a) Watsack, Schubsack, Tasche, Reisebündel.
kulstiht Flachs schwingen, -eklis das Holz, womit man den
    Flachs ausklstas, nokulstas das Grobe, was im
    Flachsschwingen abgehet.
kult schlagen, dröschen, *it.* prügeln, kuhlejs (-ajs) Schlä-
    ger, Dröscher, kannepu-Hanfschwinger, kuhleens
    Puff, Schlag, *pl.* Prügel, pahrkuhlejs der einen Dr-
    scher ablöset, *it.* der vor einen prediget.
kummelkch Fohlen, jung Pferd.
kummeles (-ischi) Camillenblumen, -eku pehdas Hasel-
    wurz, ein Kraut.
kummofs (-fiu) G. fa Bissen.
kumpt verschrumpfen.
kungis Unterbauch, Freßbauch, Brüche, putru-Grütz-
    schlucker.
kungs Herr, leels-Fürst, Herzog, *it.* jeder grosser Herr,
    leelkundsiba Fürstenthum.
kungsteht stehnen, winseln.
kunkuls (1) ein Klümpergen im Brey, Brod *:c.* (2) ein
    Kind, welches klein, dick und rund ist, -ainsch klüm-
    pericht, bohrnu sakunkuleht ein Kind in Kleidern so
    einwickeln, daß es sich nicht rühren kan.
kunna Hündin oder Tausch, reekla-jänkisch Weib, tu-
    du Canalje, Bestie.
kupls, a dick, voll, krauß, -kohks dickbelaubter Baum,
    -i debbeschi schwere Wolken, -i matti dickes kranses
    Haar.
[kuppata Heuschober. *Obl.*]
kuppize aufgerichteter Grenzhaufen, oder Grenzmaal.
kuprs *m.* Hocker, -ains hockericht.
kupt jehsen, (*E. L.* -eht) -inaht jehsen lassen, kuppis
    (-inahts) peens gegohrne Milch.
kupscha (-is, -tschis) herumfahrender Krämer, Auskäu-
    fer, Handelsmann, -oht (-eht) handeln, kausen und
    verkausen, (-tees sich mit Auskäufereyen behelfen.)

kur wo, wohin, it. irgends, irgendswo, ne kur, neekur, ne neekur, neekur ne nirgends, kurp wohin, wohinaus, wohinwerts, ne kurp nirgendshin, kurjup wohinwerts, zu welcher Hand, us kurreen, us kurrenes wohin, no kurrenes von waunen, pi kurreni wohinaus.

[kurke Kalkuhn, ens Kalkuhnsch Vätergen, enihts klein Kalkuhnchen. Obl.]

kurkt, ksteht quarren, quacken, warschu kurkuli Froschlauch.

kurls, a taub.   kurmis Maulwurf.
kurneht murren, brummen, böse, ungeduldig seyn.
kurpe Schuh, necks Schuster.
kurrata Rebhuhn.   kurrinaht vid. kurt.
kursch, za welcher von beyden, wird auch als ein *Relativum* gebraucht, (vid. Gram. §. 152.) iks ein jeder, srahds wasserley.
kurse ein von Baumrinde zusammen gebogenes Gefäß, darinn man Beeren lieset.
Kursemme Curland, necks ein Curländer, nisks Curländisch.
kurt, stihe, rinaht heitzen, Feuer anmachen, uggunskura Feuerstäte, Camin, it. Küche, peekurs Vorfeuer, das man vor einem Backofen macht, preekschkurs ellé das Fegfeuer, krahfkurris Ofenheitzer, rihkuris Rijenkerl.
kurts f. Wind oder Jagdhund, pokurtis G. tscha Bleudling von einem Wind oder Jagdhunde.
kurwis Korb.
[kurzeenu heidnische Fasten oder Fastnacht. E. L.]
kusch still, ist ein Kinderwort.
kuschels zottigter Hund, lains zottigt, sakuscheleht zerzausen.
kuschkis ein zerwühltes Päckgen, pukku Blumensträußgen, saoht zerwickeln.
[kusma Kropf. E. L.]   kust id. qd. kuhst.
kusteht sich rühren, regen, wackeln, it. act. rühren, bewegen, inahr wackeln machen, oft bewegen.

kutteht

kutteht kützeln, jucken *pass.* ‹inaht kitzeln *act.*
kuzza Hündin, Tausch, ‹ens junger Hund oder Welpe.
kwarkſteht quacken wie ein Froſch.
kweeke quieken wie ein Ferkel.
kweeſchi Weitzen.
›kwehle Glut, ſohbu‹ Zahnweh, ta tabaka pihpe gull kwehlē die Tobackspfeife glühet, ‹eht glimmen, ‹ains glimmend.
kwehpes Ruß im Schorſtein, Dampf, Dunſt, Räuchwerk, ‹eht räuchern, duhmus kwehpinaht einen übeln Rauch geben.
kwekſchkis Spür‑Hünerhund, ‹ſchkeht, (kwelkſteht) bel‑ fern, wie die Jagdhunde anſchlagen.
kwelde *id. qd.* kwehle.

Labbā oder labbad *praep. poſtpoſ.* wegen, halber, um wil‑ len, ka labbad wem zu gut, ta‑ derowegen, derohalben.
labban, pat‹ eben jetzt, ja labban wofern, es ſey denn daß, wo etwa, arrig kas labban iſt auch jemand.
labbiba Getreyde, Korn.
labs, a gut, ‹a rohka rechte Hand, par labbu neme vor‑ lieb nehmen, (‹‹ nahkt zuſtatten, zum beſten kommen,) labb (‹i) *adv.* gut, wohl, tik lab — kā ſowol — als auch, labbis *adv.* beſſer, labbdeen *vid.* deena, labbdar‑ ris *vid.* darriht, ‹ums das Gute, Wohlfarth, Vor‑ theil, Genuß, ‹otees ſich beſſern, ‹inaht zärteln, ſchmei‑ cheln, ſtreicheln, locken, eelabbinatees ſich einlecken, einſchmeicheln.
lagſda Haſelſtaude, ‹igalla Nachtigall.
lahde Kaſten.
lahdeht fluchen, lahſts *m.* Fluch, kwehti lahſti heiſſiger Fluch, ſiehe *Gram. §.* 214. *n.* 4.
lahdinaht bellen, *it.* bellen machen, einen Hund zörgen.
lahga Schicht, Ordnung, pirmā‹ ā zum erſtenmal ꝛc. pa lahgam ſchichtweiſe, ordentlich, lahgs, a tauglich, or‑ dentlich, rechtſchaffen, brav.
›lahgadiht rechnen, Rechnung halten, ‹iba Rechenſchaft.
[lahma Pfütze, *it.* Grube, Niedrigung.]
lahpa Kerze, Fackel.

lahpſte

lahpiht flicken, lahps, ee: Flick, ikis Flicker.

lahpſta Brodſchaufel, ſtina Spaten.

lahſe Tropfen, inaht tröpfeln, ains fein ſprenklicht.

lahtſchi, ischi, awas, auſas Treſpe.

lahwa Schwitzbank.

lahwis *vid.* laut.

lahzis G. tſcha Bär, ineeks Bärenleiter, enes ſchwarze Beeren, die auf einem Strauch wachſen.

lai oder laid wird im *modo concessivo* ſehr gebraucht, (*vid. Gram.* § 11. 160. et 180.) lai buht geſetzt, lai tas tû irr *id.* (lai ir wenn gleich, wenn auch.)

laidars *m.* Faland, (lauka: Hürde. *E. L.*)

laiks *m.* Zeit, Friſt, (par garru laiku vor die lange Weile) leetus Regenwetter, laikâ zu rechter (gelegener) Zeit, preekſch ſchi vorhin, vor dieſem, no ſchi von nun an, laikam bisweilen, zu Zeiten, dann und wann, zigs zeitlich, nelaika unzeitig, (i dſemdeju ſi es iſt ihr mißgangen,) nelaikis ein Verſtorbener, mans tehws mein ſeliger Vater.

laima (e) Glück, Schickſal, ne Unglück, iba Glückſeligkeit, ne Unglückſeligkeit, Gefahr, Kreuz und Elend, igs glücklich, glückſelig, etees (otees) glücken, gelingen, gedeihen. (Bey den heidniſchen Letten war Laima die Göttin des Glücks, die den Gebährerinnen die Lackens untergedeckt. *cf. Einhorn. hiſt. Lett. p.* 27.)

laipa Steg übers Waſſer, ohr, otees aus dem Wege kehren und Stege ſuchen.

laipnigs, a leutſelig, hold, freundlich.

laiſiht lecken, ſejs, ſehna auch laiſcha ein Lecker (der Teller ꝛc. beleckt.)

[laiſka Pfoſten, daran die Bauren geſtrichen werden. *E. L.*]

laiſks, a faul, verdroſſen, träge.

laiſt laſſen, zulaſſen, duhmus Rauch ziehen, pahr galwu in den Wind ſchlagen, nicht achten, kohku ſemmê einen Baum fällen, allu Bier zapfen, ees ar wehderu einen Durchfall haben, affins-laidis Aderlaſſer, atlaiſt ent von ſich laſſen, abfertigen, am Preiſe fallen laſſen, (johſtu den Gürtel loſer machen,) pa loßlaſſen, (ees ſich verlaſſen, ſich belaſſen,) pahr begleiten, (wihnu

(wihnu: den Wein abziehen, *E. L.*) pee=anlassen, ansugen, (peelaischama weeta Ansurt, *E. L.*) azzis no: die Augen niederschlagen, mehli pa: die Zunge nicht zähmen, sa: zusammen lassen, in einander fügen oder sugen, zaur: durchlassen, durchseigen ꝛc. saule laischahs die Sonne geht unter.

laistiht giessen, feuchten, netzen, spritzen

laitiht, :inaht wehderu den Bauch abstreichen.

laiwa Boot, Kahn, leela: Schif.

lakkats *m.* Tuch, Wischtuch, rihku: Kodder oder Zeugtuch.

lakku lakkam wenn etwas schlapp ist und sich schlenkert.

lakstiht hüpfen, [*E. L.* geil werden,] lakstigalla Nachtigall.

lake lecken wie ein Hund.

lakta Amboß. *E. L.*

laktiht geil werden, :igs geil. *E. L.*

lakts *m.* Hünerleiter, wo die Hüner zum Schlafen auf=springen.

lammaht schelten, schimpfen, palır=durchfilzen, palamma Eckel oder Spottname.

[lammata Maußfall. *E. L.*]

langwehgis [langwergis *Obl.*] das heimliche Gemach oder Kämmergen.

lanka niedrige wässerige Wiese.

lappa Blat, *pl.* Laub, :u rahditajs Register eines Buchs, :u mehnefs der May, zella lappa Wegtritt ein Kraut.

lapsa Fuchs.   lapsenes Wespen.

lasda *id. qd.* lagsda.

laskiht lesen, :ijums Lection, islaksi (:as) Ausleslitz, lau=dis jau salaskahs Leute finden sich schon ein, kommen schon nach und nach zusammen.

laskis Lachs.

Latwis Lette, :ju semme Lettland, :eetis Lettischer, :isks Lettisch.

laudis Leute, :Volk, Klikti: Pöbel, Leelkunga=Fürstliche Bauren, semmes: Eingesessene.

lauka *m.* Feld, laukâ draussen, hinaus, (eij: scher dich, pack dich) woi tu eesi laukâ heraus (so nöthigt man die Hunde aus der Stube.)

lauku

Lau **Lee**

lauku peere *vid.* peere.

laulaht trauen oder ehelich zusammen geben, ⸱ees ehelichen, laulahts verehlicht, (⸱i draugi Ehegatten,) ⸱iba Ehe, Ehestand, ⸱afchana Copulation, Trauhandlung.

lauma Hexe, fliegende Zauberin.

launags m. Vesperbrodt.

launs, a arg, böse, tas launajs der böse Feind, (winnam tas⸱er hat die schwere Noth) par launu nemt übel nehmen, ⸱a darritajs Uebelthäter, ⸱iba, ⸱ums Bosheit, das Uebel, Böse, Arge, ⸱atees (⸱otees) sich ereifern, erzürnen, böse werden, böse seyn.

laupiht (1) gnaben, schälen, (2) rauben, plündern, Beute machen, laudis ⸱die Bauren aussaugen, kahl machen, ⸱ijums Beute, geplünderter Raub, par laupijumu doht Preiß geben.

Lauris Lorenz. lauschi *id. qd.* laudis.

lauschai *vid.* laust.

laust, lausiht brechen, laustees sich drengen (auf einen) (ee⸱Einfall thun, is⸱Ausfall thun,) pee darba peelaust zur Arbeit halten, antreiben, derribu pahrlausiht den Bund brechen, übertreten, lauschai Brechzaum, Gebiß.

laut zulassen, erlauben, verhengen, ⸱ees sich lassen, *it.* vertrauen.

lauwa m. Löwe.

Lawrenzis Laurentius.

lazzinaht lästern, verleumden, ⸱ees sich wie die Hunde zanken, ⸱zeklis Lästerer, Verleumder.

leddus Eiß.   leedeht löten.

leegt versagen, weigern, verbieten, ⸱ees läugnen, sich weigern, ⸱dsams leugbar.

leeks (1) krumm, (2) unecht, leeka tizziba falscher Glaube, ⸱seewa Kebsweib, ⸱gaspascha Concubine, ⸱galla wild Fleisch, ⸱s gihmis Larve, ⸱waigs geschminkt Angesicht, ⸱zelsch Abweg, ⸱i matti falsche Haare, ⸱a ehschana in dserschana Unmäßigkeit in Essen und Trinken, ⸱a sekke ein unpaar Strumpf ꝛc. par (pahr) leeku zu sehr, überaus, übermäßig, (⸱⸱leels zu groß, allzugroß,) leekulis Heuchler.

leeks

leekt beugen, krumm biegen, (neigen.)
leels *m.* Schienbein, *pl.* Beine, Waden.
leels, u groß, (weitläuftig, vornehm,) ꞏ kungs Fürst, ꞏ zelſch gebahnter Weg, Heer- oder Landstraße, ꞏ ums Größe, leelitees ſich prahlen, rühmen, ꞏ iba Großſprecherey, ꞏ tajs Ruhmräthiger, leeldeena Oſtern, leelſirdigs boshaftig.
Leene Helena.
leeneht leihen, (auf Borge geben, *it.* ꞏ nehmen.)
leepa Linde, ꞏ u mehneſis der Julius.
  Leepaja Liebau.
leeſa Milz.
leeſchkers hölzerne Kornſchaufel.
leeſma Flamme.
leeſt, no ꞏ mager werden, leeſs, ſa mager, hager, noleeſahe mager werden.
leeſte Schuſterleiſten.
leet gieſſen, lehjejs Gieſſer, ꞏ jums Guß.
leeta Sache, Ding, etwas, *it.* Zeug, woraus etwas gemacht werden ſoll, ihpatti ꞏ Eigenthum, ſwehta ꞏ Heiligthum.
leeti derreht nützen, taugen, neleetis Taugenichts, Schlingel, neleeſchi laudis Lumpengeſind, böſe Buben, (ꞏ tigs eitel unnütz, ꞏ iba Eitelkeit, Tand.)
leetons, ꞏ owens Alp, Mahr.
leets, ta gegoſſen, iſt das *Participium* von leet.
leetus Regen, ꞏ ka parakkas viel Regen.
leetuwnins *id. qd.* killens.
[leewenis Laubhütte. *E. L.*]
lezz iſt der *imperat.* von likt.
leezinaht zeugen, Zeugniß geben, ꞏ iba (1) Zeugniß, (2) in der Wirthſchaft heiſt es auſſerordentlich Gehorch eines Arbeiters auſſer ſeiner Woche, ꞏ neeks (1) Zeuge, (2) ein auſſerordentlicher Arbeiter.
[leggeris Legel oder hölzern Tönnchen. *E. L.*]
lehgeris Lager, Gezelte, ꞏ ar ratteem Wagenburg, aplehgereht belagern.
lehkt hüpfen, ſpringen, ſirds lehk das Herz klopfet, ſirds lezz no preeka das Herz hüpfet für Freuden, ſaule lehk oder lezz die Sonne geht auf, lehkaht herum hüpfen,

hüpfen, ‧springen, lehktees sich ereignen, zutragen, (tas nabbags lehzeka mirris es begab sich, daß der Arme starb,) atlehkt abspringen, maise atlehkusi das Brod ist abkörstig, kas man no to atlezz was hab ich davon (vor Vortheil) islehkaht ausschweifen, saule nolezz die Sonne geht unter, gan gruhti tam, kam tehws in mahte nolezz. schwer genug für den, dem die Eltern absterben, lezzinaht dammeln, d. i. hüpfen machen, (schwenken wie ein Kind auf Händen,) tas mannu sirdi lezzina das ergözt mein Herz, (daß es für Freuden hüpfet.)

lehloht zärteln, wie man ein zartes Kind pfleget.

lehns, a gelind, sanft, ‧igs sanftmüthig, lehni, ‧am sachte, lehninam, ‧ihtin, (‧tam) ‧ihtinam ganz sachte, allmählig.

lehsens flach, nicht tief, (z. E. Schüssel, Teller.)

lehts, a wohlfeil, gering, lehti leichtlich, ‧ums, ‧iba der geringe Preis, die Wohlfeilheit.

lehzes Linsen, Wicken, Kichern, wannaga‧ Habichtserbsen.

lehzis ist das *Particip* von lehkt.

leija, ee‧ Thal, (cf. kalns.)

Leitis G. scha Litthauer, ‧isks Litthauisch.

lelje Lilje.

lelle Kinderpuppen, zizzu (zitschu‧) ein Kind, das an der Mutterbrust verwöhnt ist.

lemmesis Pflugschaar, ‧snize das Holz, darauf die Pflugscharren aufgeschlagen sind.

lemt prüfen, schätzen, no‧ aberkennen.

lenkt lauren, nachspüren. *E. L.*]

[lente Brett. *Thm.*]

lepns, a stolz, hochmüthig, prächtig, leppotees (‧notees) stolziren.

[lest rechnen, leschana Rechnung.]

[lestes Butten, eine Art Fische. *E. L.*]

lettens Sohle am Fuß, lahzis lettenus suhsch der Bär saugt die Pfoten.

lezzeklis (lezzette) Mißbett.

lezzinaht *vid.* lehkt.

liddinaht (‧tees) schweben wie ein Boot auf dem Wasser.

liggs

Lig   **Lih**   79

liggs Krankheit.   ligsda Vogelnest.
Lihbe Gottlieb, ein Frauenzimmername.
lihdeks Hecht.
lihdſ (1) *praepoſ.* bis. (2) *adv.* mit, zugleich, ‒ ar nebſt, ſamt, wiſſi ‒ alle zusammen, tâ ‒ desselben gleichen, eben also, gleichergestalt, lihdſ tik daudſ juſt, eben so viel, lihdſ — lihdſ so bald als — so, eben als — so, pufflihdſ halb und halb, einigermassen, ziemlich.

lihdſi, (:a) mit, gleich, zugleich, genau, gerad, gleichviel, ween ‒ zugleich miteinander.

lihdſens eben, flach, gerad, gleich, ‒ nums gleicher ebener Ort.

lihgt. fa ‒ ſich vergleichen, vertragen, übereinkommen, mit einander eins werden.

lihdſigs gleich, ähnlich.

lihdſiba Gleichheit, Aehnlichkeit, Gleichniß, Beyſpiel, Ebenbild, Vergleichung, ‒ u turreht Rechnung halten, gan winſch dabbuhs ſawu lihdſibu er wird ſchon ſeinen Lohn bekommen.

lihdſinaht ebenen, eben oder gleich machen, gleich richten, gegen einander halten, *it.* rechnen, ſich vergleichen, paradu ‒ Richtigkeit mit ſeinen Schuldnern machen, at ‒ vergelten, pee ‒ zurechnen, beymeſſen, ſa ‒ vergleichen, verſöhnen.

lihdſeht helfen, beyſtehen, pa ‒ helfen, behülflich ſeyn, pa ‒ ligs *m.* Hülfe, Beyſtand, *it.* Helfer, Gehülfe, palihd ‒ ſigs hülfreich, behülflich, (‒ iba Hülfe, Hülfsmittel. *E. L.*)

lihdums *vid.* lihſt.

lihgoht (1) Johannislieder ſingen, (*cf. Gram.* §. 217.) (2) wackeln, ſchockeln, ſchwingen, (3) frolocken, ‒ otees ſchweben, lihgawinna Charmante.

lihgſms, a froh, frölich, ‒ oht frolocken, ‒ otees frölich ſeyn, ſich beluſtigen, ‒ iba Frölichkeit, Wonne, eelihgſmoht frölich machen.

lihgt. fa ‒ *vid.* lihdſ.

lihja Weihe, ein grauer und etwas röthlicher Vogel, der ſich von Schlangen, Fröſchen und Gewürmen nähret, und deſſen Geſchrey auf Regen deuten ſoll, maitus ‒ Geyer.

lihkis (se) Leiche.
lihkops Leikauf, d. i. ein Schmauß beym Handel.
lihks, a. krumm, gebogen, si padohmi listige Ränke, lihkt sich einbiegen, krümmen, sums Umweg, Umschweif, nolihke abbiegen, nolihzis gebückt, krumm, auf der Seiten gebogen, [lihkste, (sts) Wiegenstange. E. L.]
[lihkstes Leisten zwischen den Brettern. E. L.]
lihme Leim, seht leimen.
lihnis Schley, eine Art Fische.
[lihpt id. qd. lipt. E. L.]
Lihsbete, Lihse Elisabeth.
lihst kriechen, schleichen, pehz darba leen maise nach der Arbeit schmeckt das Brod.
lihst röden, lihdums Rödung.
liht regnen, lihjums was es zusammen geregnet.
likkis id. qd. lischkis.
liksta Unfall, Gefahr.
likt (1) legen, setzen, lassen, stellen, pee sirds zu Herzen nehmen, kaunā zu schanden machen, smeeklā Gespött treiben, zeeti kohpā dicht an einander fügen, wallu gestatten, (2) ordnen, fügen, versehen, tas bij winnam ta jau likts das war also in seinem Schicksal über ihn beschlossen, (sawā pašchā warrā like seiner Macht vorbehalten,) likkums Satzung, Stiftung, Verordnung, eingeführter Gebrauch, swehti likkumi die H. Einsetzungen oder Sacramenten, liktens, liktajs Schicksal, Fatum.
aplikt umlegen, (einschrenken. E. L.) ats überbleiben, (atlizzinahe übrig lassen, hinterlassen, atleekums übrig, überley, atleekas Ueberbleibsel,) ee einlegen, it. verordnen, (grahmatā annotiren, eelikkums Einlage) is auslegen, aussetzen, (sees groß austhun, man zelsch gorsch isleekahs der Weg kommt mir lang vor) no hinlegen, hinsetzen, niedersetzen, beylegen, it. beschliessen, bestimmen, (nolikkums Beylage) pa bleiben, it. überbleiben, (te palikke! nun da ists hin! paliks, paleeks Ueberbleibsel, Rest,) pee beylegen, zusetzen, (peelikkums Zusatz,) sa zusammen legen oder fügen, einpacken, us aufsetzen, aufsetzen, (usleekamajs Deckel, Stürze.)

liljes

lilies *id. qd.* leljes. lindraks *vid.* lijnl.
linga Schleuder, -ohe schleudern.
linni Flachs, lindraks leinen Unterrock der Frauenzimmer.
[linte (1) *Obl.* Brett. (2) *Thm.* Band, Bändgen.]
lipnigs, a holdselig.
lipe kleben, kleben bleiben, -inahe kleben machen, pappen, kleistern, (-atees liebkosen, ankleben wie eine Klette.)
lischkis Ohrenbläser, Fuchsschwänzer, Plauderer, Schmeichler, Heuchler, -oht (-oht) plaudern, fuchsschwänzen, ee- einlecken, einschmeicheln.
lisda *id. qd.* ligsda. lisso Backschaufel.
[lizzepuris der Lucifer.]
lohbiht abschelen, abrinden.
lohdaht kriechen, palohda Oberschwelle.
lohde Kugel.
lohgs *m.* Fenster, *it.* Tagloch anstatt eines Fensters in den Rauchstuben.
lohki Lauch, kiplohks Knoblauch.
lohks *vid.* lohziht.
lohma Theil einer Arbeit, -u nopiht ein Stück vom Zaun, von einem Pfosten bis zum andern abstechten, -u wilka einen (Fisch) Zug thun.
lohne verdungener Lohn, -eht den verdungenen Lohn geben.
lohps *m.* Stück Vieh, -u dseesma Hirtenlied, kur lohpi wo ist das Vieh? so nöthigt man die Hunde in die Hütung, kurlohpis tummer einfältiger Tropf, jauni lohpi Zuwachs vom Vieh, -ischks viehisch.
lohsberes Lorbeeren.
lohsehnahr im schnüffeln kriechen.
lohri sehr, ungemein, allzu.
lohzihe biegen, beugen, neigen, lenken, (nams kahk lohzitees das Haus wird baufällig) lohks Krummholz, -kahe biegen, -kains biegsam, geschmeidig, -zeklis Gelenk, Glied, atlohks Aufschlag am Ermel.
lubba Schindel, die nicht in einander gefugt wird, llubbu meests ein Städtgen, das solche Dächer hat, als Friedrichstadt, Jacobstadt.
[luhb er pflegt, er mag gern. *Thm. it. Obl.*]
[luhgsehas, -sehnas Kneipzange. *E. L.*]

luhgt bitten, gauschi: stehen, Deewu: beten, ees bitten, beten, luhdsams bittlich, (a deena Bußtag) eij luhdsams ey lieber, ach doch, ich bitt dich, geh, schana Bitte, Gebet, peelubge anrufen, anbeten, (ees abbitten, liktees sich erbitten lassen.)

luhk siehe, luk sche siehe da, luhkoht schauen, sehen, (oschanai zum Schau) ee: erblicken, gewahr werden, is: aussersehen, erkiesen, (isluhks Kundschafter, Spion,) pee: zusehen, acht haben, fa: zusammen suchen, us: Aufsicht haben, auf einen blicken.

luhks m Bast, in Strehmeln abgerissene Lindenrinde.

luhpa Lippe.

luhsis uchs, ains Luchsbunt.

luhst brechen, in Stücken gehen, sums Bruch, Scharte.

luk vid. luhk.

lukta Leuchte, Laterne, uris Leuchter, (wehja: Laterne, eljes: Lampe.)

lukts f. (1) Boden, wo die Hüner auffspringen, (2) Stellage, wo man auf einen Bären lauret, (3) Chor, Porkirche

lullis Mutterkalb, d. i. ein Kind, das an der Mutter Brust zu sehr gewöhnt ist, eht, obt an der Mutter Brust liegen.

lumbis lobier Mensch.

lummeht wackeln vom Fett (wie ein Ochse.)

lunkains, a schwank, biegsam, gelenkig, lunzinaht, ees sich streichen, wie die Katze am Menschen. *E. L.*

[lunkis, mescha: ein Wolf.]

luppata Lappen, Flick, Koder, u ös in Stück Stücken, in Stücker und Flicker, ikis, (ata) ein lumpichter, luderichter Mensch.

lupstaga Liebstöckel, ein Kraut.

lupt abschälen, berauben, inaht schälen, entrinden, plündern, abzwacken.

lurbis der dumm und Gedankenloß da stehet, Maulaff.

[lukfinaht warten und pflegen, verzärteln. *E. L.*]

luste Lust, Vergnügen, etees sich erlustigen, verlustiren.

lutteht järteln, inaht verwehnen, verzärteln, eklis Zärtling, verwehntes Kind, ein Kalb Mosis.

Maddala

Maddala, Madde Magdalena.
mag ein wenig, maggis *s.* a der, die kleine, pa maggam bey wenigen, bey bisgens, allmählig, ₋ gums das wenige, Kleinigkeit, (₋å eet vom Vermögen abkommen, den Krebsgang gehen,) ₋ enihk etwas weniges.
maggons Mohne, eine Art Blumen, selta maggonite mein gülden Mohnchen, mein Zuckerstengel, ist eine Baurcaresse.
Magreete Margaretha.
mahga der Magen an einem Vogel.
mahgetinsch eine Art kleiner Käfer, gelb oder roth, mit schwarzen runden Flecken.
mahja Heymath, Wohnung, Behausung, ₋ as weeta *id. it.* Wirthshaus, Quartier, ₋å (₋ås) daheim, zu Hause, nach Hause, nakts₋ Nachtlager, ₋ oht wohnen, herbergen, (wallen. *E. L.*) ₋ oklis Zimmer, Wohnung, peemahjohe behausen, einkehren, bey einem wohnen, pahr₋ übernächten.
[mahkeris soll ein Lettisches Scheltwort seyn.]
mahkt können.
mahkt vlagen, ₋ees sich aufdringen, wirsü₋ als ein Plaggeist auf einen los gehen, anfechten, (ap₋ beschwören, apnahzis laiks trübes Wetter,) mahkulis Regenwolke.
mahleht mahlen, anstreichen, anfärben, ₋ eris (₋ders) Mahler.
mahls *m.* Leem oder Thon, ₋a ribiki oder trauki irdene Gefässe, ₋ains leemicht.
mahmina *vid.* mahte.
mahnai unreine Geister. *E. L.*
mahniht, ap₋ bethören, wie behext machen.
Mahre (₋a) Maria, ₋as rutks Merrettich.
Mahrgete Margaretha.
mahrka (1) Ort, wo man Flachs weichet. *E. L.* (2) Mark oder 2 Ferdingerstück.
mahrscha Bruders Weib.
Mahrtinsch Martin, badda₋ Hungerleider, ₋a mehnesis ist größtentheils der November.
mahrzinsch Pfund, mell₋ falsch Pfund.

mahte

Mah **Mak**

mahfe (, a) Schwester, (cf. Gram. §. 209.) puff-Stief-
schwester, , ize Manns Schwester.

mahte Mutter, (cf. Gram. §. 209.) pa- Stiefmutter, leela-
Fürstin, it. eine jede hohe Dame, zeeniga- gnädige
Mutter, ist ein Ehrenwort, damit die Letten Dames
vom Stande beehren, wilka- Wölfin, lahtschu- Bä-
rin, tettera- Birkhenne rc. semmes- Erdgöttin, juh-
ras- Meergöttin, mescha- Waldgöttin rc. *dim.* mahmina, , ulite, , ulinaa Muttergen, mahtite Müttergen beym Fasel, ize Schwiegermutter, mahtpiksis
ist ein Lettisches Scheltwort und eben so viel als das
Russische Jebjonnamaet.

mahwis ist das *Particip.* von maut.

mahzihr lehren, berichten, ees lernen, sich üben, ta-
Lehrer, (zeenigs mahzitajs so wird der Prediger von
höflichen Letten genannt, noch höflicher aber: zeenigs
schehligs mahzitajs) preezas- Evangelist, willigs- falscher Lehrer, Ketzer, iba Lehre, Unterricht, Uebung,
preezas- Evangelium, behrnu- Catechismus, , eklis-
Schüler, Jünger, eemahzihe angewöhnen, pee- pa-
belehren, ermahnen, warnen, pahr- züchtigen, sestra-
fen, bessern.

maiglis ein am Ende aufgespalten Holz, z. E. zum Krebse
fangen.

Maija (, e) ist ein Frauenzimmername.

maikste, appinu- Hopfenstange rc.

[mailens Nestlein, womit kleine Fische gefangen werden. E. L.]

mainiht, (, oht) tauschen, wechseln, maina Tausch, Wechsel.

maise Brod, Nahrung, Deewa maisites Oblaten.

maisiht mischen, mengen, durchrühren.

maiks *m.* Sack, ahdas- Schlauch, zauru-maiks ein Mensch,
der nie gnug hat.

maita Aas, Luder, , ains aashaft, , aht verderben, zernichten, fälschen, sauli Sonne verfinstern, no- gänzlich
in den Grund verderben, hinrichten, tödten. [maita
anstatt meita. *Obl.*]

makkeniht *id. qd.* maggeniht *vid.* mag.

maks *m.* Beutel, Tasche, bulschu- Köcher, , saht bezahlen,
gelten, kosten, tas to darbu ne maksa das lohnt sich
nicht

nicht der Mühe, wikkas deenas laiſtiſumis ne makſa
weenu debbeſi eines ganzen Tages Begieſſung ver-
ſchlägt nicht ſo viel als ein Schauer Regen, (ſteht nicht
für einen kurzen Regen, ſa Bezahlung, Lohn, (peſti-
ſchanas, Löſegeld,) atmakſaht wieder bezahlen, vergelten.

makſchkeris (-ers) Fiſchangel, -reht angeln.

makſtis f. pl. Scheide.

makts f. Macht, Gewalt.

maldiht irren, fehlen, -itajs der in der Irre iſt, it. Schwär-
mer, der falſche Meinungen heget.

malka Brennholz.

malks m. Trunk, weenz -s auf einmal in einem Zuge.

malla Rand, Uſer, Gegend eines Orts, zellmallā auch -i
am Wege, pee mallas likt weglegen, räumen, -eet,
beyſeit geben, wiſſôs mallu maſlôs auf allen Ecken
und Kanten, no zittas mallas anders woher, ko te
ſtohſtees pa mallahm was ſchlenterſt du herum, nomallis Randbrett, das von der Seite eines Balkens
fällt.

malt Korn rc. malen, -linaht oft malen.

malcite Mahlzeit.

mannīht merken, inne werden, empfinden, iz- ausdenken,
(paſaules leetu ismannitajs ein Philoſoph,) no- erachten, ermeſſen, empfinden, pee- ausmerken, ſa- faſſen,
begreifen, (ſamanna Witz.)

mans, -na mein, -ais der Meinige, -ahds meinerley.

manta Schatz, Haab und Gut, it. Erbſchaft, leela- groſſe
Sache, (iron.) -iba Erbſchaft, -oht erben, -ineeks
Erbe, ſamantoht erwerben, erkargen, nolikta manta
Beylage. E. L.

marnaūkas Unkraut, welches das Korn zur Erden zieht. E. L.

marranas ein Kraut mit blutrothen Wurzeln.

Martſchis Märten oder Martin.

maſ wenig, etwas, ne- gar nicht, ne maſ ne mit nichten,
ar maſ wahrdeem ſakkoht kurz zu ſagen, maſs, -a klein,
no maſahm deenahm von Jugend auf, maſinſch, -a
der, die Kleine, -ums Wenigkeit, Kleinigkeit, panaſ-
ſam

sam sacht, langsam, allgemach, (= sihtim, (= inam)ganz
sacht, ganz leise, ganz langsam,) = inaht mindern, verkleinern.
Masche ist ein Frauenzimmername.
masgaht waschen.
masgs *m.* Knoten, Band, Knups, famasgenaht verknüpfen,
verknöten.
masinaht *vid.* mas.
maffalas Roßfliegen. [maffeles Masern.]
mast fühlen, [ne, dickhäutig seyn.]
mattiht merken, inne werden, fühlen, empfinden.
masta kohks Mastbaum.
mats *m.* Haupthaar, azzu wirsmatti Augenbraunen.
matskops Amtsgenoß. Mattihs Matthäus.
mattiht *vid.* mast. matschinsch Drosselgen.
mauka Hure, =ziba Hurerey, =oht huren.
maukt abziehen, abstreifen, ee= einzäumen.
mauraht, (=oht) brüllen wie ein Ochs.
maurs *m.* Gras, welches bey einem wüsten Gebäude wächst,
=a sahle Wegtritt.
maut (1) belken, (2) zäumen, ap= bezäumen, ee= einzäumen (eemauts *m.* Zaum.)
meddens (=is) Aurhahn.
meddiht jagen, auf der Jagd seyn, =ijums Wildpret.
meddus Honig, *it.* Meth.
meegs *vid.* migt. meekschehet *vid.* mihksts.
meelasts *m.* Mahl, Gelack, Gasterey, =iba. *id.* (it. die Gabe,) =loht wohl aufnehmen und bewirthen.
meeles Hefen, Gest.
meers *m.* Friede, Ruhe, Stille, ar meeru buht zufrieden
seyn, sich gnügen lassen, (pa= Waffenstillstand,) = igs
friedlich, friedsam, ruhig, still, =inaht stillen, ruhig machen, zufrieden stellen, (ap= besänftigen, sa= Frieden
machen, Schiedsmann seyn, vereinigen, versöhnen,)
meeriba Ruhe, ruhiges Wesen.
meesa Leib, = as kahrumi fleischliche Lüste, = igs leiblich,
fleischlich, körperlich, =fneeks Metzger, Schlachter,
meesnessi päbstliche Fasten.
meeschi Gersten. meeseris Mörsel.

meeflo-

meeflotees spielen, buhlen. *E. L.*
meeſt. ap‑ſtumpf werden, (wie Zähne von ſauren Beeren.)
meeſts *m.* Marktflecken, Städtgen, [‑iaiſch ſüß Markt-
 bier. *Obl.*]
meetoht, meetneeks *vid.* miht.
meets *m.* Zaunpfahl.
mehdiht ſpotten.
mehdſcht pflegen, gewohnt ſeyn, kuns mehdſ kohſt insgemein, meiſtentheils beißt der Hund.
mehgmaht probiren, einen Verſuch thun.
mehklers eine Art Kaufleute oder Unterhändler.
mehle Zunge, labba‑gute Ausſprache, tſchakla‑beredt,
 mihkſta‑eine Zunge, die ſich leicht einlecken oder einſchmeicheln kan, ‑neeks, ‑neffis Zungenträger, Plau-
 dertaſche.
mehms. a ſtumm, ſprachloß.
mehnes *f.* Mond, (*dim.* ‑ſtinkſch) ‑els (‑is) Monat, (die
 Namen aller Monate *vid. Gram.* §. 212.)
mehr wird in folgenden *Compoſ.* gebraucht: ka‑ta‑tak‑
 to, ſcha‑weenu‑(ſiehe ein jedes an ſeinem Ort.)
mehrdeht mergeln, zähmen, abmatten, betäuben, ‑inaht
 bezähmen, mäßigen, baddu mehrdeht hungern laſſen,
 ſchmächtigen.
mehrkakkis Meerkatze.
mehrkis Merkmal, Merkzeichen, Ziel, (ar‑i ſprakſtiht
 abzirfeln,) ‑eht bezeichnen, zielen.
mehkrt einweichen, ‑zeht tunken, einetzen, no‑verſenken,
 eintauchen.
mehris Peſt.
mehrs *m.* Maaß, ihſti‑ä eben recht, ‑ens mäßig, ‑enſ
 zumaß, ebenrecht, ‑oht (‑eht) meſſen, pee‑bey-
 meſſen, zurechnen.
mehrzeht *vid.* mehrkt.
mehs wir, iſt der *plur.* von es.
mehſt reinigen, ſäubern, fegen, ausmiſten, mehſls *m.* Aus-
 kehrliß, Fegliß, pakaules ismehſlis Fegopfer der Welt.
mehtaht *vid.* meſt.   mehtelis Mantel.
mehteres Katzenmünze, kruhſu‑Krauſemünze. (*E. L.*
 mehtras.)

meijes

meijes Meyen, frische Birken.
meirahns Majoran.
meita Tochter, it. Dirne, Magd, ‚ene Mägdlein.
meklebt suchen, forschen, pee, heimsuchen.
meldeija (E L. meldiafch) Melodey.
melderis Müller.
meldri (meldi E L.) Binsen, Stauden, davon die Letten Stühle machen.
mellenes, melli *vid.* niels.
melmeai sind zwey Musteln am Rückgrad, wenn diese inflammirt werden, verursacht es grosse Pein und eine grosse Krankheit, ‚u fehrga zeigt dieselbe Krankheit an. In der Bibel ist ein Gichtbrüchiger ‚u fehrdsigs gegeben.
mels, lla (auch melns, na) schwarz, pamels, eemelns schwärzlich, melloht (melnoht) schwärzen, mellohr heist auch lügen, trügen, melli lügen, mellums (‚nums) Schwärze, Flecken, ‚ inahr schwarz machen, ‚kulis Lügner, ‚enes Blaubeeren, apmellohr anschwärzen, belügen, us‚ einen bösen Leumund machen.
melst dwalen, verwirrt reden, aplam‚ das hundertste ins tausendste mischen, ‚schis Dwaler, der da phantasirt.
memme Mutter, ist ein Kinderwort.
mente Brauholz, damit das Malz im Küfen eingerührt wird. [nienza Dorsch. E. L.]
mesch Wald, Busch, mescha zelsch Buschweg, bedeutet gemeiniglich einen Abweg, [‚a lunkis Wolf,] ‚a purnis id. ‚ā eer heist bisweilen so viel als sich den Leib erleichtern, ‚ains waldicht, ‚neeks Buschbauer. (Was wild ist, pflegt oft mit dem Wort mescha gegeben zu werden, als: ‚zubka wildes Schwein, ‚sohki wilde Gänse, ‚balloschi wilde Tauben, ‚kaſs Gemse ꝛc.)
mefis *m.* Auflage, Steuer, Schatzung ꝛc. ‚ohr schätzen, Steuer auflegen, eemeflis eine Ursache, die man an einem sucht, sich an ihn zu reiben, (Ausflucht, Einwurf, Einrede, E. L.) es tur eedams eemeflu mekleschu ich will hingehen und mich stellen, als wenn ich sonst wornach gekommen wäre, eemeflims quantsweise, verstellt.

n. est

mest werfen, ar azzim, mit den Augen winken, sarrus, sprossen, stohbru, einen Stengel treiben, sibbinus, blitzen, wainu us zittu, die Schuld auf einen andern schieben, [sirgu apkahrt, mit dem Pferde tummeln. E. L.]

mestees (1) sich werfen, sich niederlassen auf etwas, sich schockeln, nelaimē sich in Unglück stürzen. (2) beginnen, werden wollen, deena mettahs es tage, der Tag bricht an, wakkars, der Abend bricht herein, sehkihbais mehness, der März rückt heran, bahrda, der Bart keimt oder kommt hervor, jau firma, er fängt schon an grau oder alt zu werden, par beskaunu mestees alle Schande ablegen, kad jel Deews tiltumu mestu wenn doch GOtt gäbe, daß es warme Zeit würde, Deews siltu atnette GOtt hat warm Wetter gegeben ꝛc.

mettens Wurf, Schicht im dröschen.
metteklis Zoll, Zinse, Schoß, Abgabe.
mehtaht werfen, hin und her werfen, schwenken, burigu, tus, Blasen im Wasser setzen, wenn was untergeht, no, zu tode werfen, ar akmineem, steinigen.
mettinaht oft werfen, [rabbatu, Strafe geben, E. L.] pee, anheften, sirgus no, die Pferde abzäumen.
apmest be, umlegen, werfen, ees sich laggu (um etwas.)
apmesli Werft oder Aufscherliß der Weber.
atmest verwerfen, von sich stossen.
eemestees sich einwerfen, kaschkis galwā eemettahs es findet sich Krätze im Kopf.
pamest verlassen, verlieren, parradu, die Schuld erlassen, vergeben.
pameslis Fußschemel.
pahrmest überwerfen, is. einem etwas vorrücken.
peemest zuwerfen, Beytrag geben, sa, zusammen werfen, zusammen schiessen, us, aufwerfen, ees pret weenu sich wieder einen empören.

metteklis, mettens, mettinaht vid. mest.
midsens, midsinaht vid. migt.
migla Nebel, ains nebelicht.
migt einschlafen, meegs Schlaf, migga, midsens Nest oder Lager eines Thiers, midsinaht einschläfern, zum Schlaf bringen.

mihdiht

mihdiht *vid.* miht.

mihkla (1) Teig, (2) Räthel. (*Thm.* mihkna.)

mihksts, a weich, locker, (:a mehle *vid.* mehle,) :ums das Weiche, mihkstiht auch (mihstiht) linnus Flachs brechen, :eklis die Flachsbreche, darinn man das Flachs bricht, mihkstinaht weich machen, zeetu sirdi at:ein hartes Herz erweichen, meekscheht durch Drücken weich machen.

[mihle, ohglu: Kohlhütte, darinn Kohlen gebrannt werden. *E. L.*]

mihleht, :loht lieben, miht lieb, (ka miht mihleht daß es eine Lust ist, *E. L.*) mihltsch, ta lieb und werth, lieb und angenehm, mihligs lieblich, liebreich, freundlich, :liba Lieblichkeit ꝛc. :estiba Liebe, eemihleht gern haben wollen, ein Liebhaber von etwas seyn, (:totees perliebt seyn in eine Person, sa: sich in einander verlieben.)

mihst pissen, :sals (:els) Urin, azzis kas weenomehr mihsalu laisch, Augen, die immer thränen oder fliessen, :sche *m. et f.* auch, u kullite Pißsack, Pißbeutel, :seklis Gemächte.

mihstiht *vid.* mihksts.

mihr tauschen, wechseln, mihjejs (:ajs) Täuscher, Wechsler, meetoht tauschen, meetneeks Täuscher, pamihschu wechselweise, eins ums ander, pahrmihschu umzechsweise.

miht treten, ahdu: gerben, minnejs (:ajs) Treter, (seemju: Seemschgerber,) ahdminnis Gerber, paminnis Tritt am Wagen oder Spinnrocken, (paminnes Webertritt, *E. L.*) mihdiht treten.

mihziht kneten.

mik mik so ruft man einen Bock.

Mikkelis Michael, :a mehnes ist größtentheils der October.

[mikls, a feucht. *E. L.*]

milla grobes Bauergewand.

milst dunkel, neblicht werden. *E. L.*

milsu wihrs Riese, milsenis *id.*

milti Mehl, :ainsch mehlicht.

minneht gedenken, Erwehnung thun, errathen, at, sich erinnern, errathen, pee, sich erinnern, eingedenk seyn,
   (peeminna das Andenken, eschana Gedächtniß, Andenken,) us, errathen.
mirdseht schimmern wie Juwelen.
mirkfchkeht, kinaht mit den Augen blicken, blinken, azzu
   mirklis Augenblick.
mirke weichen, im Wasser liegen.
mirlis vid. mirt.
mirst ist nur in den Compos. gebräuchlich, ais, pa, pee,
   vergessen.
mirt sterben, dams sterbend, stams sterblich, rejs Ster-
   bender, rons Todter, Leiche, mirlis ein Schlagtodt,
   ein fauler Mensch, stiba Sterblichkeit, schana das
   Sterben, der Tod, (pee paschas, as in letzten Zügen,)
   ap, aussterben, it. in starke Ohnmacht fallen.
misa Rinde am Baum, oht abrinden, abschälen, mellmiffi
   schwarz Ellern, baltmiffi weisse Ellern.
missa das erste süsse Bier, nachdem die glühende Steine
   im Küsen eingeworfen worden.
mist wohnen, sich wo aufhalten, (E. L. wallen,) par seemu
   mist überwintern, mitteklis Wohnung, it. Nahrung,
   balloschu-Taubenhaus, mittamajs Nahrung, mittinaht
   nähren, überwintern, ta semme mittin mittina die Erde entläst sich nach gerad, mittetees nachlassen, aufhören, semme no leetus atmittabs die Erde entläst
   sich vom Regen, bes mitteschanas ohn Unterlaß, unaufhörlich ꝛc.
mist verzagen, den Muth sinken lassen, ist nur in den Compos. is, sa, issa, gebräuchlich, ismiffis verzagt, verwirrt, winni tâ famiffejahs sie haben sich unter einander so verwirrt.
mistrs m. gemengte Saat, vermischtes Futter, etees mit
   der Zunge anstossen, it. Narrenpossen treiben, ap, stecken bleiben in der Rede.
mittinaht, mittetees vid, mist.
mizze Weibermütze, mitschoht der Braut die erste Weibermütze aufsetzen.
mohdere Hof oder Viehmutter.

mohdiht

mohdiht *vid.* mohſt.

mohka Quaal, Pein, Marter, mohziht quälen, martern, plagen, ˒ ziba Mühe, Angſt, (mohzitees ſich zerplagen, ˒ morachen.)

mohres Paſtinacken, eine Art Gartengewächs.

[mohſehr ſiraus Erbſen weich kochen.]

mohſt erwachen, ˒ ees ſich ermuntern, nowohdâ buht über= end, wach ſeyn, mohdiht ſich erinnern, ˒ inahe wecken, erwecken, aufmuntern, mohdritees ſich muntern, ˒ igs munter, wacker, ˒ iba Munterkeit.

[mohſtiht bemäntein, mit der Sprache nicht heraus wol= len. *E. L.*]

mudrs, a munter, ˒ igs der ſtets munter iſt, ˒ iba, ˒ ums Munterkeit, muddigs hurtig, ˒ inaht auffriſchen, an= treiben, anreitzen.

mudſcheht wimmeln, voll ſeyn ˒ inaht *id.*

muggura Rücken, Puckel, ſirgam˒ â kahpt ſich zu Pferde ſetzen, muggur-lauſchi Pudelkrämer.

muhkeht ein Schloß ohne Schlüſſel aufreiſſen, muhku dſelſe Bey-Nachſchlüſſel.

muhks Mönch, Päbſtler, ˒ u jumprawa Nonne, ˒ u pils Kloſter.

muhkt im Sumpf einſchieſſen, mukls Sumpf, ˒ lains ſum= pſicht, ˒ klums, muzzeklis ſumpfichter Ort.

muhris Mauer, ˒ eht mauren, ˒ neeks Maurer.

muhſs, fa unſer, ˒ ajs der Unſrige, ˒ ahds unſerley.

muhſch G. ſcha (*E. L.* muhſcha *f.*) Lebenszeit, Lebenslauf, es to ſawu˒ u ne redſejs ich hab es mein Lebtag nicht geſehen, ˒ am immer, ewig, ˒ am ne nimmermehr, ˒ u ˒ am auf ewig, ˒ igi ˒ am, ˒ igi ˒ ôs ewiglich, in Ewigkeit, ˒ igs ewig, ˒ iba Ewigkeit, puffnuhſchu wihrs ein Mann in ſeinen beſten Jahren.

muiſcha Herrnhof, baſnizkunga˒ Paſtorat, lohpu˒ Vor= werk, ˒ as kungs Amtsverwalter, ˒ neeks Edelmann, ˒ ele ein Höfgen.

muita Zoll, ˒ aht zollen, ˒ neeks Zöllner.

mukls *vid.* muhkt.

mukt entwiſchen, davon laufen, flüchten, muzzejs Durchſtrei= cher, (muke wird von einigen auch anſtatt muhkt ge= braucht.)

mulda

mulda Mulde.
muldeht schwärmen durch die Nacht, (E. L. irren, fehlen, anstoßen.)
mulkis dummer Jucks, Tölpel ꝛc. [mulkideffis id. Obl.]
mulmis Stammler, ‐eht stammlen. E. L.
munstereht mustern, pahr, exerciren.
murda Fischkorb, Fischreuse.
[murdeht brummen aus Mißgunst.]
[murgi Nordlicht.]
murkiht, fa‐ verkaißern, it. durch Einweichen verderben oder besudeln.
murse m. et f. Schmierpesel.
muscha Fliege, muschmirres Fliegenschwämme.
muscha Mund, ‐oht Mund geben.
muskates Muscaten.
muskuls eingebunden Päckgen (z. E. Geld,) Klumpen, Pündelgen.
mussinaht murmeln, leise zischend reden, ee‐ eingeben, einblasen, in die Ohren blasen, (liktees‐ ees sich einnehmen laßen.)
[mustaws m. Kammlade beym Garnweben. E. L.]
mutte Mund, Maul, man newa ne kas pee muttes ich habe nichts zu beißen und zu brechen, weena mutts einhellig, mutri labbi platti atdarrihe ein Maul wie ein Scheermesser haben, rohkai muttes doht die Hand küßen.
muttuli Blasen im Kochen, ‐us mest aufwallen, aufsieden wie ein kochender Keßel.
muzza Tonne, ‐ina Legel oder Tönnchen, ‐ineeks Bötger.
muzzeklis vid. muhkt.

Na brauchen die Letten (1) als eine Pause im Erzehlen, so wie einige im Deutschen das das ist gut einstickt, (2) pflegen die Letten den Pferden so zuzurufen, wenn sie gehen sollen.
nabbags, a arm, elend, ‐ôs eet betteln gehen, ‐dsiba Armuth.
nabs m. Nabel.
naggats G. ta ein Fell übers Auge, ist eine Pferdekrankheit.
na_igs dreist, frisch, hurtig. E. L.

N

nagla

nagla Nagel, aisnagloht vernageln.
naglini Nelken.
nags *m.* Nagel an Händen und Füßen, *it.* Hufen, Klau, Tatsche, ⸗us peelikt stehlen, ⸗us waldiht sich vom stehlen enthalten, kam garri naggi der lange Finger hat, d. i. ein Dieb, naggadausis *vid.* dauft, (nags heist auch ein Fell im Auge,) atnadsis Mietnagel.
[nahburgs Nachbar. *E. L.*]
[nahks, a frisch, hurtig. *E. L.*]
nahkt kommen, ⸗ees zu stehen kommen, kosten, ⸗ams auch ⸗ots künftig, ⸗ums Kunft, atnahkt herkommen, ee⸗ (1) herein kommen, (2) reif werden, pa⸗ nachkommen, einholen, ertappen, betreffen, pee⸗ zukommen, zugehören, (tew peenahkahs dir gebühret, es geziemet sich dir, das ist deine Pflicht, ⸗ams wohlanständig, gebührlich, ⸗ums Gebühr,) pehznahkams zukünftig, (⸗i Nachkommen,) us⸗ zustossen, begegnen, ankommen, (⸗schana Zufall. *E. L.*)
[nahrstigs geil, frech. *E L*]
nahsis *pl.* Naselöcher, ee⸗ Schnupfen, sirgam eenahschi tekk das Pferd hat die Kreppe.
[nahstitees streichen, leichen. *E. L.*]
nahtenes *pl.* Leinenzeug, nehtnu-mizze Haube.
nahtres Nesseln.
nahwe Tod, ⸗es sahle Gift, ⸗igs tödtlich, giftig, ⸗iga waina verzweifelt böser Schade, *E. L.* nonahweht tödten, eenaidneeks lihds pat nahwei abgesagter Feind.
naidiht hassen, ⸗igs gehäßig, feindselig, ⸗iba Gehäßigkeit, eenaids *m.* Haß, Feindschaft, (⸗iba Uneinigkeit, Feindseligkeit, Groll, ⸗neeks Feind.)
naisa (⸗e) Krätze.
nams *m.* Haus, mantu⸗ Schatzkammer, wahrgu⸗ Spital, nabbagu⸗, ubbagu⸗ Hospital oder Armenhaus, neweffelu⸗, gaudenu⸗ Lazareth, Leelkunga grahmatu⸗ Canzeley, namma turreschana Wirthschaft, Haushaltung, ⸗neeks Bürger in der Stadt, ⸗mikis Hausker!.
narra *m. et f.* Narr, Närrin.
narrize Haarseil, das man Vieh und Pferden durch die Haut ziehet.

naschkeht

naschkeht naschen, *is f.* e Näscher.
nasis Messer. nasta Bürde, Beschwerde.
nauda Geld, Münze, weschanas Fuhrlohn, galwas Capital oder Summa, *u kalt* münzen.
naukt mit Nebel und Wolken beziehen, ti apmauzees, buhs leetus es hat sich ganz bezogen, wir werden Regen haben.
naut, naudeht nauen wie eine Katze.
naw', (*a) nawaid (*a) nawaidas (*anas) it. newa, (*aid) im Bauskerschen niwa ist die *Negation* von irr, und heist: ist nicht, hat nicht, sind nicht, haben nicht, allus naw' ne buht es ist ganz und gar kein Bier, naw' ne buht winnam er hat ganz und gar nicht.
ne (1) nicht, (2) in den *Compos.* un, als: nelihdsens ungleich, (3) nach dem *Comparat.* als, leelaks ne sirgs grösser als ein Pferd, (ne ki, *kas, *kad *vid.* ki, *kas, kad.*) neba winsch traks buhs er wird ja nicht (schwerlich) toll seyn. (*cf. Gram.* §. 186.)
nedde a Woche.
nedi noch auch, nedi — nedi weder — noch.
needra (*e) Rohr, Schilf, *pl.* Geschilf, *ains rohricht, schilficht.
neekaht (*putraimus*) die Grütze (in der Mulde) schwingen, daß die Hülsen ausfliegen.
neeks *m.* nichtswürdiges Ding, neeka, neneeka (*u) nichts, par neeku unnütlich, (*buht vor nichts geachtet seyn, *tapt zunicht werden,) par neneeku umsonst, ohne Ursach, neekā ais-eet zunicht gehen.
neezigs, a nichtig, verachtet, *iba Nichtigkeit, *inaht verachten, verschmähen, gering, unwerth halten, noneekaht zernichten.
neekur *vid.* kur.
neest jucken, kützeln, *pass.*
neewaht gering achten, schmähen, verkleinern, unwerth halten.
neezinaht *vid.* neeks.
neg, neggi ob nicht, (nicht *interrog.*) neg wehl vielweniger, geschweige, negg vielleicht, etwa, (kad es ne buhtu glabbajis, negg wehl kur wasatohs, wenn ich es nicht verwahrt hätte, vielleicht würde es sich noch wo
herum

herum schleppen,) nek so gar daß, (, aufis sahp daß
die Ohren recht wehe thun.)
negants, a greulich, abscheulich, , a mutte, mohle lästerhaft
Maul, Zunge, , ts grehks Schandthat, , iba Greuel,
Bosheit, , tigs boshaftig, gottlos.
[nehgaht id. qd. gnehgaht vid. gnehgis.]
[nehgis Neunauge, eine Art Fische. E. L.]
nehsdohge Schnupftuch.
nehsis pl. , schi vid. nest.
nei noch auch, nei — nei weder — noch.
nejauschi, no, von ohngefehr, wider Vermuthen, unversehens, zufällig.
nek vid. neg.   nelaikis vid. laiks.
nelga m. Schurk.
nelle noch nicht, , wehl geschweige, viel weniger.
nemt nehmen, empfahen, , ees drohschu sirdi einen Muth
fassen, nehmejs Nehmer, , ums was man nimmt,
aisnemt mit sich nehmen, fortführen, it. abborgen, (kas
winnam mannis ja aisnemm was hat er mich darein
zu mischen, oder meiner dabey zu erwehnen, , ts prahts
verrückter, entzückter Verstand, , hmejs Debitor) ap,
benehmen, (, tees sich vorsetzen, sich vornehmen, sich
verbindlich machen, drohschiba, sich unterstehen,
, schana Vorsatz, Zweck,) ee, einnehmen, (ko tas nu
eenemmahs was fängt er nu an, was gewöhnt er sich
nu an, Kristus eenemts no swehta Garra Christus ist
empfangen vom H. Geist,) pa, be, wegnehmen, ent-
wenden, pee, annehmen, (, tees zunehmen, , igs angenehm, lieb, werth) sa, zusammen nehmen, fassen,
entgegen nehmen, it. verstehen, (duhri, eine Faust
machen, rakstôs schriftlich verfassen, ihsi, kurz fassen,
sagli, einen Dieb sahen, no behdahm sanemts von
Kummer übernommen, , tees sich ermannen, einen
Muth fassen, it. überhand nehmen, sanehmejs ein
Heler, behrnu, eja Hebamme, ihsa sanemschana
kurzer Auszug,) us, auf, an, über sich nehmen, (zitra
tizzibu, sich zu einer andern Religion wenden, tohs
Eewangeeliumus no jauna, die Evangelia von neuen
zu erklären anfangen, jauno semmi, sich auf ein ander
Land

Land saſſen, pilsatu= eine Stadt auffordern, einneh=
   men, =tees über ſich nehmen, anheiſchig machen, be=
   ſchlieſſen, drohſchibà= ſich erkühnen, wagen, ugguns
   usnehmahs das Feuer nahm überhand, =ſchana Vor=
   ſatz, Schluß.)
nenne iſt ein Kinderwort und heiſt trinken.
[nerihſcha Uebermuth. E. L.]
nerris Narr, =oht narren, =tees haſeliren.
neſt tragen, bringen, holen, teefu= das Recht oder Urtheil
   ſprechen, kirds (prahts) neſſahs us to ich habe ei=
   ne Neigung daza, eine Begierde darnach, paneſt er=
   tragen, erdulden, neſſejs (=ajs) Träger, naſtu=
   (naſtu neſſamajs) lohps laſtbares Thier, nehſaht hin
   und her tragen, nehſis G. ſcha Tracht Waſſer, ar
   nehſcheem neſt auf dem Puckel in Eymern bringen.
newa vid. naw.
[newehklis der keine Art und Geſchick hat. E. L.]
newitlu, no=, =ohe von ohngefehr.
ni nicht, iſt ein Bauskerſcher Dialect.
nihdeht vid. nihſt.
nihkt zunicht gehen, =werden, quienen, =kulls f. e der zu=
   nicht gehet, verquienet, nihzigs eitel, vergänglich,
   =zinaht zunichte machen, (baddà= ſchmächtigen,) is=
   no= nihke zu Grunde gehen, verderben, verſchwinden,
   pa= nicht recht fortkommen, isnikkams vergänglich,
   verweßlich, (=zinaht zernichten, vertilgen, zerſtören, ver=
   eiteln, abſchaffen.)
nihſt beneiden, =deht haſſen, neiden.
nihtes gezwirnt Webergeräth, dadurch die Fäden in den
   Kamm und ſo forderſt gezogen werden.
[nihza der Ort Strom=unterwerts.]
Nihzes muiſcha Nieder Bartau, =baſniza Niederbartauſche
   Kirche.
nihzinaht vid. nihkt.
nikns, =a böſ, arg, boshaft, ſchädlich, =a ſahle Unkraut,
   =i ſmirdeht übel riechen, =iba Bosheit, Wuth, =ums
   Bosheit, Ungedult, =otees böſe ſeyn, ſich ärgern.
(nikt) ap= überdrüſſig ſeyn oder werden, =zis verdroſſen,
   =kums Ueberdruß, Eckel, nizzinaht verachten, verſchmähen.

nirra

nirra (e) *id. qd.* gaigale.
nischu bring her, ist ein Kinderwort.
niwa *vid.* naw.　　　　nizzinaht *vid.* nike.
no (1) *praepos.* von, aus, ·ta laika seit der Ziet. (2) in den *Compos.* davon, weg, fort, hin, ab, herunter.
nohma Zinse, Steuer, Haußheure, ·as nauda Zinsemünze, Miethgeld, ·as Kungs Arendator, us nohmu nemt pachten, ·aht (·oht) zinsen, vermieten, nonohmaht abpachten, is · verpachten.
nohst weg, hinweg, davon.
nohte Noth.　　　　nokulsti *vid.* kulstiht.
nomallis *vid.* malla.　　　　nomohdâ *vid.* mohst.
[noragga Bibernell. *E. L.*]
[nostohtees verrieden, *E. L.*]
noml gänzlich, wiss·, alljumal.
nowads *m.* ein zugemessenes Stück im Acker, welches ein Arbeiter in einem Tage aufzpflügen muß, (2) Flur, us fweschu, u laustees einen frevenlichen Einfall thun, ·neeks der sein Stück im Hofsfelde bearbeitet.
nu nu, nudśe bey GOtt, (*partic. jur.*)
nuhja Prügel, Stock, Knittel, ·eneeks ungebetener Gast, der auss letzte auf einem Gelage blos zum Saufen kommt.
nuhle *id. qd.* nulle.　　　　nukka Ende Brod.
nulle nu erst, allererst.
nurdeht murren, brummen.
nurkis (·e) der da knurrt und brummet, ·eht knurren, brummen.
[nuscheleht bey der Arbeit sudeln und brudeln, faul arbeiten.]

[Ogstoni Suchbienen. *E. L.*]
ohde Mücke.
ohdere Futter sowol unterm Kleide als vors Vieh, ·eht futtern.
ohdse Otter, eine Art Schlangen.
ohga Beere, wihna ·as Weintrauben, eljes· Oliven.
ohgle Kohle, paschahm labbahm ohglehm in voller Glut, ·u panna Feuer, oder Glutpfanne.

ohla

ohla heist in Curland ein runder glatter Stein, 'u semme kieselichte Erde.
[ohle heist im Oberlausitzischen ein Ey, anstatt pauts, welches man dort zu sagen für eine Schande hält.]
ohlekts *f.* Elle.
ohmâ im Andenken, *Adolph. Gram.* ; nemt; likt inachtwahrnehmen.
ohre Fuhrwagen, 'eht kutschen, 'mannis Kutscher; Fuhrmann, isohreht den Weg auskehren.
ohrmanninsch Rothschwänzgen, eine Art von Vögeln.
ohrts *f.* ein Ort Geld.
oschneht, (-aht) schniffeln.
ohkis *G.* kha Eschenbaum.
ohsols *m* Eiche, 'a ahbols Eichel, 'a bambals Maykäfer, 'neeks der bey Eichen wohnt.
ohst riechen.
ohsta Anfurt, *it.* Hafen, *it.* Ein- und Abfluß des Meers.
ohtrs, a p. d. d. andere, 'u teek noch einmal so viel, zweymal mehr, puff, anderthalb, 'ahds anderweitig, 'neeks der all andre Woche zur Arbeit kommt, ohtra kristischana Wiedertaufe, ohtrdeena Dienstag, ohtra puffe heist bey Weibern die After- oder Nachgeburt.
opzihrs Officier.

Pa. (1) *praepos.* auf, über, unter, durch, in, bey, zu, nach, (cf. *Gram.* §. 182.) pa weetahm stellweise, (2) in den *Compos.* ein wenig, (er, be,) (3) vor den *Adject.* und *Adverb.* verringert es die *Idée.*
padehkls *vid.* deht.
paduffe der Busen, eigentlich die Höle unter dem Arm.
pag, paga anstatt pagaid warte, halt.
pagahsa *vid.* gahst.
pagalms Gehest, Vorhof.
pagale ein Stück Brennholz, ugguns- Feuerbrand.
pagans ein Heide.
pagasts *m.* (1) ein herrschaftlich Gebiet, (2) was die Bauren dem Herrn als eine Gerechtigkeit geben müssen, als: 'u nauda Gerechtigkeitsgeld rc.
pagibbis *vid.* gibt.

[pagirres

Pag   Pak

[pagirres *id. qd.* padsieras *Obl. vid.* dsert.]
pagrabs *m.* Keller.   paguhbu *vid.* gubba.
pahdinsch ist ein Kinderwort, und heist ein Pathgen.
pahksts *f.* Schote, (Erbsschote.)
pahpis Blatter, ula Hitzblatter. *E. L.*
pahr (1) *praepos.* über, wissahm leetahm für allen Dingen, (2) pahr, *s* adv. drüber, über, pahri par noch drüber, pahr pahrim über und über, pahri darriht unrecht thun, zu viel thun, pahrdeenös all andern Tag, neddelös all andre Woche, gaddeem alle ander Jahr. (3) in den *Compos.* über, herüber, von einander.
pahraks (*Comparat.*) drüber, i darriht überschwenglich mehr thun.
pahris *m.* Paar, is. im, ims, pa pahreem paarweise.
pahsma abgetheilte Fäden beym Weben.
pahsehr ausfasen, ausrinnen, ums Rinne oder Fase *s. E.* in den Stendern.
pahsti der Schwanzriemen am Sattel.
pahtaga Peitsche, Karbatsche.
pahtari Gebet, (kommt vom *Pater noster* her,) us skaitiht beten.
Pahwests Pabst.   Pahwils Paulus.
pahws (is) *f.* a et e Pfau.
paj ist ein Kinderwort, welches sie bey alle dem, was ihnen lieb ist, brauchen, paijas Kinderspielwerk, johe mit der Hand streicheln zum Zeichen der Liebe.
paipala Wachtel.
paisihe linnus Flachs schwingen, feklis das Holz, damit man den Flachs ausschlägt.
paisums groß Aufwasser beym Sturm aus der See. *E. L.*
pakauss (is) Nacken, Genick.
pakaws (a) Hufeisen.
pakkal (1) *praep.* hinter, (2) pakkal (ca, san) adv. hinter, hinten, nach, hinter her, hinten nach, pakkalsch, la d. d. d. hintere, a *subst.* Podex, no pakkalenes von hinten.
pakkeles Strumpf- oder Hosenbänder.
pakschkis Norke, ais cem eet sich auf die faule Seite legen, ais u eet gehen seinen Leib zu erleichtern.

pakuls

pakuls *m.* Heede.   palags *m.* Bettlacken.
palagsdi Haselwurz ein Kraut. *E. L.*
paldeews auch paldeer grossen Dank.
palla Schwitzbank in der Badstube.
paligs und palihdseht *vid.* lihdseht.
[pallata Vorstadt. *E. L.*]
palleijas Polen.   palohda *vid.* lohdaht.
palfs, sa sahl, salb, gelblicht.
palts *m.* Pfütze, Regenbach.
pamats *m.* Grundbalken, Grund.
[pamehglis Gespenst. *E. L.*]
pameslis *vid.* mest.   paminnis *vid.* miht.
pampt schwellen.   panna Pfanne.
panskaras Lumpen.
pants *m.* Glied in der Schlachtordnung, ; intsch ein Vers
    im Capitel.
pantscheht im Wasser oder Koth gehen und sich besudeln.
papari (,di, ;des, ;schi) Farrenkraut.
papehdis *vid.* pehda.   papihrs Papier.
papreeksch *vid.* preeksch.
par *praepos.* für, wegen, zu, über, kas tas par kungu was
    ist das für ein Herr! kas par to was ist dran gelegen.
parads *m.* Schuld, ;a grahmata Handschrift, Obligation,
    u;grahmata Schuldregister, us;u nemt auf Borge
    nehmen, ;u lihdsnahe Richtigkeit machen, (;neeks
    Schuldner, ;a weetä Bürge.)
pareisi recht, richtig, billig.
parkschkis Laubfrosch, ;kinaht schnarren wie ein Laubfrosch,
    it. wie ein Specht.
pasakka *vid.* sazziht.   pasaule *vid.* saule.
paschagga ein Ofenbesen.
paschohbeles Abdach, Regendach, *it.* Balken Enden. *E. L.*
paskannas unechter Hanf, der zwischen dem andern wächst.
paskleppene hole Seite am Leibe.
paspahrne *vid.* spahrns.
pastalas Pariesgens, die an statt der Schuhe von den Letten
    getragen werden.
paste Postwagen, ;neeks Postkerl.
pastrunkis *vid.* strunkis.

pat (1) eben, just, lihds pat gallam bis zu Ende, ‒‒nahwel
  bis in den Tod, (tepat, schepat, turpat *vid.* tē, schē,
  tur.) (2) ganz, pat teju, pat klahe ganz nahe. (3) in
  den *Compos.* eigen, patgalwigs eigensinnig.
pats (siehe *Gram.* §. 67.) selbst, eigen, weens, ganz allein, tas pats eben derselbe, paschá zellā recht auf
  dem (im) Wege, paschás kahsás mitten in der (wäh-
  render) Hochzeit.
ihpats eigen, (persönlich,) ‒sehr allein, besonders, apart,
  eigentlich, ‒schums Eigenschaft, Eigenthum, ‒schiba
  Persönlichkeit.
patakkas Dünnbier, Tafelbier, buhs leetus kà patakkas wir
  werden einen lang anhaltenden Regen haben.
pateesi *vid.* teef.
[patmalla Wassermühle. *Obl.*]
pats *vid.* pat.   patschahbuls *vid.* tschahbuls.
patwehrums *vid.* twehrt.   paudeht *vid.* paust.
paugas Kummet.
paukfch stellet den Schall vor, wenn etwas platzt oder ber-
  stet, ‒eht schallen vom platzen.
[paune Wattsack. *E. L.*]
pauns *m.* Vordertheil des Haupts, ar‒u mit der Stirn.
paupt verrecken.
paure Hintertheil des Haupts, plikpauris der einen kahlen
  Nacken hat, kaschku pauris Schorfnickel, ‒etees sich
  den Nacken kratzen.
paust, paudeht ruchtbar machen, unter die Leute bringen
  oder ausbreiten, ispaustees lautbar, kund werden.
pauts *m.* Ey, (tik lihds kà pauts pautam so ähnlich als ein
  Tropfen Wasser dem andern,) preekfch‒ Vordertheil,
  E. L. bebra pauti Bibergeil.
pawads *vid.* west.   pawalgs *m.* Zukost.
pawars *vid.* wahriht.   pawassara *vid.* waffara.
paweddens *m.* Spinn- oder Zwirnfaden.
pawehnis *vid.* ehna.
[pawihdeht mißgönnen. *Obl.*]   pazmit *vid.* definit.
pee (1) *praepos.* bey, zu, an, pee simts zilwekeem tur
  bija es waren da ohngefehr hundert Menschen. (2) in
  den *Compos.* bey, zu, herzu, hinzu, an, (voll.)
                                           peedurkne

peedurkne Ermel.
peeguls *vid.* gulleht. peejums *vid.* jumt.
peekohdinaht *vid.* kohdinaht. peekurs *vid.* kurt.
peens *m.* Milch, *igs milchig, pirmpeena Kuh, die das erste Kalb hat.
peepes Rahm, Schimmel, ehe kahmicht werden.
peepeschi *adv.* plötzlich.
peere Stirn, es weeta Schädelstätte, lauku- Bleſſe vor der Stirn, azs e Aug im Kopf.
peerendeele Viertel (Weges.)
peeschi Sporen.
peesta Stampf, warra- Feuermörſer, vierſchrötig Menſch, (gruhschamajs peests Stampf, Keil. *E. L.*)
peezi, as fünf, kts, a d. d. d. fünfte, k deena Freytag, (leela- Charfreytag,) kts wakkars der Abend vor Freytag, an welchem Abergläubische nicht spinnen
pehda Fußstapf, (*it.* Schuh oder Fuß Maaß,) [*E. L.* Bund roh Flachs,] no ahm lihdſ pat galwas von den Fußsohlen bis an die Scheitel, tehwa- as miht dem Vater nacharten, as düht ſpüren, der Spur nachgehen, rattu- as Wagenleiſe.
  pehdigs, a letzte, igi letztlich, endlich, ſchlüßlich, pehdejs letztere, papehdis Ferse oder Hacke.
pehle (is) Bettpfüle.
pehpeles Pappeln.
pehrkons Donner, na kaſa ein Vogel, der wie eine Ziege meckert.
pehrle Perle.
pehrns, a juſährig, pehrni, pehrn zu Jahr, aispehrn vor zwey Jahren.
pehrt baden, *it.* prügeln, renes Schläge, Prügel.
[pehrte, ikis Affe. *E. L.*]
pehrwe Farbe, eht färben.
Pehteris Peter.
pehz (1) *praepoſ.* nach, to, ta, tam darnach, darauf, ſchim hernach, hinſühro, dabbas der Natur gemäß, tee balloschi newa pehz audſinaſchanas die Tauben ſind nicht zum erziehen. (2) *praepoſ. poſtpoſ.* wegen, halben, um wegen, kapehz weswegen, warum, tapehz darum,

darum, derowegen, (‹ kà weil,) tabapehz eben des,
wegen, derohalben, (3) *adv.* hernach, darnach, nach,
mals ic. ‹galla zuletzt, endlich.
pekk‹ Kühpfütze.
[pekle Hölle, morastiger Weg. *Lit.*]
peldeht schwimmen, sirgus‹ die Pferde schwemmen, teh,
wam pakkal‹ Vaters Weise an sich nehmen, nachfolgen,
‹ du eet schwimmend gehen, ‹ inalit schwemmen lassen.
pelkis Pfütze, pellahda *vid.* pelle.
pellawas *vid.* pellus.
pelle Mauß, ‹es Viehkrankheit, da die Mäuse oder Drü,
sen lebendig werden, pell-ahda Fledermauß, ‹ehks
maußfarbig, aschfarbig, grau, ‹eht maußfalb werden,
schimmeln, kamicht werden.
pellus Kaff, Spreu, [pellawas *id.*] ‹otne Kaffscheuer oder
‹Kammer, [pellegde Spreuboden. *E. L.*]
pelni Asche, ‹u deena Aschermittwoch, ‹u ruschkis‹Aschen,
pehsel, schmierichter und verachteter Junge.
pelnihe verdienen, erwerben, verschulden, pelni Verdienst,
‹ ijums *id.* nopelns, ‹ums Verdienst, Gewinn, atpel,
nihe abdienen, eepelnitees sich durch Verdienst was
sammlen.
pelt lästern, ne pellams unsträflich.
[pelze Pfütze. *E. L.*]
pempt schwellen.
peppe ist ein Kinderwort und heist Fleisch.
peppeles Pappeln.
[perpt quienen, ‹plis was vom Vieh nicht recht fortkom,
men will. *Lit.*]
perreht brüten, aushecken, ‹etaja auch ‹iga wista Brüthen,
ne, ‹eklis Brütnest, ‹inaht sohbus Zähne machen.
pescha *vulva.*
pestelis alles was man für Zauberey hält, (*vid. Gram.*
§. 214.) eepesteleht ein Zauberstück eintragen.
pestiht erlösen, befreyen, erretten, ‹tajs Erlöser, Heiland,
‹schana Erlösung, Heil, (‹as nauda Lösegeld.)
[pettens *vulva.*] [pi bey, *Obl.*]
pibkste (1) Pihsker, eine Art Fische, (2) ein Pfeiffsack, der,
die immer weint, ‹ehe pfeifen wie eine Mauß, *it.* pfei,
sen und weinen. pihladsis

pihladſis Pielbeerenbaum.
pihlaris Pfeiler.   pihle zahme Ente.
pihmaigs ein zu fein gesponnener Faden, der nicht hält, son-
    dern bricht.
pihne vid. piht.   pihpe Pfeife.
pihrags Speckkuchen,   pihlde vulva.
[pihſkops id. qd. biſkaps E. L.]
pihſchli Staub.
pihe flechten, ſtarpá pihtees ſich einmengen, ne pinnees ar
    winnu habe keinen Umgang mit ihm, fliehe ſeine Ge-
    meinſchaft, pinnejs Flechter, pihkchana das Flechten,
    it. der Umgang, pihne Kopfflechte bis am Haarzopf,
    pihnis geflochten Geſchirr, pinneklis Pferde Spanſel,
    dſelſu-i eiſerne Helden oder Fußeiſen, Banden.
  appihts pl. ſchi die herfürragende Hölzgen oder Aeſtlein
    an den Pflugſtangen, woran die Stricken vom Kum-
    met befestiget werden.
pihte, ſemmes, Erdenkloß.
pihska Peitſche, -aht peitſchen.
pijoble Geige, -es Violenblumen.
pikka Erd- oder Leemklumpen.
pikkis Pech, -oht pechen.
pikts a böſe, arg, ſcharf. Lit.
pildiht vid. pils.
pilleht tröpfeln, triefen, flieſſen, -inaht einträpfeln, act.
pils, lla auch pilns, a voll, lihdſ pilnam bis oben zu, pa-
    pillam (-nam) völlig, gänzlich, pilui völlig, -iba
    Fülle, Ueberfluß, it. Vollkommenheit, -ums Fülle,
    Ueberfluß, -igs völlig, vollkommen, -diht füllen,
    -dinaht oft füllen.
pils f. Schloß, Burg, -ſahts Stadt, Veſtung.
pinka Locke, Mahrlocke, -ains zottig, -eht peinigen, E. L.
    ka- verkuppeln, verwickeln, verwesen.
pinne Schließnagel.
pinneklis vid. piht.
Pinnis Finnländer, -iſks Finländisch, Pintains halber Finn,
    die Pohlniſch-Lieſländer werden von den Oberlauſi-
    ſchen aſſo genannt.
[pintikis Laff, Rotzlöffel, Obl.]
pippele Fiesel.   pipperes

pipperes (*E. L. ,*aris, ,uris) Pfeffer, fa,eht einpfeffern.
pirdeht *vid.* pirst.
pirksts *m.* Finger, kahjas, Zehe, ,aini Fingerhenschen.
pirkt kaufen, ,zejs Käufer, ,kums was man gekauft hat,
    atpirkschanas nauda Lösegeld.
pirms (1) *praepos.* vor, (2) *adv.* pirms (,is) ehe als,
    (,ne kà ehe noch,) wiss, zuförderst, (3) pirms, a
    d. d. d. erste, vorderste, vorige, ,mak eher, zuvor, vor-
    mal, ,aks d. d. d. erstere, ,oji Erstlinge, pirmdeena
    Montag.
pirst (*E. L.* pirdeht) furzen, ,deens Furz, pirsche *m. er*
    f. Furznickel.
pirts *f.* Badstube, ,neeks der sich badet.
pischeht pissen, ist ein Kinderwort.
pisiks *m.* alles was verächtlich klein ist.
pist ficken.
plahksta Schote, darin, noch keine Erbsen sind.
plahns, a eben, flach, ,allus schwach, gering Bier, (2) *subst.*
    Lenne, us plikku plahnu auf die kahle Erde oder
    Boden, plahnas laiwas stuhmejs, plahnu galdu ur-
    bejs ein fauler Mensch.
plahpt plappern, ,is *f.* e (,a) Plapperer, der da redet,
    was ihm vors Maul kommt, ,eht (,ahe, ,oht) re-
    den was vors Maul kommt.
plahsteris Pflaster
plahtiht ausbreiten, aus einander legen, von einander sper-
    ren, mutti, gaffen, sawu mutti par ohtru, sein Maul
    für einen andern aufthun, d. i. für einen andern reden
    und ihn vertheidigen, ,itees sich viel den Leuten zeigen.
plahwejs *vid.* plaut.
plahze Holz über der Wagenachse.
plahzens (,zinsch) Kuchen oder Fladen.
plaikschkinaht klatschen.
plaisiht (*E. L.* ,aht) platzen, bersten wie die Hände vom
    Winde
plakka Kuhfladen.
plaksch stellet den Schall vor, wenn man mit der flachen
    Hand aufs Wasser schlägt, *it.* wenn man eine Erbs-
    schote zerdrücket, ,schkeht klatschen.
plakstens (,insch) Augenlied.   plakt

plakt platt niederfallen wie ein Hase, fa, sich senken wie Heu, plakkans plattlecht, ≈zzinahe platt machen durch klopfen oder drücken, paplakt zusammen fallen wie der Schnee vom Regen, peeplakku platt auf der Erde.

plaktini eine Art Unkraut im Korn, welches schwarz Brod giebt.

plasch, scha weit und breit, ≈i sanahkt zahlreich zusammen kommen, ≈teikt ausführlich erzehlen, ≈dsihwoht geraum wohnen, it. nach dem reichen Mann leben, ≈ums Ausdehnung, der weite Raum.

plats, ta breit, ≈ums Breite, ≈iht dehnen, ausbreiten, ausstrecken, plattaku darriht erweitern, isplattijums Weste, ausgedehnter Raum, plattmalla zeppure runder Hut, plattzirwis Plattbeil, Zimmerart.

plaudis G. scha Bressen, eine Art Fische.

plauksch stellet den Schall einer Maulschelle vor, ≈schkeht klatschen.

plaukste (≈sts) flache Hand, ≈eni (≈oni) Fausthandschuhe, Fäustlinge.

plaukt schossen, sprossen, ausschlagen, deena plaukst der Tag bricht an.

plaukts m. Schranken, Brett an der Wand.

plauschi (E. L. plaukschni, plauzes) Lunge.

plauskas Schinn im Kopf.

plaust durch Waschen nass machen.

plaut mähen, erndten, gar ausim≈ hinter die Ohren schlagen, plahwejs Schnitter, plauschana Erndte, plawa Wiese, Heuschlag, eeplaut den Anfang mit Mähen machen.

plazzis G. tscha der Platz, Wahlplatz.

pleederi Fliedern, Hollunder.

plehkste id. qd. plahksta.

[plehpereht plappern. E. L.]

plehschi Blasbalg.

plehst reissen, spleissen, laudis≈ die Leute schinden und schaben, ≈igs reissend, it. ein geiziger Schinder, ≈sums was zum erstenmal zum Ackerland aufgerissen wird, (E. L. Brachacker,) atplehst auf≈ ent≈ wegreissen, it. aufsperren,

mutti

mutti usplehst das Maul aufreissen, aufsperren, (papuü, Brach pflügen.)

plehtiht, (,aht) vid. plest.

plehwe (1) Häutgen am Fletsch, (2) Haut, die sich über Brey setzt, ugguns, Brandnarbe.

pleikis Glatz, Glätze.

pleikfch stellet den Schall einer Peitsche vor, ,fchkeht klatschen.

[plekfne Fußblatt. E. L.]

plekstes Buttin, eine Art Fische.

plennize(1)ein Flügel an den Balkenflössen, (2)platte Peitsche.

plept, ,inaht plappern.

plerre Zierchen, die sich geputzt brüstet.

plest ausbreiten, dehnen, mutti at, lechzen, plehtiht (,aht) auffperren, ausbreiten.

pletteht pletten, glatt pressen.

plezis m. Schulter, usplezzis Schulterstück am Hemde.

plezzes Plattfische.

plihkfch stellet den Schall einer Maulschelle u. Peitsche vor, ,fchkeht klatschen.

[plihre id. qd. klihre]

[plihsis Aufsähnen, Höjanen. E. L.]

plihst spalten, bersten, reissen, Ritze bekommen, lai plihst lai luhst es mag bauen oder brechen, plihsam, paplihschu darriht aufreissen, act. E. L. ,fums Spalt oder Riß, (debbes, Aufthun des Himmels, ,plaksteni Schärte im Augenliede.)

[plihte Ziegelstein. Lit.]

plihteht zechen, saufen, rihe in, prassen, schwelgen, banketiren, ,tneeks Säufer, pl. Saufbrüder.

plikke Maulschelle, ,eht Ohrfeigen geben, kche labbas plikkes aug hier (wo der Gersten gut steht) wachsen derbe Maulschellen.

pliks, a kahl, blos, nackend, ,a zeppure ein Hut, ,ums Blöße, ,galwa Glatze, Glätze, plikkis, plikkadihdis kahler Mensch, der nichts bey Leib und bey der Seelen hat, plikgalwis, plikpauris Kahlkopf.

plikfchkinaht (1) mit den Händen klatschen, (2) im Klatschen von den Dächern treufeln, ar azzim, mit den Augen blinken.

plinte Flinte.   plifka plikka *m. f.* zerkoderter Mensch, (saplikkaht zerkodern,) ›u ‹am wenn die Kodern herbey bummeln.

plohkt flöht werden, uhdens irr plazzis das Wasser ist gefallen.

plohfiht zerren, zerreissen, ‹ees jachten, tollen, rasen, lärmen.

plohsts *m.* Fähre, Floß von Balken, ‹neeks der mit den Flössern gehet.

pluddens *vid.* pluhst.

pludduri alte Bettellumpen, ›ains verlumpt.

pluhkt pflücken, raufen, rupfen, spalwas‹ Federn schleissen, ‹kahr zausen, zupfen.

pluhme Pflaume, seltena‹ Spilling.

pluhst sich ergiessen, überschwemmen, sich ausbreiten, uhdens pluhdi auch pluddi Wasserfluth, Sündfluth, pluddens Regen‹ Westwind, (is‹ sich ergiessen, *it.* ruchtbar werden.)

pluhtiht dünn scheissen, pluhtas (‹ekas) dünn Scheiß, ‹ka *m. f.* der einen Durchfall hat und sich nicht reinlich hält.

plukkats der nichts zum besten hat, und man es ihm an der Kleidung ansehen kan.

plukschkeht (‹ohe) plaudern, ‹kis Plauderer, Schwätzer.

pluke an Haut und Haare abgehen, verbrühen, ‹zinaht abbrühen und die Haare abnehmen.

pluntsches Herzschlag, Eingeweide.

pluntschoht im Wasser pladdern.

plupt sprudeln wie kochend dick Grütze.

plufkas zerrissene Lumpen, ‹aht zerkodern, plufchkis, plufkata abgekoderter Mensch.

pluzzinaht *vid.* plukt.

pohds *m.* Topf, *it.* Liespfund, Centner, krahsna‹ Kachel, ‹neeks Töpfer.

pohga Schelle, (*pl.* Corallen, *E. L.*) ‹aht wie eine Schelle klingen, lakstigalla pohga die Nachtigall schlägt.

Pohlis Pohl, *f.* ‹ite Pohlin.

pohst säubern, reinigen, fegen, ausräumen, kohku‹ einen Baum bepuzzen, beschneiden, affakas is‹ ausaräten.

pohsts, a wüste, *subst.* Wüsteney oder wüstes Gebäude, ‹a weeta eine alte Stelle, wo vormals ein Gebäude gewesen, ‹ā eet zu Grunde gehen, verderben, zertrümmern,

mern, ‒ihs verwüſten, plündern, [‒awa Wüſteney,
Obl.] is‒ zerſtören, verheeren, ausrotten, no‒ lihdſ
pat ſemmei ſchleiſen, der Erde gleich machen.
pohteht pfropfen.   pokurtis *vid.* kurts.
[poſchaks Webeholz, damit man das Garn vom Baum
     abläßt. *E. L.*]
poſte Pfoſten.
[praggars den man nicht ſatt machen kan. *Obl. Lit.*]
prahmis ein Floß, darauf man ſich überſetzt.
prahts *vid.* praſt.
praſſiht fordern, bitten, fragen, mahnen, is‒ ausforſchen.
praſt verſtehen, merken, faſſen, gohdu‒ Ehre im Leibe ha‒
ben, es prohtu, kā winſch bijis ich denke, daß er ge‒
weſen, prohti verſtehe, nemlich, prohtigs auch prat‒
tigs verſtändig, *ie.* verſtändlich, nopraſt wohl verſte‒
hen, erachten, ſa‒ verſtehen, begreifen, (‒attigs ver‒
nünftig, verſtändig, ‒ohtigs verſtändlich, begreiflich,
‒ohtams merklich, ‒afchana Verſtändniß, Vernunft,
Begrif, Witz, neſapraſcha *m. et f.* Unverſtändiger,
Dummer.)
prahts *m.* heiſt alles was zur denkenden und wollenden
Kraft gehöret, als: ar prahtu darrihn mit Verſtand,
(Ueberlegung) thun, pee pilla‒a buhe bey völliger
Vernunft ſeyn, pehz Deewa‒a nach GOttes willen,
tas man‒ā nabk das fällt mir bey, gruhts prahtsus mah‒
zibu ſchwerer Kopf zum lernen, mihſu‒u turreht ei‒
ne gute Zuneigung haben, man labs‒pee winna ich
habe ein Wohlgefallen an ihm, mans‒lauſchahs us to
mein Herz, (Gemüth) neigt ſich darnach, man‒ā
ſchaujahs to darrihn es kommt mir an, ich bekomme
eine Begierde es zu thun, tehwa‒ väterliche Geſin‒
nung, meeſigs (meeſas) fleiſchlicher Sinn, zittā‒ā
tapt anders geſinnet werden, auf andere Gedanken kom‒
men, labbā‒ā (labbis‒ſs, ar labbu‒u, labpraht)
gern, gutwillig, von freyen Stücken, weenadā‒ā buht
einmüthig ſeyn, übereinſtimmen, eben ſo geſinnet ſeyn,
tas irr ihſti pehz manna‒a der (das) iſt recht nach
meinem Sinn und Gefallen, pa‒am isdohtees nach
Wunſch gelingen, ſawā‒ā apņemtees den Vorſatz
faſſen,

faſſen, ar tibſchu ›u mit Vorſatz, vorſetzlich, fawā
›ā darriht vor ſeinem Kopf thun, ar ſirds ›u mit
Ernſt, (mit Andacht) es ›pſinnohs fawā ›ā ich bin
in meinem Gewiſſen bewuſt, drohſch› getroſter, freyer
Muth, ahran ›a unſinnig, wahnwitzig, irr im Kopf,
pl. Sinnen, wiſſi prahti alle Sinnen, tee peezi
juſchanas prahti die fünf Sinnen.

prahtigs, a verſtändig, vernünftig, augſt› hochmüthig,
diw› wankelmüthig, zweifelhaft, lab› willig, guther›
zig, ween› einig, einträchtig, bes› unvernünftig, un›
ſinnig, aberwitzig, ne› unverſtändig, einfältig, tumm.

prahteht viel Worte machen, viel reden und ſeinen Ver›
ſtand zeigen wollen, is› ausgrübeln, ›neeks der alles
verſtehen will, (ne› Unweiſer, Unverſtändiger,) bey›
prahta *m. et f. id.*

prahws, a groß, ziemlich, erwachſen.

praulis Feuerbrand, elles› Höllenbrand, prauleht glühen,
it. modern.

praweets Prophet, ›ſchu mahziba Weiſſagung, (››u flud›
dinaht weiſſagen.)

preede Tanne, ›uls Tannenwald. *E. L.*

preeds *m.* Zugabe beym Handel.

preeks *m.* (preeza) Freude, Luſt, ›zas mahzitajs Evange›
liſt, ›zas mahziba Evangelium, ›zigs frölich, freudig,
luſtig, ›zatees ſich freuen, eepreezeht, ›inaht erfreu›
en, tröſten, ergötzen, aufrichten, ꝛc.

preekſch (1) *praepoſ.* vor, für, (2) *ſubſt.* die vordere Sei›
te, us› u nach vorn zu, (››kluht wohl fortkommen,
von ſtatten gehen,) no ›a von vorn, ›ā voraus, *it.* in
Gegenwart, (3) preekſch, ›a, ›an vorwerts, vor,
für, herfür.

preekſcheſs, ja d. d. d. vorige, ›heeks Vorweſer, Ante›
ceſſor, *it.* Rädelsführer, no › enes von vorn.

papreekſch, u. an zuvor, vorher, voraus, zuerſt.

preeſteris Prieſter.

preewites Hoſenbänder. *E. L.*

preeza *vid.* preeks.   prehſlize *vid.* ſprehſt.

preileine Fräulein.

prett (, i, , im, , ib) *praepos.* gegen, wider, (2) *adv.* pretti entgegen, gegenüber, tur, dagegen, hingegen, herge-
gen, itt, recht gegen über, (*it.* vor Augen,) pretti-
neeks, prettibneeks Widerpart, Widersacher.

prezze Waare, Kram, , eht handeln, kaufen und verkaufen,
it. freyen, , etajs Freyer, , ineeks Krämer, *it.* Frey-
werber, apprezzeht befreyen, verloben, (, ees sich verheyrathen,) pahr, verhandeln.

[prikschke Krückente. *E. L.*]

prikschkeht prasseln wie Feuer.

priseh, scha frisch. [prohds *m.* Fischteich. *Obl.*]

prohjam fort, ferner, jo, ferner, hinfort, , iba Fortgang.

prohti *vid.* praht. Pruhsis ein Preusse.

pudduris Buschgen, z. E. Johannisbeeren.

pudurkfnis (pudrukfnis) Geschmeiß, *it.* Häufgen, z. E.
Ameisen, Küchela ɛc.

pueschi *vid.* puht.

puhkas (1) Pflaumfedern, *it.* die ersten sanften Federn an
einem Küchel oder Gesselgen, (2) Milchhaar, (3) das
haarichte an Kräutern, das sich wegblasen läst, , ains
sanftfedericht, milchhaarig, rauchhaarig.

puhkis Drache, dufmu, Zornsüchtiger.

puhleht plagen, morachen, fa, zernichten.

puhpedis Bubenfiest, eine Art von Erdschwämmen, welche,
wenn sie dürre sind, einen schädlichen Staub wie Rauch
geben, (*E. L.* puhpeji Schwamm, Rietzgen.)

puhpuli Palmen, (*it.* Bachweiden Blüte oder Gewächse,
die zuletzt wie Federn in der Luft zerfliegen,) , u swehd-
deena Palmsonntag.

puhrs *m.* Loof, Scheffel, *it.* Mitgabe, Aussteuer, meitai
puhru dohe die Tochter aussteuren.

puhslis *vid.* puhst. puhsno *vid.* puht.

puhst blasen, hauchen, Athem holen, puht sprahklé leck
mir im —, puhflis Blase von einem Thier, duhdu-
Dudelsack, (*pl.* puhfchli) , loht blasen und allerhand
Zeug und Gemurmel nach Art der Zauberer machen,
atpuhstees sich erholen, Luft krigen, Luft schöpfen, Athem
holen, nopuhst wegblasen, (, ees seufzen, nopuhtas
Seufzer,) uspuhst ausblasen, (, ees sich aufblähen, sich
brüsten.)

puhr

Pub Pum 113

puht faulen, modern, verwesen, it. rotten, schlafen, puśims Fäule, Verwesung, pueklis (puweklis) Faulwerk, Sachen, die da faulen, [puhte Blatter, E. L.] puéfis G. scha Eyter, Materie, (azzis ar, eem Butteraugen,) puhsnis pl. puhschai was verfault ist, als: kurz Mist, Eyter, (, ains eyterig, , noht eytern, Materie setzen,) puhsne Schlafnest, (meega-pohsnis Schlafratze, verschlafener Mensch, meega-puhsis f. -sche id.) skudru» Ameisenhaufen, uttu-puhsnis Lausangel.

puhdeht, , inaht faulen lassen.

papuä, papuwe Brachfeld.

puhtels m. Speise von Habermehl, welche kalt gegessen wird.

puhtschka Dößgen, , Canonen.

puhze Nachteule, it. böses Mensch, , ire Henne, die wie eine Eule rauch bewachsen.

[puisaht, is , abschinden, zu sehr nützen. E. L.]

puifis Junge, it. Kerl, , ens Knabe, puisch Jung! Kerl! Bursch! (pagi, paga, wart mir nur, puische kommt her, hör!)

pukke Blume, uggunspueerlilje, pukkite rohsire ist eine Bauercaresse und eben so viel als Allerliebste, appukkoht beblümen.

pukkoht pochen, kein gut Wort geben.

puldeleht pudeln, irren, fehlen.

pulgoht verachten, verschmähen.

pulkis dick und kurz Stöckgen.

pulks m. Haufen, Menge, Schaar, Parthey, (it. Regiment, Compagnie,) gannams, Heerde, (pulki Glieder in der Schlachtordnung,) jauni pulzini Bienenschwarm, sapulzeht versammlen, zusammen rotten, (, inaht zusammen kommen lassen, , ees weens pret ohtru sich wider einander empören, muischneeku sapulzinaschanas deena Landtag, Leelu Kungu sapulzinaschana Reichstag.)

pulkstens (, nis) Glocke, Uhr, dim. , inseh. , ihts bedeutet auch eine Cymbel. E. L.

pult fallen, puldams eet er geht stürzens, fallens.

[pulzenis ein mit Bork überzogener Bienenstock. E. L.]

pumpa Knauf, Beule.

pumpe

pumpe Plumpe, ˌeht plumpen.
pumpt schwellen, aufgeblasen seyn, ˌums Beule, uspum-
    pufi mutte Pantzbacke.
pumpuris Knospe, ˌinaus mest Augen setzen oder gewin-
    nen, it. ausschlagen.
punduris Kordueppel, d. i. der kurz und dick ist.
punkis Rotz, u zellinsch die Straße unter der Nase bis
    an die Lippen, ˌu degguns Rotzlöffel, Schnoddernase,
    ˌains rotzig, ˌppunkotees sich beschnoddern.
punnis harte Beule, Apostem, ˌuwehderis Dickbauch.
puntschoht, fa ˌverkuppeln, verwickeln, zusammen binden,
    ˌotas kahjas gekoppelte Füsse, wie an einer Henne, die
    sich verwickelt hat.
puppis G. pa Zitze, Brust.
puppa Bohne.   puppikis Wiedhopf.
purksch der Schall eines Furzes, ˌschkis Furz, ˌkeht furzen.
purns Schnautze, Maul am Vieh, (Schnabel,) sumpurns
    der ein Hundemaul hat wie ein wilder Kalmuck, (Viel-
    fraß, E. L.)
purrene kohks id. qd. irbene, vid. irbe.
purrenes Rapunzen.
purrinaht im Sande baden, ˌees sich auswettern wie das
    Fasel.
purws Morast, Sumpf, ˌains sumpfig, morastig, ˌekli-
    Morast-Sumpfloch.
puschka, (ˌainis E. L.) Blumenstrauß, ˌoht zieren,
    schmücken.
puff halb,   lihdf halb und halb, mittelmäßig, ziemlich,
    puffe Hälfte, Seite, it. Gegend eines Orts, ohtra
    andere Hälfte oder Seite, (bey Weibern heist es die
    Nach oder Aftergeburt,) proekfch-Vordertheil, schai
    puffs disseit, winna (winn puff) jenseit, us pufsi
    auf die Hälfte, halb, no mannas puffes von meinet-
    wegen, no Deewa-um Gottes willen, augschpufss
    oberwerts, eekfch ˌeinwerts, ahra ˌauswerts ꝛc.
    us eekschpuffes hineinwerts ꝛc.   puffdeena Mittag,
    Süden, pusch muzza Halbtonne, puffel sefchi halb
    sechs ꝛc. puscham entzwey, ˌu von einander, pusch
                                                        puscham

puschain in Trümmern, puschelneeks Hälftner, der
 mit einem andern auf die Hälfte des Landes geht.
puff swahretschi *vid.* swahrki.
pusch tschuhtschis *vid.* zuhka.
pusswista *vid.* wista.
pusskohku lehzejs, puff-airu ihrejs sind Lettische Schimpf-
 wörter, und bedeuten einen faulen Menschen.
put put so ruft man die Hüner, putwista Nachteule, (weil
 se so schreyet, wie dieser Name lautet.)
putns *m.* Vogel, *pl.* heists auch Fasel, swehts: Storch,
 -ineeks Vogelsteller, putns wird auch bisweilen *abu-*
 sive vor ein wildes vierfüsiges Thier genommen.
putra gekochte Grütze, Gemüse, putraims rohe Grütze, putru muischneeks armer Edelmann, putroht pahtarus die Gebeter geschwind hinter einander wegschnattern.
putteht (-oht) stäuben, schäumen, puttas Schaum, -eklis
 Staub, -inaht (stäuben, abschäumen,) stuhmen, kā tu
 iputteru daß du verschwinden möchtest, ist ein Bauer-
 fluch.
puttenes Quitschbeeren, Vogelbeeren.
putwista *vid.* put.   puweklis *vid.* puht.
puzz puzz so hetzt man die Hunde auf die Schweine.
puzeht putzen, beschneiden, rein machen, no-bahrdu den
 Bart abbarbiren, puzmessere Scheermesser.

[R abbata Zinse, Strafgeld. *E. L.*]
raddiht erschaffen, -itajs Schöpfer, -ijums, (-ita leeta) Ge-
 schöpf, Creatur, -iba Geburt, (tur irr taggad -as
 dort sind alle Anstalten zur Niederkunft, tur driht
 -as buhs dort wird bald Kindtaufe seyn,) raddinaht
 vid. rast.
rads *m.* Verwandter, Blutsfreund, -s gabbals weitläuftiger
 Freund, -iba Verwandschaft, -ineeks Verwandter.
radsinsch *vid.* rags.
raggana Hexe.
raggus *pl.* (-awa) Holz- oder Bauerschlitten zum Schleppen.
rags *m.* Horn, sohbina raggi Degengesäß, *E. L.* assinu
 radsinsch Baderkopf zum Schröpfen, saules raggi oder
 radsini Sonnenstrahlen.

rahdiht

rahdiht zeigen, weisen, lappu rahditajs Register, nakts rahdischana Gesicht, Traum, is: alles zeigen und weisen, pa: er: beweisen, er: bezeugen, überzeugen, offenbaren, parahdischanas grahmata ein Schein, Bescheinigung, (Jahna: die Offenbarung Johannis,) pee: anzeigen, zuweisen, zuführen zu jemand.

rahms, a zahm, bändig, still, fromm, iht castriren, schneiden.

rahpt (E. L. rahpeht) kriechen, rahpu eet auf allen vieren kriechen, ulis ein Kriecher.

raht keisen, einen anfahren, (E. L. im Zwang halten,) eehadern, schelten, sich streiten, zanken, rahjums ein Ort, den man zum Heuschlage oder Felde macht durch Ausreissung der Wurzeln, apraht bedrohen, is: ausjäten, no: mit Worten bestrafen, im Zwang halten.

rahtkungs Rathsherr.

rahws, a faul stinkend, a smakka fauler Geschmack, wie das grüne stinkende Wasser, a fahle ein Kraut, das an solchen Orten wächst.

rohzinksch weisse Rübe.

raibs, a bunt, scheck, fleckigt, sprenklicht.

raidiht schicken, senden, at: entlassen.

raises Kummer, Sorgen, Herzeleid.

raisiht reissen, at: losreissen, entknüpfen.

rakstiht schreiben, it. ausnähen, raksts m. Schrift, Figur, Deewa raksti Bibel oder H. Schrift, (skaitami: Zahlen oder Ziffern, i us drehbehm Gebräm, dabrgi: Brodirung,) itas drehbes ausgenähte, gestickte Kleider, awajs Griffel, aprakstiht be: umschreiben, umzeichnen, verbrämen, (eerakstinaht anschreiben,) is: Figuren ausnähen, noraksts Copey, (preekfch: Vorrede, it. Fürschrift, Fürbild, wirs: Überschrift, Titel.)

rakt graben, wühlen, razzejs Gräber, mirronu rakt eine Leiche begraben.

rammiht, ap: begraben, (it. ramdiht E. L.)

rante Rand, Kante, noranteht den Rand abhauen oder beschneiden.

rasbainceks Strassenräuber, Mörder.

rascha das Gedeihen, E. L. ens schön, was wohl gedeihet. *E. L.*

raschgels (=gens) verwickelt Garn, =eleht (=eneht) verwickeln, verknüpfen.
rasma das Gedeihen, rasilgs kohks ein Baum, der leicht Wurzeln fasset.
rassa Thau, it. feiner Regen, it. der Regen auf den Blättern im Walde, aprassoht bethauen.
[rassi vielleicht. Thm.]
rast finden, it. gewohnt werden, raddinaht einen angewöhnen, aprast mit andern gewohnt werden, at. finden, atraddinaht abgewöhnen, eerast, =ees sich gewöhnen, eerascha Gewohnheit, Sitte, Manier, eeraddums Gewohnheit, Gebrauch, Art und Weise, noraddinatees die alte Gewohnheit ablegen, farastees sich zusammen finden.
rats m. Rad, rattukaklis der Galgen und Rad verdienet hat, rattastabbis (rattastaps) Galgendieb, Galgenvogel, pl. ratti Wagen, rattinsch Spinnwocken, (dsennamajs=Schubkarren,) rattineeks Wagen oder Rademacher.
raudaht weinen, rauda die Klage, das Weinen, =u dseesmas Klaglieder.
raudawa wilde Ente.
raudseht vid. raugs.
raudsiht schauen, sehen, =ees zuschauen, zusehen, (aussehen oder sich gebehrden,) sehkihbi (greisi) schielen, (ta raugahs ki — es läst sich an zu —) raug, =i siehe, apraudsiht besehen, besuchen, ee=gewahr werden, (es winnu ne eeraugu ich leid ihn nicht,) no=absehen, (gaiku=sich nach dem Wetter richten,) us=blicken, Aufsicht haben, (usraugs Aufseher, Vorsteher, Verwalter, Vormund.)
raugs m. was zum Jehren bringt, als: Sauerteig, Hähnchen vom Bier ꝛc. azzu=Augapfel, raudseht zum sauren oder jehren bringen, allus noraudsejees das Bier ist verschalt, atraugtees mit einem Rülps aufstossen.
raukt enger machen, sekki no=den Strumpf ablassen, d. i. durch Ablassung einiger Maschen einziehen und enger machen, kaudsi no=den Korn= oder Heuhaufen zuspitzen oder immer enger machen, (raukums das Zugespitzte. E, L.)

raufis *G.* feba Kuchen, Fladen.
rauft, ap= Feuer bescharren.
raut ziehen, reissen, schleppen, zucken, lai wels rauj hol der
    Teufel, rahwejs Zieher ꝛc. raustihe zupfen, reissen und
    spleissen, (=idams runna er stottert, stammlet,) atraue
    ent zurückziehen, entwenden, (=ees sich zurückziehen,
    meiden,) no= abziehen, schmälern, (parauts prahts,
    no sewis parauts entzückt,) pee= stärker anziehen.
sawehtsäten
rē siehe, à rē siehe da, ist ein Kinderwort.
reddele Rauße über der Krippe, (Treppe, *E. L.*)
redseht sehen, =ams sichtbar, merklich, (azzim= augenschein-
    lich,) azzim redsoht Augen Ansehns, in Gegenwart,
    redsigs sehend, (=a nahwe augenscheinliche Todesge-
    fahr,) redsigi sichtbarlich, redsejums was man sieht,
    (ar to redsejumu, diese Redensart wird gebraucht,
    wenn man etwas zum letztenmal sieht,) (redsejums
    und =schana heist auch ein Gesicht, Traum,) eeredseht
    gönnen, gern sehen, is= ausersehen, auserwehlen, no=
    ersehen, (no Deewa noredsehts von GOtt versehen,
    verordnet, bestimmt,) pa= zum voraussehen, wahrsagen,
    sa= ersehen.
reebt (reebeht *E. L.*) verdriessen, tas man reebj das ist mir
    zuwider, mir eckelt oder graut davor, reebtees, atreebt
    rächen, reebejs Rächer, =schana Eckel, (at= Rache,)
    reebums das Grauen.
reekla kunna ein zänkisch beißig Weib.
reekschawa Gepsvoll.
reeksts *f.* Haselnuß.
reeschi die abgemessene Stücker im Acker, die die Bauren
    als einen Frondienst im Hofe bearbeiten müssen, =necke
    der sein Stück im Hofsfelde bearbeitet.
reest abfallen, *Adolph. Gramm.*
reestawa Weberbaum.
reet bellen, spohres sirgu reij die Bremsen stechen das Pferd,
    reetees sich beissen, zanken, rehjigs beißig, zänkisch,
    =jejs Beller, Zänker, =jums Biß, eereet einbeissen,
    no= todt beissen, rehta Narbe, (affinaina= blutige
    Wunde.)

reeteht, =inaht machen, daß die Milch zuschießt, puppi eereetejuschi die Brüste sind voll Milch.
reetschi Handwerks Geräth.
reezens Schnitt Brod.
rehdiht büßen, entgelten.
Rehdini Polnischliesländische Bauren, die die Lettische Sprache durch die Rußische, Polnische und Litthauische sehr melirt haben.
rehdineeks ein Riemer.
rehmens der Sahd, das Sohdbrennen im Halse.
rehtn *vid.* reet.
reibt düseln, schwindeln, allus reibst das Bier schlägt in den Kopf, räuscht, =igs widerlich, geil, enes eine Art Blaubeeren, davon der Kopf schwindelt, weil sie bey Pors wachsen.
reise Reihe, Schicht, weenu reist (weenreis) einmal, pirmu, (pirm=) das erstemal, scho= dismal rc. reisu reisehm mal über mal, pa reisehms eins ums andere, wechselweise, allmählig, unterweilen.
reisneeks Fuhrmann, der vor Geld von einem Ort zum andern fährt.
[reitini Tormentill. *E. L.*]
remdeht lindern, stillen, sänftigen, dämpfen, =ens lau, stackwarm, =inaht stillen.
remmesis *G.* scha [*Obl.* =sneeks] Zimmermann.
renge Strömling. *E. L.*
renne Rinne, =appaksch semmes Canal, Röhre, isrennaht ausrinnen, eine Rinne machen.
reschgis Flechte, Hürde, (eine von Binsen geflochtene Decke.)
resns, a dick, dickleibig.
rets, ta dünne, undeicht, selten, seltsam, retta kemme un= deichter Kamm, retti, =am selten, undeicht, paretti nicht oft, etwas zu undeicht, rettums Undeichtigkeit, Seltenheit.
retteija Tormentill, rettejumi Ottermennig. *E. L.*
rihbas Steinpülzen. *E. L.*
rihbeht drehnen, beben, poltern.
rihdibt, =inaht hetzen, no= zu Tode hetzen.
[rihdsinaht in die Ohren liegen. *E. L.*]

Rihge Riga, jauna=Friedrichstadt, **Rihdfinseks** ein Ri=
 gischer.
rihkle *vid.* rihe.
riliks *m.* Gefäß, Geschirr, allerhand Zeug, Geräth und In=
 strumenten, schaujams= Schießgeräth, Flinte ꝛc. *pl.*
 Geräthschaft, Hausrath, alwu=zinnen Zeug, zeenigi
 in spihdami= Juwelen, Kleinodien, (rihku galdinfch
 Erbenz isch.)
rihkste Ruthe.   **rihkuris** *vid.* kurt.
rihkis Reiß.
riht schlingen, schlucken, fressen, (*cf.* plihteht), ees sich sti=
 cken, sich würgen, =dams fressend, (=ugguns verzeh=
 rend Feuer,) **rihjejs** Fresser, Schlucker, Vielfraß,
 (assins= Bluthund, Blutgieriger,) **rihkle** Gurgel, Ra=
 chen, Schlund, (no pillas= es kleegt vollen Halses
 schreyen,) **plattrihklis** Großmaul, Schreyhals, skann=
 der eine durchdringende Stimme hat, *f. e.*
rihr *adv.* morgen, pa= übermorgen, aispa= nach übermorgen,
 über drey Tage, **rihts** *m.* der Morgen, no rihta puf=
 ses, no rihteem von Osten, prett rihta pusi gegen
 Aufgang, **rihtenis** der Morgenwind.
rihtelis Reuter, (=u spohks fliegende Armee, Cavallerie,
 E. L.)
rihwe Reibe, Reibeisen, =eht auf der Reibe reiben.
rija Heitzrige, Heitztenne, **rihkuris** (*E. L.* **rihkulis**) Rigen=
 ferl.
rikka maises groß und dick Schnitt Brodt.
rikschu im Trabe.
rimt still seyn, sich beruhigen, sich zufrieden geben, =ees
 sich bezähmen und still werden, wehjsch norimst der
 Wind legt sich, (ne norimt sich nicht steuren, *E. L.*)
 nerimsche Unruhiger, der in seiner Haut nicht dauren
 kan.
rinde Reihe, Ordnung, weená=s an einander, rindu rin=
 dehm reihenweise, rings in einer Ordnung herum.
ringeles Ringelblumen.
rinkis Runde, Kreis, =apkahrt der Umfang, =u=ds rings
 im Kreise herum.

rippe Scheiblein zum Kinderspiel, rippains sirgs Apfel-
 graues Pferd (mit runden Flecken.)
rist sich wie eine Naht zertrennen, (pee- anknüpfen. E. L.)
ritteht, is- dünne werden, wie das Korn vom Nordenwinde.
rietinsch (-ens) Wagenrad, it. Kreis, zelta- Kniescheibe,
 -tinaht rollen, welzen, assaras- Thränen vergiessen.
rohbesch (G. scha Grenze, it. Ziel.
rohbiht einkerben, (rohbs m. Kerb, Einschnitt,) is- aus-
 schneiden, aushölen.
rohka Hand, ne kas pee rohkas nichts zum besten, ne pee
 muttes ne pee rohkas nichts zu beissen, nichts zu brechen, -as resnums Arm dick, -as gulleht in den Armen liegen, -as nauda (nauda us rohku) Handgeld,
 Haftgeld, rohzina Händgen, it. Henkel, rohziba womit einer umgehet oder sich beschäftiget.
rohtschi id. qd. halste.
eerohzis G. tscha Instrument oder Rüstzeug, pl. Wehr
 und Waffen, ar -eem istaikiht ausrüsten, weenrohzis
 der nur eine Hand hat, it. eine kurze Sense, damit
 man nur mit einer Hand mähet.
rohse Rose, selta rohsite ist eine liebliche Benennung eines
 Frauenzimmers.
rohsehe m. er s. fleißiger Mensch, der sich immer was zu
 thun macht, -eht (-naht) in allen Winkeln kriechen
 und alles nachsehen, und sich, wo nur nöthig, etwas
 zu thun machen.
rohta alles, womit man umgehet, tas irr manna rohta das
 ist mein Zeitvertreib, pehrlu- Perlenschmuck, -aht
 auf seine eigene Hand spielen wie ein Kind.
rohtschi vid. rohka.
rubbens Birkhahn oder -Henne.
ruddens Herbst, -inaht im Herbst schmausen, ist eine Gewohnheit im Oberlauzischen, ruddeni sehjama labbiba
 Wintersaat.
ruds, da röthlich, dunkelbraun, -as azzis braune Augen,
 ruddens adj. grau ins röthliche, ruddmehsis eine Art
 von röthlichen Erdschwämmen.
rudsi Roggen, u bisse Roggenbüchse, d. i. ein Furz, weil
 der Bauch mit Brod geladen ist.
ruggaji Roggenstoppeln   ruhdi-

ruhdinaht betrüben, das Herz schwer machen, zum weinen bringen.
ruhgt jähren, säuren, wehders usruhgst der Bauch bläht sich auf, der Magen steigt in die Höhe.
ruhkains, a rauchhaarig, ꞏas kahjas bewachsene Füße (am Federvieh.)
ruhkis ein finsterer und saurer Mensch, der immer vor sich allein ist.
ruhkt brausen, sausen, rauschen, ꞏkā zuhka grunzen, ꞏkā lahzis brummen, ꞏkā lauwa brüllen, pehrkons ruhꞏ es donnert.
ruhkts, a bitter, herb.
ruhme Raum, it. Hoflage.
ruhniht castriren, wallachen, ꞏikis der diese Profeßion hat.
ruhnau pauti eine Art Morcheln.
ruhpt gereuen, verdrießen, E. L. ruhpeht sorgen, sich bekümmern, (imperſ.) ꞏetees besorgt, bemühet seyn, ruhpas Sorgen.
ruhsa Rost, it. Mehlthau, it. Brandkorn, E. L. ꞏeht rosten.
[ruhsche Rausch. E. L.]
ruhtenes Studentenblumen.
ruhtes Weinranten, lohguꞏ Fensterrauten.
rukt einkrümpfen, einschrumpfen.
rullis Kleiderrolle, ꞏeht rollen.
rumba Nabe, Büchse am Rade.
rummaks großer Hengst.
rumpis Rumpf, (Stamm, E. L.)
runga ein Prügel.
rungitis, rudsu soll ein Drache seyn, der Korn zubringt oder im Mahlen zuschüttet.
runnaht reden, sprechen, tikli (raustidams, ar mohkahm) runna er stottert, stammlet, runnas Gespräch, (ꞏturreht Rath halten, ꞏkungs Rathsherr, Oberrath,) leel-runnatajs Großsprecher, der sich durch sein vieles Reden sehen läst, aisrunnaht fürsprechen, vertreten, entschuldigen, apꞏ bereden, beplaudern, isrunnatees Ausflüchte suchen, (faꞏ sich bereden, rathschlagen.)
runzis Kater.
rupsch f. ja grob, ꞏa nauda hart Geld.
ruppuzis [E. L. ruppakschkis] Kröte.

rusche

rufche Ecke am Baurofen, da die glühende Kohlen aufbe-
halten werden, isrukchinaht die Kohlen umwühlen,
aus einander werfen, (man fagts auch vom Kehrig.)
rutks *m.* Rettich.

Sà tà so ruft man die Hunde.
sa *praepos. insep.* zusammen, zer.
sagahds *vid.* gahdaht.
sagt stehlen, saglis Dieb, sahdsiba Dieberey, Diebstal,
sagschus verstohlener Weise, heimlich.
sahbaks *m.* Stiefel, ‧kains gestiefelt, ‧kneeks der gestiefelt
einher geht und sich damit zeiget.
sahdscha ein Litthauisch Dorf.
sahge Säge, ‧eht sägen, ‧eris Säger.
sahkt anfangen, ‧zejs Anfänger einer Sache, eesahkums
Anfang, Ursprung, tee pirmi ‧i die ersten Elementen.
sahle Gras, Kraut, Würze, *pl.* Arzeney, nikna‧ Unkraut,
swaidama‧ Salbe, waiga‧ Schminke, nahwes‧ Gift,
schkaudeschanas‧ Niespulver, kwehpinaschanas‧es
Räuchwerk, dahrgas‧ Specerey, taukas‧ Fettwurz,
(firds‧ Bibinell, *E. L.*) bill‧ Schiespulver, mihle-
stibas‧ Liebestrunk, sahlu nams Apothecke, sahlains
grasicht, sahloht würzen, is‧ auscuriren, sahlohts
tabaks angemacht Toback.
sahls *m.* Salz, ‧igs salzig, ‧iht salzen, ‧ita galla Peckel-
fleisch, ‧ijums Salzlacke, Solack, ‧neeks (‧nize)
Salzfaß.
sahnis *G.* na Seite, sahnkauls Ribbe, sahnis *praepos.* bey
seit, *adv.* zur Seiten, seitwerts, neben, beyseits.
sahnus *pl.* Fahrschlitten, *Adolph. Gramm.*
[sahpasts Vorrath. *Obl.*]
sahpe Schmerz, Wehe, ‧eht (sahpt *E. L.*) wehe thun,
schmerzen, (*imperf.*) sirds‧ verdriessen, issahpis sohbs
ein Zahn, der vom Zahnweh ausgefallen, (‧uschas
azzis triefende Augen.)
sahrds (‧es,) sirau‧ Erbsenstaacken, eesardeht in Staacken
aufstecken.
sahrks *m.* Sarg, eesahrkeht einsarken.

sahcma

sahrma Rauchfrost.
sahrms m. Lange, eesahrmoht in Lange legen.
sahrni Blume der Weibsbilder, it. Schlacken von Eisen, Metall c.
sahrts (‚is) Scheiterhaufen.
sahta der Segen beym Essen, ‚igs sahtsam, mäßig, gnügsam, (ne‚ der mit Fressen und Saufen nicht gesättet werden kan, it. geitzig,) ‚iba Sahtsamkeit c. nesahrneeks Geitzhals.
saime Hausgesind, ‚es maise Volks‚ oder grob Brod, ‚neeks der Wirth, (‚a sirgs‚ Wirthspferd, d. i. ein schlecht Pferd.)
saimoht lästern.
saite, saistiht vid. seet.
[saiwa Weberspul. E. L.]
sakkas Holz am Kummet.
[sakkas (‚i) Fichtenharz. E. L.]
sakkis Hase.   sakkums Mistgabel.
sakne Wurzel, ‚ains wurzelicht, ‚obt wurzeln.
saksсhа lange wollene Weiberdecke, die doppelt getragen wird, puff‚ eine kurze Decke.
sakts m. Breez oder Spange.
[salahgs Salvegarde. E. L.]
saldats Soldat.   saldohksne id. qd. irdene,
salds‚ a, (‚ans) süß, ‚ums Süßigkeit.
salkt, is‚ hungern, iskalzis hungrig.
salla Insel, Holm, (‚spekku‚ Speckseite.)
sallaka großer Stint.
sallinaht Malz zum Bierbrauen einbrühen.
salms m. Strohhalm, pl. Stroh, Streu, ‚ains strohern.
salna vid. salt.   sallokснis vid. selt.
salsсh vid. selt.
salt frieren, salts, a kalt, ‚ums Kälte, sals m. Frost, salla mehnefs November, salna Frost, Reif, (‚ainsch reisig,) atsallis wenn der aufgethaute Schnee wieder besroren, sasaldiht verkühlen.
saltis G. sсha eine Art Schlangen.
salwe Salbe, jaukuma‚ Schminke.
salwette eine Serviette.

salwijes

salwijes Salbey. [sam unter Obl.]
samist, is, vid. mist.
samtenes Samtenblumen.
sankis Sumpf, Pfuhl.
sapnis Traum, sobt träumen.
sappals (sole) Alantöbleyer.
Sappe Sophia.
sargaht hüten, bewahren, in Acht nehmen, sargs Hüter, Wächter, (bes sarga buht ohne Aufsicht seyn.) mescha, Waldförster, Buschwächter, mantu Schatzmeister, barribas Speisemeister, (epsargs Salvegarde. E. L.)
sarkt roth werden von Hitze, it. glühen, sarkans, a roth, (sums Röthe, dahrgs, Purpur, Scharlach) eesarkter röthen, no, ganz roth, glühend werden.
sarma Rauchfrost, apsarmoht mit Rauchfrust beziehen.
sarna (E. L. sns) Darm.
sarri Mähnen, Borsten, it. eine Kinderkrankheit, Mitesser genannt.
sars m. Ast, Zweig, Knast, it. Zacke, Knorren am Baum, insch Reiß, Sproß, Aussprößling, wihna kohka sars Weinrebe, sarrains ästig.
saudeht verderben, verlieren, verscherzen, zernichten, eenaidibu, die Uneinigkeit stillen, grehku saudetajs Sündentilger, nosaudeht einbüßen, verlieren, pa verdammen.
saudseht schonen, sparen, (sigs sparsam.)
sauja Handvoll.
sauke rufen, nennen, kà winnu sauz wie heißt er? zejs Rufer, skaht rufen, apsaukt berufen, bedrohen, nobenennen, (par rahtkungu für einen Rathsherrn erklären,) us, zurufen, (weenu pahri, ein Paar aufbieten.
saule Sonne, tanni saulē bey diesem Sonnenschein, (winnā, in jenem himmlischen Licht, ar saules isbrauzu, ar saules pahrbrauzu, ich bin mit Sonnen Aufgang ausgefahren, und mit Sonnen Untergang wieder gekommen, pasaule Welt, pasaul' daudsi ungeheure Menge, saulgreeschi Sonnenblumen.

T   sauß,

Sau   **Scha**

sauss, sa trocken, dürr, sums, siba die Dürre, das Trockne, apsusseht von oben betrocknen.
saukweekschi Rüsterbaum.
[sautes sakne Angelicawurzel. *E. L.*]
saws, sawads, sawrup *vid.* sew.
saweht (saweht) hexen, zaubern, sawatneeks Zauberer, sawekle Hexe.
sazziht sagen, sprechen, spreddiki- Predigt halten, sakkams wahrds Sprüchwort, (swehts - Spruch aus der Bibel,) atsazziht ent - absagen. *it.* wieder - zur Antwort sagen, (ammatu - abdanken,) ee - ansagen, is - aussprechen, *it.* bekennen, no - ernennen, pa - erzehlen, pee - ansagen, pasakka Geschwätz, Mährlein, Fabel.
schā so, vor die lange Weile.
schabbals *f.* e übersichtig, (der nicht siehet noch Acht hat.)
schablis Sebel.   schagga *vid.* schaggus.
schaggari Brennstrauch, [- u gailis Hahnrey.]
schaggata Heher, Hechster.
schaggus (-a) Schnucken, Schlucken, - oht, (-gsteht) schnucken, -gsteters jähnen.
schahds, a solcher, schahdi tahdi solch Gesindel, ne schahdi ne tahdi *adv.* nicht so, nicht so, auf keinerley Weise.
schahwaht (-oht) jähnen, hojanen.
schahweht *vid.* schaut.
schalga eine lange Spießruthe, (*it.* ein langes Weibsstück.)
schamehr bis hieher.
schamms, schonns (*pl.* -ns) ist einiger Orten der *Abl. Loc.* von schis, dieser.
schaubiht wackeln, - itees wanken, (-prahtā zweifeln,) - igs unstät, zweifelhaft *act.* wankelmüthig.
schaudeht *vid.* schaut.   schaudiht *vid.* schaut.
schaule ein flatterhaftes Frauenzimmer.
schaunas Fischkiefern, *it.* Kinnbacken.
schaurs, a eng, schmal, juhras schaurums Sund.
schaukschala, schaukma Schauder, Grauen.
schaust (schautiht *E. L.*) stäupen, geisseln.
schaut, schaudeht, schahweht trocknen, trocken machen.
schaut schiessen, schieben, pehrkons schauj Donner schlägt, man prahta schaujahs es fällt mir bey, ne sinnaht
kur

kur schautees nicht wissen, wo aus noch ein,) schaudiht schiessen, schahwejs Schiesser, (ta bikse newa putnu schahweja die Büchse tödtet nicht leicht einen Vogel,) deklis Schieber, (it. Weberschiflade,) jamajs Geschoß, it. Riegel, aisschaut zuschieben, zuriegeln, at: aufschieben, aufriegeln, sirdehsti eeschaujahs Sorgen finden sich ein.

schautrs m. abgerissen Strauch, u tilts Knippelbrücke.

schauts, a karg, igs geitzig.

sche hier, da, sche tew da hast du, sche tê, sche in tê hie und da, auf und ab, schej, u. scheit, an hieselbst, allhier, no schejenes, (no schennenes) von hinnen, lihdsˌ bis hieher, pa schejeni, pa schenneni hier hindurch.

[schebris E. L.] scheberkfne Wiesel.

Schehl leid, tas man: das ist mir leid, das bedaure ich, man tewis ich habe Mitleiden mit dir, Deewam (contr. deem) leider.

schehligs, a gnädig, gütig, mitleidig, sirds: barmherzig.

schehloht schonen, bedauren, Mitleiden haben, sich erbarmen, ees sich beklagen, trauren, tajs Erbarmer, Gönner, schehlastiba Gnade, Güte, Erbarmen, Mitleiden, sirds: Barmherzigkeit, apschehloht begnadigen, (ees sich erbarmen, ee ein innerliches Mitleiden empfinden,) no bereuen, beseufzen, leid seyn, (ees sich sehr beklagen,) noschehlums Reue

scheibt düslich, schwindlich werden, ap bedüseln, no ohnmächtig werden.

scheju, scheit, no schennenes vid. schê.

schepperes Kornstaacken.

schermeles Schauder, Grauen.

schibbeht flunkern, schibbu sehr flunkern.

[schiblis ein Pferd mit einem Auge. E. L.]

schibe düßlich seyn.

schigls, a schlang, hurtig, frisch, wendig.

Schihds Jude, auka Jüdin.

schihpuoht griesfachen

schilbt, ap, bedüseln.

schimmi, ni, pl. is id. qd. schammi.

L 2

schis

schis *s. schi* dieser, *e, es, vid. Gram. §. 64.* lihdf schim bisher, bis dato.
schkaudeht niesen, als, verpruhssen.
schkeebtees *vid.* schkihbs.
schkeedra (si), linnu, Flachsstengel, Bast, seelas schkeedras heißt auch grobhaarig Flachs.
schkeemeni Brettergens zwischen dem Garn im Weben. *E. L.*
schkeets *m.* Weberkamm.
schkehde Kette.
schkehle maises dünn Schnitt Brod.
schkelnes Schienen.
schkehps *m.* Spieß, Speer, *it.* Schif, , u nauda Albertsgeld.
schkehrdeht *vid.* schkehrs.
schkehris (, e) Scheere, kahpostu , eht Kohl scharren.
schkehrs queer, , balkis Queerbalken, , ra wahrti Schlagbaum, , tis alles was queer ist, (z. E. ein Queerfaden im Garnwinden, *it.* ein Riegel, , schu kohks Queerholz, , zelsch Queer, oder Kreutzweg, spahres schkehrschi Kreutzbänder am Sparrwerk,) schkehrsu atbildeht kreutz in die queer antworten, , sam (, scham) in die queer, überzwerg, , am in garram lähg und lahg, kreutz und queer.
schkehrst anhauen, in die Queere spalten, *it.* verschwenden, schkehrdeht verschwenden, durchbringen, (, dejs, , detajs, , dneeks Verschwender,) is, verschwenden, verprassen, verschwelgen.
schkelmis Schelm, , ja darbs Schelmerey.
schkelt spalten, *act.* ar wadsi, keilen, , llams das sich spalten läßt, , schana Spaltung, Zwietracht.
schkettereht zwirnen, Zwirn drehen.
schkettitees toben, wüten, knurren und brummen.
schkidrs, a undeicht, dünn, , audekls undeicht Leinwand, , ains *id.*
schkihbs, a schief, ungleich, , i raudsitees schielen, , aja mehnefs März, , bums Schiefigkeit, schkeebtees sich schief auf die Seite neigen (und umschlagen wollen.)
schkihst zerschellen, zergehen wie ein Ey, , kā tu isschkihdis daß du verschwinden möchtest, ist ein Baurfluch.

schkihsts

schkihts (-kſts) f. a rein, klar, lauter, sauber, it. keusch, (-a putra dünn Grütze, -nauda baat Geld, -dſihwiba unſträflicher Wandel,) neschkihſts unrein, garſtig, unſtätig, (-a klimmiba Franzoſen,) -iht reinigen, ſäubern, (no tahs wainas -ees ſich des Verdachts entledigen, ar wehdera ſahlehm - auspurgiren,) -igs züchtig, -ums Reinigkeit, Sauberkeit, -iba id. it. Lauterkeit, Keuschheit, (ne- Unzucht, Geilheit.)
schkiht blaten, abſtreifen oder pflücken wie Hopfen oder Schoten, -inneys Blater, Pflücker, eeschkihe den Anfang mit blaten machen.
schkihwe Scheibe, Teller.
schkillingis (-nsch) Schilling.
schkilt Feuer anſchlagen, it. mit dem Schnabel bicken wie ein Küchel im Ey, -tawa Feuerſchlag, Stahl, womit man Feuer ſchlägt, (pauti wehl newa usschkihluschees die Eyer ſind noch nicht ausgebrütet)
schkilwa Magen, Freßbauch.
schkinkis Schinken.
schkinkoht ſchenken, verehren.
schkippelis (-e) Schaufel, -eht ſchaufeln.
schkirba (-e) Ritz, Riß im Holz, -ains voller Ritzen.
[schkirmis Schirm vors Bett.]
schkirſts w. Kaſten, mirrona- Sarg.
schkirt ſcheiden, trennen, abſondern, behrnu no kruhtim- ein Kind von der Bruſt entwöhnen, -ees ſich ſcheiden, it. wohl von ſtatten gehen, gedeihen,- srama addata Nadel, womit man die Scheitel macht, no mantas nemschanas atschkirt enterben, is- auſſondern, (kahdu leetu- einer Sache den Ausſchlag geben,) no- abſcheiden, entwöhnen, (noschkirrams zelſch Abweg,) pee- zuordnen, atschkirras Ausſchuß vom Getraide, atschkirti Ausſchuß von Menſchen und Vieh.
schkiſt meynen, muthmaſſen, dafür halten, man ſchkeet mich deucht, (vermuthlich,) to gan warr ſchkikt das kan man wol erachten, -ees ſich einbilden.
schkiz ſo treibt man die Katzen weg.
schkohreht von Glut flammen, -ehts pohds glaſurter Topf.
schkuhnis Scheune oder Scheure.
schkurr ſo treibt man die Kalkuhnen. Schlahgs

ſchlahgs ſtellt den Schall vor, wenn Waſſer ausgeſtürzt
wird, ‒ a wo viel Waſſer ausgeſtürzt iſt, ‒ eht (‒ aht)
Waſſer ausſtürzen.
ſchlampa ein ſchludriger Menſch, der ſeine Kleider im Koth
nicht aufhebet, ſondern ſich beſudelt, ‒ oht im Koth
waten, ſchlimpu ſchlampu eet ſchlimm ſchlamm gehen, daß es allenthalben herum ſpritzt.
ſchlizka die ſo gehet, daß ihr die Kleider um die Beine ſchlagen.
ſchluks ſtellet den Schall vor, wenn etwas glatt ausglitſchet,
‒kt glitſchen, wehders faſchluzzis der Bauch iſt eingefal-
len, ſchlukku brukku eet ſchludrig gehen, da alles
loß iſt und heraus hengt.
ſchlupſteht wiſpeln, liſpeln, ‒ ſta mehle liſpelnde Zunge,
‒ ſtis (‒ ſkis) Wiſpler.
ſchmakſchkeht im Schmacken freſſen.
ſchmaugs ſtellt den Schall vor, wenn einer eins auf Maul
bekommt, (it. mit einer Spitzruthe,) ‒ gt, (ais‒) eins
aufs Maul reichen, (Adolph. Gram. den Mund zuhalten.)
ſchnahkt ſchnarchen, us‒ anſchnauzen, ‒ keht durch die Naſe reden, ‒ ka der, die durch die Naſe redet.
ſchnargals Rotz.
ſchnaugt würgen, ‒ dſejs Würger, ‒ ga Bremſe, d. i. ein
Inſtrument, damit die Pferde gebändigt werden.
ſchnaukt (‒ aht) ſchnauben, ſchneutzen, (‒ zejs Schnauber,)
no ‒ ees Toback ſchnupfen.
ſchnaufſchka, ‒ ſchala vid. ſnauſt.
ſchnikkeris id. qd. ſnikkeris.
ſchnohkereht ſchnüffeln, ‒ eris Schnüffler.
ſchnohre Schnur, it. Flur, ‒ eht ſchnüren, ſchnohreberſts
Schnürleib.
ſchnuhkt ſchneutzen, ‒ zejs Schneutzer.
ſchnukſchkeht, ſchnukſteht ſchnucken beym Weinen, kluck-
ſen, it. wenn der Schnucken zieht.
ſchnurkt kurioſig, niedergeſchlagen, werden. Adolph. Gram.
ſchnurgulas Rotz, ‒ lis Rotzlöffel.
ſchohbitees ſich wackeln.
ſchodeen heute, ‒ nigs heutig.
ſchohds m. Gaumen.   ſchohgs m. Zaun.
ſchohkls m. (‒ is) Kinnbacken, it. Zahnfleiſch.

ſchohmu

Scho   Sed

schohms, (,e), resna dickes vierschrötiges Mensch.
[schohrks Ratze. Thm.] schtifch id. qd. tifch.
schubbinaht das Wasser bewegen, wie die Fische thun, wenn
    sie leichen. E. L.
schubburs m. Höcker, it. Ast, ,ains höckericht, ästig.
[schubburis Storch. E. L.]
schueklis vid. schuht.
[schugguris Storch. E. L.]
schuhkt beben, Adolph. Gram.
schuhpis Säufer, ,eht, (,oht) saufen.
schuhpoht wiegen, schockeln, ,plis (,pulis) Wiege, Scho-
    ckel, ,poklis Schockel, (,pla wahgi Sänfte. E. L.)
schuhe nähen, ,eklis Nähwerk, ,üns das Genähte,
    schuhde Naht, ,dinaht viel nähen, sticken.
schuht trocken werden.
schukkis Scherbe, it. dem ein Zahn im Munde fehlt.
schukst trotz.
schullinaht sudeln, mit verfaulten Händen waschen, it. mit
    einem stumpfen Messer schneiden und nicht durchschnei-
    den können.
schults f. Galle, ,ains gallicht, apschultihe vergallen.
schur her, hieher, ,tur hin und her, hin und wieder,
    schurp, ,u hieher, hieherwerts, schurp turp, schurpu tur-
    pu hin und her, auf und nieder, ab und zu, ne schurp (u)
    ne turp (u) nicht hin nicht her, nicht aus nicht ein.
schurka (E. L. ,ks) Ratze.
schosch ahrä so treibt man die Ferkela aus.
schuschu so singt man bey der Wiege eines Kindes, ,inaht
    ein Kind einschläfern.
schukchkis was unansehnlich, mager und klein ist.
schust, ap,, ka, böse werden, woi tu essi apschutteis hast
    du die Nase aufgeworfen.
schutrinaht einen ärgern, jörgen.
schwingsch stellt den Schall einer mähenden Sense vor,
    it. wenn ein Fenster eingeschlagen wird, ,keht klin-
    gern, wie wenn ein Fenster eingeschlagen wird.
sē wenn man etwas einem Hunde giebt.
[sebs, sebbu spät. Liv. pasebbinaht verspäten.
sedles Sattel, ,oht satteln, ,eneeks Sattler.

S 4   sodlini

fedlini Spillbaum.

feeds *m.* (1) Blüte, ru mehnefs Junius, (2) Rahm auf
 Bier oder Wein, (3) rohkas Handgeld, par seedu
 doht zum guten Gedeihen geben, seedu nauda heißt
 eigentlich dasjenige Geld, welches man den Bauren
 geben muß, wenn er etwas von Erstlingen zum Präsent
 gebracht, damit er ferner gut Glück haben möge,
 (4) was zur Art bleibt, daß es nicht gänzlich ausge-
 rottet sey.

 seedeht blühen, med dus saseedejis der Honig ist geronnen.

seegt. no, mißhandeln, verschulden, Strafe verdienen, no-
 seedsigs sträflich, schuldig, gums Missethat, Sünde,
 Laster, (uma nauda Strafgeld.)

feekalas Speichel, Geifer, alaht den Speichel fliessen lassen, wie kleine Kinder thun.

feeks *m.* Külm.

feekfts *m.* (1a) Stock oder Block, darin ein Delinquent
 geschlossen wird.

feema Winter, as zelsch Schlittenbahn, mehnefs Januarius, fwehtki Weihnachten, webjfch Nordwind, seemels Norden, it. Nordwind, seemzeefchi
 Kräuter, die im Winter aushalten und unter dem
 Schnee grün bleiben.

feemju (seeminu) ahda Seemisch Leder.

feena Wand, u usinest Garn an der Wand auffcheren.

feens *m.* Heu.

feepe Seife, eht seisen.

feers *m.* Käse, feereht bahsen, d. i. seine Nachbarn besuchen, (eet is ausspatziren gehen)

feet binden, knüpfen, fehjejs Binder, (die andere Bedeutung siehe keht.) feenamajs Band, womit man bindet,
 faistihe fesseln, binden, faite Strick, Band, Seil,
 (zeppures Hutschnur,) atfehje (atkeija) Seitenband
 an der Femerstange.

[feetals Borg, verschnitten Schwein. *E. L.*]

feetawu Fußtuch um die Waden.

feets *m.* Sieb, feetinkch (1) Siebgen, (2) Bienenhaube,
 E. L. (3) das Oriongestirn, welches wie ein heller
 Flecken schimmert.

feewa

seewa Weib, leeka Concubine, Beyschläferin, ischks, z
    weiblich.
seggenes Erbsen- oder Flachsstaacken.
segles *id. qd.* sedles.
segt decken, sedsejs Decker, apsegs, ums Decke, aissegs
    Verdeck, ussegs Weep, d. i. Weiberdecke, die einfach
    getragen wird.
sehdeht *vid.* seht.
sehgelis Siegel, Petschaft, *it.* Segel, eleht siegeln, *it.*
    segeln.
sehja *vid.* seht.
sekka gemähtes Gras für Pferde und Vieh.
sehkla *vid.* seht.
sehnalas Hülsen, Schlauen, Träber, u wahzis ein unech-
    ter Deutscher.
sehne Kietzchen, Pilzgen, Erdschwamm.
Sehnspille Seelburg. sehrga *vid.* sirgt.
sehrmukslis *E. L. id. qd.* zehrmohkūs.
sehrmulis Wiesel, Hermelin.
sehrotees trauren, Leid tragen, sehras Kummer, Leid, Be-
    trübniß.
sehrs *m.* Schwefel.
sehrsna Harst vom Schnee, u mehnels Märzmonat.
sehrst einen im spazieren besuchen, eet. eet sehrstees spa-
    zieren gehen, is ausbasen.
sehrt, ee Korn in der Rigen aufstecken.
sehsche Cariolchen, nessama Sänfte.
sehst sitzen, ees sich setzen, wissahm behdahm buhs mit-
    setees in sehstees alle Plagen müssen sich enden und
    aufhören, sehdeht sitzen, ama weeta Sitz, eklis
    Gesäß, Stuhl, Bank, inabt zum Sitzen bringen,
    apsehst, apsehdeht besitzen, belagern, (ees sich hin-
    niedersetzen, sich lagern, allus apsehdejees Bier ist
    verschalt,) pee sich setzen, *it.* beysitzen.
seht säen, jejs Säemann, jums Saat, das besäete,
    sehja *id.* (as putns Roggenvogel, *E. L.*) sehkla
    Saat, Saamen, (enize Saatstock,) sehtawa Saat-
    pudel.

T 5   sehta

sehta Baurgesind, it. Zaun, pl. Dorf, ‹as ballodie jahme Taube, ar‹u aptaisiht (apwiht) bezäunen, ais sehtu eet gehen seine Nothdurst zu verrichten, sehtmalla Zaun ums Gesinde, sehtas lohfchi eine Art Kräuter, die an den Zäunen wachsen.

sehtawa *vid.* seht.   sehwelis Schwefel.

seije derjenige Küfen beym Bierbrauen, daraus das Bier läust.

sekke Strumpf, ihsas sekkes, kabsekkes Socken, d. i. Strümpfe, die nicht bis an die Waden gehen.

sekkums Mistgabel, (die andere Bedeutung *vid.* sekt.)

sekls *vid.* sikt.

sekste Kamm am Hahn oder Henne.

sekt unterscheiden, ‹ees sich fördern, gedeihen, von Händen gehen, ‹kums das Gelingen ꝛc. sekmes das Gedeihen.

sellis Handwerksgesell.

[selmes, uhdens‹ Wassergüsse. *E. L.*]

[sele anstatt dselt *vid.* dselt, salschi eeselt die Schlangen beissen. *E. L.*]

sele grünen, satsch, la grün, (‹um‹ Grünigkeit, das Grüne, ‹oht grünen,) atselt wieder hervor grünen, ee‹ein‹ grasen, pahr‹ überwachsen, atsals *m.* Grumet, d. i. zum anderumal gewachsenes Gras, saltokfnis ein Pferd, das bald zunimmt und sich wohl hält.

selts *m.* Gold, der G. selta wird auch bey allem gesetzt, was man lieblich nennen will, als: ‹mahmulinna trautes Müttergen, ‹lihgawiana Engelskind oder Charmante ꝛc. seltenite charmantes Kind, seltum das Goldgelbe, (paurs‹ Eyerdotter,) seltens, ‹a gülden, goldgelb, apseltiht (‹oht) ver‹ übergülden.

semlika mehness *vid. Gram.* §. 212. n. 10.

semme Erde, Land, Acker, no semmes irden, irdisch, peer gahst nieder‹ zu Boden werfen, semms nieder, unten, semjup (‹op) unterwerts, niederwerts, semsch (sems) *f.* ma niedrig, demüthig, semmejä weets unten an, semmigs niedrig, pa‹ demüthig, ‹iba Niedrigkeit, Demuth, ‹mohe erniedrigen, semneeks Bauer, semnisska walloda die undeutsche Bauersprache, sem‹ meno, semmes‹ohga, semmia‹ohga Erdbeere.

sem

enn lange, längſt, ne- unlängſt, neulich, jüngſt, ſenn deenas vor langer Zeit, no ſennenes von langer Zeit her.
ſentſchi Familie, Anhang.
ſeptini, as ſieben, -tihts, a d. d. d. ſiebende.
ſerde Herzpol oder Mark in Bäumen und Pflanzen.
ſermels Hermelin.
ſeſchi, as ſechs, ſets, a d. d. d. ſechſte, ſeſdeena Sonnabend.
ſeſks m. Iltis, (Teufelskind.)
ſeſſers m. Sechſer.
ſew' der D. und Acc. von ſewis ſich, (vid. Gram. §. 64. und 154.) ſaws, a pronom. recipr. mein, dein, ſein ꝛc. ſaweis der Meinige, Deinige ꝛc. ſawſchi die Meinigen, Deinigen ꝛc. ſewiſchks, a ein beſonderer, adv. -i allein, beſonders, zumal, fürnemlich, ſawahds, a ein beſonderer, eigen, adv. -i beſonders, inſonderheit, ſawtiba Eigenthum, das Meinige, Deinige ꝛc. ſawrup vor ſich beſonders allein, beyſeit, ſawjup vor ſich werts.
ſezz praepoſ. neben hin, langſt vorbey, ſezzen adv. langſt vorbey, ſurüber, nebenhin.
ſibbins (-ens) Blitz, Wetterleuchten, -inaht, ſibkneht blitzen.
ſihdals vid. ſihſt.   ſihde Seide.
[ſihdens (-ni) Erbſen und Weitzen zuſammen gekocht. E. L.]
ſihdiht vid. ſihſt.   [ſihga Trappe. E. L.]
ſihges Schnepeln.   ſihjaht vid. ſijaht.
ſihks, a klein, dünn, -a nauda klein Geld, -i lohpi klein Vieh.
ſihkſts, a jäh, fr. karg, -ums Jähigkeit, Kargheit, apſihkſtiht jäh werden.
ſihkt id. qd. ſikt.
ſihle Krelle, it. Eichel, Eichapfel, azzu- Augapfel.
ſihle Meiſe, eine Art kleiner Vögel, -eht aus dem Vögelgeſchrey wahrſagen, -necks Wahrſager.
ſihme Zeichen, Merkmal, it. Beyſpiel, Bildniß, it. Mahl am Leibe, rakſtu- Buchſtabe, -i dedſinaht Zeichen einbrennen, it. brandmarken, preekſch- Fürbild, Muſter, ſihmite Schein, Zettel, -eht zeichnen, bilden, formiren,

miren, ≈eklis Zirkel oder sonst etwas, womit man ein Zeichen macht, nosihmeht abzeichnen, *it.* wahrnehmen, bedeuten, fürbilden, (ko taunu≈ ein böses Anzeigen geben, semmes nosihmetajs Landbeschreiber.)

sihpols *m* Zwiebel.   sihschu *G. pl.* von sihde.

siht saugen, sihdamajs Säugling, sihdals Soch, Muttermilch, sihdiht, ≈mahr saugen, einem Kinde die Brust geben, sihdetaja Säugamme, nosihdis siwens abgesäugt Ferkel.

siht ist nur in den *Compos.* gebräuchlich, apsihtees sich bekannt machen, atsiht erkennen, in sich gehen, (atsinnejs ders erkennet,) pa≈kennen, erkennen, pasihstams bekannter, pasinuas darriht Bekanntschaft machen.

sinnaht wissen, tur, ne sinn kas, nahk dort kommt etwa jemand, winksh, ne sinn kur, ees et wird GOtt weiß wohin gehen, apsinnatees sich bewust seyn, sinnatajs Wissender, (teekas≈Rechtsgelehrter,) ≈schana das Wissen, die Erkenntnis, (teekas≈Rechtsverständigkeit, tas buhs manna≈ das wird meine Sorge seyn, ar≈u darriht mit Verstand thun, apsinnaschana Bewustseyn, Gewissen.)

sinnams, a bekannt, wissend, kund, gewiß, freylich, wissentlich, tas irr≈ti das ist freylich so, ≈a tirds Gewissen, ≈s saglis Erzdieb ꝛc.

sinna Nachricht, *it.* Wissenschaft, Erkenntnis, *pl.* Affären, ≈u doht zu wissen thun, ≈ā like wohl behalten, sich wohl merken, tas buhs manna≈ das wird meine Sorge seyn, das werd ich schon wissen, ar mannu≈u mit meinem Bewust, mit meiner Einwilligung, ar≈u darriht mit Ueberlegung thun, kungu≈as herrschaftliche Affären, buhmeistera≈as Bauwissenschaft, leela≈ große Kunst oder Wissenschaft.

sintineeks Wahrsager.

sihtars (≈ers) Bernstein.

sihws, a jähe, karg, *it.* der sich nach dem Hader nicht will vertragen, ≈eenaidneeks arger Feind, ≈sahrms beissende Lauge.

sijaht sichten, beuteln, sieben.

sija (≈e) Streckbalken.

sikne

Sik   Sir   137

fiksne (,a) Riemen, bikschu, es Hosenbänder, ,eneeks
 Riemer.
fikspahrne Fledermauß.
fikt, is , fa, verseigen, vertrocknen, fallen wie Wasser, das da
 schwindet, sekls, a stoht, untief, wo man durchwaten
 kan, (,ā useet stranden, ,ums Untiefe.)
fiktehrs Secretär.   fildiht vid. filt.
filgalwischi Brunellen.   filgans vid. fils.
filkis Hering, duhmôs schabwehts, Bückling, dabbufifilki
 peezahm astehm du wirst einen Hering mit fünf Schwän-
 zen d. i. eine Ohrseige bekommen, ,u bikfis (,e)He-
 ringsnase, Heringskrämer.
[filkfes id. qd. ilkfes. Obl.]
[filkfnes id. qd. paugas. Obl.]
fils m. Tannenwald, filla Heide, ,u mehnefs September,
 fille Trog, Krippe.
fils, lla blau, ,ums das Blaue, it. blaues Mahl oder Flecken vom Schlagen, Fallen, filgans blümerant, filloht
 blau färben, fillenes Blaubeeren.
file warm werden, files, a warm, ,ums Wärme, fildiht
 wärmen, ,inaht warm machen.
fimts hundert, fimts, a d. d. d. hunderte, fimtukahja eine
 Art von braunen Würmern mit sehr vielen Füßen.
finge Singlied oder Gesang.
finna, finnaht vid. siht.
finnapes Senf.
fintele Klammer, z. E. am Krummholz, wo die Bauren
 Ringe einzuhängen pflegen.
firds f. Herz, Muth, dim. firsnina, (cf. Gram. §. 209.)
 sinnama, Gewissen, tukschā firdi nüchtern, ungegessen, leela firds heist nicht Grosmuth, sondern Bosheit, lohpu, viehisch Gemüth, tehwa, väterliche Ge-
 sinnung ꝛc. (firds ehsti vid. ehst) peefirds Herzgrube,
 firsnigs herzlich, firdigs herzhast, frisch, it. ernstlich,
 fleißig, sehnlich, (,a buhschana Fleiß, E. L. ,i apzerreht mit allem Fleiß nachdenken,) drohfch, der sich
 waget, zeet, hartnäckig, leel, boshaft, nickfch, fir-
 dotees sich herzen, umarmen.

sird-

Sir Ska

sirdsenes Angelica.
sirgs Pferd, mescha: Cameel, *u audsinafchana Stutterey, sirdsneeks Pferdegänger.
sirgt kränken, krank seyn, sehrga Krankheit, Seuche, wehdera: Bauchfluß, assins, Blutgang, kalstama, dellama: Dürr-Schwindsucht, sehrdsigs krank, siech, assins blutflüßig, uhdens: wassersüchtig, meelmenu: gichtbrüchig, ap,ee,fa sirgt krank besallen, nosirg: tees sich vergrämen.
sirkls (-e) Schaafscheere.
sirms, a eißgrau, greiß, -oht grau werden.
sirni Erbsen, pelles: Linsen, -aji Erbsenstroh.
sirneklis (*E. L.* sirnaksiis) Spinne, *pl.* Spinnweben.
[sirotees *id. qd.* sehrotees. *E. L.*]
sirpe Sichel.
sirroht (-aht) herumbasen, Nachbarn besuchen, sirrneeks Herumstreiser.
sslis Stock, Stab, Stecken.
sissenis Heuschrecke.
sist schlagen, sitteens Schlag, Puff, isksistees Augen sehen oder gewinnen.
siwens Ferkel. siws *f.* Fisch.
skabbargs *m.* Splitter. [skabrs frisch, hurtig. *E. L.*]
[skaddinaht sirgu ar peefcheem Pferd ansporuen. *E. L.*]
skadrini Gegitter.
skahbs, a sauer, -ums Säure, -ains säuerlich, skahbt sauer werden, -enes Saurampfer.
skahds *m.* (a, e) Schade, -eht schaden, -igs schädlich, schadhaft.
skahli (-les) Schalen am Gewicht.
skahrde Blech.
skahres, rattu: Baurwagen ohne die Räder.
skahrni (-nes) Scharren, Fleischbank.
skaida (-e) Spon, *pl.* Späne.
skaidrs, a hell, klar, rein, deutlich, *it.* redlich, aufrichtig, -à wahrdå nosaukt ausdrücklich nennen, ne-i runnaht binnemaulsch reden, -ums, -iba Helligkeit &c. -oht läutern, ap: erleuchten &c.
[skaist,] ap: bös, unwillig werden, apskaistees sich ärgern, *it.* ungeduldig seyn. skaists

Skaists, a schön, schmuck, hübsch, ums Schönheit.
skaitiht zählen, pahtarus beten, skaitlis oder u raksts Zahl oder Ziffer, noskaitiht abzählen, it. das Gebet endigen.
[skalbi laut und deutlich, daß man von weiten verstehen kan.]
Skaldiht spalten, act.
skalla Pergel, Holzfackel, u kohks Holz, davon man Pergel reist.
Skalloht spülen, rihkli gurgeln.
Skandeht klingen, schallen.
skangals m. Stück von einem Pergel.
skanneht klingen, thönen, schallen, lauten, igs laut schallend, skanna Klang, Schall, Thon, (a halsa helle durchdringende Stimme,) at Wiederschall, Echo.
skanstis (, e) Schanze.
skappe (, is) Schaps, Schranken.
skappeht schaffen, herfürlangen.
skarbele zerrissener Lumpen, saskarbeleht zerreissen, zertragen.
[skarpijis Scorpion.]
skarra Lumpen, Tuch, ains zerlumpt, zotigt, (i padebbeschi zerrissene Wolken.)
Skattiht schauen, sehen, ee erblicken, (ees gewahr werden,) no sein Absehen haben, labba iskkattischana schöne Aussicht, Gegend, bes apkkattischanas blindlings.
skaudeht vid. skaust.
skaust, skaut, skaudeht neiden, misgönnen, diba Neid, Misgunst, igs misgünstig, neidisch, skaugis Neider, Abgünstiger, (a prahts neidisch Gemüth.)
Skehlis Bescheler, Hengst. E. L.]
[skehrdeht, skehre vid. schk. E. L.]
[skehrschi vid. kehrschi.]
[sklande, no abschlägig, schief. E. L.]
[skleijens, uo id. E. L.]
[sklihjsch, ja schlüpfrig, da man leicht fallen kan. E. L.]
skohla (, e) Schule, Unterricht, Kunst, pl. Ränke, listige Griffe, tur newaijag kahdas as da ist kein Kopfbrechen

chen dabey nöthig, ne darrajt tur kahdas, as machet
da keine Schelmerey, , as kungs Hofmeister, Rector,
, neeks, , meisteris Schulmeister.
[ſkohps, a geitzig. E. L.]
ſkohrbt bedüſeln, in Ohnmacht fallen, at, ſich wieder erholen. *Adolph Gram.*
ſkrabt mit einem krummen Meſſer ausholen, , ſtinſch ein
ſolches krummes Meſſer.
ſkraidiht *vid.* ſkreet.
ſkranda alter zerriſſener Lumpen, ſakkrandeht zerlumpen.
ſkreemels (, ulis *E. L.*) runder Wirbel, *it.* Knieſcheibe,
it. Wirbel des Haupts.
ſkreet laufen, rennen, fliegen, fließen, (ſkreij pee kohka
kahr am Galgen,) paſaules ſkrehjejs Landſtreicher,
ſkreeſchu fliegend, ſkreedinaht eilig ſchicken, ſkraidiht herum rennen, herum fliegen, , deleht herum rennen und laufen, , elis der braf herum rent, noſkrei-
jens abſchlägig, ſchief, gaiſā usſkreet ſich in die Luft
ſchwingen.
[ſkreme, , es Unkoſten. *E. L.*]
ſkrihweris (, elis) Schreiber.
ſkripſtinſch Knorpelgen am Ohr.
ſkrittulis (, elis) Rad, , la gabbals Felge, , neeks Rademacher.
ſkrohderis (*E. L.* , alis) Schneider.
ſkrohſtiht ſerben, tu eſſi mannā ſirdi eeſkrohſtihts du
biſt mir ins Herz geſchrieben.
ſkrohte Schrot, no, eht abſchroten (in der Mühle.)
ſkruhwe Schraube, , eht ſchrauben.
ſkrulle Mädgen, das gern baſen mag, , eht herumbaſen,
jachten.
ſkubbinaht anſpuden, reitzen, fördern, , ees eilen.
ſkudrs (, a) Ameiſe, , u kwekke Weirauch.
[ſkuhps, a geitzig. *Obl.*]
ſkuhpſtiht küſſen.
ſkuije Schuije oder Fichte, (, as Fichtenlaub, damit man
die Stuben ausſtreuet.)
ſkukkis *m.* Mädgen.

Sku   Sle   141

skumt traurig, melancholisch seyn, ees prett Deewu wider
GOtt murren, migs betrübt, verdrossen, iba Schwer-
muth, noskumminaht betrüben.

skundeht schmähen, murren und brummen aus Mißgunst.
skunste Kunst, igs künstlich.
skust balbiren, schaben, skuttamajs (nasis) Scheermesser.
skutteles (, i) Viehläuse. [skuttelis Schüssel Thm.]
slagsds m. Vogelfall, a walgs Fallstrick, eine Dohne, damit man Vögel fängt.
slahbans schlapp, matt, ermüdet.
slahpt heftig, durstig seyn, ersticken, slahpe Durst, apslahpt,
no dämpfen, is ersticken, act. et pass.
slaikans, a schlank und rang.
slaists m. Faullenzer, iters sich auf die faule Seite legen.
slakka Art, Geschlecht, tahda, ein solches Gesindel.
slakteris Schlächter, Metzger.
slapsch (slapjs,) f. ja naß, wässerich, jums Nässe, Saft,
pinaht netzen, wässern.
slaukt milchen, zejs der da milchet, zama gohws milche
Kuh, zens (, ene) Milchfaß, darinn gemilcht wird.
[slauna Hüfte, Hüftblat. Thm.]
slauziht fegen, wischen, (preeksch sewim vor sich fegen,
sich eines Dinges annehmen, E. L.) at, no, slauskas
Ausschuß aus dem Getraide, welchen man auf die
Seite feget.
slawa Lob, Ruhm, Ruf, Fama, labba guter Name oder
Leumund, ehr loben, preisen, rühmen, (no erheben,
E. L. das Gedächtniß begehen.)
slazziht spritzen, besprengen, inahe wässern, netzen, besprit-
zen, feuchten.
sleegsne (, is) untere Thürschwelle.
sleeka Regenwurm.   sleeki Speichel, Geifer.
sleet anlehnen, rohku sleenamajs Armstütze. [E. L. sleed-
samajs]
sleeze Schlittensohle.
slehgis, lohgu Fensterschlag.
slehgt schliessen, fesseln, atslehga Schloß, Schlüssel, (bey
den Schmieden heist ein Schloß atslehgas mahte, und

U   der

der Schlüssel ‹behrns) pahrklehgt einen Schlüssel überdrehen.

klehpt helen, verbergen, klepjama weeta heimlicher Aufenthalt, kleppens, a heimlich, paklehpta leeta Geheimniß, (‹ ums Heimlichkeit, Geheimniß, ‹ejs der einem einen heimlichen Aufenthalt giebt.)

kleije Schley, eine Art Fische.

kleijs (‹a) ein Strich, so einer in die Länge und Breite pflüget, bis in des andern Strich. *E. L.*

kleise Schleuse.   klenges Thür und Fenster schlengen.

klepkawa (‹ws) Mörder, sapirkts ‹ ein Bandit, ‹neeks der mit mörderischen Gedanken umgeht, ‹iba Mord, heimlicher Todschlag.

kleppeni *vid.* klehpt.

klihjsch, ja (kliddens, a) glatt und schlüpfrig, da man leicht fallen kan, klihdeht gleiten, kliddeht rutschen, ‹inaht glitschen.

klibkt ertrinken, ersaufen, ‹zinaht ersäufen.

[klihpeht schleifen (aufm Wetzstein.)

klihpt gleiten, weil es schief ist, klihpu schief, da man leicht umfallen kan.

klikts, a schlecht, gering, ‹aks ärger.

klims, a krank, siech, *it.* arg, ‹iba Krankheit.

klinks, a faul, träg, (pa‹ nachläßig,) ‹ums Faulheit, ‹oht faullenzen.

klohdäht beschweren, eine Last auflegen, linnus‹ Flachs im Einweichen bedrücken, ‹ta tapt geschlagen, geprügelt werden.

klohgs *m.* kmilkehu‹ Sandhaufen.

klohka kleiner Schnepf.

klohta Besen, Quast, jauna‹ neuer Besen, (*it.* neuer Dienstbote,) zeema‹ der, die zu Gast gewesen, [ohsola wehja‹ Eichenmistel. *E. L. cf. Jablonsky* allgem. *Lexic.* der Künste und Wissenschaften.]

kluddinaht verkündigen, kund thun, papreekfch pa‹ prophezeyen.

klunkis Schlingel, Lümmel.

kmadsenes Gehirn, Bregen, *it.* Mark in den Beinen.

kmaggenes Zahnfleisch.

[kmagours

Sma   Smi   143

[smaggurs leckernder Appetit. Obl.]
smags, ga schwer, ◦ums Schwere der Last.
smahdeht verschmähen, verachten.
smaidiht schmunzelnd oder lachend reden, schmeicheln, heucheln, scherzen, ◦igs schmeichelhaft, ◦iga mehle glatte
   Heuchelzunge. [smaida Schimpf. E. L.]
smakka Geruch, Geschmack, it. Dunst.
smakrs m. Kinn am Munde.
smakt heiser werden, (E. L. dämpfen,) aiskmazzis heiser,
   siwis apsmohk appaksch leddus die Fische dämpfen
   (ersticken) unter dem Eise, sakmazzis dumpfig.
smalks, a fein, subtil, ◦ums Feinigkeit.
smarscha dunstiger Geruch, nikna◦, neganta◦ Gestank,
   labbas◦as sahles wohlriechende Arzeneyen, it. Balsam.
[smaukt würgen. E. L.]
smeekeht (Toback) rauchen, schmauchen.
smeet lachen, verhöhnen, ◦ees lachen, scherzen, smeijams
   lachenswürdig, thöricht, smehjejs Verächter, Spötter,
   bes smeekschanas Scherz beyseite, in Ernst, smeekls m.
   Scherz, Kurzweil, it. Spott, Hohn, pl. Gelächter, Gespött, par apsmeeklu zum Spott, smihdinaht lachen
   machen, apsmeet belachen, verhöhnen, spötten 2c. (mei-
   tu◦ ein Mädgen zu Fall bringen, ar warru◦◦ noth-
   züchtigen.)
smehde Schmiede, Schmiedhaus.
smehreht schmieren.   smekkeht schmecken.
smelgenes Feilstaub.
smelgt (smelkt) schmerzen, sohbs smeldsin smeldf der Zahn
   thut im Rucken oder Schlagen weh.
[smelknes das Feine, was von der Grütze abfällt, indem
   sie gemacht wird]
smelt schöpsen, uhdens smehlejs der da Wasser schöpft und
   trägt.
snezzeris Schweinsrüssel.
smidrs (smihdrs), a. schwank, schlank, biegsam, ◦kohks
   feiner gerader Baum ohne Aeste.
smihdinaht vid. smeet.
smilges Schmehl im Roggen.
smilksteht sanft winseln und pfeifen wie ein Hund.
                        U 2   smilkts

ſmilkts f. (ſmilts) Sand, ains ſandigt.
ſmirdeht ſtinken, ſtark riechen, dums Geſtank, ſtarker Geruch, ſmirſche m. er f. (ſmirdelis f. e) Stänkerer, Stinkfaß, dinaht ſtänkern.
ſmitte Weberſchmier.
ſmohreht ſchmoren, Fleiſch aufbraten.
ſmuhdrs (ſmuidrs) id. qd. ſmidrs.
ſmuks, a ſchmuck, ſchön.
ſnukſchkinaht corteſiren.
ſmurguleht ſudeln, ulis ein Schmeerpeſel.
ſnauſt (ſnaudeht) ſchlummern, dejs Schlummerer, ſchnauſchka, ſchnauſchala, ſnaudelis der, die immer ſchlummert und wie im Traum gehet.
ſneedſe Meiſe, ein kleiner weiſſer Vogel.
ſneegs vid. ſnigt.
ſneegt (ſnehge) reichen, darbieten.
ſnigt ſchneyen, ſneegs m. Schnee.
ſnikkis Fähre, Pram oder Plattboot, wie die Schnicke bey Mietau.
ſnikkeris Tiſchler, Schnitzler, ereht ſchnitzeln.
ſnohts (1) Schwiegerſohn, (2) Schwager oder Schweſtermann. Einiger Orten nennen ſich die Bauren, wenn ſie ſich begegnen, ſnoht. Bisweilen wird auch der Wolf ſnohts genannt, (ſnohtens Schwagers Sohn.)
ſnukkis Schnautze. i uswest die Naſe aufwerfen, empfindlich werden.
ſnurgulas id. qd. ſchnurgulas.
ſohbs m. Zahn, it. Zacke an einer Säge, pl. heiſts auch die Schneide oder Schärfe an einem Meſſer oder Art, ſohbus rahdiht grieſtachen, u gals Poſſenreiſſer, zirwja ſohbi isdilluſchi die Art iſt ganz ſtumpf geworden.
ſohbins Degen, ihſs Dolch.
Sohdes muiſcha Serſſau, baſniza Serſauſche Kirche.
ſohdiht richten, ſtrafen, ſohds m. (1) Gericht, a nams Richthaus, ams ſträflich, iba Strafe, nu tu ſohdiba au mein Himmel! ſohgis Richter, ſemmes Landvogt, Landpfleger, apſohdiht mit der Strafe heimſuchen, no, abſtrafen, it. verfluchen.

ſohdeiji

sohdeiji (: as) Ruß am Ofen, Kühnrauch.
sohliht verheissen, geloben, zusagen, versprechen, ko tu sohli wie viel bietest du? apsohlihe verheissen, (verschreiben, E. L.) sees sich verbindlich machen.
sohlis Bank, Tritt, Schemel. E. L.
sohls G. la Schritt, Tritt, netaisni sohli ungerechte Wege, sohlu, : leem, : lis jaht im Schlapp reiten.
sohma Ranzen, Bettelsack, Schlauch, Bündel, : as stabbule Sackpfeife, sohmiski nowilkta ahda ein runder heiler Balg, der am Bauch nicht aufgeschnitten ist.
sohmalgas Spülwasser.
sohfs m. Gans, : lens Gessel.
sohwihſts m. Kindesbünde, Windel. E. L.
spahrdiht vid. spert.
spahre Sparren am Dach.
spahre pl. es (einige auch spahrni) Bremse.
spahri (einige spahrni) eine Kinderkrankheit, die Scheere genannt.
spahrns m. Flügel, : ainſch gefiedert, geflügelt, paspahrne was unter den Flügeln ist, (Abschaur, Abdach, it. Zuflucht.)
spaidiht vid. speeſt
spaiglis ein am Ende aufgespalten Holz, womit man z. E. Krebse fängt.
spailis (: e) Strich, so jemand abgemähet, it. Spatium zwischen den Heuschwaden.
[spalla Degengefäß. E. L.]
spalli (spalli) Flachsschäbe.
spalwa Feder, it. Haar am Vieh, firgs pelnu : aschfarbig Pferd, : ains federig, rauchhaarig, bewachsen.
spandags m. Böttgerzange, damit die Bänder aufgezogen werden. E. L.
spannis Eymer, peena : Milchspann.
speegelis Spiegel, : eleht spiegeln
speegt pfeifen wie eine Ratze, Adolph. Gram. wie ein Vogel E. L.
speekis Stecken, z. E. Schäferstab, it. Speiche am Rade.
speeſt drükken, pressen, drängen, zwingen, pee darba : zur Arbeit treiben, grahmatu : Buchdrucken, saule speeſch die Sonne ſticht, spaids m. Preßſtock, Folterbank,
U 3   wihna

wihna, Kelter, ,u laiks Zeit der Verfolgung, spaidiht drucken, pressen, drängen, zwängen, foltern, aisspeest zudrücken, (grahmatu, Brief versiegeln, durris, Thüre zustützen,) apspeests no saules von der Sonnen verbrannt oder versengt, atspeest stützen, anlehnen, atspaidiht entgegen stützen, atspaids Gegenstütze, saspeest zusammen drücken ꝛc. it. zerquetschen, zermalmen.

spehks *vid.* speht.

spehleht spielen, ,es Spiel, Lustspiel, spehlmannis Spielmann, Biersidler.

speht vermögen, können, gelten, kà spehdams nach Vermögen, zik, so viel als möglich, ne eespehjams unmöglich, ,jigs vermögend, fähig, spehks *m.* Kraft, Macht, Gewalt, it. Fähigkeit, Vermögen, tee peezi juschanas spehki die fünf Sinnen, peeminnefchanas spehks Gedächtnis ꝛc. karra, Kriegsheer, ,zigs vermögend, mächtig, kräftig, gewaltig, wiffspehziba Allmacht, ne, Unvermögen, ,zinaht stärken, at, is, speht müßige Zeit haben, abkommen können, ee,, no, das Vermögen haben, pa, Vermögen, Zeit haben, pahr,, us, überwältigen.

spekkis Speck.

spelte (,ts) Rauch, Feuer, Dampfloch.

spert ausschlagen, wie ein Pferd, wannags sakkes sperr der Habicht fängt und tödtet die Haasen, pehrkons sperr der Donner schlägt, knallt, uhdens sperrahs das Wasser staut sich, spahrdiht mit den Füßen sperteln, ,itees zappeln, nospert zu Boden schlagen, nospahrdiht zu Tode trampeln, ,sperteln.

spigga Feige, ,as rahdiht Feigen weisen, trotzen.

spihdele Marienblümgen, Maßlieben.

spihdeht scheinen, leuchten, glänzen ꝛc. ,dums Schein, Glanz, ,eklis Licht, it. alles was glänzet.

spihdsinaht peinigen, foltern.

spihguloht schimmern, funkeln.

spihsmanne Ausspeiserin.

spiht Trotz, par,u zum Trotz, ,inaht trotzen.

spihws, a drohend, ,,i wahrdi harte Drohworte.

spilwa

spilwa Teichgraß, federloser Kiel, ein Blätgen am Hopfen-
    häuptgen.
spilwens Küssen, Polster, (Matrage.)
spirgt frisch werden, ‑ts, a frisch und gesund, ‑ ums Ge-
    sundheit, ‑dsinaht frisch machen, atspirgt sich wieder
    erholen, ‑dsinaht erfrischen, erquicken.
spittali fressende Krankheit, ‑ligs aussätzig, ‑iba Aussatz.
spizze geknüppelte Spitze.
splaut speyen, ‑deklis ausgespiener Speichel, ‑diht um
    sich speyen.
spohdrs, a blank, sauber, rein, glänzend.
spohle Spul am Wocken, it. Weberspul.
spohsch, scha hell, glänzend, blank, sauber, ‑schums Hellig-
    keit, Glanz ꝛc. ‑u darriht poliren, glasuren.
spohsts m. Sprenkel, Fahestrick.
spradsis kleine Erdfliege.
spradsenes große wilde Erdbeeren.
[spragga offene Stelle im Zaun. E. L.]
sprahdse Schnalle, Hefte, ‑eht schnallen ꝛc.
sprahsts m. putnu‑Vogelbauer. E. L.
sprahgt bersten, platzen, knallen, lohpi sprahgst Vieh ver-
    recket, bisse sprabgst die Flinte geht los, bahrda‑
    der Bart keimt hervor, pumpurischi‑ die Augen am
    Baum ösnen sich, und die Blättergens wollen sich schon
    von einander thun, pahkstes‑ Schoten platzen und öf-
    nen sich, weil sie überreift sind, peesprahgtees sich dick
    und voll fressen.
sprahkle Arsch, Podex, pillu‑i dabbuht derb auf den Hin-
    tern bekommen, ‑ineeks der den Arsch zeiget, fehkehrsch-
    sprahklis wird von den Letten ein Bauer genannt, der
    seinen Rock nach deutscher Art trägt, melnsprahklis
    Storch. E. L.
[sprandis Haacken im Genick. E. L.]
[sprauga die Enge in Gründen und Heuschlägen, da sich
    das Wasser abzieht oder absperrt. E. L.]
spraugs m. offene Stelle im Zaun.
spraufchleht niesen wie ein Pferd.
spraust zwischen einstecken, seenā‑ in die Wand stecken.
spreddikis Predigt, ‑a krehsls Kanzel.

spreeft (1) ſtrecken, meſſen, audeklu: Leinwand ſpannen, (2) ſchätzen, abſprechen, tariren, teeſu: das Recht, Ur: theil ſprechen, wallā: loßſprechen, padohinu: einen Rath geben, meeru: Frieden machen, teeſas ſpree: dejs Gerichtsherr, der einen gerichtlichen Ausſpruch thut, eeſpreeſt einſtecken, rohkas eeſpreedis ſtaiga er geht die Hände in die Seiten gelegt, rohkas is: ſpreedis mit ausgeſtreckten Händen, (kahjas: mit aus einander geſperrten Füßen,) noſpreeſt aberkennen, be: ſchlieſſen, (:a teeſa gerichtlicher Ausſpruch, :dalla zugeſchiedener Theil, :dums Schluß, der nicht zu än: dern iſt,) ſalſpreeſt verabreden, einen Bund machen, (:ees einhellig zuſammen treten, :ſti Eidgenoſſene.)

ſprehgt Riſſe bekommen, fein zerplatzen, rohkas apfpreh: guſchas die Hände ſind ſcharf geworden und (von der Luft) hin und wieder aufgeborſten, ſprehgaht praſſeln wie Tannenholz im brennen.

[ſprehſt Obl ſpinnen, ſprehflize das Bretgen, woran das Wickel beym Spinnwocken angebunden wird, E. L. it. eine Art von Spinninſtrumenten, darauf man ſitzt, und mit einem Spill (Spindel) ſpinnet. Obl.]

[ſprihdſtvaht liebäugeln. E. L.]

ſprigguls m. Dröſchſtegel.

ſprihdis Handſpanne.

Sprizzis Fritz oder Friedrich.

ſprohgi krauſe Locken in der Wolle, :ains krauß und lo: ckicht, :gis Kraußkopf, [:gas Haarlocken an der Stirn. E. L.]

ſprukt entwiſchen, davon laufen, is: entkommen, :ſtinſch ein Heiſterfeiſter, windiger Menſch, der ſich wie ein Hechſter bald hie bald dahin kehrt.

ſprungulis rundes Hölzgen, it. das Unreine im Korn, Malz ꝛc.

ſpunde (:a Spunte, :eht ſpunten, das obere Loch in der Tonne zumachen.

ſpurgulis Fäſer, :ains zoticht, feſericht, apfpurguloht feſe: richt machen.

ſpurt faſicht werden, ſpurres Faſern, :ains faſericht, :is f. e ein Menſch, deſſen Kleider beſtoſſen, daß die Faſern allent: halben abſtehen. ſpurri

Spurri Floßfedern.

stabbule Bauerflöte, im *pl.* heißts auch ein Dudelsack, neeks Flötenspieler, *it.* Sackpfeifer, ehe dudeln, flöten, pfeifen.

stabs *m.* Pfosten, Säule, Pfeiler, stabbi prett faules breite Strahlen gegen der Sonne, saule stabbös stahw die Sonne zieht Regen.

stahdiht stellen, setzen, ordnen, kohku einen Baum pflanzen, inaht einsetzen, verordnen, (ap wehderu den Leib stopfen, at verstoßen, no astini das Blut stillen,) eestahdiht einsetzen, stiften, *it.* einpfropfen, (eestahdijams sarrinsch Pfropfreißlein, jums, schana Einsetzung, Stiftung, Testament,) is aufstellen, pee beysetzen, zuordnen

[stahrasts Hofsälteste, Aufseher. *Obl.*]

stahrks *m.* Storch.

stahstiht erzehlen, vermelden, erklären, stahsts *m.* Geschichte, Historie, eestahstiht einsagen, is umständlich erzehlen, auslegen, deuten.

staht stehen, ees sich legen, still werden, aufhören, (wirkü zu Halse gehen.)

stahweht stehen, ilgi lange währen, dauren.

stahws. a aufrecht, u buhe überende seyn, a weeta abschüßiger Ort, stahwkohzis *vid.* kohks.

aisstaht, aisstahweht vorstehen, vertreten, schützen, ap still stehen, belagern, (apstahws Salvegarde, *E. L.* apstatni, apstahwes weibliche Verstopfung,) atstaht abstehen, abgehen, nach ver unterlassen, meiden, atstahweht sawu neddelu seine Arbeitswoche zurück legen, abgehorchen, nostaht, nostahweht aufhören, sich legen, (no tizzibas nostaht vom Glauben abfallen,) pastaht etwas stille stehen, pastahweht bestehen, beharren, *it.* gedeihen, (lihdf rihtam bis morgen anstehen, wigs beständig, standhaft, anhaltend, ne wankelmüthig,) pahrstaht, pahrstahweht vorstehen, vertheidigen, fürsprechen, schützen, peestaht beystehen, (ees zu einem sich gesellen, tas trakkums wehl winnam peestahjahs die Wildheit hängt oder klebt ihm noch an,) peestahweht dabey stehen, sastahweht beständig

verblei-

verbleiben an einem Ort, usstaht beschuldigen, usstah-
weht antreiben, ausm Halse stehen.

staigaht gehen, wandern, spatzieren, schurp in turp-schlen-
tern, pasaules staigatajs Landstreicher, staigahts zelsch
gebahnter Weg, -alaht (-eleht) hin und her spatzieren, schlentern, sawu zellu pahrstaigaht seine Reise
vollenden.

staipekle Genserich, ein Kraut.

staipiht vid. steept.

staklis Pfahl, der ein Dach oder sonst was unterstützt.

stallis Stall.   stalts, a stolz, ansehnlich.

stampe Stampf, (it. vierschrötig unbeweglich Mensch,)
-eht stampfen.

stangas eemauts Stangenzaum.

stankis Zuber.

starp praepos. zwischen, unter, -to laiku während der Zeit,
-diwidesmit deenahm binnen oder innerhalb 20 Tagen, starps m. (a) Zwischenraum, mehneschu starp-
pas Mondslichter, -ā zwischen, darunter, sawā-ā
unter einander, pa tam-am indessen, inzwischen, mittlerweile, pa starpam weenu jaunu weenu wezzu eine
abwechselnde Reihe, ein junger, ein alter re. -ums
-iba Zwischenraum, (befestigte Kluft,) -neeks Mittler, Schiedsmann.

starri Aeste, die sich auf allen Seiten ausbreiten, saules-
Sonnenstrahlen.

stattiht setzen, -ini Palisaden.

steddeles Stodoll, d. i. Vorhaus am Kruge, da die frem-
den Pferde stehen.

steebrs m. Rohr oder Reet im Wasser.

[steegelis id. qd. keegelis. E. L.]

steepe recken, strecken, dehnen, spannen, ausbreiten, staipiht id.

stehrkelis Kraftmehl, -eleht stärken.

stehrsts (-a) Goldammer, Gehlgößgen, eine Art kleiner
Vögel.

steigt spuden, eilen, fördern, ar steigschanu in Eil, steid-
sinaht beschleunigen, (pahrsteigschans Uebereilung,
Fehler.)

stelleht

ſtelleht ſenden, ſchicken) ap⸗beſtellen, herſchicken.
ſtelles Geſtell (z. E. der Weber.)
ſtenkala Pferdtsapfel.
ſtenneht ſtehnen, anken, ächzen.
Steppe, ⸗us, ⸗inſch Stephanus.
ſtig, ſtiga ſche ſo treibt man die Ziegen.
ſtigt, ee⸗einſinken, einſchieſſen.
ſtihga Ranke, Stengel, wihna⸗as Weinreben, (ſtihgas
    heiſſen auch die Säiten auf einem muſicaliſchen In-
    ſtrument.
ſtihpa Reifen, Tonnenband, ⸗oht bänden.
ſtihws, a ſteif, ſtarr.   ſtikkalis Sprickel.
ſtilba vordere Arm vom Ellbogen bis zur Hand.
ſtilpis Stülp oder Deckel.
ſtingt ſtarren, ſtings, a ſtarr, ſteif, das bald bricht, fa⸗
    erſtarren, gon ta ſemme aptings die Erde (die jetzt
    los iſt) wird ſich ſchon anpacken.
ſtintites kleine Löffelſtinten.
ſtiprs, a ſtark, tapfer, ſteif, feſt, ⸗i brehkt laut ſchreyen,
    ⸗ums Stärke ꝛc. ⸗iba Stärke, Kraft, ⸗oht ſtärken,
    ſtark machen, ⸗inaht ſtärken, beſ ſtigen, (ap⸗beſtäti-
    gen, befeſtigen, bekräftigen, ee⸗ſtärken, Kraft geben.)
ſtirna Rehe.
ſtirpe ein groſſer Kornhaufen in Form eines Hauſes.
ſtohbrs m. holer Stengel, ꝛc. Flintenlauft.
ſtohps m. (1) Stoof, Kanne, (2) Armbruſt, ⸗u uswilkt
    den Bogen ſpannen.
[ſtohrs m. karger Filz. E. L.]
ſtohſtiht ſtammlen, ⸗itees vagiren, ko tu tē ſtohtees was
    ſchlenterſt du da herum, ſemmes⸗itajs Landſtreicher.
ſtohte Haacken am Hufeiſen.
ſtrahdaht arbeiten, fleißig ſeyn, ⸗dnecks Arbeiter, ⸗ajums
    Arbeit, was gearbeitet iſt, atſtrahdaht abarbeiten, was
    man ſchuldig geblieben, no⸗die Arbeit vollbringen,
    pa⸗verrichten, zu Werk bringen.
ſtrahpe Strafe, ⸗eht ſtrafen.
ſtraipaleht (⸗iſeht) ſtraucheln, taumeln.
ſtrasds m. Droſſel, Krammetsvogel.

straume Strom im Fluß, straumuls wirbelnde Blase im
   Strom.
strauts (te) Regenbach.
streebt *id. qd.* strehbt.
streegt *id. qd.* strigt.
strehbt schlurfen, putru - Grütz schlucken, strebbums,
   - bjums was man schlurfet, Brühe, Tränklein.
[strehgele, tappas: Eiszapfen. *E. L.*]
strehkis Strich oder Strecke, labbu - i eet eine gute Ecke
   gehen, kur jau tas, wo ist schon die liebe Zeit, malku -
   Reihe Holz.
strehleht auf der Jagd schiessen, - neeks Schütze.
strelles *id. qd.* stelles.
strenge Strenge an einer Vorseile, rattu strenges Wa-
   genseil.
strensis (*f. e*) lange und schmale Person.
strigt einschiessen, einsinken (im Morast.)
strihdeht streiten, zanken.
strihkis Streiche, Streichholz, dselsu - Pletteisen, - eht
   streichen, pletten.
strihme Striemen.   strihpe Streifen, Strich.
strikkis Strick.   strimmalas Strömlinge.
stringt verdorren, vertrucknen.
strohps *m. bischu -* Bienenstock.
   [strugga, - ums Sumpf, Pfütze. *E. L.*]
struhga Struhse, ein Fahrzeug aufm Wasser.
trumpuls ein Stück vom harten Menschenkoth wie eine
   Wurst.
trunkis Strunk, Kohlstamm oder - Stiel, (*it.* klein und
   dicker Mensch,) pa - eine Art einer Peitsche, womit einiger Orten die Bauren gestraft werden.
trupsch, pa kurz, strupp-astis was einen kurzen (gestutzten)
   Schweif hat.
truttas Eyter aus den Beulen.
tubburs der über der Erden gebliebene Stamm von einem
   abgehauenen Baum.
tuggis was zu klein ist, z. E. wenn ein Pferd einen zu kurzen Schweif hat.

stuhre Steyer, (E. L. Femerstange,) ›eht die Steuer führen, stuhrmannis Steuersmann.
stuhris Ecke, der äussere Winkel, ꝛc. Gegend eines Orts.
stuhrs, a hartnäckig, stuhrgalwigs nickſch.
stulbs, a betäubt, apstulboht verblenden, mit Blindheit
    schlagen.
stumburi Federstoppeln, ꝛꝛ abgepeitschte Ruthen, da die di-
    cken Enden übergeblieben.
stumpeht, ap-ar meetu mit einem Pfahl bestampfen, be-
    stossen.
stumt stossen, schieben, ›deht hin und her stossen, ›dinaht
    immer antreiben, › deklis ein Mensch, den man immer
    stossen und antreiben muß.
stunda Stunde, ›eneeks Uhr, saules stundenis Sonnen-
    Uhr.
sturmis Sturm, ›eht stürmen (eine Festung.)
stutta (›e) Stütze, ›eht stützen.
suddis vid. sust.
sudmalla Mühle, ›is, ›neeks Müller.
sudrabs m. Silber, dsihws› Quecksilber, ›kallis Gold-
    schmidt, ›ains silbericht, ap›oht versilbern.
[sugga Familie, Anhang. E. L.]
suhditees sich kümmern, ängstiglich sorgen ꝛc.
suhds m. Dreck, Unflat, pl. Mist, Düngung, ›aina samme
    Mistacker, ›oht misten, düngen.
suhdseht klagen, Klage führen, grehkus› beichten, (ꝛꝛ
    bekennen.)
suhkt durchsteigen, saugen, nutscheln z. E. am Brod, ›tees
    siepern, ›kuls Molken, Waddack.
suhla Strieme, ›aht siepen, nässen wie die Krätze.
suhnis Moos, ›ains mosicht, apsuhnotees bemoosen.
suhrs, a salzig, unfreundlich, ar suhreem gruhteem swee-
    dreem mit saurem Schweiß und Mühe, ›ums Sal-
    zigkeit, Schärfe aus dem Magen, ›iba Unfreundlich-
    keit, Unmuth.
    suhrst siepen von Schärfe, schründen, nässen, schmerzen
    wie Krätze.
suhritschi, ›ini, ›enes Flöhkraut.

suhst

kuhst qualmen von Hitze, ‒c. siepen, nässen, kutti Dampf,
Qualm, ‒tinaht bähen, brühen, kuttona semne wäs‑
serig Land, da es zur warmen Zeit dampfet und
schwärzet.
kuhtiht schicken, senden.
[Suikis der Litthauisch, Rußisch und Finnisch unters Letti‑
sche mengt. Obl.]
kuitums Fülle, Ueberfluß.
kukka Pferdeschrape, ‒aht bürsten, schrapen, kämmen, he‑
cheln, kukkeklis Bürste, Hechel.
kukkata Dürrsucht.   kukkurs Zucker.
[kukt, is‒ entwischen.]
kulla Saft, Brühe, Suppe, behrsu‒ Birkwasser, kullu
mehneß April.
kullainis Diener, Bedienter.
kumminaht begrüßen, bewillkommen, ‒ees ar ko sich mit
jemand bekannt machen.
kumpis Sumpf, Pfütze.
kumpurns vid. purns.
kuns m. Hund, (kunnu purris Mohr. E. L.) ‒u tek‑
kums ein Stück Weges, so weit ein Hund zu laufen
pflegt, welches aber einen ziemlichen Strich ausmacht,
‒u mehneß ist größtentheils der August.
kunniht aussilzen, ausschelten.
kunnischi eine Art kleiner Rollwagen in Riga.
kurkis Pfeiffsack, d. i. der immer saurt und pfeift, ‒eht grellsch
weinen und pfeifen.
kusseht, ap‒ vid. fausk.
kusseklis vid. kukkaht.
kust verschwinden, verlohren gehen, [no suddis unvergol‑
ten, E. L.]pasust untergehen, pasuddinaht verdammen.
kusters (sustars) auch kustrini Johannisbeerstrauch, melni‒
Buchsbeerenstrauch.
kuttis G. suscha Aal, ‒tini, ‒tischi Neunaugen, Bricken,
(suttini heißen auch runde schmale Hölzer.)
kutti, ‒inaht vid. kuhst.
[kuttrainis, kuhdu‒ Misthaufen. E. L.]
kwabbads, ‒a frey, loß, ledig, quitt, ‒as durris Thüre, die
ganz leise aufgeht, ‒iba Freyheit, da man loß von
etwas

etwas ist, atkwabbinaht auslösen, befreyen, erledigen.

kwagguli Unkraut im Roggen, das schwarz Brod giebt. *E. L.*

kwahrguls Schelle, kwargsdeht klingeln wie Schellen.

kwahpulis Daumpfaf, Rothfink.

kwahrki Rock, pull-kwahrtschi halb wollen halb leinen Rock, (*it.* was einfächtig geworken.)

kwahrpts (·a) Bohrer, ·iht bohren.

kwaidiht salben, schmieren, *it.* schmeissen, bewerfen, von kweest werfen, kwaidamas fahles Salben, Spezereyen.

kwaigsne Stern, ·es deena H. drey Königs Fest, astita-Comet, apswaigsnohts besternt.

kwainis Weibes Bruder, ·e Weibes Schwester, ·ens Weibes Bruders- und Weibes Schwestersohn, (·ene ·Tochter.)

[kwakkas Harz. *E. L.*]

kwalstiht taumeln, ·ees sich schockeln und bewegen, wenn etwas nicht feste aufliegt, *it.* faulenzen.

kwammis Schwamm.

kwanniht mit den Glocken lauten, kwannis Glockenläuter.

kwars *vid.* kwehrt. kweedri Schweiß.

Sweedris Schwede.

kweegt freuschen, wiehern.

[sweergsde Grand. *Thm.*]

kweest werfen, ·dejs Werfer, ·duma Wurf.

kweests *m.* Butter, ·a mehle glatte Zunge.

kwehpeht, ·inaht räuchern, schmäuchen.

kwehreht schwören, beeidigen, nepateeks·Meineid thun, ustizzibu·huldigen, ·eRiba Eid, ·inaht beschwören, noswehreht abschwören, (*E. L.* verfluchen,) sa·ees sich zusammen verschwören, rottiren, (sakwehrinati Eidgenossene.)

kwehrs *m.* wildes Thier, Bestie, Wild.

kwehrt wägen, (kohku·heist beym Abhauen zusehen, auf welche Seite der Baum überwichtig ist und fallen wird,) kwars Gewicht, us kwarru likt auf die Wage legen, ·ineeks Wäger, (uskwehrt heist bey den Bauleuten ein Gebäude wippen.)

kwehts,

swehts, a heilig, ‒tapt ſelig werden, ſwehta deena Feyer‐
tag, ſwehdeena Sonntag, (‒as eefahkums Vorſab‐
bath,) ‒a dſihwoſchana unſträflicher Wandel, ar‒eem
wahrdeem apſtiprinaht mit einem Eid betheuren, par
ſwehtu zelt canoniſiren, ‒putns Storch, ‒rutks
Merrettich, [ſwehts in *ſenſu malo* vid. Gramm.
§. 209.]

ſwehtigs, a ſelig, glückſelig, heilig, heilſam, ‒tiba Hei‐
ligkeit, Segen, Gedeihen, (muhſchiga‒ ewige Selig‐
keit,) ſwehtums Heiligkeit, ‒ijums das Heilige, Ge‐
heiligte.

ſwehtiht heiligen, ſegnen, feyren, ſauliti‒ bey Sonnen
Untergang die Arbeit aus der Hand legen, iſt ein Letti‐
ſcher Aberglaube, ſwehtki Feſt, Feyertage, (‒ku mehneſs
der Monat, darinn das Weihnachtsfeſt einfällt.)

ſwehteklis Catholiſcher Heiliger.

[ſwehtelis Storch. *Thm.*]

apſwehtiht ſegnen, ee‒ einſegnen, einweihen.

atſwehte der achte Tag nach den hohen Feſttagen, (see‐
mas ſwehtku‒ Neujahr, leeldeenas‒ der Sonntag
nach Oſtern, Quaſimodogeniti genannt, waſſaras
ſwehtku‒ das Trinitatisfeſt. Die Bauern verſtehen
ſonſt eigentlich unter atſwehtes die Feſte nach dem al‐
ten Calender.)

ſweijoht fiſchen, ‒neeks Fiſcher, ſweija Fiſchfang.

ſweiks, a geſund, friſch, ‒zinaht grüſſen, bewillkommen.

ſwekkis (‒e) Harz, Gummi, ſkudru‒ Weihrauch, ‒ains
harzig, (‒kohks Kühnholz,) ‒oht harzen, pechen.

ſwelt ſchwälen, glimmen, ſwelme Dampf von glimmen‐
den Kohlen, (‒es ſmarſcha‒ Brandgeruch.)

ſwengelis Schwengel an der Deichſel.

ſwert *id. qd.* ſwehrt.

ſweſch, ‒ſcha fremd, ‒ineeks Frembling, no‒enes aus
der Fremde, ſweſchineeziba Wallfahrt.

ſwezze Kerze, Licht, eljes‒ Lampe, ſwetſchu deena Licht‐
meß, (‒mehneſs Februarius.)

ſwihni Schuppen, ‒ains ſchuppicht, ‒oht ſchuppen.

ſwihſt ſchwitzen.

[ſwihte Bauerrock. *Obl.* zeppure‒ Hutſchnur. *E. L.*]

ſwikke

ſwikke Schwicken, d. i. der Zapfen oben in der Tonne
	zum Luftmachen.
[ſwikkis id. qd. ſwekkis. E. L.]
ſwikls m. rothe Rübe oder Böte.
ſwilpis Dampfaß.
ſwilpoht (ſeht) flöten, pfeifen, ⸱e Flöte.
ſwile ſich verſengen, ⸱lis ein Menſch, der am Feuer kriecht
	und ſich verſenget, ⸱linaht etwas beſengen, (pee⸱ an,
	brennen laſſen, peekwile angebrannt werden wie Grütze.)
ſwinneht ſeyren, (no⸱ zu Ende ſeyren.)
ſwins m. Bley, ⸱nains bleyern.
ſwirbulis Sperling, Spatze.
ſwirgſde Grand, Kieß, grobſteinig Sand.
ſwirkt ausrieſen, rudſi ſwirkſt der Roggen rieſelt und fällt
	auf der Erden mit einem Raſſeln.

Tà ſo, alſo, tà kà ſo wie, ſo bald als, indem, ſo daß,
	tà le dann allererſt, tapat eben ſo, dennoch, tà lihdſ
	desgleichen, tà — kà ſo — als, ſowol — als auch, kà
	— tà wie — ſo.
tabaks m. Toback.
tad alsdenn, damals, kas, was denn, wer denn ꝛc. nu⸱
	nu denn, nu wolan, tad — tad denn — denn, bald — bald,
	kad — tad wenn — ſo, tad — kad dann — wenn.
tadehl vid. dehl.
taggad, ⸱in, ⸱iht jetzt, nun.
tahds, a ein ſolcher, tahds ar tahdu ein paar gleiche, tah⸱
	dai immer ſo.
tahlſch, la weit, fern, tahl, ⸱u id. no tahlenes von weiten,
	(us⸱ in die Ferne hin,) no iſtahlam von ferne, ⸱ lums
	Weite, Diſtanz.
Tahmi, Tahmneeki werden die Letten von Schrunden an
	bis an die Preußiſche Grenze genannt. (cf. Gramm.
	§. 195. und 197.)
[tahrpinaht erziehen. E. L.]
tahrps m. Wurm, ⸱ains wurmicht, wurmſtichig, [⸱pu
	wehjſch, ⸱penis Südweſtwind. E. L.]
[tahrſt einen Stock abſchälen.]
tahſis Taber, die feine äuſſere Birkenrinde.

[tahſt

[tahst, aptahstiht abschälen.]
taiminsch Lachsforell.
taisiht machen, verfertigen, ıtees sich machen, sich zubereiten, ıijums Machwerk, aptaisiht ar wiju umzäunen,
 (waigu ar koı sein Gesicht verstellen,) aeı öfnen, eeı
 einmachen, einrichten, (zellu ı den Weg bahnen,) isı
 ausarbeiten, zieren, formiren, (ne istaisiht wüste,)
 ınoı Stück vor Stück machen, paı verfertigen, zurichten, sa ı zurecht machen, zubereiten, (ı ees sich bereiten, gefaßt machen, ı ama deena Vorsabbath, Rüsttag,) usı aufmachen, it. aufbauen, (E. L. bessern,
 ändern.)
taisns, a gerecht, billig, wahr, gerad, it. was sich passet,
 ıu parahdiht beglaubt machen, ıi aufrichtig, recht ꝛc.
 (netaisns ungerecht, unbillig, falsch ꝛc. ıi sohdiht unschuldig strafen,) ıiba Gerechtigkeit, Billigkeit , (tas
 irr ı das ist die Wahrheit, ar taisnibu mit gutem Fug,
 it. wo es aufrichtig hergeht, nu buhs taisniba nu wird
 es gerad seyn, nu wird es sich passen ꝛc.) ınoht gleich
 richten, rechtfertigen.
[tak doch, dennoch, takmehr dennoch aber, nichts destoweniger.]
[takas ahda stehet in der Lettischen Bibel anstatt ahpschas
 ahda Dachsfell.]
talka Talk, (vid. Gramm. §. 218.) ızineeks einer von den
 Arbeitsgästen, (paı der nicht ein Arbeitsgast gewesen,
 und sich doch zum Tractement einstellet.)
tallerkis Teller.
tamehr bis dahin, bis so weit, tamehr — kamehr so lange — bis.
tammi, tanni pl. ıis ist der Abl. Loc. von tas derselbe.
[tange Zange.]   tapehz vid. pehz.
tappa Zapfen.
[tappinaht borgen, leihen, so reden die Polnisch Liesländer.]
taprinaht zeugen, Zeuge seyn.
tapt werden, gelangen, gerathen; gan tapschu mahjäs ich
 werde wol nach Hause kommen, istapt zu Dank machen, satapt auch sastapt begegnen, (no Deewa sastaptı
 von GOtt bescheret,) attapt zurück gelassen werden,
 paı hingelangen.
                                                  tarba

tarba Jägertasche, Säckgen, das man über die Schultern
    hängt, Tornister.
tas, ta der, die, das, (*vid. Gram.* §. 68.) tas — kas derje-
    nige — welcher, no ta davon, zaur to dadurch ꝛc.
    pa tam inzwischen, kas to sakka wer sagt es?
tatschu dennoch, gleichwol.
Tatteris ein Tartar.   taue Floßthau.
tauks, a fett, feist, *subst.* Fett, Talg, Schmalz, Schmeer,
    ums Fettigkeit, taukschkeht im Fett rösten, (3 *Mos.*
    VI, 21.) *it.* Fett schmelzen.
taupiht schonen, sparen, zurathe halten, igs sparsam.
taure Jägerhorn, Hirtenhorn, eht auf einem Horn blasen.
taurinsch Zwiefalter, *it.* eine Art Blumen, die wie Zwiefal-
    ter aussehen und auf der Erden liegen.
taustiht betasten, berühren, befühlen.
tauta Nation oder Volk, Geschlecht, tahda paschas gleicher
    Art, wissada sirwju: allerley Gattung Fische, paganu-
    Heidenthum, tautas behrni Freywerber.
taws, a dein, tawejs, a d. d. d. deinige, tawahds, a dei-
    nerley.
tazzis G. tscha Pfote.
te da, hier, teju hieselbst, daselbst, (klaht hart bey, nahe
    bey, lihdf, bis hieher, bis dorthin,) tejup dahinwerts,
    teitan daselbst, dahin, no tejenes, no tennenes von
    dannen, (us dahin, dorthin, pa i da hinaus.)
    tebé freylich, das eben, das wars, tebé tas tas irr das
    ist es eben.
teegelis Ziegel.
teek so viel, teekams bis daß, so lange, (dieweil, unter-
    dessen, *E. L.*) teekahrt so oft.
teekt erreichen, peereezigs gnügsam.
teept, ees Obstatt halten, mit Worten streiten und Recht
    haben wollen, pums Rechthaberey, teepscho *m. et f.*
    (is, a) Streithammel, der immer Recht haben will,
    noteeptees beständig Obstatt halten, abhadern.
teerpt ertauben, erstarren.
tees, ta, i *adv.* wahr, wahrhaftig, (teeksham fürwahr,
    warlich, gewiß, tik so wahr, teek wahrhaftig wahr,
                            ganz

ganz gewiß, braukt gerade zu fahren, ne, arbildeht
hin und wieder antworten, Ausflüchte suchen.)
 teefa (1) Recht, Gericht, Urtheil, pehz, as gerichtlich,
rechtlich, sawada, eigenes Recht oder Privilegium,
(2) Theil, Antheil, Gebühr, Gebiet, tehwa, väterlich
Erbtheil, kunga, was dem Herrn an Abgaben zu
kommt, leela kunga, Fürstlich Gebiet, (it. der Fiscus,)
bilkapa, Bißthum, teelneftis Rechtsstader.
 teefaht richten, urtheilen, ees rechten, processen, isteefaht
ausrechten, no, bestrafen, sa, erstreiten.
 pateefs, a wahr, wahrhaftig, i warlich, fürwahr, gewißlich,
igs wahrhaftig, iba Wahrheit.
 Weenteefigs einfältig, aufrichtig, iba Einfalt, Aufrichtigkeit.
teews, a dünn, schmal.
tehls (is) Gestalt, Bildniß.   tehrauds m. Stahl.
tehreht zehren, ap, aufzehren, is, auszehren, verthun, liederlich
durchbringen, no, verzehren, (E. L. enthaupten,)
tehrinksch Kosten, Unkosten.
tehrpinaht Pferde (Vieh) aderlassen, Maul reinigen, pikis
 Pferde-Vieharzt.
tehrpt kleiden, bekleiden, is, ausputzen, ausschmücken.
eeteseht schwatzen, spaßen, scherzen, etajs Spaßvogel, Spottvogel,
gekkiga tehrsekschana Narrentheidung.
tehst Rinde abschaben, Holz glatt machen, gallu, das Ende behauen oder spitz machen, ap, Rinde abstreifen,
 no, behobeln.
tehw, Vater, (cf. Gram. §. 209.) pa, Stiefvater, tehwu
 tehwi Vorfahren, zeenigs tehws so wird der Herr
 im Hofe, ingleichen der Prediger von höflichen Letten
 genannt, mescha, Waldgott.
 Dim. tehtihts, tinksch Vatergen, tehwinsch Vätergen
 beym Fasel, (bischu, der Bienenkönig, it. der Vornehmste,)
tehwozis Schwiegervater, wischks väterlich,
(kaws, ä nahkt in sein väterliches Erbtheil, an des Vaters
Stelle kommen.)
teju, tejenes vid. te.
teikt sagen, erzehlen, berichten, it. loben, rühmen, labbu,
 loben, billigen, ees sich ausgeben, zaus lob, und
 ruhmwürdig, eeteikt deutlich berichten, angenehm
              machen,

machen, is* außsagen, erzehlen, ausrühmen, no*, us*
loben, ausrühmen, pa* erzehlen, danken, (*zigo dank*
bar, *iba Dankbarkeit, Danksagung.)
teitan *vid*. tè. tekka *vid*. tezzeht.
tekkis, tekkulis Leithammel.
telsch, *G*. la Kalb, *ta* peons die erste Milch, Beestmilch.
teltes *f*. (*is*) Gezelt. tennenes *vid*. tè.
Tennis (*ifis*) ist ein Mannsname.
[tenzinaht danken. *Thm*.]
tesmens (*E. L.* tesins) Milcheuter an einem Vieh.
tetteris Birkhahn. tew' *D*. von tu.
tezzeht laufen, fliessen, rinnen, rudis tekk das Korn rieset,
tekkohtes uhtens fliessend Wasser, tekka Fußsteig,
tekkaht laufen, *alaht* hin und her laufen, tekkuls
(*is*) Läufling, unstät, flüchtig, semmes* Landstrei*
cher, (tezzeklis (tezzele) runder Schleifstein, der ge*
dreht wird, sezzinu laufens, *inaht zapfen, affinis*
Aderlassen, semmtezzis Landstreicher.
apiezzetees sich belaufen, wird vom Vieh in der Brunst*
zeit gesagt, ee* reif oder zeitig werden, (eeterzinaht
einzapfen, *it*. reif machen,) azzis istekk Augen triesen,
tas us nemmit dahlereem istekk das belauft sich
auf 10. Thlr. (istezzinaht vergiessen.)
istekka Ab*Ausfluß, Arm eines Flusses, *it*. Wasserquelle,
no* Abfluß, Wasserstrohm.
[tihdiht anfechten. *E. L.*]
tihkls *m*. Netz, meddineeka* Jägergarn.
tihkoht (*aht*) auf etwas seine Augen richten, darnach lau*
ren und es haben wollen, pahr* nachsinnen.
tihne ein hölzern Gefäß wie eine Balje mit einem Deckel.
tihrs, a rein, lauter, klar, (*i gänzlich,) *ums Feld, Acker,
*iht reinigen, läutern, klar machen, fegen, *iba Rei*
nigkeit, das Unverfälschte.
tihruls ein Morast.
tihsch, scha vorsetzlich, wissentlich, (*it*. freventlich,) *i, *am,
*u id. ne tihschi von ohngefehr, unversehens.
[tihsls *id. qd*. tisls. *E. L.*] tihstiht *vid*. tiht.
tiht winden, wickeln, tinnams auts Windel, tihtees ar ko
mit einem Umgang, Gemeinschaft haben, (ne tinnams
ar

ar ko unverworren,) tinnejs Winder, tihtschans das Winden, it. Wandel, Umgang, tihtaws (:a) Garn=winde, Haspel, tinneklis Windwerk, notiht abwin=den, abhaspeln, tihstiht windeln, wickeln.

tihtiht trotzen.

tihteris Kalkuhnscher Hahn, *pl.* Kalkuhnen.

tik (1) vor den *Adj.* und *Adv.* so, tik lohti so sehr, also, tik labb — kà sowol — als auch, (2) so viel, ne=nicht so viel, tikpatt gleichviel, (3) lai winsch tik nahk laß er nur kommen, (er mag es sich nur unter=stehen zu kommen,) tik (tik ko) es kliu mahjàs ich bin kaum nach Hause gekommen, tik ne (tik ko ne) krittu ich wäre beynahe, fast, um ein Haar gefallen.

tikkai nur, (tad=nu erst, dann erst,) tikkus tà, tikkus zittadi bald so, bald anders.

tikkums, tikku tikkam *vid. sq.*

tikls, a brauchbar, ordentlich, ne=ein Taugenichts, neti=kli unordentlich.

tikkums alles was sich schickt, *it.* die Tugend, (kam labs=der eine gute Art an sich hat, pehz wezzaku tikku=meem nach alter Manier, Mode, kas teem bauflibas tikkumeem peeklahjams ein guter Wandel nach dem Gesetz,) ne=Untugend, Laster.

tikkuschi hurtig, mit allem Fleiß, geschicklich, tikku tikkam derb, brav.

tizziba Art, Gewohnheit, tur jau tahda=dort ist schon eine solche Manier, Mode, pehz wezzù lauschu=as nach altem Brauch, (die andere Bedeutung siehe tizzeht.)

tikt geschehen, wiederfahren, *it.* gelangen, prohjam=fort=zurecht kommen, apkahrt=rund herum zureichen, ais=tike anrühren, (hingelangen,) is=zurecht=auskommen, (wisseem=allen zu Dank machen,) no=geschehen, wiederfahren, werden, (=ees sich ereignen, sich fügen, erfolgen,) pahr=auskommen, gnug haben, pee=gnug haben, zureichen, (peetizzis begnügt, peeteezigs gnügsam, peetiktees sich gnügen lassen, peeteeziba Gnügsamkeit, Zufriedenheit,) satikt, =ees begegnen.

tikt gefallen, belieben, lai tew tihk lai ne tihk es sey dir lieb oder leid, winnam ne tihk mahzitees er hat keine Lust

Luſt zu lernen, tā iſlohzihts kā ween tihk er iſt ſo ge-
ſchmeidig, daß es eine Luſt iſt, er iſt nach Wunſch ge-
ſchmeidig, tihkams artig, gefällig, (kà-nach Belieben,) tizzas wohl geartet, ('iba vid. tikls) patihk
gefallen, belieben, ('ihkams beliebt, artig, 'ſchana
das Wohlgefallen, Zuneigung.)
tillinaht linnus Flachs ausbreiten, daß es zum brahken be-
quem wird.
tilpt eingehen und Raum haben.
tilts m. Brücke.   timmereht zimmern.
timpe Timſ.   tinneklis vid. tiht.
tinteleht id. qd. tunteleht.
tirdiht anfechten, ausfragen ob man es gethan.
tirgus Markt, 'oht dingen, 'orees lange dingen, mit ſich
lange dingen laſſen.
tirpt betäuben, erſtarren.
tirraht id. qd. tirdiht, tirrinaht zerren.
[tirſaht id. qd. tirdiht. E. L.]
tiſch ſo treibt man die Hüner, 'laktā ſo treibt man die
Hüner zum ſchlafen. Tiſch laktā iſt auch ein Lettiſches Spiel, ohngefehr wie die blinde Kuh.
tiſls, a lahm, Krüppel, 'a mehle ſtammernde Zunge.
titilbis Roggenvogel. E. L.
tizzeht glauben, trauen, ſich einbilden, 'zigs glaubig, treu,
(Deewa-fromm, gottſelig, bes-treulos, ne un-
glaubig, mißtrauiſch, ungetreu,) 'iba Glaube, Treue,
(die andere Bedeutung ſiehe tikls) jauns eekſch-as
Neuling, tizzams glaublich, 'edams glaubend.
peetizzeht, uſtizzeht ver- zu- anvertrauen, (uſtizzinaht id.)
'zams redlich, ehrlich, aufrichtig, treu, 'zigs id., 'zigi
auf Treu und Glauben, 'ziba Zuverſicht, Vertrauen,
Redlichkeit, Treue ꝛc.
Tohms Thomas.
tohrnis Thurm, wakts-Warte.
tohwers Zuber, Gefäß.   [tok doch. E. L.]
tomehr dennoch, jedoch, gleichwol, 'ween zum wenigſten.
trahpiht ('eht) treffen.
traipiht beſprengen, beſchmützen, ſtreichen, ſchmieren, 'eklis
Flecken, aptraipums id.

X 4

traks

traks, a toll, wild, unſinnig, eji, geh Narr! kā greeſtees
wüten, toben, lärmen, ains Thor, ums Tollheit,
Thorheit, Wahnſinn, oht tollen, raſen, lärmen, unſinnig ſeyn, (trakkotaja rohka die Hand, damit man
Unſinnigkeit ausübet.)

tralleht trallen, ohne Worte ſingen, eeno Frauenzimmer,
das immer trallet.

tramdiht *id. qd.* trenkt.

trauks *m.* Geſchirr, Gefäß, Faß, *pl.* Geräthſchaft, (ahdains
wihna trauks Weinſchlauch.)

traukt beſchleunigen, ees eilen.

traufls, a brock, brockig.

trauzeht ſchrecken, *act.* no meega ehts tapt im Schlaf auf
fahren, inaht öfters ſchrecken. *act.*

traz troß, [eht troßen.]

treekt wegjagen, ſchmettern, trümmern.

treept ſtreichen, ſchmieren.

treilens mittlere Wagenholz.

trekns, a fett, feiſt, dick und rund, ums, iba Feiſtigkeit,
Dickleibigkeit.

trekteris Trichter.

tremt über Hals über Kopf wegjagen. *Adolph. Gram.*

trenkt ſcheuchen, wegtreiben, zerſtreuen, aht wegſtäuben,
verjagen.

trenſe Gebiß im Zaum.

treppe Leiter. treſch *vid.* trihs.

trihdeklnis hochzeitlich Klapperſtock.

trihkahja *vid.* trihs. Trihhe Catharina.

trihs drey, treſch, ſcha d. d. d. dritte, treſchdeens Mitt-
woch, trijahds dreyfach, dreyerley, (diba Dreyfaltig-
keit,) trihsweenigs dreyeinig, trihkkahja Dreyfuß,
trihfulis dreyzackichte Heugabel. *E. L.* treſchelneeks
der alle dritte Woche zur Arbeit kommt.

trihſeht *id. qd.* trihzeht.

trihe reiben, wetzen, trinnums Reibwerk, trinnejs der da
reibet, wetzet.

trihzeht zittern, beben, (wiſſi kauli trihz alle Gebeine er-
ſchüttern ſich, fohbi Zähne klappen,) trizzinaht drehnen. *act.*

trinnihts

trümhts, *G.* ta Drollig, Drillig, zweysächtig.
trohkens *m.* (+is) Gepolter, Getümmel, Geklapper, Lärm.
truhbe lang gewundenes Rohr von Rinde, +eht auf einem
   solchen Rohr blasen.
truhdeht modern, morschen, truhdes vermoderte Erde.
truhke brechen, reissen, springen, *pass.* (*imperson.* fehlen,
   mangeln,) wehders winnam truhzis er hat sich im Leibe verbrochen, (Verdrieß gethan,) +ums Mangel,
   Dürftigkeit, *it.* Bruch im Leibe, (+umu darriht ent-
   ziehen, Unrecht thun, tas tew ne buhs +ums das soll
   dir nicht entstehen oder abgehen,) +ziba Abbruch,
   +zinaht Abbruch thun, (*ais* versäumen, ne, nicht
   ermangeln lassen,) is truhke, +ees sich erschrecken und
   aufspringen, (+zinaht einen ausschrecken, +ees be-
   stürzt seyn,) no+ abreissen, *pass.* pahr+ zerreissen, zer-
   springen, *pass.* pee+ mangeln, sa+ zerreissen, *pass.*
   (+ees sich erschrecken, aufspringen.)
trumis *m.* Geschwür, Geschwulst, Beule, [*E. L.* trumbis.]
trummetis (+e *E. L.*) Trompete, +eieht trompeten,
   +eeteris Trompeter.
trunneht modern, morschen, trunnes vermoderte Erde.
tschabbeht rauschen, rasseln, wie eine Maus im Stroh, ne
   tschabbu ne grabbu mausstill, tschabby eet gehen daß
   es zischt, wie ein Kind mit Pasteln, +inaht grabbeln,
   rasseln.
tschabbite (+ina) ist eine liebliche Benennung eines Frauenzimmers.
[tschahbuls Küchel, jung Huhn, pa+ Küchel, das seinen
   halben Wachsthum gethan, *Obl*]
tschakls, a (*E. L.* +igs) hurtig, frisch, fleißig, (+us bleh-
   nahm leichtsinnig, leichtfertig,) +ums, +iba Hurtigkeit,
   Fleiß.
tschakste (+insch) eine Art kleiner Vögel.
tschaksteht rauschen. *E. L.*
tschamdeht betasten.
tschampeht im Koth oder Mott treten oder gehen, daß man
   sich besudelt, +u auch +am eet *id.*
tschappu eet gehen daß es zischt, wie ein Kind in Pasteln.

tschaukste weich Kohlhäuptgen, seht rasseln wie ein Kohl-
    häuptgen oder Hopfen.
tschaukstihts eine Art kleiner Vögel.
tschaumala Hülse oder Schale von Nüssen, Eyern ꝛc.
tscheebe wie ein Küchel schreyen.
tscheekurs m. Taun- oder Fichtenzapfen.
tschetri, as vier, zettorts, a d. d. d. vierte, [zettort Quar-
    tirgen, E. L.] zettordeena Donnerstag, leela,
    Gründonnerstag, zettorweeks ein Viertler, der alle
    vierte Woche zur Arbeit kommt, zettorkfnis Monds-
    viertel.
tschibbeht zischen, wenn sich etwas rührt, sinaht sanft
    kützeln.
tschibbite, sinseh vid. zib.
tschiggans Zigeuner, snischks ziegeunerisch.
tschihkoht einen lahmen Thon machen, z. E. wenn man auf
    einen gespannten Zwirnfaden streicht, su su hiemit
    wird ein solcher Thon vorgestellt, so raggutin pflegt
    man zu sagen, wenn ein Kind einige Zwirnfaden auf
    ein Pergel gespannt und darauf wie auf einer Violin
    streicht.
tschibkksteht knarren, (2) kämpfen, ringen.
tschingsteht klingern, wie wenn ein Fenster eingeschlagen
    wird.
tschirksteht leise knarren, zwitschern, wie ein Oehmchen
    schreyen.
tschohkurs m. Krolle im Spinnen, Dralligkeit des Garns.
tschu tschü so ruft man die kleinen Hunde, tschuhtschinsch
    klein Hündgen, ist ein Kinderwort.
[tschuhbuls Obl. id. qd. kurse.]
tschuhksteht sausen, zischen wie ein heiß Eisen, it. wenn das
    Feuer nicht recht brennet.
tschuhrisku auſs Gesicht vorwerts liegend.
tschuhfka Schlange.   [tschuk troß]
tschukkurs m. Rücken des Dachs, (it. Spitze des Berges
    oder eines Baumes. E. L.)
tschuksteht zischen, heimlich ganz leise schwatzen.

tschummurs m. Päckgen, (z. E. Nüsse, die an einem Stiel
    gewachsen,) zahliſchi weenā tschummurā die Küchel-
    gens ſind in einem Häufgen zusammen.
tschuntschoht, ‐eieht bemummeln.
tschuppinaht grabbeln, taſten.
tschuppis Häufgen, Büschgen, Sträußgen, ‐reekschu
    Päckgen Nüsse, die aneinander gewachsen, kokks ar
    ‐i Baum, der oben einen Busch hat.
tschurkste Erd‐Maurschwalbe.
tschurksteht rieseln wie wenn der Regen vom Dach läuft,
    kas tur tschurkst was läuft da, was iſt da umgeſtürzt,
    daß es läuft.
tschurris Troßbube, Junge.
tschuschinaht auff ins Ohr zischen.
tschutschu so wiegt man die Kinder ein, ‐oht (‐eht) iſt
    ein Kinderwort und heißt schlafen.
tschwerte Viertel Fleisch.
tu du, (vid. Gram. §. 64.)
[tuhba Filzmantel. E. L.]
tuhdal, ‐in, ‐iht gleich, flugs, alsbald.
tuhkstohts m. G. scha, pl. ‐schi f. as tausend, ‐ots. f.
    ota d. d. d. tausende.
tuhke schwellen, (is. fett und dick werden,) tuhks, ‐ums Ge-
    schwulst.
tuhfkoht (E. L. tuhfkt schwellen, tuhfks m. Geschwulst.
tukls, ‐a fett, dickleibig, tukt fett werden,) ‐lums, ‐iba
    Dickleibigkeit.
tukfch, ‐scha leer, wüſte, it. hohl, ‐ā firdī, ‐ā duhfchā
    nüchtern, ungegessen, ‐a labbiba taub Korn, ‐ums,
    ‐iba die Leerigkeit, tukfnefis Wüste, Einöde, ‐niba
    id. tukfchoht (‐eht, ‐iht) leeren, (wüſt machen.)
tukt vid. tukls.
tulks m. Dollmetscher, ‐oht (‐aht) dollmetschen.
[tullis Zoll. E. L. ‐eneeks Zöllner.]
tulfis (tulfnis) Blatter, Blase.
tumfch, ‐scha (tumf, ſa) dunkel, finſter, trübe, lihdſ twel-
    neem tumseem bis auf den ſpäten Abend, ‐schums,
    ‐iba Dunkelheit, Finsterniß, aptumschaht verfinstern,
    verdunkeln.
                                                tuntuleht

tuntuleht einmummeln.
tuppa, ‑akls Heuschober, Heuhausen.
tuppeht hucken, tuppis, ‑eklis Poder, [it. Maſtdarm. E. L.]
tuppele Pantoffel.
tur dort, da, dahin, turpat daſelbſt, tur pretti dagegen,
    turklaht darbey, noch dazu, turp ‑u dorthin, dort‑
    hinwerts, no turrenes von dannen, us ‑ dorthin,
    pa ‑ i dort hindurch, dort hinaus, turplik, turpmak,
    turplikam weiterhin, hinführo.
Turkis Türke, ‑u lehzis eine Art Linſen.
[turnis Thurm. E. L.]   turp vid. tur.
turreht halten, haben, hegen, achten, ‑ees ſich aufführen,
    ſich verhalten, (pretti‑ widerſtehen, ſich widerſetzen,
    ſich wehren, pa gohdam‑ ſich der Erbarkeit befleiſſi‑
    gen,) winſch labbi turrahs (pee robkas) er ſteht ſich
    gut, turrigs wihrs Kerl, der ſich wohl ſteht, aisturreht
    verhalten, entziehen, ap‑ anhalten, hemmen, (grah‑
    matu‑ einen Brief auffangen,) pa‑ behalten, (ne ſa‑
    turrams unbändig,) us‑ erhalten, unterhalten, (usturra
    Unterhalt, Nahrung, Lebensmittel.)
tuws, ‑a nahe, ‑u klaht ganz nahe, hart bey, ‑eji raddi
    nächſte Freunde, ‑aks Nächſter, ‑ums Nähe.
twaiks m. Dunſt, Dampf, Schmauch, ‑ains dunſtig ꝛc.
[twans id. qd. twaiks. E. L.]
twehrt greifen, faſſen, haſchen, ſchnappen, patwehrums Zu‑
    flucht, Retirade.
[tweiks id. qd. twaiks. E. L.]
twert id. qd. twehrt, (ne warreht twertees no ſpahrehm
    ſich der Bremſen nicht erwehren können.
twihkt hitzig, ſchwul, hellig, it. roth ſeyn, muttes twihk‑
    ſchana das Lechzen, is‑ ſa‑ twihkt erhitzt, hellig, dur‑
    ſtig ſeyn.

Ubbags Bettler, ‑u nams Hoſpital, ‑ōs eet betteln ge‑
    hen, ‑dſiba Betteley.
ugguns Feuer, wiltigs‑ Irrwiſch, ‑igs feurig.
uhbele, ‑lu ballodis Turteltaube.
uhdens Waſſer, ‑femme naſſer Acker, ‑pluhdi Sündfluth,
    ‑igs, ‑ains wäſſerig, [‑nis Waſſerrabe. E. L.]

uhderis

uhderis (uhdris) Fischotter.
uhka Zapfen im Halse.
uhpis der Uhu (ist bey den Letten ein Unglücksvogel.)
uhsas Hosen, Beinkleider, :ains was Hosen trägt, (:gailis ein Hahn mit Büchsen, d. i. mit rauch bewachsenen Beinen,) uhsas utte Filzlaus.
un und (gilt nur in Liefland.)
uppe Bach, Fluß.
uppuris Opfer, it. Klingbeutel, :eht opfern.
urbt bohren, :ulis, :eklis Bohrinstrument, :inahe allmählig bohren.
urkis Ofengabel, [it. Mistgabel. E. L.]
urknoht beriechen und nicht fressen wollen, wie die Pferde.
urkschkeht grunzen.
urskulis Koder oder Kropf.
us auf, an, nach, zu, (us drahnahm heist bey den Weibern ihre Monatzeit.) In den *Compos.* auf, hinauf, herauf.
usch so treibt man die Schweine.
[uschnes Unkraut im Gersten. E. L.]
uskalla Glahdeiß.
uskurs der als ein Fremder in dem Gesinde, wo er freyet, bleibet, :ōs eer Wittwe oder Tochter, die im Gesinde bleibt, heyrathen.
usraugs *vid.* raudsiht.
usfegs *vid.* fegt   uswalks *vid.* walkaht.
uts *f.* (:e) Laus, utka *m. et f.* Lausangel.
[uzzens Bötling. *Obl.*]

Wabbuls (:ole) Käfer, Ungeziefer.
wahdas Fischgabel, darauf man die Netze trocknet.
waddiht *vid.* west.   [wads *m.* Wadenetz. E. L.]
wadmals (:sa) wollen Gewand, Tuch oder Lacken zum Kleide, :neeks Walkmüller, Tuchmacher.
waddetees, no: schal werden.
wadsis Pflocke, Keil oder Nagel.
wagga Furche, :oht (:aht) Furchen ziehen.
waggare (:rs) Hofsälteste, Aufseher der Arbeiter.
wahga Wage, darauf gewogen wird, schuhpla wahgi Schüste. E. L.

wahguhse

wahguhfe Wagenhaus.
wahjaht, is= verschüchtern, zerstreuen. E. L.
wahjfch, ja schwach, matt, siech, ·a sehja Saat, die nicht fort will, ·as azzis blöde Augen, pa· etwas schwach, unpäßlich, wahjiba Schwachheit ic. wahjaht, no· schwächen.
wahkeht wachen.
wahks m. Deckel, Stürze, schehlastibas· Gnadenstuhl, azzu· Augenlied.
wahle Heuschwade.
wahls m. Waschholz, it. Schlegel, z. E. womit Leem platt geschlagen wird.
wahloht welzen.
wahlodfe Pfingstvogel, wahzsemmes· Papagoy.
wahlogs Wetterhahn, Fahne aufm Dach.
wahrds m. Wort, it. Name, eekfch·eem sa·eet in einen Wortstreit gerathen, galla·i Schluß einer Rede, it. Bescheid, kà taws·a wie heissest du, pa· Bey· oder Zunahme.·
wahrgs subst. id. qd. wehrgs.
wahrgt quienen, wahrgs, a fränklich, siech, ·u nams Spital, ·u femme Jammerthal, wahrigs pipsch, schwächlich, wahrdsigs dürftig, wahrgulis der das Elend bauet, wahrdsinaht kränken, Herzeleid zutreiben, quälen, pahrwahrgt verarmen.
wahriht kochen, sieden, act. (pawars Koch, ·nize Schleef, Koch· Seimlöffel,) pee· Speise anbrennen, kungi sa· verdauen.
wahrns (·a) Rabe, Krähe, silla· Marquart.
wahrpa Aehre.
wahrpsta Spindel oder Spill sowol beym Spinnen als an einer Quirn.
wahrputnes Rechgras.
wahrti Pforte, schkehra· Schlagbaum, [wahrstelis Pförtgen. E. L.]
wahrtiht welzen.   wahst bestülpen.
wahte Wunde, it. Faß, Gesäß.
wahweris Eichhorn, Grauwerk.
wahzels Paudel, Gefäß von Rinde.

Wahzis

Wahzis, ‒ eets G. feha Deutscher, ‒ zifks deutsch, ‒ zsemme Deutschland, (wahz-semneeks ein Deutschländer, *it.* jeder Ausländer, der deutsch gehet.)
  (*Not.* Alles ausländische nennen die Letten deutsch, z. E. wahzsemmes reeksts Wallnuß, ‒ ahbols Citrone, Apfelfina, ‒ breedis Hirsch, ‒ wahlodse Papagoy, ‒ wilna Baumwolle.
wai anstatt woi ob?
wai! wehe, ‒ man wehe mir, waimanas Wehklagen, Lamenten, (‒ aht wehklagen.)
  Waida Jammer, Plage, alles was einen kränket, ‒ ehe klagen, ächzen, winseln, wehklagen, ‒ ká ballodis girren, ‒ ineeks der einen kränket, Verfolger.
waigs *m.* Wange, Angesicht, Gestalt oder Fläche eines Dinges, fwesch‒ Larve, nikns‒ Ungebährde, uspuhsti‒i Paußbacken.
waijadseht nöthig seyn, bedürfen, man waijag (‒ga) ich habe nöthig, ‒dsigs gehörig, was man bedarf, ‒dúba Bedürfniß, Anliegen, Affären, Noth.
waijaht verfolgen.   waimanaht *vid.* wai.
waina Schuld, Verbrechen, (Schade, Wunde,) *it.* eine Sache, die man an einem hat, Ursache, Verdacht, ugguns‒ Brandmahl, ‒igs schuldig, der Theil hat an der That, (atsins‒ mit Blutschulden behaftet, *it.* blutgierig, ne‒ unschuldig, untadelich, unverletzt, ne‒a meita ehrlich Mädgen,) ‒ oht (‒ aht) meistern tadeln, ee‒ verwunden, verletzen.
wainaks *m.* Jungfer- oder Mädgenkranz, Krone, meita kas wehl‒i reines Mädgen, die noch Jungfer ist.
wairitees sich hüten, daß man nicht getroffen werde. *E. L*
wairs mehr, ‒ ne buht aus seyn, wairak nicht, (jo‒ um desto mehr, zik‒ um wie vielmehr, wiff‒ am meisten, für allen Dingen, zumal, insonderheit,) ‒ oht mehren, (‒ ees überhand nehmen,) ‒inahe vermehren, (‒ umå eet sich vermehren, zunehmen,) [pawairoht verbessern, fristen. *E. L*]
waifls Art, Zuwachs, was man zur Art behält, ‒ otees sich mehren, hecken, fruchtbar seyn, (ee‒ sich einkowern, is‒ aus der Art kommen.]

waiwa‒

172 **Wai** **Wal**

waiwarinfch Pors, ein beräuschendes Heidekraut.

waizaht fragen, fordern, forschen, ∗ajums das Frägen ꝛc.
is, (∗inaht) pahr∗ ausforschen, überhören, eramini∗
ren, ne iswaizajams unerforschlich.

wakka Hofsgerechtigkeit, was der Bauer jährlich dem Ho∗
fe abgeben muß.

wakkar gestern, ais∗ vorgestern, wakkars Abend, (dee∗
nas∗ Abenddämmerung. *E. L.*) ∗a laiks Vesperzeit,
∗a wehjsch Westwind, ∗igs gestrig, ∗infch Abend∗
mahl, nowakkars Abenddämmerung, (∗ōs spät auf
den Abend, ap pawakkaru um die Abendzeit.

waktohrs Faktor.

wakts *s.* Wacht, Wache, (∗weeta, ∗tohrnis Warte,)
∗ineeks Hüter, Wachtkerl, ∗eht wachten, Wacht hal∗
ten, verwahren, ∗etajs Wächter ꝛc.

waldiht regieren, herrschen, zähmen, bändigen, mäßigen,
it. schalten und walten, mehli muttē∗ schweigen, kas
to muischu walda wer wohnt in dem Hofe, ∗itees
sich hemmen, sich zähmen, sich bezwingen, ∗itajs Re∗
gierer, Regent, ꝛc. (tas willu∗ Deews der allregieren∗
de GOtt,) ∗igs, a herrschend, it. bändig, ∗ams zahm,
(ne∗ unbändig,) warrena waldischana Tyranney,
∗ineeks Regent, Obrigkeit ꝛc.

apwaldiht bezähmen, no∗ bändigen, pahr∗ bezähmen,
unter sich bringen, Oberhand haben, ta∗ Einhalt thun,
zähmen, bändigen.

walgs *m.* Kuppel, Seil, Strick, weenu∗u wilkt eine Li∗
nie ziehen, unter einer Decke liegen, in einem Horn
blasen, ∗dsini Fahestricke, sawaldsinaht verstricken.

walgums Anfurt, wo die Böte anlegen. *E. L.*

walkaht (∗oht) nutzen, gebrauchen, ne pateesi∗ mißbrau∗
chen, fälschen, ∗wahrkus∗ Kleider tragen, ∗ojams
brauchbar, gebräuchlich, uswalks Kittel, den man
über den Rock anzieht.

[walks *m.* Abgang, Abzug des Wassers. *E. L.*]

walla (1) Muße, Frist, Weile, man newa∗as ich habe
nicht Zeit, ∗as deena freyer, müßiger Tag, (2) Be∗
willigung, Erlaubniß, Freyheit, Macht, ∗u laut den
Willen lassen, ∗u doht erlauben, einräumen, freye
Macht

Macht geben, die Wahl geben oder lassen, (kawahm duſmaht·· seinem Zorn den Zügel lassen,) ne sawā ·ā buht seiner nicht mächtig seyn, von einem andern dependiren, kam pilla · ein Gevollmächtigter, ·s grahmata Freyheitsbrief, Privilegium, peewalla etwas Zeit.

wallā, · am loß, frey, · stahweht offen stehen, · am, · inam sacht, leise, langsam, · Fuß vor Fuß, · ineeks freyer Mensch, sawalneeks ein Wildfang, der da thut, was er will.

wallaht dämpfen, pee· bändigen, bezwingen, sich bemächtigen, (liktoes · ees sich einnehmen lassen, z. E. von Betrübniß.)

wallaks m. ein abgemessen Stück Feldes oder Heuschlag, das ein Baurgesinde zur Gerechtigkeit im Hofe bearbeiten muß, · neeks ein solcher Arbeiter.

wall·azzis vid. aza.

wallis Wall, ·ar· eem aptaiſiht verschanzen.

walloda Sprache, Aussprache, rc. Gespräch, Rede, lauschu· Nachrede, bloße Sage oder Gerücht, kam gudra · ein Redner, · neeks der viel Sprachen kan.

walſchkis Heuchler, · kiba Falschheit, Tücke, Heucheley, · iht heucheln.

walsts f. Gebiet, kehnina· Königreich, leela Kunga· Fürstenthum, basnizas · Kirchspiel, · iba das Reich, · ineeks (pa·) Unterthan.

walstirees sich klopfen, wie ein Vogel, der geschossen ist.

[wambuls, (· ole) *id. qd.* wabbuls. *E L*]

wamſis G. ſchu Wammes, Kamisol.

wandibt durch einander werfen.

wangals m. Rollholz.

wannags m. Habicht, Geyer, Falke, wehja· Sperber, · a lappas eine Art Kräuter.

wankkars ein besessen faul Ey, eingestorben Ey.

warde Frosch, salla· Laubfrosch, · ulens Froschkind, warschu azzis eine Art Kräuter.

warra Macht, Gewalt, ar· u eenemt mit Sturm einnehmen, · as darbs Gewaltthätigkeit, Frevel, · as kungs (darritajs) Tyrann, zella· warru darritajs Straßenräuber.

warren

warren sehr, überaus, ˙ns mächtig, gewaltig, heftig, (˙buht schalten und walten,) ˙ns waldischana Tyranney, ˙najs Held.
warreht können, mögen, gelten.
warrig kan auch? warrejams möglich, kà worredams bestmöglich.
pahr˙ pee˙ us˙ warreht überwinden, sich bemächtigen, unter sich bringen, it. überhand nehmen, bethören, (liktees peewarretees no behdahm sich von Betrübniß einnehmen lassen.)
uswarreschana der Sieg.
warrawihksne Regenbogen.
warrwehrle wilder Mensch. E. L.
warsch, G. ˙a Kupfer, Er., Metall, no˙a ehern, dseltenajs˙ Meßing, ˙ains kupfern, ehern.
warschu azzis vid. warde.
wasaht schleppen, herum schleppen, schluddern, ˙ees schleutern, sich herum schleppen.
waschus pl. (˙us) leichter Schlitten, ˙inaht mit einem Schlitten rutschen, fahren.
walks m. (˙a) Wachs, ˙ains wächsern, ˙oht bewächsen, mit Wachs bestreichen.
wassara Sommer, ˙as kwethki Pfingsten, ˙as zeppure ein Hut, pawassars (˙a) Frühling, (˙˙ as laiks Frühjahrszeit bedeutet gemeiniglich knappe Zeit, da der Bauer wenig zum besten hat, ˙raji (˙ eji) Sommersaat, Sommergetraide.
wassaht, at˙ von neuen grünen, atwassis neuer Sprößling oder Schößling.
wastlawje Fastelabend.
wazzihts G. kcha Herbst-Spätküchel.
we pfuy, ˙kaks pfuy garstig!
webbes Gurtbänder, die man auch an Betten und Stühlen gebraucht.
weddekle Schwiegertochter.
[weebt] isweebtees sich im Gesicht verstellen.
[weegle fliegende Zauberin. E. L.]
weegls. a leicht, ˙ums Leichtigkeit, ˙am, ˙inam sacht, leise, gemach, langsam, ˙oht (˙aht,) at˙ erleichtern, entledigen,

ledigen, lindern, erquicken, einaht, id. (at weeglotees heist auch seine Nothdurft verrichten.)
weenalga vid. alga.
weens. a (1) einer, e, s, ne, keiner, niemand, weens ohtru einander, (2) einerley, gleich, ›â auguma, ›â leelumâ gleich groß.
   ween nur, allein, ar (ais) ween in eins, mit eins, immer, ar weenu ween immer weg, ohn Aufhören, kur ween wo es immer sey, bes ween ausser nur, ausgenommen.
   weenigs. a einziger, ›i ween einzig und allein.
   weenahds. a einerley, tas irr weenadi das ist gleichviel, ›i israudsitees einander gleich sehen, ›iba Einerleykeit, Einigkeit, Einhelligkeit, weenaschi ohtraschi auf beyden Seiten, weenup ohtrup hin und her, hin und wieder.
   weentulis einsam, (Einsiedler,) f. e. (›iba Einsamkeit.)
   weenumehr immer, stets, für und für.
   [weenmullis gleich dick. E. L.]
   saweenoht vereinigen.
weerendeele id. qd. peerendeele.
weesis G. sa Gast, ›iba Gasterey, Gastmahl, Gelack.
weesulis Wirbelwind.
weeta Stelle, Ort, Platz, Raum, it. Gegend eines Orts, it. Capitel oder Vers aus der Bibel,) pa weetahm stellweise, hin und her, hin und wieder, tawâ weetâ anstatt deiner, an deiner statt, weetneeka buht eines andern Stelle vertreten.
wegges Bretzeln.
wehders m. Bauch, zaurs Durchfall, pa Unterbauch, Unterleib.
wehdinaht. is. auswettern, lüften.
wehdsele Quappe.
wehgenize die äussere Spitze eines Baums, die am ersten vom Winde beweget wird, it. Brautführerin. Obl.]
[wehginaht id. qd. wehdinaht.]
wehjsch. G. ja Wind, pee ›a turrewes auf der See laviren, sich nach dem Winde richten, aiswehjsch Windfreyer Ort.

wohl

Web **Web**

wehl noch, weiter, (gar, noch dazu,) in wehl ja so gar, nulle, nu allererst.

wehlebt wünschen, gönnen, to es tewim wehlesis das hab ich dir zugedacht, -igs wehlerisch, vernossen, lüstern, muthig, frech, ungezähmt, geil, -iba Vernossenheit ꝛc. -etajs Gönner, -eschana Wunsch, Gunst, zaur Deewa wehleschanu durch göttliche Fügung.

atwehlebt einem was vermachen, is- ausersehen, no-widmen, bescheren, einem vermachen, (-tajs Widmer, Stifter, -schana Widmung, Stiftung, Testament,) pa- befehlen, empfehlen, heimstellen, übergeben, (-schana Befehl, Ordre ꝛc.)

wehlogs *id. id.* wahlogs.

wehls, á spät, *adv.* - u.

wehplis Lümmel, Maulaff, -oht sich herum gaffen.

wehrā nemt, likt wahrnehmen, -leekams denkwürdig, merkwürdig.

wehrbalkis Querbalken.

wehrgs *m.* leibeigener Knecht, Sclave, -aht frohnen, dienstbar seyn.

wehrmels Wermuth.

wehrminderis Vormund.

wehrpele Viertel (j. E. Butter, Heringe.)

wehrpt spinnen, -ens, -jums Spinnwerk.

wehrseles Vorselen, Fürsel.

wehrsihts Webeholz, damit man das Garn aufbäumet.

wehrsis G. scha Ochs, Rind, Stier, -sens Sterk, d. i. Ochsgen, junges Rind.

wehrst, wehrtiht wenden, ist fast nur in den *Compos.* gebräuchlich, ap- umwenden, no- abwenden, abneigen, abwendig machen, pahr- verkehren, verdrehen, wechseln, (-stiht verändern, -tigs wandelbar,) iswehrstees, pahrwehrtitees ausarten.

wehrstawa Pflugbücher, Pflugstürze.

wehrt ist nur in den *Compos.* gebräuchlich, ais- zumachen, (j. E. die Thüre,) at- aufmachen, öfnen, ee- einsäuen, is- aussäuen, (tu slimmiba eewehrtahs die Krankheit klebt,) atwehru, á offen.

wehru.

wehrts, a werth, würdig, was sich lohnt, ne tawas wehrtas nicht deiner Würde, nicht deines gleichen.
wehrtiht *vid.* wehrft.
[wehrwehe werben (Soldaten.)
[wehrzinaht, is auspariren. *E. L.*]
wehschku deena *vid.* wehfis.
wehschohkli [wehschawas, wehschaufchas *E. L.*] Mayblümlein oder Lilienconvawalien.
[wehsda Prügel. *Obl.*]
wehfis, G. scha Krebs, semmes Erdkrebs, der immer kirr schreyet.
wehfs, sa kühl, ume Kühlung, kühl Wetter, miasch kühles Lüftlein, wehja wehtma Kühlung vom Winde.
wehsts f. Bothschaft, Nachricht, Zeitung, wehfchku deena Mariä Verkündigung, wehstneffis Bothe, Bothschafter, (meera Herold,) wehstiht senden mit der Nachricht, zu wissen thun.
wehtiht windigen, Korn schwingen, wurfeln, inaht id. eklis Wurfschaufel, Schwinge.
wehtra ungestüm stürmicht Wetter, Sturm, Ungewitter.
wehweris Weber.
wehzinaht wedeln, wehzeklis Wedel.
weiktees wohl ablaufen, gedeihen.
weldes gelagert Korn, rudst weldes gull das Korn ist vom Regen niedergeschlagen.
welleht (ar wahlu) mit einem Waschholz klopfen.
wellens *m.* Erdkloß, Erdscholle, Rasen.
wels, welns Teufel, (wella mehnefs *vid. Gram.* §. 212. *n.* 10.)
welt welzen, walken, tas siwens labbi apwehlees das Ferkel hat sich gut bewelzt, d. i. gut besogen und gemästet.
welts, a vergeblich, unnöthig, umsonst, igs eitel, vergeblich, iba Eitelkeit.
welwe Gewölb, Schwibbogen, eht wölben.
wemt sich erbrechen, speyen, kotzen, wehmens, eklis das Ausgebrochene, Ausgespiene.
Wente Windau, ineeks Windauer, inifks Windanisch.
[wenteris Fischkorb. *E. L.*]
wepris Borg, verschnittener Eber.

[werne-

[wermeles *id. qd.* murroti. *E. L.*]
weſſars (ers) Schmiedehammer.
weſſels. a geſund, heil, unverſehrt, unbeſchädigt, ‒dahlers
 ganzer Thaler, ‒ zeppets unangerührter Braten,
 ‒a drahna un eriſſenes Zeug, (‒eobrauzis oder nahzis
 ſey willkommen, dſihwo‒ leb wohl, adje,) ne‒ krank,
 weſſeligs der immer geſund iſt, ne‒ kränklich, weſ-
 ſeliba Geſundheit, juhfu‒ iſt im Oberlauziſchen ein
 Compliment und Ehrenwort, und heiſt ſo viel als Ew.
 Liebden.
weſſeri eine Art Ungezieſer, verfluchte Jungfern genannt.
weſt führen, leiten, nelaims‒ in Gefahr bringen, preekſchå‒
 darkſteſten, weddeja Führer, weddiba Heimfahrt,
 Hausbringung, weſchana Fuhr, weſums Fuder, (pa‒
 halb, klein Fuder,) weſtees gelingen, von ſtatten gehen,
 tew weddahs kå —, es geht dir wie — waddiht(‒aht)
 führen, geleiten, (lihki ‒zur Leiche gehen, waddons
 Führer, Wegweiſer,) ‒ſchana Geleit, Fuhr, (lihkes‒
 Leichenbegängniß.)
 aiweſchanas rihki Wandergeräthe, iswesteés gelingen,
 gedeihen, wohl bekommen, (tas isweddahs par gohdu
 das gereicht zur Ehre,) iswaddiht ausleiten, allenthalben herum führen, pawaddiht etwas herum führen
 oder geleiten, (‒ſawas deenas ſeine Tage zubringen)
 pawads *m.* Geleit, Gefehrte, Convoy, *it.* Zügel.
weſums *vid.* weſt.
wezs. za alt, betagt, verlegen, no wezzahm deenahm von
 Alters her, wezzais tehws Großvater, (bisweilen verſtehen die Letten auch unſern HErrn GOtt darunter,)
 wezza mahte Großmutter, *it.* Hebamme oder Wehe-
 mutter, ‒wezza‒ muiſcha heiſt ſonſt ein alter Hof.
 Der Hof Neuguth aber führet denſelben Namen, wezzas muiſchas baſniza die Neuguthiſche Kirche,) ‒ums
 Alter, ‒igs altlich, ‒ajee Aelteſten, ‒ ski Eltern,
 ‒etees alt werden, veralten, abkommen.
widdus Mitte, deenas‒ Mittag, Süden, ſirds mannå ‒ û
 ‒ kuz das Herz wallet mir im Leibe, weens no widdu
 ‒us einer aus ihrem Mittel, einer aus ihnen, zitta
 widdå an einer andern Gegend, widdū mitten, drinnen,

ken, ˈutajs Mittler, [ˈvwejs mittelmäßig. E. L.]
ˈischks mittelſte.
Widsemne Liefland, eigentlich Leitland, ˈneeks Liefländer,
ˈniſka Liefländiſch.
[wigga ein begraßtes Waſſer. Thm.]
wihbores (ˈohtne, ˈants) Beyfuß, ein Kraut.
wibge Feige, ˈes kohks Feigenbaum.
wibgreeſchi Kaſkuhnengras in den Heuſchlägen faſt wie wilde Fleed.ru.
[wihkule Ueberdecke. E. L.]
wihkſne Buchbaum.
wihle (1) Saum, (2) Feile, ˈeht beſäumen, it. feilen.
wihns m. Wein. [wihſuli Leſchenkraut. E. L.]
wihraks m. Weihrauch.
wihrs Mann, Kerl, [drohſch ſtiprs in ſirdigs, ſtreitbarer
Held, meita pee, a doht ſeine Tochter verheyrathen,
ˈiſchks männlich, (f. ˈa ſubſt. Männin,) wihrop
eet einen Mann nehmen.
wihſchoht wird meiſt negative gebraucht, ne ˈſu ſaul ſeyn
etwas zu thun, (nicht zähmen.)
wihſe Art und Weiſe, us tahdu ˈi ſolchergeſtalt.
wihſes Baſtſchuhe von Lindenrinde.
wihſt verwelken, wihtis well, ſ. uſi.
wiht winden, flechten, ˈdunen, wija geflochtener Zaun,
ˈjums Flechtliß, ˈjoklis Violgen zum Garn winden.
wihtals (ˈols) Weide.
wija, ˈoklis vid. wiht.
wilks m. Wolf, ˈa mehneſs December, (eij,am geh zum
Wolf, ˈeem ap-ehdams du mußt von den Wölfen ge-
freſſen werden, ˈa zeppets oder kummoſs Wolfsbra-
ten, Wolfsbiſſen, kaˈeew baggati wilki daß dich reiche Wölfe holen möchten, alles dieſes ſind Complimen-
ten für die Hunde,) ˈats Wahrwolf.
wilku drihzekle Hagbutten, wilder Roſenſtrauch.
wilku ſohbens das Kraut Biſtorta.
wilke ziehen, ſchleppen, dehnen, tas welk trihs mahrziuas
das wiegt drey Pfund, wilzens Zug, wilzigs zähe,
was ſich zieht, wilzinaks Brummkiefel, der mit einer
Schnur gezogen wird, wilzinaht aufſchieben, verzögern,

gern, drahnas ap=nowilkt Kleider an=abziehen, stob-
pu us= den Bogen spannen, sawilkta dühkla Krampf-
ader.
willa, wilna Wolle, =ans, =ane, =aine wollene Bauerdecke,
willkahrkis *vid*. kakrst.
wiltaht, willinaht *vid*. wilt.
Willums Wilhelm.   wilna *vid*. willa.
wilnis Welle, Wasserwoge.
wilnischi eine Art wollichter Erdschwämme.
wilt betrügen, fälschen, heucheln, =us Betrug, Tücke, List,
    Ränke, =igs betrüglich, falsch, tückisch, listig, un-
    treu, verrätherisch, =iba Betrütherey, Falschheit,
    Arglist, Gleißnerey, Verrätherey, wiltaht, willinaht
    betrügerisch locken, zu verführen suchen, ap=, pec=wilt
    betrügen, bethören, ee=verführerisch einlocken, at=
    is=weg=aussilutiren.

wilziascn *vid*. wilkt.   wimba Wemgall.
wingrs, =a frisch, hurtig. *E. L.*
[wingulis lauterer Honig. *E. L.*]
winkelis Winkelmaaß, Regel, Lineal.
winneht gewinnen, überwinden.
winklotees nachläßig seyn, Verzögerungen suchen.
winsch, =a er, sie, jener, =t, es.
wioles Violenblumen.
Wiplante Polnisch Liefland.
wippate Pferdekrankheit an den Füßen.
[wirbulis *id. qd.* irbulis.]
wirlohks Spännchen mit einem langen Stiel zum Wasser-
    schöpfen.
[wirpenastis Pferd, welches immer mit dem Schweif ar-
    beitet, als wäre ein Wurm drinnen.]
wirs *praepos.* oben auf, über. In den *Compos.* ober, wir-
    sus obere Theil, =ratto= Wagen ohne die Räder, no=
    von oben, =ü oben, droben, drüber, auf, hinauf, =üeet
    drauf los gehen, =ums Oberende, Oberstheil, =ons
    Gipfel eines Baums, =iba Hoheit, Obrigkeit, =neeks
    Oberster, =neeziba Obrigkeit, =fejs (=kuwejs) D. D. D.
    obere, oben an, wirst, =ees hinauf rücken, (winsch
                                    wirsahs

wirſahs us ſirgu er bringt ſich mit aller Macht aufs Pferd.)
wirſchu warſchu (,e ,e) ganz verworren.
wirſt *vid.* wirs.
wire kochen, ſieden, (quellen wie eine Quelle,) wirrums Gerücht Eſſen, gekochtes, werdots kochend, ſiedend, brühend heiß, wirrinaht kochen, ſiedend machen.
wirwe Strick, Seil, Schnur.
wiſchinaht herum jackern, viel fahren.
wiſchkin, wiſkin ſehr, ganz und gar, gänzlich, ,dauds zu viel, allzuviel.
wiſs, ſa alles, ,a deena der ganze Tag, ar ,ahm ſaknehm mit ſamt den Wurzeln, ,eem peederrigs gemeinſchaftlich, pawiſſam ganz und gar, (,ne durchaus nicht,) wiſſ *adv.* gänzlich, ganz genau, pahr, überall, ne wiſſ, wiſſ ne gar nicht, ,apkahrt rings herum, (vorm *Comparat.* hats *ſignif. ſuperlat.* wiſſ wairak am meiſten, wiſkai gänzlich, ganz und gar, durchaus, ne, nicht gar ſonderlich, ,leels ſehr groß, zu groß, gar zu groß, ,ahds allerley, ,adi, ,aſchki auf allerley Art und Weiſe, ,ur allenthalben, überall.
wiſta (,e) Henne, wiſtinas kerr heiſt im Spiel die blinde Kuh ſpielen, (*cf.* tiſch) puſkwiſta ein Mädgen, das ein Kind gehabt.
wiſuls *m.* Flitter an den Baurkronen.
wizze Spießruthe, ,inaht mit einer Ruthen ſchwanken.
woi, wui ob, (woi, wui, einige auch wui nahks wird er kommen?)

Z
zahlis Küchel.
zauna Marder, mella, Zobel.
zaur *praepoſ.* durch. In den *Compoſ.* durch, hindurch, zaur, ,i *adv.* durch, hindurch, te zauri da hinaus, zaur zauri, zaur zaurim durch und durch, zaurs, a was durch it. hohl iſt, was nicht zu füllen iſt, it. löcherich, ,a ſemme ein Land, das kein Miſt hält, ,as ſahpes innerliche Stiche, ,u deenu den ganzen Tag, ,uns Loch, ,amainſch löcherich.

[zazzis

[zazzis Kinderspielwerk. Obl.]
[zeddelkinsch Zettelgen.]
zeek wie viel, roth, kahrt wie oft, so oft, zeekams wie
    lange.
zeekurs id. qd. tscheekurs.
zeelawa Wipstert oder Bachstelze.
zeems m. Baurgesinde, Dorf, insch heist auch ein Nach-
    bar, zeema kukkuls fremd Brod, ohr zu Gast seyn.
zeeniht ehren, würdigen, it. etwas gern haben, winsch
    zeeni, to daerihs er pflegt es gern zu thun, laiku Ta-
    ge wehlen, sihlefchanu auf Vogelgeschrey achten,
    sapnuss auf Träume bauen, wairak vorziehen, zeenu
    turreht (like) in Ehren halten, lieb und werth halten,
    ijams was zu verehren ist, [it. gebräuchlich, ge-
    wöhnlich]
    zeenigs hochzuehrender, it. werth, würdig, lieb und an-
    genehm, (ne unwerth, untüchtig,) kungs gnädiger
    Herr, mahzitajs wohlehrwürdiger Herr Pastor.
[zeerisches Ceremonien. E. L.]
zeest leiden, dulden, büssen, kluffu schweigen, wainu,
    netaisnibu sich vervortheilen lassen, nezeetigs unge-
    duldig, (ziba Ungeduld, schams unleidlich,) eezeest
    vor Augen leiden, is aushalten, ausdauren, pa er-
    dulden. (igs geduldig,) pahr überstehen, pee
    verschmerzen, entbehren, ans Bein binden.
zeets, a hart, fest, (der nicht gern giebt,) zeeti fest, gedran-
    ge, sabahst dicht in einander stecken, sargaht steis-
    sig Aufsicht haben, krahkns kurrahs der Ofen heitzt
    sich braf, zeefchi fest, zeetums Härte, it. Kerker oder
    Gefängniß, (a wihrs Gefangener, neeks Delin-
    quent,) inaht härten, (verstocken,) ar wadscheem ap
    verkeilen.
zeggums (uns) Zopf am Pferde.
zehlens vid. zelt.
zehrmes (si) Spulwürmer, u sahlas Zettwer.
zehrmohkfis Pielbeerenbaum.
[zehrpe Erdhausen. E. L.]
zehrs m. id. qd. zinnis.
Zohse Wenden, eine Stadt in Liefland.

zekkuls

zekkuls (-is) Zopf, -ains zopficht, -inai gewiſſe Sorten von Gartenblumen, die oben wie ein Buſchgen ſtehen, als: Güldenhochmuth, Studentennägelgens ꝛc. zihrulis ar zekkuli Wald-Heidlerche.

zelms *m.* Hügelgen, *it.* Strumpf oder Stubbe, *E. L.* zelmenes eine Art Erdſchwämme.

zelſch, ta (1) Weg, Bahn, Straße, Reiſe, ſemmes-Reiſe zu Lande, zelta. us zellu unterwegens, (-eet reiſen,) -u greest den Weg kehren, ausweichen, ko-ā meſt etwas in den Weg legen, einen ärgern, -a wihrs Reiſender, Wandersmann, -a rihki Wandergeräthe, -a nauda Zehrgeld, -a laupitajs Straßenräuber, karra wihru zelſch Marſch, (2) Knie, -ōs auf den Knien, kniend, (3) Wandel, Umgang, (*impropr.*)

zellinſch Pfad, uhdens-Canal, Röhre, galwas-Scheitel, rakſta-Zeile, Linie.

zelt (1) heben, augſtā gondā-zu hohen Ehren erheben, (2) ſtellen, ſetzen, preekſch azzim- vor Augen ſtellen oder legen, tihklus- Netze aufſtellen, aufrichten, ehku-Hauß bauen, (3) verordnen, ſtiften, derribu- einen Bund machen, baſnizkungu- einen Prediger einſetzen, jaunus likkumus- neue Ordnung einführen, ammatā-ius Amt ſetzen, no ammata- vom Amt abſetzen, (4) anfangen, verurſachen, kildes- Streit erregen, eenaidu- Feindſchaft anrichten, duhmus- Rauch machen.

zeltees (1) ſich heben, in die Höhe ſchwingen, -prett weenu ſich einem widerſetzen, ſich wieder einen empören, webera zellahs es erhebt ſich ein Sturm, ein Ungewitter iſt vorhanden, (2) aufſtehen, agri-us zellu ſich früh auf den Weg machen, augſcham- auferſtehen, no ſlimmibas- auskommen, wieder geſund werden, (3) herkommen, entſtehen, no augſtas ziles- von hohem Stamm entſprieſſen, (zeltees gebürtig,) (4) par uppi ſich über den Strohm überſetzen.

zehlens wo man was zu heben hat, labbu zehlenu noſtrahdaht einen guten Theil der Feldarbeit vollbringen, kur jau tas zehlens wo iſt ſchon der Strich des Tages.

zillaht heben, -inahe hin und der heben, -ees ſich aufrichten oder erheben, (*it.* ſich brüſten und ſtolz austhun.)

aiszelt

aiszele vorheben, at, zurück heben, ee, einheben, einsetzen, stiften, ordnen, is, ausheben, (, ees genesen,)
   no, abheben, absetzen, pa, er, auf, empor heben, erregen, (aufis, Ohren spitzen, ees aufstehen,) pahr,
   überheben, übersetzen, verrücken, (par juhru, ees jur
   See gehen, paůrzelschanas nauda Fährgeld,) pee,
   aufwecken, (ees aufstehen, ſá zusammen bringen oder
   tragen, us, aufheben, aufsetzen, aufrichten, (nammu, Haus
   bauen, ees aufstehen, sich in die Höhe richten.
zenstees trachten, streben.
[zeplihts Zaunkönig, der kleinste Vogel.]
zepļis vid. zept.
zeppure Mütze, Hut, [it. eine Garbe, damit man die andern wider den Regen bedeckt, Obl.] see was, Haube,
   dselſu, (brunna), Helm, Sturmhaube, neeks Müt-
   zenmacher, [apzeppuroht labbibu das gemähete
   Korn mit Garben bedecken.
zept braten, backen, duhmös, räuchern (z. E. Fleisch,)
   zeppets G. scha Braten, uns Becklis, lis Backofen, (kaika, Kalkhütte.)
zepteris Scepter.
zerreht hoffen, harren, dünken, us mirschanu, mit Ster-
   bensgedanken umgehen, ſwehtas zerres Andacht, iba
   Hofnung, eklis was man hoffet, eklē buht in der
   Hofnung seyn, Anwartschaft haben, (launa, Argwohn,
   brihnischkas zerrekles seltsame Einfälle, da man Schlösser in die Luft bauet,) apzerreht bedenken, erwegen,
   betrachten, beherzigen, (igs bedächtig,) us, vertrauen, anvertrauen.
[zers m. id. qd. zinnis.]
zettorts vid. tschetri.
zib zib so ruft man die Küchlein, tschibbite, insch ein
   Kinderwort, welches ein Küchelgen bedeutet.
zibba (e) ein klein hölzern Gefäß, darinn man Milch oder
   Butter hält.
zibbuke Pfeifenstiel.
[ziglis Stieglitz. E. L.]
[zihkoht umherwanken, wiffur pa ļauku zihku zihko es
   wanket viel Volks. E. L.]
zihkstehet sich ringen, kämpfen.   zihnitees

Zih ( ) **Zuk**

zihnitees *id.* zihrulis Lerche.
zihtkens Zeißgen. *E. L.* zihtees kämpfen.
zik wie viel, ·leels wie groß, ·warredams (spehdams) so
 viel möglich, ·gribbedams so viel als ich (du, er ꝛc.)
 will, ·ta sehnu irr was ist an dem Jungen dran,
 zikkahrt wie vielmal, zikkams wie lange, zik ne
 (*cum Comparat.*) wie vielmehr.
zillas art Brach pflügen, brachen.
zillaht *vid.* zelt. zilpoht gehen, marschiren.
zilts *f.* Geschlecht, Stamm.
zilweks Mensch, ·zigs menschlich, ·iba Menschheit.
zimds *m.* Handschuh, ·us isdoht Henschen ausgeben, heist
 bey den Letten eben so viel als Wertöbaiß halten.
zinnis die Wurzel vom abgehauenen Gesträuch oder abge-
 brochenen Stauden, *it.* Hümpel, Hügel, Hügelspitze,
 Erdhaufe.
zipsla Span, oder Schnader, ·ains adericht, schnicht.
[zirkknis Biegung unter dem Leibe. *E. L.*]
zirpe Sichel.
zirpt abscheeren, (es sey Haare oder Wolle,) zirpejs Scheerer.
zirwis, zieritis *vid. sq.*
zirst hauen, hacken. zirteens Hieb, *it.* was man auf einmal
 brym Heu oder Korn abhauet. (pirmajs ·der erste An-
 hau,) atzirst stumpf hauen, uszirst ehku Gebäude aufbauen, zirwis (zirris) Art, Beil, zirritis Aderlaßeisen.
zirzens Heimgen, Oehßgen, Grille.
ziska Lende, Hüfte, Hüftblat, (das dicke Fleisch über dem
 Knie. *E. L.*)
zissa Stroh, Streu, Bettstreu.
zits, ta ein anderer, eine andere, zitti andere, etliche, ·da
 laikôs vorzeiten, ·â gaddâ künftig Jahr, zitkahre
 ehemals, vormals, vorhin, ehedessen, zits zittu einander, zittahds anders, (·i anders, sonst,) zittur an-
 derswo, anderwerts, anderswohin, no zittúrrenes an-
 derswoher.
zizze die Mutterbrust oder Zitze.
zuhka Schwein, ·ischks schweinisch, zuhzene Schweingen,
 zuhzenes eine Art von Rietzgens.
[zuhneschi klein Fahrwerk oder Wagen. *E. L.*]
zukkurs Zucker. Lettische

Lettische
Sprüchwörter.

Nicht alle unterscheiden eigentliche Sprüchwörter von blos moralischen Sätzen. Ich rechne zu den Sprüchwörtern nur die, die man bey jeder Gelegenheit mit einmal angenommenen und unveränderten Worten, die einen besondern Verstand haben, im Munde führt. Sie werden meist durch die Gewohnheit verstanden und können nicht allezeit nach den Worten genommen werden.

Nach dieser Einschränkung habe ich mich in der Wahl der Sprüchwörter gerichtet. Daß einige darunter etwas schmutzig sind, wird mir keiner zur Last legen. Sie stehen unter den andern nur darum da, daß man die Bauren verstehen lerne. Das blosse Wissen des Bösen schadet der Erbarkeit nicht.

Lettische Sprüchwörter. 137

Akmins, kas daudf tohp zillahts ne eesoht ein Stein, der oft gehoben wird, bemooset nicht, d. i. wer seinen Aufenthalt zu oft verändert, kommt nicht zu Brod.

Antin' kur stabbulin' Anton wo ist deine Flöte, wird gebraucht, wenn jemand albern redet oder ganz albern handelt.

Ap-ehsta maise gruht pelniht ausgegessen Brodt ist schwer zu verdienen, d. i. wer den Lohn zum voraus bezahlt, mag auf die Arbeit warten.

Ar rudsu-bikki (fehaut) mit einem Furz schiessen, ist eben so viel als das Lateinische: *Vanae sine viribus irae.*

Ar selta makschkeri makschkereht mit einem güldenen Hamen fischen, ist eben so viel als: mit einem silbernen Spinnwocken spinnen, d. i. vor fertig Geld kaufen.

Atraddu gardu, ap-ehdu pats, ich befand es wohlschmeckend und aß es selbst auf, wird gebraucht, wenn jemand etwas vor den andern hat sparen wollen, aber endlich dazu selbst Appetit bekommen.

Baggati wilki! daß dich reiche Wölfe! dieses führt der Bauer im Maul, wenn ihm ein Hund im mindesten im Wege ist. Doch ist es eben nicht so böse gemeynt, indem der Hund nicht armen verhungerten Wölfen übergeben wird, als welche den Fluch leicht erfüllen könnten.

Bandineeka sirgi oder kummeli eines Halbknechts Pferde oder Fohlens, ist eben so viel als im deutschen: Ammanns Pferde, d. i. die gut abgemästet sind.

Behrnam behrna prahts ein Kind hat kindschen Verstand, Kinder sind Kinder.

Buhs tam kas dsirrahs wer droht wird selber kriegen, wird gebraucht, wenn einer pocht.

Darr sunnam labbu thu einem Hunde gutes, d. i. was hilft es dem gutes zu thun, der es nicht erkennet.

Darr tahdam labbu thu einem solchen gutes; dieses pflegt man zu dem zu sagen, der etwas angebotenes abschlägt.

Darr wellam labbu thu dem Teufel gutes; geht wider die, die gutes mit bösem vergelten.

Dewini welni, neun Teufel; ist ein gar zu gewöhnlicher Bauersluch.

Drihſ ſteidſ akls dſenn, geschwind geeilt, blind gerennt, druckt das lateinische Sprichwort aus: *canis nimium festinans*

festinans cœcos parit catulos, Eilen thut nicht gut, oder Hastigkeit ist nur gut Flöhe zu fangen.

Eelaid wellu basnizâ, ir us kanzeli gribb kahpt, läst man den Teufel in die Kirche ein, so will er auch die Kanzel besteigen, d. i. räumt man jemanden einen Finger breit ein, so will er gleich eine Hand breit haben.

Ehdis, at-ehdis, atraugstahs, ackal gribb ehst, er hat sich satt gefressen, daß es schon zum Halse aussteigt, und will doch noch fressen. Hiedurch wird ein Nimmersatt angezeiget.

Ehrms paleek ehrms, kaut selta drehbes nekkajis, ein Affe bleibt ein Affe, wenn man ihm gleich ein gülden Stück anlegt. *E. L.*

Eij pee wella geh zum Teufel. Dieses Lettische Sprüchwort hat in neuern Zeiten eine geheime Bedeutung bekommen.

Es zittam, zits man wie ichs andern mache, so machen es andere mir wieder, d. i. mit dem Maaß, damit man andern misset, wird einem wieder gemessen.

Gals rahda kahds tas darbs der Schluß zeiget, wie die Arbeit beschaffen ist. *E. L.*

Gudram gudra nelaime ein Kluger hat eines Klugen Unglück, d. i. eines Klugen Fehler ist weit wichtiger und von grössern Folgen.

Jauna flohta neue Quäste (fegen rein,) d. i. ein neu angehender Dienstbote ist gemeiniglich in den ersten Tagen flink.

Jauns ar jaunu, wezz ar wezzu, jung mit jung, alt mit alt, so pflegen die Alten zu sagen, wenn sie sehen, daß junge Leute unter einander lustig sind.

Jau wels tawu kungi iskrattijis hat der Henker schon deinen Bauch ausgeleeret. Dieses ist die Sprache einer geitzigen und bösen Wirthin, wenn einer vom Gesinde bald wieder essen fragt.

Ikkarts sawu aklu sirgu wedd us tirgu, wol pehrk wol ne pehrk, ein jeder führt sein blindes Pferd zu Markt, man mag es kaufen oder nicht, d. i. wenn in einer Gesellschaft ein jeder etwas vorbringt, oder (wie man sagt) seinen Pfennig dazu giebt, es mag klappen wie es wolle.

Jo arr jo nabbags, jo dserr jo baggats, je mehr gearbeitet, desto ärmer, je mehr gesoffen, desto reicher, d. i. je grösser Schelm, je besser Glück.

Jo

Lettische Sprüchwörter.

Jo kakki glaud jo asti zelt je mehr man die Katze sträu=
chelt, desto höher hebt sie den Schwanz, d. i. je mehr
man dem Stolzen schmeichelt, desto stolzer wird er.
Jo lahzi lahd jo lahzis tuhk je mehr man den Bären flucht,
desto mehr nimmt er zu, d. i. ungegönnet Brodt ge=
deihet am besten.
Jo pliks jo traks (jo kalst jo rekk) je kahler, desto toller,
(je mehr es frieret, desto mehr draussen herum ge=
laufen,) d. i. die Aermsten pflegen die tollsten zu seyn.
Hieher kan man das deutsche Sprüchwort ziehen:
Armer Leute Hoffart ist des Teufels Hinterwisch.
Ir wezzi laudis brihnijahs auch alte Leute wundern sich,
d. i. nicht allezeit ist bey den Alten Weisheit zu suchen,
Alter hilft nicht vor Thorheit.
Ir zittam sohbi, kas kohsch auch ein anderer hat Zähne,
die da beissen, d. i. wer auf heiler Haut schlafen will,
lasse jederman zufrieden.
Isdohd zietam sprahkli, dirf pats zaur sahnkaulu, gib an=
dern auch den Hintern weg, und schwitz selber durch
die Rippen; ist wider die Durchbringer, die die Ho=
sen vom Leibe wegschenken.
Kad lahtscham sars uskriht, tad brehz, bet kad wiss obsols
uskriht, tad klussihtam ais=eet, wenn einem Bären
ein Ast auffält, so macht er ein Geschrey, aber wenn
ein ganzer Eichbaum auf ihn fällt, so geht er ganz still,
schweigend davon. Dieses geht auf diejenigen, die
bey einer kleinen Strafe kauren und brummen, z. E.
wenn ein Bauer eine Maulschelle bekommt, so pocht
er, krigt er aber derbe Schläge, so geht er schweigens
davon.
Kahdu wihsi apwilzis tahdu ja walka, der Schuh sey wie
er wolle, hat man ihn angezogen, so muß man ihn
auch tragen, d. i. Freyen ist kein Pferdekauf und ein
Weib ist kein Kalender, was man einmal hat, muß
man behalten.
Kakka lahsti ne kluhs debbesi, der Katzen Flüche steigen
nicht gen Himmel, d. i. an einen unnützen Fluch hat
man sich nicht zu kehren.

Kam newa nasin' lai ehd ar nadsin' wer kein Messer hat
muß mit den Fingern essen.

Kas leeks kungam wer wird (kan) dem Herrn versagen,
d. i. wer kan einem Gewaltigen etwas verwehren.

Kas mahk tam nahk wer da kan, dem kommts, d. i. wer
die Griffe versteht, der kan seinen Schnitt machen,
ir. die Kunst darf nicht darben.

Kas sunnam pazels ästi, ja pats ne pazels, wer wird einem
Hunde den Schwanz aufheben, wenn ers nicht selbst
thut, d. i. Eigenruhm stinkt.

Kas wilkam rihklê, tas winnam sprahklê, was der Wolf
einmal im Rachen hat, das hat er so gut, als in seinem Magen; wird gebraucht, wo man keine Hofnung
hat, etwas wieder zu bekommen.

Kas zittam bedri rohk, pats eekriht, wer einem andern
eine Grube gräbt, fällt selbst drein.

Kà wehjsch skreen, kà meets durrahs, er läuft wie der
Wind, und heckert wie ein Zaunpfahl, d. i. eile mit
Weile.

Kà willane, tà buhs fektees, kà teek apkahrt, ein jeder
streck sich nach seiner Decke.

Klaufs kungam gehorch dem Herrn, d. i. wer die Oberhand
hat, dem muß man sich bequemen. Dieses Sprüchwort wird sogar gebraucht, wenn die Frau über den
Mann herrscht.

Ko labbu redsejs nu ist er was guts gewahr geworden, nu
ist er einmal an was guts gekommen, (nu schluckt er
wie ein Gerberhund herein.)

Ko mutte pelna, to muggura isrehdi was der Mund verbricht, muß der Buckel büssen. *E. L.*

Ko ta leeliba maksa was kostet diese Prahlerey nicht, Prahlen kostet kein Geld.

Kraukls krauklam azzi ne eezirtihs ein Rabe hackt dem andern nicht die Augen aus.

Kur meeschu grauds gull, tur rudsu grauds ne warr gulleht, wo ein Gerstenkorn liegt, da kan kein Roggenkorn liegen, wird gebraucht, wenn ein Saufaus keinen
Appetit zum Essen hat.

Lettische Sprüchwörter.

Kur zuhka ne rohk pee deenas, ta rohk pee nakts ein Schwein, das nicht bey Tage gräbt, gräbt bey der Nacht; ist wider die, die bey Nacht nachholen müssen, was sie bey Tage versäumet, da die Arbeit hätte geschehen sollen.

Labbak arris ne kā kahris lieber arbeiten als hangen, d. i. es ist sicherer arbeiten als stehlen.

Labs muddinatajs irr puss darba darritajs wer gut anzuspunden weiß, thut so viel als die halbe Arbeit.

Lai kassahs, kam ahda nees laß sich der kratzen, dem das Fell juckt, d. i. wer gern Schläge haben will, mag Händel suchen.

Lai lahd, pa mutti is-eet, pa nahsim ee-eet, er mag immerhin fluchen, es geht zum Munde aus und fährt zur Nasen wieder ein.

Lai schkippele maksa laß die Schaufel (d. i. das Grab) bezahlen; wird gebraucht, wenn man eine Schuld vor verlohren giebt und ein Kreutz davor macht.

Launa akkaka allasch duhmus kwehpina, E. L. ein schlimmer Fischgraten macht allezeit einen beissenden Rauch; dieses geht auf ein böses Weib, das eine rechte Huck vor der Hölle ist.

Leels gohds leels gruhtums Würde macht Bürde. E. L.

Mahzi sawus behrnus ohgles ehst pelnus dirst lehre deine Kinder Kohlen fressen, und Asche hofiren. Dieses ist eine Lection für einen naseweisen Klügling.

Muzzā audsis pa spundi barrohts in einer Tonne erzogen und durchs Loch gespeiset, d. i. ein Mensch, der hinterm Ofen erzogen und nicht fünfe zählen kan.

Nabbagi laudis ne lehti sell arme Leute grünen nicht leicht, d. i. können nicht leicht zu Ehren kommen. E. L.

Nabbagus ikweens spaida die Armen druckt ein jeder, an das Armuth will jederman die Schuhe wischen. E. L.

Neba krohnis nokritiihs der Krantz wird dir davon nicht abfallen; wird gebraucht, wenn jemand ein Wort zu sehr empfindet, oder etwas zu thun sich zu hoch hält.

Ne dsenn tu Deewu kohkā, ne luhgdams ne noluhgsi, treibe nicht GOtt (d. i. seine Gaben) in den Baum zurück, hernach wirst du gnug stehen und nichts bekommen,

men. Dieses ist eine Lection für die vernossene Kostverächter, die gemeiniglich hernach darben, und das vorhin verschmähete mit süssem Munde verzehren würden, wenn sie es nur alsdann hätten.

Ne ikdeenas mahte raushus zepj nicht alle Tage backet die Mutter Kuchen, es sind nicht alle Tage Fleisch oder Bratentage.

Nelaime nelaimes gallā ein Unglück ums ander, ein Unglück bietet dem andern die Hand. *E. L.*

Ne manna zuhka ne manna druwa, (pee-ehduši lai eet dirfdama ahrā) nicht meine Sau, nicht meine Flur, (meinethalben mag sie, wenn sie voll ist, herausgehen und allenthalben ihre Zeichen zurück lassen,) d. i. was mich nicht brennet, darf ich nicht löschen.

Ne minn us suhdu gubbas, ja minn, tad smird je mehr man den Dreck rührt, desto mehr stinkts.

Ne raug wihru no (pee) zeppures sieh nicht den Mann an der Mütze an, d. i. beurtheile nicht den Mann nach dem äusserlichen Aufzuge oder Ansehen, ein schlechter Band kan wol eine gute Materie in sich halten, *it.* achte deinen Feind nicht gering.

Ne sunnam ne derr er taugt nicht einmal für einen Hund, d. i. an ihm ist kein ehrlich Haar oder Ader.

Ne sunnam, ne kakkam, ne paschau *vid.* Taupa taupa.

Newa ne ko dirst er hat nichts zu hofiren, (*conseq. pro antec.*) ist ein sehr beissendes Sprüchwort wider einen, der nichts zu beissen noch zu brechen hat.

[Nogreests reezens wairs ne peelihp ein abgeschnitten Brodt klebt nicht wieder an dem ganzen, d. i. ein Dienstbote kommt nicht leicht in dasselbe Brodt, welches er einmal verlassen.]

No wilka behg. us lahtschu krihk, er läuft vorm Wolf und stoßt auf einen Bären auf, d. i. von Matt auf Stroh kommen, vor den Regen laufen und in die Trause fallen, (z. E. wenn ein Bauer von einem bösen Herrn läuft und sich unter einen weit ärgern begiebt.)

Paldees par sahli in maisi ich danke vor Salz und Brodt, das ist, vor alles gute, ist das gewöhnlichste Abschiedscompliment.

Parahd

Parahd winnam firdi, winfch tew parahdihs fprahkli, zeig ihm dein Herz, er wird dir doch was anders zeigen, ist eine Warnung, seine Wohlthaten nicht an einen Unwürdigen zu verschwenden, noch eine Schlange im Busen zu hegen.

Pats bifchu tehwinfch selbst der Bienenkönig, d. i. der Vornehmste selbst (oder nach dem Lateinischen *dux caper ipse gregis.*)

Pee kaulina garda galla (pee meitinas filti gulleht) am Knochen ist schmackhaft Fleisch, (bey einem Mädgen ist warm zu schlafen,) ist eben so viel als: Wo ein Aas ist, da versammlen sich die Adler.

Pehz darba leen maise nach der Arbeit schmeckt das Essen *E. L.*

Pehz darba falda duffefchana nach der Arbeit ist die Ruhe süß, oder ist gut seyren. *E. L.*

Prahtin' nahz mahjäs Verstand komm zu Hause; wird gesagt, wenn jemand ohne Bedacht redet.

Praff funnam gallu bitt vom Hunde Fleisch, geht auf einen Geizhals.

Prettinehmejs flimmaks ne kā saglis der Entgegennehmer ist ärger als der Dieb.

Puht nu funnam astē (oder fprahklē) leck zu dem Hunde — — wenn jemand ein Plumps oder Schaden ausgerichtet.

Purwā in ellē in den Morast und in die Hölle, dahin verweisen die Letten alle Greuel.

Putninfch kas agri zellahs, agri deggunu flauka ein Vögelgen, welches früh aufsteht, wischt auch früh seinen Schnabel, d. i. wer früh aufsteht, muß auch früh essen.

Reij reij funnibt, kad tu man tikkai ne kohdi, bell bell Hündgen immerhin, wenn du nur nicht beissest; ist wider einen, der ohne Nachdruck eifert oder zanket.

Saglam sagla prahts ein Dieb denkt nur aus Stehlen.

Saglis dabbu sawu algu
  Sawā kaklā zeetu walgu.
  Ein Dieb bekommt (mit Spott und Hohn)
  Ein Strick am Hals zu seinem Lohn. *E. L.*

Saglis in fanehmejs weens tahds kā ohtrs der Heler ist so gut als der Stehler.

Saimneeka sirgs Wirthspferd bedeutet gemeiniglich eine Schindmähr oder schlechtes Pferd.

Sawu

Sawu dſimtu kungu ſauz er ruſt ſeinen Erbherrn, d. i. den
    Wolf; ſo pflegt ein Bauer zu ſagen, wenn ein Hund
    heulet.
Seeku pirſche puhru beſde, der Kůlmweiſe furzt und Looſ-
    weiſe heimlich ſtänkert; iſt ein Schimpfname eines
    Stänkerers.
Sehd us duhri, ar ihkſchki atſpeedees ſetz dich auf deine
    Fauſt, und ſtütze dich mit dem Daumen; ſo pflegt
    man im Scherz zu dem zu ſagen, der nirgends zu ſitzen
    hat.
Sehſcham kohpâ ammata behrni, taws tehws burwis, man-
    na mahte raggana, laßt uns als Zunftgenoſſen zuſam-
    men ſitzen, dein Vater iſt ein Zauberer und meine Mut-
    ter eine Hexe, d. i. gleich und gleich geſellt ſich gern.
Simti pehrkoni hundert Donner, iſt ein gar zu abſcheuli-
    cher Bauerfluch.
Sirgu jahj ſirgu mekle er reitet aufs Pferd und ſucht daſſel-
    be; wenn jemand in Gedanken etwas ſucht, was er in
    Händen hat, oder ſelbſt nicht weiß, was er thut.
Slinkums labbu ne mahza Müßiggang lehrt nichts gutes,
    Müßiggang iſt des Teufels Ruhebank und aller Laſter
    Anfang.
Starp weſſeru in laktu buht zwiſchen Hammer und Ambos,
    (d. i. zwiſchen Thür und Angel) ſtecken.
Suhds gribb lepns buht was bildet ſich der Dreck ein.
Suhds mahza dirſeju, *ſtercus cacantem docet*, iſt eben ſo viel,
    als: Das Ey will klüger ſeyn als die Henne.
Sunnu balſs ne kluhs debbeſîs Hunde Stimme ſteigt nicht
    gen Himmel: iſt wider die, die vergeblich zanken,
    ſchelten und fluchen.
Suns bes aſtes ein Hund ohne Schwanz, wird gebraucht,
    wenn jemand was von ſeinen Kleidern verlohren, und
    z. E ohne Hut, Mütze, Degen, gehen muß.
Suns bes ganna ein Hund ohne Hirten oder Wächter, iſt eben
    ſo viel als: wenn der Kater nicht zu Hauſe iſt, ſo
    tanzen die Mäuſe, z. E. wo der Officier nicht zugegen
    iſt, da iſt kein Guts von den Soldaten.
Suns ſunni bluſſina ein Hund flöhet den andern, d. i. ein
    Schelm verſteht ſich mit dem andern.

Lettische Sprüchwörter.

Swilpo tad wezz is pfeif denn du Alter, wird gebraucht, wenn man blind gehandelt und keinen Rath mehr weiß.

Tad funnu barro, kad wilks pee wahrteem (oder kad wilks awis) nu fretzt er den Hund, da der Wolf an der Pforten oder unter den Schaafen ist; ist eben so viel, als: den Stall zuschliessen, wenn das Pferd weg ist.

Tad zellahs, kad faule kahjgallā fpihd, (oder kad gailis us fuhdu gubbas dfeed) denn steht er auf, wenn die Sonne zun Füßen scheint, oder wenn der Hahn aufm Misthaufen krähet; ist wider die Langschläfer, *it.* wider die, die eine Arbeit nicht zu rechter Zeit anfangen oder *post festum* kommen.

Tahda wahrna pehrta, tahda ne pehrta der Rabe bleibt ein Rabe, man mag ihn baden oder nicht; ist eben so viel, als: der Wolf verwirft seine Haare, aber nicht seinen Nicken.

Tahds ar tahdu ein Paar solche; ist eben so viel, als: auf einen schiefen Topf past sich ein schiefer Deckel, oder gleiche Brüder, gleiche Kappen.

Tas deijams tas lezzams das ist zum tanzen, das ist zum springen, d.i. das trägt er alltags, das trägt er Sonntags.

Tas kohsch kaulā das beißt bis in den Knochen, das geht durch Mark und Bein, wird gebraucht, wenn einem ein wichtiger Schaden geschehen, oder etwas zu theuer ist.

Tas ribstahs ka wilks, kas jehlu gallu pahr-ehdees er würgt sich wie ein Wolf, der sich an roh Fleisch überfressen, wird gebraucht, wenn einer des andern Gut an sich geraft und es ihm nicht bekommt.

Tas tik ilgi stahwehs, kā sunnam desse, das wird bey ihm so lange währen, als bey dem Hunde die Wurst, wird gebraucht, wenn man einem Verschwender was giebt.

Tas winnam tik ilgi buhs, kī uhdens feetā, das wird bey ihm so lange dauren, als Wasser im Siebe; ist wider einen Durchbringer, der alles durch die Gurgel jagt.

Taupa taupa, pehz ne funnam, ne kakkam, ne pascham, er spart, er spart, hernach hats weder der Hund, noch die Katze, noch er selbst; ist wider die Geitzhälse, die immer eine Hungersnoth befürchten, und darinn zu verschmachten gedenken.

196 Lettische Sprüchwörter.

Tē kundfin naudina, tē lakkatinſch da iſt Herr das Geld, da iſt auch der Beutel; wird gebraucht, wenn der Bauer dem Herrn das letzte hingeben muß.

Tē nu wiſſi galli kohpā da ſind nun alle Enden zuſammen, d. i. da iſt ein ſolches Gemiſch und Verwirrung in den Plaudereyen, daß niemand draus klug werden kan.

Tē wilku peeminn, te wilks klaht eben da man an den Wolf gedenkt, iſt er da; druckt das lateiniſche *lupus in fabula* aus.

Tew jau faule ſchodeen ſohbōs ſpihdeja dir hat gewis heute die Sonne in den Zähnen geſchienen; iſt wider den, der zu ſpät zur Arbeit kommt.

Tik lihdſ kā pauts pautam ſo ähnlich wie ein Ey (oder ein Tropfen Waſſer) dem andern.

To juhdſi wilks mehrojis ar garru aſti die Meile hat ein Wolf mit ſeinem langen Schwanz gemeſſen; iſt eben ſo viel als im Deutſchen: die Meile hat ein Verliebter gemeſſen.

Traks traks, kur jahji ſirgu? Tu eſſi gudraks, pelnizittu biſt du toll, wo reiteſt du mit dem Pferde weg? Du biſt klüger, verdiene dir ein anderes, d. i. Gelegenheit macht Diebe.

Tukſch wehſcham tauku ein Krebs hat kein Fett, d. i. da iſt nichts drinnen, oder, wo nichts iſt, da hat der Kaiſer ſein Recht verlohren.

Ubbags no ubbaga praſſa ein Bettler bittet vom andern, wird gebraucht, wenn einer den andern etwas bittet, das der andere nicht hat.

Us ohtru kahju auf den andern Fuß; iſt ein Oberlauſitziſch Sprüchwort, wodurch der, der ein Glas Branntwein bekommen, andeutet, daß er gern noch das andere haben möchte.

Uspuhtees kā puhpedis aufgeblaſen wie ein Bubenfieſt, d. i. wie jener Froſch in der Fabel.

Wedd wellu pee kruſta führ den Teufel zum Kreutz, wird gebraucht, wenn jemand dazu gebracht werden ſoll, wozu er ſo ungern geht, wie ein junger Dieb zum Hangen.

Weenadi

Weenadi lahga brahli kohpå rohdahs gleiche Zechbrüder finden sich zusammen, d. i. gleich sucht sich, gleich findet sich. *E. L.*

Weenreis par leeku, ohtrreis neneeku, einmal zu viel, das anderemal nichts; ist wider die, die vollauf leben, dieweil es da ist, und auf den morgenden Tag nicht denken.

Weenreis kunnu peewill ar kaulu, ohtru reis ne ar gallu peewils, einmal betrügt man den Hund mit einem Knochen, das anderemal wird man ihn nicht mit Fleisch betrügen, d. i. ein gebrenntes Kind fürchtet das Feuer.

Wehl jauna leeta, es ist noch frisch Werk, d. i. es sind noch die Probiertage oder das Spieljahr, hernach wird es sich zeigen.

Wels man apmahnija der Teufel hat mich bethört; so schiebt der Bauer alle Schuld auf den Teufel, wenn er was böses gethan.

Wezzam ahscham stihwi raggi, ein alter Bock hat steife Hörner, d. i. sieh nicht an, daß er alt ist, er kan noch wohl — —

Wista kassa, atrohd graudu, wenn eine Henne scharret, so findet sie ein Korn, d. i. wer sich Mühe giebt, erwirbt was.

Zauru maisu ne pildihs einen durchen Sack kan man nicht füllen, ist wider die, die nie gnug haben.

Zuhkai pehrles, was sollen der Sau Perlen; geht auf ein schweinisches Mensch, das sich noch rüsten und putzen will.

Lettische
Rätzeln.

Ein Rätzel muß kurz, scheinbar widersprechend, und nur auf ein einziges Ding applicabel seyn. Zwey folgende können zum Muster dienen:

1) Die Last wird müde, nicht der Lastträger.
2) Ein Bauer siehts täglich, ein König selten, GOtt niemals.

Die Lettische Rätzeln haben meist alle gute Eigenschaften, und beschämen vielmals die Hoffmannswaldauischen. Ich habe einige hergesetzt nur in der Absicht, der Letten *Genie* daraus zu ersehen.

1. Simt-azzis kaudsi mett bedeutet ein Sieb.
2. Masa muzzina, diwejahds allutinsch ein Ey.
3. Tehws wehl newa peedsimmis dehls jau jumtá, Feuer und Rauch.
4. Muzza brehz, dsehraji kluffi, Schwein mit Ferkeln, die an ihr saugen.
5. Jumprawa deij, jumprawa lezz', wehders breest bresdumá ein Spill mit Garn.
6. Desmit aitini ehd pee feena kaudses zehen Fingern am Deissel oder Wickel beym Spinnwocken.
7. Lahzis tupp, sarni kust ein Haus.
8. Masa feewina simtu autu galwina Kohlhäuptgen.
9. Dselsu kehwe linnu aste eine Nadel mit einem Zwirnfaden.
10. Mafi

Lettische Räzeln.

10. Maſs maſs wihriņſch kaulu kaſchoziņſch, Nuß.
11. Kà dſennis raibs, kà gulbis balts, kà kraukls mels, kà sirgs sweedſ, kà jumprawa danza, ein Aelſter oder Heher.
12. Auns wehrſcha wehderà ein wollen Strumpf im Stiefel.
13. Mahſa kuhtina pilla baltahm wiſtiņahm, Zähne im Munde.
14. Kas ruhkſt bes meeleem? Federn oder Daunen.
15. Puiſiht dehliņ kahp man wirſù, lohki manni, kratti manni, tew buhs saldums, man buhs weeglums, Baum mit reifen Obſt.
16. Maſs maſs pilliņſch pils ſprungulifcheem, Ameiſenhaufen.
17. Maſs ſirdſiņſch deen' in nakti jahjams Thürſchwelle.
18. Putns ſkreen ſpahrni pill Regenwolke, oder: Putns ſkreen ſpalwas putt Schneewolke.
19. ſuns gull ſneeg-gubbenà eine Quirne, die mit Mehl umgeben.
20. Raiba gohſnina eet pa wiſſu paſauli ein Brief.
21. Mels kà wels, ruhz kà lahzis Ofenloch oder Spelte.
22. Wehrſis kuhtî, raggi ahrà Degen.
23. Diwi durr, diwi graſſahs, geht auf ein Mädgen, das da Brod knetet.

Anhang
einiger
Lettischen Gedichte.

I.
Aufmunterung zur Betrachtung der Werke GOttes.
(Siehe die Einleitung in dem Auszuge von Brockes irdischem Vergnügen in GOtt.)

Usmohdinaschana tohs Deewa darbus wehrà nemt.

Psalm. CXI. 2.

TA KUNGA darbi irr leeli, tee tohp mekleti no wisseem, kam pee teem labs prahts irraid.

Kad zilweks kahdā dsillā tukschā allā
No masahm deenahm buhtu audsinahts,
Kur tikkai buhtu ruppeis tumschā mallā,
Kur ne to buhtu mannijs wirna prahts:
In pehz us weenreis schinni gaismā nahktu,
Kad wassara pat labban sahlutees,
In tad scho jauku pasaul skattiht sahktu,
Kad pirmreis astinas atwehruschees:
In redsetu tahs saules leelu spohschum',
Kas wissas mallu mallas apselto;
In skattitohs us saht' in pukku kohschum',
Kas kainōs, leijās, laukōs spihguļo;
Sche birsiti, tē sillu eraudsitu

In

Lettische Gedichte.

In pee teem tihru lehnu uppiti,
In ehnu no teem kohkeem nomannitu,
Kas ubbeni atspihd kà fpeegeli;
In redsetu, kà dabrsa fkaistums teepjahs,
Kà putni skreen, kà lohpi pee ehdahs,
Kà sws in pihles peld, kà jubra steepjahs,
Kà daschadi wiff debbes acgrhrbjahs,
In kà ta farkfi, kad faule jemmô dohdahs,
Kà faulei pretti pillajs mehnes lezz,
Kà swaigsnutes pamasam pulkôs robbahs,
Kas katra mirdf in fpihd kà kahda swezz';
In dsirdetu, kà putni djeed ar barreem,
Kà lagsdigallas kruhmôs nopohga,
Tur jaktedamas pa teem falkeem sarreem,
Kà zihrullschi lihgo gaisinà;
In dsirdetu pamasam tahtak eedams
Kà awots werd, kà strautinsch burbule
Pahr nokalloteem akmintianeem skreedams,
Kà meschi schnahz, ko wehjinsch is.ohschne;
In bauditu wiffadu gardumiunu,
Schè agri eenahkuschas kesberes,
Tur peninu, tè faldu meodurinnu,
Tur farkanas in faldas femmenes,
Tad maisiti, in jittas gardas leetas,
Ko dahrs in klehts in kuhts in esars dohd:
In obstu daschas fahles pukkes kreetas,
Ko laukà, plawà, dahrsà kedôs rohd:
In justu ne aisleegtas lahribinnas
(Kas prahtu zilweku ne apgahna)
Pehz dischanas in dailas lihgawinnas;
In justu wesselib' pee pilla spehzinà;
In sajustu ta meega salduminnu;
In justu, kad winsch atkal uszehlees
Pee sewis atsaunotu dsihwibinnu
No jauna pasaulè apskattitees.

Nu ko tu dohma gan, woi tahda wihsè
Tahds zilweks ne pils preeka brihnitohs?
Winsch tizzetu jau essots parahdisè,

Ja winnōs skaidrōs debbes klaijumōs;
Winsch sahktohs swehts in laimigs teiktees.

In mehs, kam ne trubksi schahdas dahwanas
To ne mannam, nedz sahkam steigtees
Tam, kas to dewis, doht pateizibas:
Bet tanni weetā tohp schi dsihwibinna
Par behdu semmi skumjās pahrwehrsta.
Ta waina irr pee pascha zilwezinna,
Kas Deewu ne atsihst nesahtibā.

  „Zapehz tu prahta zilwezin
  „Tu gudra Deewa raddibi»
  „Ko Deews no wisseem lohpeem schkirr
  „Jn sawā gihmī raddijs irr,
  Ņemm pee sirds in apdohma,
  Schè irr swehta mahziba:

(Siehe das Kupfer in dem Auszuge der Brockischen Gedichte.)

Wissu debbes»debbes pulku, wissu pasaul raddijs
              Deews,
Tee irr winna spehka sihmes; winnu kohschums it pateek
Ikar pirksteem wissur rahda manniht Deewa gohdibu:
Lai tad zilweks tawi prahti skattahs us scho jaukumu;
Jo kad tu kā stulbs in aklis Deewa darbus ne manni,
Tad tu sew' in sawu preeku in pat Deewu atmetti.

II.
Betrachtung der Größe der Welt.

(Siehe das Kupfer zu Herrn Gottscheds Anfangsgründen der
Weltweisheit.)

Scheit wissi prahti suhd pee pulkeem pasauku,
Kas muhscham sinnā tekk ar spohschu gohdibu.
Ko teitan zilweks geld? Winsch itt neneeka buhtu,
Kad DEEWA keelumu pee teem ne maanijs kluhtu.

III.

III.
Die auf ein starkes Ungewitter erfolgte Stille.

[In diesem Gedicht ist nach dem Muster des Herrn Brockes das R allenthalben vermieden, wo die Stille beschrieben wird.]

Nahms laiks pehz pehrkona breesmas.

Hiob. XXXVII. v. 11.

Tas STIPRAIS DEEWS duhz ar sawu (pehrkona-) balsi brihnischki. Winsch istrenz arridsan tahs kuplas padebbesis zaur skaidribu, in iskaisa atkal sawu skaidru padebbesi.

To ne senn appullotu pasauli
Bij saule jau eeksch diwidesmits deenahm
Kā smeedama jau gan apdschaugusi,
To skattiht lustes bij lihdf schim ikweenam.
Tahs saules spohschums jauki puschkoja
Tohs meschus, kalnus, leijas, zeemus, laukus,
Wiss sahze twikt no leela siltuma;
Jaw ne pasinnam leeturinaus jaukus.
Lihds paschas deenas widdus stundinā
No nejauschi kahds debbestinsch maszellahs
In kā kahds maiss isplehtahs augumā
In spohschu gaisu apsegt augschup wellahs.
Wiss uhdens paleek mels bes saulites,
Ta gaisma nobahl behgdama kā dsihta.
Kā migla twaiki kahpj us augschenes,
Ja silla debbes tohp kā chnās tihta.
Jaw wissi putni steidsehs ligsdinās,
Lik besdeliga ween it semmu schahwahs.
Neds lappina no balsehm kustejahs,
Neds wehjinsch puhsch, bet walditees wehl kahwaht.
Wiss pasaul stahweja ismissusi
No gaidischanas us to, kas buhs nahkams.

(*Bis hieher ohne R.)

Kamehr us weenreis weesuls breesmigi
Scho wissu gaisu sajauz schnahkdams krahkdams.
Tas wissur apkahrt ruhkdams grohsijahs
Ar puttekseem apņemdams wissas mallas.
Kà juhras witni mejchi luhzijahs
In winnu kuplums schurp turp jauzahs, dalsahs.
Starp sarreem auka aplam kaukdama
Tur plohsidamees ohsolus pahrypehja.
Dasch tschakkurs kohka sakņes krattija,
In lappu pulks kà nobrahsts wissur skrehja.
Te plihst in luhst in kriht weens kuplajs jars,
Tur wezzajs ohsols kustahs, brakschke, schkellahs.
Kedz sik drihs gahschahs winna siprojs swars
Kad tam jo stipra breesma pretti zellahs.
Daudz kohki tappa rauti, apgahsti
In kahrtu kahrtam schurp turp greesti, mesti.
Jt kà ar spahrneem skrehja debbeschi
No wehja plohsiti in ahtri nesti.
Ar puttahm juhras witni liddina,
Kà kalni zehluschees, drihs atkal gahschahs.
Te kahpj, te kriht, te atkal kahpj, in tà
Ar weenu ween zits zittam wirsù bahschahs,
In pulkòs kraujahs krastu uswarreht.
To redsoht matti stahw, in wissi prahti
Apņemti reibst in suhd in ne warr speht,
Bet stahw no schauschalahm it kà norahti.
Jaw wissi wehji apkahrt zeltees sahk:
Tas pluddens rihta wehjam pretti turrahs,
In seemels swilpjodams ar pretti nahk
In ar to deenas widdus wehja durrahs.
No schahdahm leelahm wehju kauschanahm
To zeetu muhzu siprumi sagruzà:
Zaur ko tas lauks it kà no pellawahm
Ar akmiņeem in grascheem apbehrts klūa,
Bet nullewehl jo krohksnis breesmigi
Ar bailehm wehtras gaisà wirsù stahjahs.
Tas ruhz in duzzina jo stipraki,
Wiss rihb in trihz no ta, kas gaisà krahjahs.

Tas

Lettische Gedichte.

Tas pehrkons sperr, in sperdams tigi ruhz,
Ar sibbineem in krussu leetu jaukdams.
Wiss debbes plihst ar ugguhim in duhz,
In seemels starpâ greesch pahrleeku laukdams.
Tad leetus tà ar spanwem gahsch in pluhst
Par sakaltuscheem laukeem straumès skreedams.
Ar pluddeem wiss it ahtri apņemts kļuhst,
In lohpiņsch wissur peld paspahrnès eedams.
Nu aplam mett ar weenu sibbinu,
In pehrkons lausch ar ween' in ahtri sisdams,
In brakschk', in trizzina lohs pamattus
In atkal brasd ar debbesim lihds krisdams.
Ne deenu wairak pasiht warreja,
Wiss apkahrt wissur sprahsti in schauj in dausa.
Wiss pasaul tribz, in kalm nodrebb tà,
Kà kauti, kad lohs drudsis kreesch in lausa.
Tà lohps, kà zilweks saktôs aptuppahs,
Kad wehtra atplesch sawus wahrtus gaisâ,
In kà no rihkles leesmas breesmigas
Iswemj, in tahs pa debbesim iskaisa.
Kà breesmig' spohschi spihd schee ugguni
Scho wissu pasaul apriht draudedami!
Bet tad schee ahtri debbes plihsumi
Drihz sagabschas in suhd in neredsami,
Tad tuhdal tumschums triht us aztnahm
In baid no jauna isbailotu prahtu.
Wehl sibbens spihdeja eeksch tumsibas,
Wehl duhz, wehl lohgi tribz, wehl drebb tahs kahjas.
(Hier hört das R auf.)

Bet newillôht wiss negants nomittahs,
Lee twaiki suhd in pamasam awislahjahs.
Lee mahkuli ais-eet, wiss paleek kluss;
Ta jauka saulite jau apspihd sinohschi
Lohs gan apslazzinatus lauziņus,
In apgaismo scho wissu pasaul kohschi,
Ju wiss no jauna jauki apsehtu;
Jauns skaisuins apklahj wissas mallu mallas.
Luhk meschi, pławas, saples spihzulo,
In pukkites ap zelmineem jo sallas
No jauna smakku dohd jo salpaki,

Lettische Gedichte

Jaw bittes iszeet meklebt meddutiņnu;
Tapatt pamasam iśleen łautiņi,
Ikweens jaw pamett sawu iśtabiņņu.
Bet wehl pee gatwahm paleek stahwoschi,
In bailigi apskattahs wissâs weetâs:
In kad tee mannijuschi pehdigi,
Kà jumti wesseli in ehkas zeetas,
Kà sanni sehjumi zeschluschees,
Kà skahdes naw', ko bailes baidejnschas,
Tad wiss no jauna eesaht lustetees
In wissâs mallâs lustahs kà tahs muschas.
Zits gannôs dsenn, zits als eet łauziņś,
Zits pļawâ seenu sataiś in to paleek.
Tee kweeschi, ko tas leetus łausija
No jauna zellahs, seed in stahwu paleek.
Kà debbesch' labbibiuna lihgojahs;
Kad wehjsch to schuhpô per teem pakalniueem.
Tahs leetus lahsites bij skattamas
Kà glahschu sihlites us abboliaueem.
Schè schigli lohpi eet lihds jellineem.
In daschas sahles pluhkdami peeehdahs:
Tè uppe tekk pa gluscheem akmiueem,
Ir tepatt appakśch laidahm gans apsehdahs,
Iu skattahs us to ehnu uhdenî
No kupleem kohkeem, kas us winuu pussu.
Winsch duhdo, gawile itt lustigi,
In kad tam patihk atkal paleek klussu;
Tad klausahs winsch tohs skanuś putriuus,
Kas jauki dseed us winnas tuwas sallas:
Tè swilpjo winsch, tè atkal paleek kluss,
In tâ ween willina tahs lagsdigallas.
Mas saktoht, pasaul bij atjaunota,
Jo gaiss in meschi, kalni, plawas, lauki
Itt kà no jauna atkal dsihwoja
In spihdeja pa mallu mallahm jauki.

⁂

JAHNS kas us Deewu allasch dohmaja,
In Deewa darbus preezigs klußdinaja,
Kà winna sirds papreekśch bij bailiga,
Kà winsch nu lihgsmodamees nôseedaja?

RUNGS

KUNGS DEEWS taws breesmigs pehrkons
  rahda gan
Scho tawu stipru Deewa rohku mattiht,
Tapatt in saules spohschums mahza man
Scho tawu kaidu mihlestibu skattiht.

IV. Die Ewigkeit.
(aus dem Brockes.)

Tà muhschiba.

Ak augsts in bailigs wahrds tahs muhschibas,
  Kam newa gals, kas beede mannu garru!
Ak dsillums, ko ne weens isdibbinahs,
Eeksch ta es suddohs, neds tur stikt warru!
Kà stulbs paleeku tew apdohmadams,
Taws mehrs neds sneedsams, neds ar issakkams.

Tu dsilka juhra, eekskh ka laiki slihkst!
No rewis wissi gaddi nahk in rohdahs.
Eekskh tew tee atkal wissi kriht in nihkst
In muhschu muhscham atpakkal ne dohdahs.
Tu nahkams laiks, eekskh ta schi pasaul welsees!
Tu awots, no ka zitta pasaul zelsees!

Pee tew ne mas ne geld schee wahrdini:
Esahkts in kaweht, dsihwoht, mirt in beigtees.
Teem laikeem, kas wehl turpmak nahkami,
Lik labb kà teem jau sudduscheem, buhs steigtees
Scho sawu ihsu ihsu duhschanu
Eekskh tewi behrt kà smilkschu graudinu.

Lai wissas stundas, deenas, neddelas,
In wissi mehneschi in gaddi sanahk,
Lai sahk, lai skreen, lai wissi nobeidsahs,
Lai buhtu pulks, kam ne kahds prahts ne panahk:
Juhs pulki! kaut juhs schauschalas mums darrat,
To muhschibu juhs tatschu saeegt ne warrat.

Tee stahsti, no ka wissur dauds ina,
In wissi darbi, kas lohp taggad teikti,
Grimst lihds ur tteem, kas winnus darrija
Eekskh tumschas nakts, no muhschibas pahrsteigti.

Daſch augſtus padohmus iśdohmajis
Lihdſ ar teem ſchauru bedre eegrimmis.

Tas muhſch, ar ko tahds zilweks greſnojahs
Kas mekle nemirſtamu ſlawu ſadſiht,
Irr pret tahs nebeidſamas muhſchibas
Kà ſtrautinſch, ko ſtarp ſahlehm tik warr paſiht,
Kas ſihkſt in ſuhd us jeelu juhru eedams,
Neds kahdas pehdas pawell turp noſkreedams.

Juhs ſtipri pilli welti leppojeet
Daudſ ſimtus gaddus zeeti ſtahwedami,
Juhs weenreiſ ar kā chnu ſuddiſeet.
Tas nahkams laiks, zaur ko juhs pohſtijami,
To ſajauz, kas ne muhſcham ne bijis,
Ar to, kas bijis gan, bet atkal iſſuddis.

Kapehz tad, ſirsnin, wiſſai noſkumſti?
Kam bihſtees paneſt ihſas paſauls behdas?
Salihdſini ſcho aszumirkliti
Ar muhſchibu, kur wiſſas kaites ſehdahs.
Schis laiks ter ſuddams, drihſ tu kluhſi miiſ:
Kas beidſams irr, irr kā ne buhtu bijis.

Ar ſtipru zerribu apbruwojees,
Tad drohſch in preezigs tamà muhſchà buhſi.
Jo ſchis taws muhſch kà ſkreedams drihſ ais-ees,
Pehz nebeidſamà muhſchibà uskluhſi,
Kur eelihgſmohts in ſwehtihts muhſchigi
To ihſtu buhſchanu eedabbuſi.

V. Die Nachtigall.
auch aus dem Brockes.

[Zur Ehre der holden Nachtigall iſt in dieſem Gedicht alles
R vermieden worden.]

Ta lagsdigalla.

Klau! klau! ta meſcha mahmulina
   Ta mihla ſelta lagsdigallina
Jaw dſeed, jaw ſiltums naht, ſkatt ſkatt, kà winna
Ne auſis ween, pat dwehſeli man leztina!

Lettische Gedichte.

Kà skunstigi ta dseed, to balsi lohzidama,
Nek wissi meschi skanneht skauu!
Woi schahda dseesmiņa papilnam isteijama?
Kas tahdam spalwu saujinam to mahzijs gan?
Kà daschadi schis mainusch welk tahs meldeijahs,
Kas lihds patt ausim liddinahjahs.
No tahm gau wissas dohmas tohp apmahuitas
In kà sajukkuschas apstahjahs.
Kà tschakli nozwilpjo ta mehlite,
Kas spehj to pillam ihsti mannibt?
Ne pulkstini tà skanni noskande,
Ne pohgas spehj tà knaschi swannibt.

    Pohgaht, swilpjoht, skandeht, kwasleht,
    Duhdoht, smuksteht, sweet in tschuksteht,
    Lihgoht, glaudeht, saukt in wissaht,
    Lohziht, wilkt in balsi zillaht,
    Tahs tahs lagsdigalliuas
    Saldi jaukkas dseesmiņas.

To lagsdigallu tikkai peeminnoht
Lihds azzim waigôs smeekli steepjahs.
Bet kahdas lustes tad, kad newilkoht
Ne tahtu diwi kohpà teepjahs.
Schi aplam dseed, kad winna sauz,
Schi sauz, kad winna dseed it kà bes stunas,
Tad schi no jauna jaunas dseesmas sauz,
In kungst, itt kà tam newa lihgawinnas.
Tad winna atkal wehl jo balsi zilla
In duhz in pohga sawas dseesmiņas,
In ta zits zittu jaktedami wilka.
Kas dewis tahdeem tahdas buhschanas?

    Kas scho jaukumu per sewis
    Apdohmaht wiss ne mekle,
    Deewu tadehl ne slawe,
    Winna gohdu aiskawe,
    Newa zeenigs teescham ne,
    Kà Deews tahdam austo dewis.

Lettische Gedichte.

VI. Damâtas.
(aus des Herrn Gellerts Fabeln und Erzählungen.)

1. Jau ilgu laiku Indriķis
 Lai jauſai Dahrtei palkai eijoht
 Ne tad ne mutti dabbuſis,
 Kaut ſimtu kahrtu luhdſis ſmeijoht,
 Nu teeſcham luhdſahs luhgdamees,
 Bet ta ne mas gribb klauſitees.

2. Winſch dahwina trihs bantitas,
 In jaunu pirktu wainaziņu,
 Lai winna tikkai apņemmahs
 Scho ruddeni doht muttitiņu.
 Ko ſakka tad ta lihgawin?
 No muttes man ne ko ne miuu.

3. Trihs aitas! Ar to ne behda.
 Tad ſakka winſch: nu gudra tohpi,
 Nahz, butſcho manni, mihſaka,
 Sche tewim wiſſi manni lohpi!
 Scho wiſſu winna apſmahde
 Ar tumſchu peeru ſakkoht: ne.

4. Winſch redſedams ſew ſmahdetu
 Apſkaitis ſahk ſchohs wahrdus rauſtiht:
 Lab, tad es muhſcham aisleedſu
 Ar tawas muttes manuu tauſtiht.
 Tad ſahze winna ſmeetn ſmeet:
 Kas gribbetu pee puiſcha eet.

5. Tai ohtrā rihtā Indriķis
 Ar lohpineem pawehni kluhdams
 Biſ appaſſch leepas aismidſis
 No mihloſchanas ſkummigs buhdams,
 Ir Dahrta garram gahjuſi
 To redſoht paleek ſtahwoti.

6. Kā ſarkanas tahs luhpiņas,
 Tik ne ſchem weenas muttes dohtu.
 Man baiſs, kā ſunnis lahdinahs,
 Kad es ſcho gannu pabutſchotu.
 Tā dohmadama ſamiſt ſahk,
 Samiſſuſi wehl tuwak nahk.

7. Trihs reiſes apkahrt apſkattahs,
 Woi ne tahds ſweſchajs aijis zilla.

Tad funni gland ar rohzinas
In mihligi to fahnis witku,
In tad to gannu apluhko
In winna ghimi apbrihno.
8. Ki fmaide winnas ajtinas,
Jau waigi fargß, kad fehns tá tfchutfcho.
Us weenreis winna aptuppahs.
Ko darra winna? puifi butfcho.
Wehl weenu reifi ajzis mett
In tad us fawas druwas eet.
9. Ki falda weena muttite!
Jo Dahrta atgreefch fawas kahjas,
Jau ohtru reifi atkal fchè
In pee ta puifcha fehdinahjahs.
To butfchodama ne farga,
Ki Indriks pa tam nomohdi.
10. Tas fahje tudal kurnetees:
Nei meegu tu man gribbi wehleht.
Bet winna: ko tu putkojees?
Man gribbejahs ar funni fwehleht.
In ka tas arri peeklahjahs,
Tad gans ar weenu apfnaudahs?
11. Bet tomehr, ko tu apfohlees,
Tad weenu mutti fmeekla lauju?
Winfch fazzija: nu wajadfehs
Tew makfaht man ar pillu fauju.
Tad nodewe fchi nabbadfiht
Par weenu mutti, diwpajmit.

VII. Phylax, der getreue Hund.
(auch aus dem Gellert.)

1. Kranzis funs no leelas jilts,
   Ne ar galłu ne peewilts,
Mahjas taifni apfargajis
Sagtus fenn iskłihdinajis.
Wilkus arri aistrenjis,
Uplam pillâ rihklê reedams,
Sagłam, wilkam kaklâ ffreedams.
Krantfcham us eet karfonis.

212 Letrische Gedichte.

2. Wissi sunnu schehlwia,
Saimneeks behdigs ahtrumā
Pippari ar suhdu maisa
In to sunnam kaklā tgisa.
Nu jau wissi kaimini
Zits ar zittahm sahlehm strehja,
In lahs seewas muttē lehja,
Siltu seewju uhdeni.
3. Tik ko wissur daudsina,
Sunnu pulks sateizeja
Pehdigi apmekleht brahli,
In tam eedoht sawu sahli.
Turkis, kas pahr wisseem draugs,
Slimmam karstu puran laisa,
Kas jau suhrst in suhst kā naisa,
Gan tas suhru deenu lauks.
4. Sakka Kranzis: Turkiht klau,
Woi ne tees, es mirstu jau,
Kad ne ko eenehmis buhtu,
Negg es tad wehl wessels kluhtu,
Bet nu man jau nahwe kerr,
Nu tu warri nabbadsunu
Gauschi apkaukt ar scho sunnu:
Tik daudsi sahjes wellam derr.
5. Gan es meerigs aismigtu,
Kad es daschu kauliun,
Ko es glabbajis pa fehtu
Pastaros wehl fariht spehtu.
Bet tas sirdi graustin grausch,
Zittam buhs to mantu laupiht,
Ko es zerreju sew taupiht,
Tas jau mannu sirdi lausch.
6. Ja tew drussin schehloschau,
Tad eij, brahli, in atness man.
Diwi kaulus tur ais rijas
Gan atraddisi pee wijas.
Zittus es wehl aiswakkar,
Lai jau ne reds skauga azzis
Appakfch klehtes esmu razzis,
Bet jel nesdams ne aiskarr.

7. Turkis drihs aistezzejis
   Gohdigi atnesse wiss.
   Kranzis wehl ar wahju prahtu
   Ohschnedams welk kauls klahtu.
   Kad jau azzis milst in bahl,
   Sakka winsch: leez nohst pee mallas,
   Wiss, kad mirschu, tawas dallas.
   Bet pirms ne, woi dsirdi, brahl?

8. Wehl man sirdi deag sa prauls,
   Ak tas dischars schkinku kauls,
   Skahde · bet jau to ne sakku
   Kahda weeta to arrakku.
   Ja es ilgak dsihwoschu,
   Tad to leelakaju pussi
   Gan tu dabbusi, bet klussi
   Ne teiz · Sche suns sprahgst, ahu!

VIII. Schäferlied.
Auf Schäfer zieht ins Feld.

1. Puhs ganni isdsenneet,
   Jau faulite fahk smeet,
   Ar jaunu spihdumu
   Dohd jaunu dsihwibu.
   Jau prohjam leddutiasch,
   Jauns rahdahs salluminsch.
   Isdsenneet aitinas
   Us druwas tuwakas,
   Kas pehrni salloja
   Papillam augliga.

2. Nahz selta lihgawin
   Ar mannim tazzadin,
   In klausees pagubôu
   Ko tewim sazzischu.
   Nu ko wehl atrausees,
   Nahz pee schihs uppites,
   Gan weetu paschti
   Schai salta birsiti,
   Kur ta, kad faule speesch,
   Pahr mums pawehni spreesch.

Lettische Gedichte:

3. Ak selta pukkite,
Jau trefchais gads, kad fche
Tew pirmreis redfeju
Tapatt ifpufchkotu.
Es rohku fakehris
To efmu butfchojis,
Tu mannim fchkinkoji
Scho jauku bantiti.
Ak buhtu pee tew tu
Mans gohdiusch peeminaus.

4. Woi es pehz fchim ne wiss,
Kas tewim patizzis
In azzis nomannu
Tew labpraht padarru
Zik dafchu putninu
Preekfch tewim fakerrnäuus
Gan obgas, kefberes
Schihs rohkas tewim nefs
Lad reekfies, meddutiu
Ju dafchu abboltiu.

5. Tik ko tahs pukkes fett
In jauku fmarfchu jest,
Lad tawu galwiuu
Ar pukkehm pufchkoju.
Kas dohd tew agraki
Jel weenu rohsiti?
Pirms bittes laukā fkreen
In faldôs seedôs leen,
Jau dafchu wainaku
Tew gohdam pataifu.

6. Ka jauki nopohga
Ta lakstigalliua,
Ko flagsdà fanehmu
Tew lohga eekahru.
Ta ehd tahs barribas
No tawas rohziuas,
In kautfchu prohjam fkreen,
Sejukkufi ikdeen
Ar faules atgreefchahs
Us sawas buhdinas.

Lettische Gedichte.

7. Jel wissat puischus flatt,
   Wei darra jits tapatt?
   Kam tad ne gribbi steigt
   Schihs mannas mohkas beigt?
   Kad wernas muttites
   No tewim juhdsohs es,
   Tad tu man nostummi
   Brehzoht apskaitusi;
   Traks, laudis skattisees,
   Tad wissur man apsmees!
8. Ak selta rohsite!
   Ne essi trakkule,
   Jel skatti aitinas
   Ki tahs familejahs,
   Tew ween es mihleju
   Tew ween es zenischu.
   Waigs, mutte, kruhtinas
   Sew paschi ne skuhpstahs,
   Tad lauj jel, mihlaka,
   Ka draugs to padarra.

IX. Schäferlied.

Wenn ich Morgens früh aufstehe.

1. Rihtos agri stahwu buhdams
   In pee saweem lohpeem klubdams
   Es nodseedahs lustigi;
   Deewam pirma pateikschan,
   Ki tas scho nakt erridsan
   Man in lohpus sargajs tehwischki.
2. Kad jau meedsinsch sellam beidsahs,
   Lohpi lihds ar mannim steidsahs
   Saklā taukā ganniba.
   Tur es apkahrt staigaju,
   Deewa darbus apskattu
   Gaisā, laukōs, uppē, meschinā.
3. Jebschu newa manna kessa
   Zeppets, sweests in tauka dessa,
   Ko es par to behdaju.
   Seers in maise baagata
   Tukschu sirdi spirdsina,
   Wesselam tas deen par aardumu.

4. In kad man jau dsertu gribbahs,
   Dserru es no sawas zibbas
   Smeldams skaidrā uppite.
   Kad patlabban saule speesch,
   Kruhmischi pawehni sreesch,
   In tohs sweedrus wehsminsch nodschahwe.
5. Mannim gannoht labbi siund
   Ekkur manna lihgawinna
   Lihgodama seereht nahk.
   Sehrstoht manni apmekle,
   Taudak manna kohklite
   Tai par gohdu jauki skandeht sahk.
6. Kad jau saule semmē dohdahs,
   In tas mehness arri rohdahs
   Sawus lohpus eedsennu,
   Pehz tam weegli apgullohs,
   Deewam atkal pawehkohs,
   Ki tas schehligi muhs sargatu.

X. Abschiedslied.

Ach ich muß vor Angst erblassen.

1. Kas man schehlohs nabbadsinu,
   Kur nobahlis spehschu behdas nest!
   Man buhs sawu lihgawinnu,
   Sawu preeku, wai man! schē pamest.
   Meesas drebb, in azzis pluhst ar makt
   Mannim sakkoht: labbu nakt!
2. Manni sakrittuschi waigi
   Wehl peeglaudahs weenu reisiti
   Pahr man zellahs basu basu,
   Kad man tewi ja skuhpst pehdigi.
   Lewis dehl mans assins labprahz suhkst,
   Lai ne kad tew laime truhkst.
3. Ne raud, manna seltenite,
   Welti tawas mihtas assaras,
   Rimstees sel tu nabbadsite,
   Raud, ak ne raud, taupi aztinas.
   Kaut mans waidsinsch tahl no scheijens tiks,
   Tomehr sirds pee tew paliks.

4. Selta pukkite, ne raudi,
   Jau man galwa reibst in prahti kriht.
   Kam tu mannis dehl tà gaudi!
   Sirds man trohkst, to ilgak eeraudsiht.
   Labbu nakti, palees gohdiga,
   Nu ar Deewu, sirsnina!

XI. Die Gutthat.
(aus Gellert.)

Tas ihsti zilweks nosauzams,
 Kas nabbadsinus schehlodams
  Zil speyhdams tohs eepreezina
  In sew atraudams apgahda.
Ko sirdi sahp, to Anfis proht,
 Kad newa nabbageem ko doht,
  Par to ikdeenas nopuhschahs,
  Ikdeenas mantu wehlejahs.
Us weenreis tehwa brahlis mirst,
  Redf nauda pillôs maksôs birst.
Tad sakka Anfis: nu paldees!
  Juhs nabbagi, nu preezajtees.
Par laimi nahk sirms ubbadsinsch,
  Pee trukkes welkahs wahrgulinsch,
  Salihzis gauschi schehlojahs
  In ludsahs kahdas dahwanas.
Tas tudal Anscham sirdi lauzsch,
  Jau assarinnas azzis graufch,
  To, tik pusfohwu, skattidams,
  Kas teescham bija schehlojams.
Winsch eet pee mantu apzirknes,
  Jau labbu teesu wabjam nest,
  Tam eedohd abbàs rohzinàs
  No garroseem tahs iolassas.

XII. Der Wind und die Sonne.
(eine Fabel.)

Wehjsch ar sauli saderreja: Tas no abbeem stipraks buhs,
 Kas patjaban zella wihram mehteli nowilzis kluhs.
Papreeksch wehjsch ar àuku gruhdams warru noplehst
  usnemmahs,
Bet jo wairak puhsch in plohsahs, jo tas gahjejs apsinnahs.

Kad

Kad jau wehjſch bij welti trakkojs, tad nahk ſaule weeglinam
Sahkdama it ſilti ſpihdeht, lehti peekluſt gahjejam.
Pats jau nowelkahs lih ſ kreklam, ſaulei gohdu uswinnoht.
Redſ tā lehns in gudrajs prahtinſch wiſſeem totikt
labbak proht.

XIII. Das Glück und zwey Nachbarn.
(eine Fabel.)

Pee diwi kaimineem ta laima nahkuſi
Ikweenam ſohlahs doht, ko tee buhs luhguſchi,
Wet ar ſcho padohmu: ko katrajs luhdſis buhs,
Kad winſch to dabbujis, tas ohtram diwkahrt kluhs.
Nu ko tee wehlejahs, woi mantu, weſſelib?
Pawiſſam ne. Ko tad? Weens luhdſas nabbadſib,
Pee ſew ſi dohmadams: tad ohtrajs baddu ſprahgs.
Wet ko ſchis ohtrajs tad no laimas luhgtees ſahks?
Kā laima mahmina tam weenu aztinu,
Lai ſahp jau, lai ne ſahp, no peera iskautu.
Lai ohtrajs aklis tohp, tad abbas azzis truhkſt.
Tahds ſkaugeem wella prahtu, kam ſirds no ſauna
rubgſt
Kad ſchehligs mihlajs Deews tew tawu daļļu ſchkirr,
Tad ne ſkauj kaiminu, kam daudſ pee rohkas irr.

XIV. Der sterbende Vater.
(eine Fabel.)

Weens tehws patlabban mirſchanā
Pee ſewim behrnus aizina,
Teem rahda desmit kohjinus
Ar wirwehm zeeti ſaſeetus,
Lai katris no teem mehgina,
Kā bunte taptu lauſita.
Gan wiſſi aplam puhlejahs
Ne weenam tomehr ne weddahs.
Tad likke tehws to is-ahrdiht
In tad pa weenam ſalauſiht.
Kā knaſchi tad tee kohjini
Lohp druppu druppōs ſabeigti.
Tad paſtarōs tehws ſazzija:
Nu behrni, ſchē jums mahziba:

Kad palikseet weenprahtigi
Zaur meera saiti saseti,
Tad ne tahds staugis jums peekluhs,
Jo Deews in spehka per jums buhs.
Bet ja juhs jau santhduschees
Ka iszahrditi schkirrajtees,
Tad tapseet juhs kà weentuli
Gan weens pehz ohtra pohstits.
Jo meeram selta augti irr,
Bet eenaids pohstu drihs peeschkirt.

XV. Die Droßel.
(eine Aesopische Fabel.)

Strasdinsch ligsdinu in ruhpas kahrigs pametti, meschs skreen,
Kur tahs sarkanajas ohgas paschas gardi rihklê leen.
Papreeksch bailigs schurp turp schaujahs, bihdamees no lappinas,
Bet nu jau eedrohschinahjahs eekahrsis no kahribas.
Ak kà saldi tas nu smekkehs, schè irr laimes wissai daudz.
Tudal peeskreen steepdams kaklu, grahb, patlabban walgs to schnaudz.
Kahrumi gan leekahs jauki, bet tee peewilt wildami,
Sargees kà no pascha wella, so tee wella pinnekli.

XVI. Der Maulwurf.
(auch eine Aesopische Fabel.)

Weens kurmis rakdams gaismà nahk
Best pasauli apskattiht sahk?
Kas dohd? to tikkai ap-ohschne
In atkal eeteru pasemmê.
Dasch zilweks kurmam lihdsens tohp
Kas Deewa [leetas/darbus] ne nokohp.

XVII. Rätzel.
Atmini mihklu, Latweetis:
Kas tohp diwreis peedsimmis,
Pirmreis gluds in balts kà sneegs,

Pehz kà slahbans kahjeneeks.
Pa-audsis daudſ maulas kohp
Ju par diewataju tohp.
Jebſchu wainigs ne buhdams
Tomehr gallā nokaujams.
Kas ſcho mihklu ne minnehs
Ne dabbuhs no zeppetes.

Ein anderes.

Sakk gudrais, ſakki man:
  Ko ſemneeks wiſſur matta?
Ko tehninſch retti gan,
  Ko Deews ne kad ne ſkatta?

Noch ein anderes.

Kad man wiſſas laimes ſtuhtu,
  Gohds in preeks in mantas gan
  Deews in debbes atridſan,
Atminni, kas jo labbak buhtu?

XVIII. Der Curſche Bauer.

Nabbags ſemneeks Kurſemneeks,
  Zit tew ayhda, kahds tew preeks?
Sauſu maiſi pa-ehdi,
Uhdens malku nodſerri,
Darbi pillam, meega maſ,
Duhmi isgrauſch aztinas,
Pahtags kà pa pakkaļu,
Rihkſtes brihſcham mugguru,
Tomehr eſſi nebehdneeks,
Nabbags ſemneeks Kurſemneeks.

E N D E.

www.ingramcontent.com/pod-product-compliance
Lightning Source LLC
Chambersburg PA
CBHW030426300426
44112CB00009B/872